W0269311

Neuronale Netze

Springer
Berlin
Heidelberg
New York
Barcelona
Budapest
Hongkong
London
Mailand
Paris
Santa Clara
Singapur
Tokio

Heinrich Braun

Neuronale Netze

Optimierung durch Lernen und Evolution

Mit 64 Abbildungen und 17 Tabellen

Springer

Heinrich Braun

Seewiesenäckerweg 35
76199 Karlsruhe

ISBN-13: 978-3-642-64535-8   e-ISBN-13: 978-3-642-60743-1
DOI: 10.1007/978-3-642-60743-1

Deutsche Bibliothek – Einheitsaufnahme

Braun, Heinrich:
Neuronale Netze: Optimierung durch Lernen und Evolution/
Heinrich Braun. – Berlin; Heidelberg; New York; Barcelona;
Budapest; Hongkong; London; Mailand; Paris; Santa Clara;
Singapur; Tokio: Springer, 1997

Umschlaggestaltung: Künkel + Lopka, Werbeagentur, Heidelberg
Satz: Reproduktionsfertige Vorlagen des Autors
SPIN 10566650   33/3142– 5 4 3 2 1 0 – Gedruckt auf säurefreiem Papier

Vorwort

Dieses Buch ist aus meiner Habilitationschrift an der Universität Karlsruhe entstanden. Zielsetzung meines Buches ist es, dem Leser einen vertieften Einblick in die vielfältigen Lern- und Optimierungsmethoden für neuronale Modelle zu geben. Um diesen Ansatz nicht durch eine allzu große Modellvielfalt zu überfrachten, habe ich mich im wesentlichen auf zwei wichtige neuronale Modelle beschränkt:

- Das *Multilayer Perceptron*, das meistverwendete Modell für Klassifikation und Funktionsapproximation, als Repräsentant für die implizite Wissensrepräsentation.
- Das *Modell der radialen Basisfunktionen*, geeignet zur Modellierung von Neuro-Fuzzy-Ansätzen, als Repräsentant für die explizite Wissensrepräsentation.

Falls ein Leser das von ihm verwendete neuronale Modell hier nicht findet, sollte es ihm dennoch gelingen, die Grundprinzipien der in diesem Buch behandelten Lernverfahren und evolutionären Optimierungsmethoden auf *sein* Modell zu übertragen.

Im Rahmen dieser Arbeit ist auch ein umfangreiches Softwaresystem zur Optimierung neuronaler Netze entstanden: *ENZO – ein Evolutionärer Netzwerk-Optimierer*. ENZO ist seit Oktober 1995 im Verbund mit dem *Stuttgarter Neuronale Netze Simulator SNNS* erhältlich und für Forschungszwecke frei verfügbar. Mit dieser Entwicklungsumgebung kann der interessierte Leser die wesentlichen Methoden und vorgeschlagenen Verfahren in einfacher Weise an selbst gewählten Beispielen erproben und deren Effizienz experimentell validieren.

Ein solch umfangreiches Projekt war für mich nur in Zusammenarbeit mit vielen hilfreichen Mitarbeitern durchführbar. Für die gute Arbeitsatmosphäre und intensive Zusammenarbeit möchte ich mich bei allen Kollegen bedanken, die mit ihren zahlreichen Ratschlägen und Hinweisen zum Gelingen dieses Werkes beitrugen. Insbesondere sind hier zu nennen: Dr. Martin Riedmiller (adaptive Lernverfahren, Reinforcement-Lernen), Dr. Joachim Weisbrod (erste Version von *ENZO*), Thomas Ragg (Weiterentwicklung von *ENZO*), Johannes Feulner (Strategielernen bei Spielen), Dr. Rainer Malaka (neurobiologische Aspekte des Reinforcement-Lernens) und Dr. Martin Kummer (Komplexitätstheorie).

Bedanken möchte ich mich auch bei allen Studenten, die mit ihren Ideen zur Entwicklung der Verfahren beitrugen und mit großer Sorgfalt die umfangreichen experimentellen Untersuchungen durchführten: Martin Albrecht, Axel Dold, Jörg Harthroth, Detlev Koll, Hans Lawitzke, Heiko Landsberg, Karl-Heinz Preut, Udo Pütz, Johannes Schäfer, Andreas Sprenger, Ngoc Long Tu, Volker Ullrich und Peter Zagorski.

Mein ganz besonderer Dank gilt Herrn Prof. Wolfram Menzel, durch dessen langjährige Unterstützung diese Arbeit erst ermöglicht wurde. Seine konstruktive Kritik war mir steter Ansporn.

Danken möchte ich auch Herrn Prof. Helge Ritter, meinem Zweitgutachter, und Herrn Prof. Holk Cruse, denen ich insbesondere während meines Forschungsjahres am Zentrum für interdisziplinäre Forschung in Bielefeld vielfältige Anregungen verdanke.

Dem Springer-Verlag, besonders Herrn Hermann Engesser, Frau Brygida Georgiadis, Frau Ulrike Stricker und Frau Ursula Zimpfer, danke ich für die tatkräftige Unterstützung bei der Buchgestaltung.

Karlsruhe, im Frühling 1997 Heinrich Braun

Für
Sarina, Elisa und Hiltrud

Inhaltsverzeichnis

1 Einführung

1.1
Überblick

Entsprechend dem natürlichen Vorbild ist es naheliegend, zur Optimierung neuronaler Netze einen zweistufigen Ansatz zu wählen: Lernen und Evolution. Zentrales Anliegen dieses Werkes ist der Entwurf einer Entwicklungsumgebung zur Optimierung neuronaler Netze durch Lernen und Evolution (genannt: *Evolutionärer Netzwerk-Optimierer, kurz: ENZO*). Diese Aufgabe gliedert sich in vier Aspekte:

- Neuronale Netzmodelle
- Lernverfahren
- Evolution
- Implementierung auf Workstation und Parallelrechner

Diese Teilaspekte sind weitgehend unabhängig voneinander und erlauben ein Baukastenkonzept, bei dem sich die einzelnen Varianten der vier Teilbereiche beliebig kombinieren lassen. Da es viele Netzmodelle und Lernverfahren gibt, kann ein solches Baukastensystem niemals vollständig sein, sondern ist immer im Ausbau begriffen. In diesem Buch werden die Methoden und Grundlagen für einige prototypische und wichtige Varianten bereitgestellt.

Bei den neuronalen Netzmodellen betrachten wir zum einen das *Multilayer Perceptron* für die implizite Wissensrepräsentation und zum anderen das Modell der *radialen Basisfunktionen* für die explizite Wissensrepräsentation. Letzteres läßt sich auch als Neuro-Fuzzy-Ansatz interpretieren, wobei jeder unscharfen Regel jeweils eine radiale Basisfunktion entspricht.

Bei den Lernverfahren untersuchen wir zum einen Gradientenabstiegsverfahren und zum anderen Reinforcement-Lernen mit einem Schwerpunkt auf *Temporal Difference Learning* (eine Variante des *Dynamischen Programmierens*).

Bei der Hardwareimplementierung verwendeten wir auf Grund der Verfügbarkeit und des geringeren Entwicklungsaufwandes hauptsächlich eine Workstation. Der zentrale Kern von *ENZO* wurde jedoch auch auf dem SIMD-Rechner *MasPar* mit 64 000 Prozessoren implementiert. Hierfür entwickelten wir den *Parallel Intelligent Neural Network Simulator Karlsruhe (PINK)*.

Das Grundkonzept von *ENZO* ist ein hybrider Ansatz. Wir verwenden die Evolution zur Groboptimierung (Vernetzungsstruktur des neuronalen Netz-modells) und Lernen zur Feinoptimierung (Einstellung der Netzparameter alias Gewichte). Hierbei werden die durch evolutionäre Operatoren erzeugten Nachkommen durch das Lernverfahren lokal optimiert. Deshalb kann man diesen Ansatz auch als *Evolution auf lokalen Minima* bezeichnen.

Da die Evolution als Meta-Heuristik auf das lokale Lernverfahren aufbaut, hängt die erzielbare Performanz von dem eingesetzten Lernverfahren ab. Insbesondere ist die Performanz der mit *ENZO* evolvierten Netze notwendigerweise stets mindestens so gut wie die von dem verwendeten Lernverfahren optimierten. Unsere experimentellen Ergebnisse haben jedoch gezeigt, daß durch den Evolutions-bedingten Mehraufwand an Rechenleistung ein drastischer Qualitätsgewinn erzielt werden kann.

Ein weiteres Grundprinzip von *ENZO* besteht darin, daß dieser Ansatz auf die Evolution neuronaler Netze *speziell* zugeschnitten ist. Im Vergleich zu den grundlegenden evolutionären Verfahren wie *genetische Algorithmen* und *Evolutionsstrategien* verlieren wir damit zwar den Anspruch der *universellen* Einsetzbarkeit, jedoch können wir durch diese Spezialisierung einen für die Anwendung wichtigen Effizienzgewinn erzielen.

Diese Spezialisierung betrifft zum einen die Repräsentation, d.h. Kodierung der neuronalen Netze als Individuen, und zum anderen die genetischen Grundoperatoren *Mutation* und *Rekombination*. Hierbei führen wir das Konzept der *bewertungsbasierten Mutation* bzw. *Rekombination* ein. Der Grundgedanke dieses Ansatzes besteht darin, daß der Mutations- bzw. Rekombinationsoperator nicht vollkommen zufällig ist, sondern erfolgsversprechende Mutanten bzw. Rekombinationen bevorzugt erzeugt. Bei dieser Bewertung können wir problemspezifisch die besten und effizientesten Verfahren einsetzen, wobei jeweils ein Kompromiß zwischen Güte der Bewertung und dem dazu erforderlichem Rechenaufwand gefunden werden muß.

1.2
Aufbau

Dieses Buch gliedert sich in die drei Hauptteile: Neuronale Wissensrepräsention (Kapitel 2), Strategielernen (Kapitel 3) und Evolution neuronaler Netze (Kapitel 4). Ziel dieser drei Kapitel ist es jeweils, einerseits die Grundlagen und Methoden in bezug auf *ENZO* zu beschreiben, aber auch andererseits einen möglichst umfassenden Einblick in diese Themengebiete zu geben.

Im Kapitel 2 erörtern wir drei verschiedene Arten der Wissensrepräsentation: implizit, explizit und rückgekoppelt. Als wichtigen Vertreter der impliziten Wissensrepräsentation betrachten wir das *Multilayer Perceptron* und untersuchen hierzu schnelle Lernverfahren. Insbesondere stellen wir unser Gradientenabstiegsverfahren mit adaptiver Schrittweitensteuerung vor: *Resilient Backpropagation (Rprop)*. Da sich dieses in praktischen Anwendungen als sehr schnell und als sehr robust erwiesen hat, wird dieses Lernverfahren in *ENZO* eingesetzt.

Bei der expliziten Wissensrepräsentation wird das Wissen in lokalisierbaren Einheiten verarbeitet. Wir diskutieren zuerst allgemein den Ansatz lokaler Experten bzw. lokaler Regeln. Beispiel hierfür sind: selbstorganisierende Karten von Kohonen, adaptive Resonanz-Theorie von Grossberg, lokale lineare Karten von Ritter, Counterpropagation von Hecht-Nielson etc. Ein Schwerpunkt bildet schließlich das Modell der radialen Basisfunktionen, da dieses als Neuro-Fuzzy-

Ansatz interpretiert werden kann. Als Lernverfahren läßt sich hierfür auf Grund der Differenzierbarkeit des Modells wiederum eine Variante von *Rprop* einsetzen.

Bei der rückgekoppelten Wissensrepräsentation diskutieren wir den Zusammenhang zwischen neuronalen Netzmodellen und den Standard-Optimierungsverfahren: Gradientenabstieg, Hillclimbing, Simulated Annealing und dessen Variante Meanfield Annealing. Mit Hilfe rückgekoppelter neuronaler Netze lassen sich semantische Modelle repräsentieren. Ein prototypischer Ansatz hierzu ist das Modell *Interactive Activation and Competition (IAC)*. Wir führen diesen Ansatz auf ein Optimierungsproblem zurück: Die Minimierung der Inkonsistenzen. Dadurch lassen sich die Schwachstellen von *IAC* präzisieren und beheben.

Im Kapitel 3 diskutieren wir verschiedene Formen des Strategielernens. Die einfachste Form hierbei ist das überwachte Lernen, das bereits in Kapitel 2 erörtert wurde. Schwerpunkt dieses Kapitels bildet das Reinforcement-Lernen. Grundprinzip ist hierbei das Erlernen eines neuronalen Bewerters. Wir diskutieren die in der Literatur bekannten Verfahren, die aus der Methode des *dynamischen Programmierens* abgeleitet sind: *Policy Iteration, Value Iteration, Real Time Dynamic Programming, Temporal Difference Learning* und *Q-Learning*. Ferner stellen wir unser Verfahren vor: *überwachtes Lernen relativer Bewertungen*. Mit diesem Verfahren läßt sich effizient aus der Beobachtung des Verhaltens eines Experten ein neuronaler Bewerter erlernen. Die einzelnen Verfahren unterscheiden sich darin, wie die Zielwerte für den neuronalen Bewerter dynamisch berechnet werden. Zum Anpassen des neuronalen Bewerters hinsichtlich dieser Zielwerte werden dann wiederum die Verfahren aus Kapitel 2 eingesetzt.

Für den in der Anwendung wichtigen Spezialfall des zielorientierten Lernens, bei dem möglichst effizient ein Zielzustand zu erreichen ist, diskutieren wir einige wichtige Verfeinerungen der Grundalgorithmen: Zerlegung des Zustandsraumes (nach dem Prinzip: „Teile und Herrsche"), dynamische Wahl der Startzustände (nach dem Prinzip: Steigerung des Schwierigkeitsgrades) und schließlich noch die Verallgemeinerung auf Mehragentensysteme (insbesondere Strategiespiele mit zwei Gegenspielern). Die Leistungsfähigkeit der einzelnen Varianten diskutieren bzw. überprüfen wir exemplarisch am Beispiel des Mühleendspiels.

In Kapitel 4 erläutern wir zuerst die allgemeinen Grundprinzipien und Methoden evolutionärer Verfahren, um dann in einem historischen Rückblick die wichtigsten Vertreter (bzw. Schulen) in dieses Schema einzuordnen: *Evolutionsstrategien, evolutionäres Programmieren, genetische Algorithmen* und *genetisches Programmieren*. Anschließend beschreiben wir die Grundkonzepte unseres *evolutionären Netzwerk Optimierers ENZO* und verfeinern diese für die Anwendungsgebiete: Überwachtes Lernen, Reinforcement-Lernen und neuronale Regler. Als neuronale Modelle werden hierbei sowohl das *Multilayer Perceptron* als auch das Modell der *radialen Basisfunktionen* betrachtet. Da *ENZO* zur Feinoptimierung der Nachkommen jeweils die zugehörigen Lernverfahren verwendet, bilden Kapitel 2 und 3 die Basis für diesen Ansatz.

Kapitel 4 schließt mit einem Vorschlag zur Parallelisierung von *ENZO* auf einem Parallelrechner: *Parallel Intelligent Neural Network Simulator Karlsruhe (PINK)*. Dieser Ansatz wurde zwar auf dem SIMD-Rechner *MasPar* implementiert und entsprechend dessen Vernetzungsstruktur der Prozessoren optimiert, jedoch lassen sich die Grundkonzepte von *PINK* auch auf andere Parallelrechnerarten übertragen.

2 Neuronale Modelle von Expertenwissen

Bei der Repräsentation von Wissen unterscheiden wir die explizite und die implizite Repräsentation. Bei der expliziten Repräsentation setzt sich das Gesamtwissen zusammen aus lokal begrenztem Einzelwissen wie z.B. einzelnen Fakten oder Regeln. Bei der impliziten Repräsentation existiert keine solche Abgrenzung, vielmehr basiert das Gesamtwissen auf dem komplexen Zusammenwirken vieler Einzelkomponenten. Beispiele hierfür sind im Bereich der neuronalen Netzmodelle das *Multilayer Perceptron* und die Boltzmann-Maschine [Ackley, Hinton, Sejnowski 85], [Hinton, Sejnowski 86]. In beiden Modellen wird das Gesamtverhalten durch ein global wirkendes Gradientenabstiegsverfahren optimiert, d.h. es werden bei jedem zu lernenden Beispiel (Assoziation) alle Parameter des Netzes gleichzeitig verändert.

Explizite Wissensrepräsentation besitzen hingegen die sogenannten *Winner-takes-all-Netze* wie *selbstorganisierende Karten* [Kohonen82, Kohonen89] und *Adaptive-Resonanz-Theorie-Modelle* [Grossberg76, Grossberg87]. Bei diesen Modellen kann man die Neuronen als *Prototypen* interpretieren. Nur der Prototyp, der der Eingabe am ähnlichsten ist, bestimmt die Ausgabe, d.h. das Gesamtwissen basiert auf lokal begrenztem Wissen. Dementsprechend wird beim Lernvorgang auch nur das *Winner*-Neuron angepaßt, d.h. nur die Merkmale dieses Prototyps werden der aktuellen Eingabe angenähert.

Eine Mischform bilden die Modelle der *radialen Basisfunktionen (RBF)*. Auch hier können die Neuronen als Prototypen interpretiert werden, die um so stärker aktiviert werden, je ähnlicher die aktuelle Eingabe ist. Allerdings gibt es hier nicht nur einen *Winner*, der als einziger die Ausgabe bestimmt, sondern der Einfluß wird gewichtet gemäß der Aktivierung eines Neurons. Je lokaler nun die Aktivitätsbereiche der Neuronen sind, desto eher kann man die Wissensrepräsentation als explizit bezeichnen.

Die Neuronen der *RBF*-Netze kann man als unscharfe Regeln (fuzzy rules) interpretieren. Auch hierbei kann man sagen, daß das Wissen um so eher in expliziter Form vorliegt, je geringer der Überlappungsbereich der Regeln ist, d.h. je präziser (weniger fuzzy) diese sind.

In der Einführung werden wir zuerst einen Überblick über die hier betrachteten Modelle neuronaler Netze geben. Ein kleiner Exkurs in die Berechenbarkeits- und Komplexitätstheorie neuronaler Netze soll einerseits einen Eindruck über deren Berechnungsmächtigkeit und Effizienz geben. Andererseits sollen diese Ergebnisse die These untermauern, daß es ausreicht, bei der Optimierung neuronaler Netze nur solche mit wenigen (etwa ≤ 2) verborgenen Schichten zu betrachten. Basierend auf dieser These wird bei unserem evolutiven neuronalen Netzoptimierer *ENZO* die Suche nach der optimalen Topologie eingeschränkt auf Untermengen einer vorgegebenen maximalen Topologie, d.h. alle untersuchten Netzen lassen sich in die maximale Topologie einbetten. Als maximale Topologie verwenden wir hierbei typischerweise ein neuronales Netz mit 1 bis 2 verborgenen Schichten. Dieser Ansatz unterscheidet sich damit von anderen evolutiven Ansätzen zur Optimierung neuronaler Netze, bei denen durch Einfügen von Neuronen die Netze beliebig tief werden können.

Im zweiten Abschnitt dieses Kapitels untersuchen wir Verfahren zur impliziten Wissensrepräsentation. Hierbei beschränken wir uns auf das in den meisten Anwendungen verwendete *Multilayer Perceptron* und diskutieren verschiedene Gradientenabstiegsverfahren mit adaptiver Schrittweitensteuerung. Nach einem kurzen Überblick über die in der Literatur vorhandenen Lernverfahren werden wir unser allgemeines Verfahren zur Adaption der Einzelschrittweite, *Rprop,* und einige spezielle Varianten für dichte Lernmengen vorstellen und an Benchmark-Problemen evaluieren. In unseren experimentellen Evaluationen erweist sich das von uns vorgeschlagene Verfahren *Rprop* sowohl durch seine Lerngeschwindigkeit als auch durch seine Robustheit gegenüber der Einstellung der Lernparameter und der Initialisierung der Gewichte am günstigsten und ist deshalb der Grundbaustein unseres evolutiven Netzoptimierers *ENZO*.

Die Eigenschaften neuronaler Modelle für explizite Wissensrepräsentation untersuchen wir im Abschnitt 2.3. Zuerst diskutieren wir die bekanntesten *Winner-takes-all*-Modelle, die jeweils eine scharfe Klasseneinteilung der Eingabebereiche induzieren: *Learning Vector Quantization, selbstorganisierende Karten* und *adaptive Resonanz-Theorie*. Diese scharfe Klasseneinteilung hat u.a. den Nachteil, daß sich Gradientenabstiegsverfahren auf Grund der Unstetigkeitsstelle der Klasseneinteilung nicht einsetzen lassen. Diese Klassengrenzen werden geglättet beim Modell der *radialen Basisfunktionen (RBF)*. Beim *RBF*-Modell untersuchen wir zum einen die Beschleunigung des Gradientenabstiegs durch *Rprop* und zum anderen ein Verfahren zur Minimierung des Überlappungsbereichs der (unscharfen) Klasseneinteilung. Abschließend diskutieren wir die Verwendung des *RBF*-Modells zur Realisierung eines unscharfen Reglers.

Von unserem evolutiven Netzoptimierer *ENZO* werden zur impliziten Wissensrepräsentation das *Multilayer Perceptron* und zur expliziten Wissensrepräsentation das *RBF*-Modell unterstützt (s. Kapitel 4).

Im letzten Teil untersuchen wir schließlich rückgekoppelte Netze zur Wissensrepräsentation. Hierbei beschränken wir uns auf Relaxationsnetze mit symmetrischen Gewichten. Am Beispiel einer kleinen Datenbank zeigen wir, wie sich dieses Wissen auf ein Optimierungsproblem für ein quadratisches Polynom reduzieren läßt. Anschließend diskutieren wir die neuronalen Realisierungen von Standard-Optimierungsverfahren wie *Gradientenabstieg, Hillclimbing* und *Simulated Annealing* (bzw. *Meanfield Annealing*) und vergleichen deren Leistungsfähigkeit an verschiedenen Benchmark-Problemen. Aus dem *Meanfield-Annealing*-Ansatz leiten wir eine Verbesserung des Gradientenabstiegverfahrens ab: *Annealing der Optimierungsfunktion*. Für die letzten beiden Ansätze zeigen wir eine enge Verwandtschaft zu dem Modell *Interactive Activation and Competition (IAC)* [Rumelhart, Smolensky, McClelland, Hinton 86]. Daraus lassen sich einerseits Schwachstellen bzw. Unstimmigkeiten des *IAC*-Modells deduzieren und andererseits intensionsgerecht korrigieren.

2.1
Einführung

2.1.1
Überblick (neuronale Modelle)

Neuronale Netzmodelle sind aus der Sicht der Neuroinformatik Schaltkreise mit Neuronen als Gattern, die sich durch die nachfolgen beschriebenen Eigenschaften charakterisieren lassen. Entsprechend dem biologischen Vorbild besitzt ein Neuron mehrere Eingänge (biologisch: Synapsen, die Kontaktstellen des Neurons an seinem Dendritenbaum) und eine Ausgabe (biologisch: Axon). Im folgenden bezeichnen wir die Ausgabe des Neurons i mit s_i.

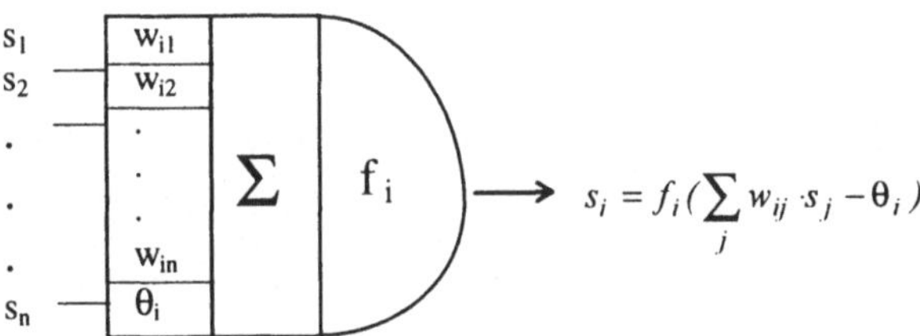

Abb. 2.1. Das Modell eines Neurons.

Die Anzahl der Eingänge (*fan-in*) ist potentiell unbeschränkt, aomit kann ein Neuron im allgemeinen von jedem anderen Neuron eine Eingabe bekommen, d.h. dessen Ausgabe „abgreifen“.

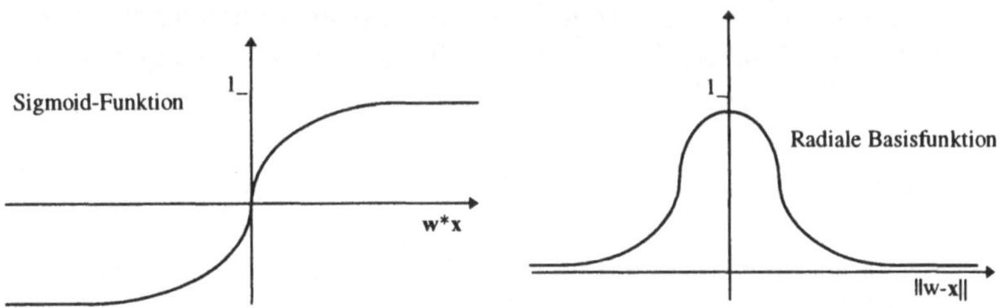

Abb. 2.2. Differenzierbare Aktivierungsfunktionen.

Die Berechnungsfunktion eines Neurons setzt sich zusammen aus einer linearen Funktion und einer anschließenden nichtlinearen Ausgabefunktion f_i (s. Abb. 2.1):

$$s_i := f_i(\sum_j w_{ij} \cdot s_j - \theta_i).$$

Der lineare Anteil ist die gewichtete Summe der Eingaben abzüglich einer Schwelle und wird beim Neuron i durch die Gewichte w_{ij} (Verbindungsstärke der Synapse für die Eingabe vom Neuron j an Neuron i) und die Schwelle θ_i spezifiziert:

$$net_i := \sum_j w_{ij} \cdot s_j \; - \theta_i \, .$$

Als Ausgabefunktionen f_i werden eindimensionale beschränkte Funktionen verwendet (s. Abb. 2.2). Folgende Typen sind gebräuchlich:

Deterministisch:

- Eine Stufenfunktion, entweder die Schwellwertfunktion (alias Sigma-Funktion) beim Perzeptron (alias Schwellwertgatter)

$$\sigma(x) := \begin{cases} 1 & x \geq 0 \\ 0 & sonst \end{cases}$$

  oder die Vorzeichenfunktion beim (diskreten) Hopfield-Netz (s. Abschnitt 2.4.4)

$$sign(x) := \begin{cases} 1 & x \geq 0 \\ -1 & sonst \end{cases}$$

- Eine Rampenfunktion (linearisierte Schwelle) beim Brain-state-in-a-box-Modell von J.J. Anderson (s. Abschnitt 2.4.3):

$$f_{lin}(x) := \begin{cases} 1 & x > 1 \\ x & 0 \leq x \leq 1 \\ 0 & x < 0 \end{cases}$$

- Eine sigmoide Funktion beim *Multilayer Perceptron* (s. Abschnitt 2.2.2) und (kontinuierlichen) Hopfield/Tank-Netz (s. Abschnitt 2.4.6), z.B. tangens hyperbolicus (f=tanh) oder die logistische Funktion

$$f_{log}(x) := \frac{1}{1 + e^{-x}}$$

- Eine Gauß-glockenförmige Funktion bei den radialen-Basisfunktions-Netzen (s. Abschnitt 2.3.6):

$$f_{log}(x) := e^{-x^2}$$

Stochastisch:

- Eine sigmoide Verteilungsfunktion für die binäre Ausgabe beim Hopfield-Netz mit Temperatur und bei der Boltzmann-Maschine (s. Abschnitt 2.4.5):

$$P(s_i{=}1) := \frac{1}{1 + e^{-net_i}}$$

Bei der Netzwerktopologie unterscheiden wir azyklische (vorwärtsgerichtete) und rückgekoppelte Schaltkreise. Bekanntestes Beispiel für azyklische Topologien ist das *Multilayer Perceptron*, für rückgekoppelte das Hopfield-Netz und die Boltzmann-Maschine (Abb. 2.3).

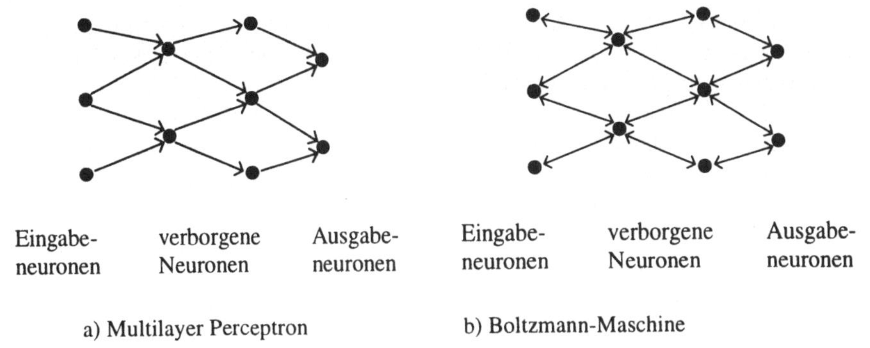

Abb. 2.3. Azyklische und rückgekoppelte Topologien.

Bei rückgekoppelten Topologien unterscheiden wir asymmetrische und symmetrische Verbindungen (genauer, Symmetrie der Gewichtsmatrix: $w_{ij}=w_{ji}$). Bei symmetrischer Gewichtsmatrix wird sowohl beim diskreten Hopfield-Netz als auch beim kontinuierlichen Hopfield/Tank-Netz eine sogenannte Energiefunktion minimiert, deshalb bezeichnet man diesen Berechnungsvorgang auch als Relaxation (s. Abschnitt 2.4). Asymmetrische Rückkopplungen werden zur assoziativen Speicherung von Sequenzen verwendet.

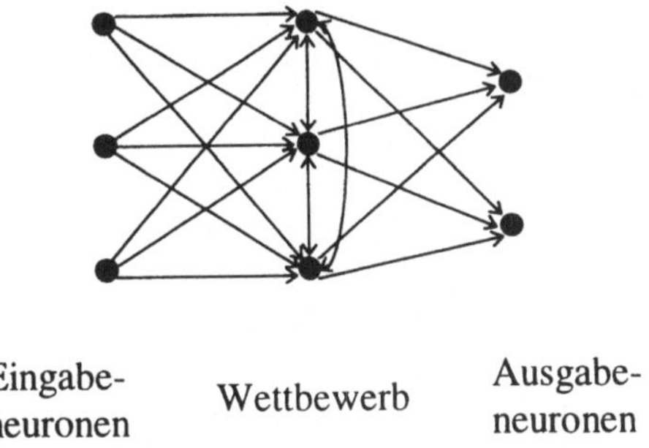

Abb. 2.4. Winner-takes-all-Netze mit lateraler Inhibition in der Wettbewerbsschicht.

Darüber hinaus kann sich der Schaltkreis auch modular aus azyklischen und rückgekoppelten Komponenten zusammensetzen. So wird beispielsweise beim Modell der *selbstorganisierenden Karten* (Kohonen-Netze, s. Abschnitt 2.3.4) zur Berechnung des „*Winner*" in der „Wettbewerbsschicht" symmetrische laterale Inhibition verwendet, während ansonsten die Strukturen vorwärtsgerichtet sind (s. Abb. 2.4).

Die von einem neuronalen Netz berechnete Funktion wird dadurch bestimmt, daß die Eingabe an die sogenannten Eingabeneuronen angelegt wird, jedes Neuron gemäß der zugehörigen „update"-Regel seine Ausgabe bis zur Terminierung ein- oder mehrmals berechnet, und dann das Resultat als Ausgabe der sogenannten Ausgabeneuronen entnommen wird. Bei azyklischen Topologien haben Eingabeneuronen keine Eingangskanten (*fan-in* 0) und Ausgabeneuronen keine Ausgangskanten (*fan-out* 0). Diese Eigenschaft ist bei rückgekoppelten Netzen im allgemeinen nicht erfüllt (z.B. bei der Boltzmann-Maschine). Die übrigen Neuronen werden als verborgene Neuronen bezeichnet.

Auf Grund des unbeschränkten *fan-in* arbeiten neuronale Netze massiv parallel, während die Tiefe des Schaltkreises typischerweise durch eine kleine Konstante beschränkt ist. In den folgenden Abschnitten 2.1.2 und 2.1.3 wollen wir die wichtigsten Resultate aus Berechenbarkeits- und insbesondere Komplexitätstheorie erläutern. Unter anderem sollen diese Anmerkungen begründen, warum wir uns bei der Evolution neuronaler Netze auf solche von geringer Tiefe beschränken wollen, im Gegensatz zu anderen evolutiven Ansätzen, die es gestatten, beliebig Neuronen in die Topologie einzufügen, und damit Netze großer Tiefe zu erzeugen.

In Abschnitt 2.1.4 fassen wir die Ergebnisse aus der Komplexitätstheorie zusammen, die das Lern- und Minimierungsproblem von neuronalen Netzen betreffen. Deren NP-Vollständigkeit liefert letztendlich die Rechtfertigung für die Anwendung von Näherungsverfahren wie Gradientenabstieg und Evolution in diesem Buch.

2.1.2
Anmerkungen aus der Berechenbarkeitstheorie

Im folgenden beschränken wir uns auf Neuronen, die Boolesche Funktionen berechnen: Schwellwertgatter oder Perzeptron. Diese berechnen jeweils die (Gatter-) Funktion g_i:

$$g_i(x) := \sigma(\Sigma_j\, w_{ij}x_j - \theta_i) = \begin{cases} 1 & \sum_j w_{ij}x_j \geq \theta_i \\ 0 & sonst \end{cases}$$

Die Resultate lassen sich weitgehend auf die Neuronen mit sigmoider Ausgabefunktion übertragen.

Azyklische Schaltkreise basierend auf Neuronen mit binärer (Boolescher) Ausgabe berechnen offensichtlich jeweils eine Boolesche Funktion. Umgekehrt kann man zu jeder Booleschen Funktion f einen Schaltkreis mit nur einer Schicht verborgener Neuronen konstruieren, der diese berechnet: Zu jeder Eingabe x mit $f(x)=1$ verwenden wir ein verborgenes AND-Neuron, das genau x erkennt, d.h. bei Eingabe x eine 1 ausgibt und sonst 0 (genauer: $\forall i \in \{1,..,n\}: w_i := 2x_i-1$ und $\theta = \Sigma x_i$). Als Ausgabe genügt dann ein Neuron, das diese Ausgaben durch ein ODER verknüpft, d.h. genau dann eine 1 ausgibt, wenn eines der verborgenen Neuronen eine 1 ausgibt. Das Problem dieser Konstruktion besteht darin, daß bei Eingabedimension n bis zu 2^n verborgene Neuronen benötigt werden, was bereits für $n=100$ praktisch unmöglich ist.

Allgemein lassen sich alle „vernünftigen" Funktionen mit Schaltkreisen von Schwellwertgattern mit 2 verborgenen Schichten (und einem *linearen* Ausgabeneuron) beliebig genau berechnen. Dabei heiße eine Funktion „vernünftig", wenn sie sich durch eine Intervallapproximation beliebig genau approximieren läßt. Bei dieser Konstruktion wird der Grundbereich durch ein regelmäßiges Gitter in (mehrdimensionale) Intervalle eingeteilt und die Funktion auf jedem einzelnen Intervall durch eine Konstante approximiert. Jedem der Intervalle wird in der zweiten verborgenen Schicht genau ein Neuron zugeordnet, das dessen charakteristische Funktion berechnet, d.h. dieses Neuron gibt genau dann eine 1 aus, wenn die Eingabe in dem Intervall liegt. [Anmerkung: Die zugehörigen Randflächen sind Hyperebenen, die in der ersten verborgenen Schicht berechnet werden.] Verwenden wir nun als Ausgabeneuron ein Schwellwertneuron mit der Identität als Ausgabefunktion und als Gewicht zu Neuronen der zweiten Schicht jeweils den Mittelwert der zu approximierenden Funktion auf dem zugehörigen Intervall, dann berechnet dieser Schaltkreis genau eine Intervall- bzw. Gitterapproximation.

Azyklische Schaltkreise haben keine inneren Zustände, d.h. sie können kein Gedächtnis realisieren. Hierzu werden Rückkopplungen benötigt. Kleene bewies bereits 1956, daß Schwellwertschaltkreise mit Rückkopplungen äquivalent zu endlichen Transduktoren (s. [Mealey55, Moore56]) sind. Insbesondere gab er eine Konstruktion an, mit der sich zu jedem endlichen Transduktor ein Schaltkreis gleicher Größe angeben läßt, der den Transduktor verzögerungsfrei simuliert [Kleene56]. Umgekehrt läßt sich jeder Schaltkreis als endlicher Transduktor beschreiben, da dessen Verhalten in jedem Schaltschritt nur von den aktuellen Ausgaben der endlich vielen Neuronen bestimmt ist. Das Problem dieser Argumentation besteht darin, daß n Neuronen mit binärer Ausgabe 2^n viele verschiedene Zustände (Vektor der Neuronenausgaben) annehmen können. Folglich besitzt ein solcher Transduktor bereits bei 100 zu simulierenden Neuronen keine praktische Relevanz mehr. Umgekehrt ist die Simulation eines (sequentiellen) Transduktors mit einem massiv parallelen Schaltkreis aus Effizienzgründen nicht sehr befriedigend, denn zu jedem Zeitpunkt schaltet nur ein Neuron, während alle anderen passiv sind.

Zur Simulation von Turing-Maschinen [Turing36] mit neuronalen Netzen benötigt man Speicherplatz, um das potentiell unendliche Gedächtnis der Turing-Maschine zu repräsentieren. Hierfür wurden zwei Möglichkeiten vorgeschlagen: Entweder verwendet man potentiell unendliche Netze (d.h. unendlich große Netze, bei denen jedoch zu jedem Zeitpunkt nur ein endlich beschränkter Bereich der Neuronen aktiv ist) oder endliche neuronale Netze mit Neuronen, die eine kontinuierliche Ausgabefunktion besitzen mit potentiell beliebig hoher Genauigkeit [Hartley, Szu 87]. Für die letztere Möglichkeit gaben Sigelman und Sontag eine sehr effiziente Konstruktion an: Die geforderte Genauigkeit wächst nur linear mit dem Speicherplatzbedarf der Turing-Maschine [Sigelmann, Sontag 92]. Dieses Resultat ist optimal, da die Kodierungslänge eines solchen endlichen Netzes proportional zur Kodierungslänge der Gewichte (Genauigkeit) ist und folglich ebenfalls proportional zum Speicherplatz der Turingmaschine wächst. Auch hier läßt sich jedoch bemerken, daß die Simulation einer sequentiellen Turing-Maschine durch ein massiv paralleles neuronales Netz aus Effizienzgründen nicht besonders befriedigend ist, insbesondere beim Modell potentiell unendlicher Netze wird die vorhandene Parallelität nicht genutzt.

2.1.3
Anmerkungen aus der Komplexitätstheorie

Die Zielsetzung der Modellierung neuronaler Netze ist im Unterschied zu Ansätzen aus dem Forschungsgebiet der künstlichen Intelligenz nicht die Modellierung rationaler Überlegungen, sondern unmittelbaren Verhaltens wie Mustererkennung oder Steuerung von Bewegungsabläufen. Deshalb wurde von Helge Ritter und Holk Cruse hierfür der Begriff *prärationale* Intelligenz geprägt. Diese etwas provokative Formulierung versteht unter Intelligenz nicht bewußte Einsicht, denn damit wäre prärationale Intelligenz ein Widerspruch in sich, sondern intelligentes Handeln im Sinne der Verhaltensökonomie. In anderen Worten, ein Verhalten kann als prärational intelligent bezeichnet werden, wenn es sich einerseits im Sinne des Turingtestes nicht von intelligentem (wohlüberlegtem, rationalem) Verhalten unterscheidet und andererseits nicht die Ratio verwendet. Kriterium für ersteres ist die Effizienz des Handels, d.h. Erfolg versus Einsatz der Mittel. Hinreichend für letzteres ist die unmittelbare Reaktionszeit, z.B. kann man bei der sofortigen Wiedererkennung einer Person innerhalb einer Sekunde die Verwendung der Ratio ausschließen, im Unterschied zur Wiedererkennung von Personen nach längerer Überlegung auf Grund der Angabe hinreichend vieler Eigenschaften.

Das Charakteristikum der unmittelbaren Reaktion ist auch die Grundlage der vielzitierten 100-Schritte-Regel: Da biologische Neuronen eine Schaltzeit von ungefähr 10 ms haben und die typische Reaktionszeit 1 s beträgt, kann man hieraus folgern, daß zur Berechnung der Reaktion höchstens 100 aufeinanderfolgende Schaltschritte durchgeführt wurden. In anderen Worten die Tiefe des verwendeten Schaltkreises (d.h. Länge des längsten zyklenfreien Pfades) ist durch 100 beschränkt. Aus Sicht der Komplexitätstheorie kommen deshalb zwei Typen von Komplexitätsklassen in Frage: Schaltkreise konstanter Tiefe und Schaltkreise logarithmischer Tiefe. Ersteres ist offensichtlich (Fragestellungen hierbei der Art: Welche Funktionen sind in Tiefe k, aber nicht in Tiefe $k+1$ berechenbar). Andererseits ist eine Funktion in logarithmischer Tiefe genau dann berechenbar, wenn für Eingabedimension 2^n die Tiefe höchstens n beträgt. Für $n=100$ bedeutet dies 2^{100}. In anderen Worten, neuronale Schaltkreise mit logarithmischer Tiefe genügen der 100-Schritte-Regel, wenn sie nicht mehr als $2^{100} \approx 10^{30}$ Eingänge besitzen, was offensichtlich für biologische neuronale Netze bei weitem erfüllt ist.

2.1.3.1
Schaltkreise konstanter Tiefe

Wie bereits oben (s. Abschnitt 2.1.2) bemerkt, genügt einerseits zur Realisierung einer beliebigen Booleschen Funktion bereits ein Schaltkreis der Tiefe 2 (d.h. nur eine verborgene Schicht), andererseits ist diese Konstruktion komplexitätstheoretisch unbefriedigend, da exponentiell viele Neuronen benötigt werden. Deshalb wird bei allen im folgenden betrachteten Komplexitätsklassen die Größe des Schaltkreises polynomial beschränkt (in Abhängigkeit der Anzahl der Eingabeneuronen).

Die Größe eines Schaltkreises wird definiert durch die Anzahl seiner Verbindungen bzw. Gewichte. Falls ein Schaltkreis keine isolierten Gatter bzw. Neuronen besitzt, dann enthält ein Schaltkreis der Größe k höchstens $2k$ Neuronen, da jeder

Verbindung zwei Neuronen zugeordnet sind und die Menge dieser Neuronen alle nicht isolierten Neuronen umfaßt. Folglich beschränkt die Größe des Schaltkreises auch die Anzahl der involvierten (d.h. nicht isolierten) Neuronen.

Schwellwertgatter lassen sich klassifizieren nach der Komplexität ihrer (ganzzahligen) Gewichte: bipolare $\{-1,1\}$, polynomial beschränkte (in Abhängigkeit vom fan-in) und unbeschränkte. Muroga, Toda und Takasu bewiesen, daß sich jede durch ein Schwellwertgatter mit unbeschränkten Gewichten berechenbare Boolesche Funktion bereits mit exponentiell beschränkten Gewichten berechnen läßt [Muroga, Toda, Takasu 61]. Die von ihnen angegebene Schranke von $(n+1)^{(n+3)/2}/2^n$ ist nahezu optimal, da es Hastad gelang, Boolesche Funktionen zu konstruieren, die jeweils nur durch einem Schwellwertgatter mit einem maximalen Gewicht von mindestens $n^{n/2}/2^n$ berechnet werden können [Hastad92].

Die Notwendigkeit exponentieller Gewichte erscheint zumindest biologisch fragwürdig, da diese eine sehr hohe Genauigkeit und Bandbreite erfordern. Folgende einfache Konstruktion zeigt, daß wir polynomiale Gewichte durch bipolare Gewichte simulieren können: Falls mehrfache Verbindungen zwischen Neuronen zulässig sind, kann man ein polynomiales Gewicht w durch eine entsprechende Anzahl w von bipolaren Gewichten ersetzen. Dabei vergrößert sich allerdings der Schaltkreis entsprechend; maximal vervielfältigt sich dessen Größe um den Faktor $max\{|w_{ij}| \mid i,j\}$. Falls Mehrfachverbindungen nicht zugelassen sind, müssen die (Vorgänger-) Neuronen inklusive deren Verbindungen vervielfältigt werden. Dabei kann sich die Tiefe des gesamten Schaltkreis um 1 erhöhen, da sich die Eingabeneuronen nicht vervielfältigen lassen. Goldmann, Hastad und Razborov konnten dieses Resultat wesentlich verbessern, indem sie zeigten, daß sich jeder Schwellwertschaltkreis mit exponentiellen Gewichten umformen läßt in einen mit polynomialen Gewichten, wobei die Tiefe maximal um 1 wächst [Goldmann92]. Zusammenfassend können wir somit feststellen, daß sich jeder Schaltkreis von Schwellwertgattern mit unbeschränkten Gewichten durch einen Schaltkreis von Schwellwertgattern mit bipolaren Gewichten ersetzen läßt, wobei sich die Tiefe maximal um 2 erhöht.

Bezeichnen wir mit TC^0_k die Klasse der Booleschen Funktionen, die mit Schaltkreisen, bestehend aus Schwellwertgattern mit polynomialen Gewichten, in Tiefe k berechnet werden können, dann bilden diese Klassen eine Hierarchie. Inwiefern diese Hierarchie echt ist oder aber ab einer bestimmten Tiefe k kollabiert (d.h. $TC^0_k = TC^0_{k+1} = \cup\, TC^0_k$) ist ein offenes Problem. Hajnal, Mass, Pudlák, Szegedy und Turan bewiesen, daß diese Hierarchie zumindest bis Stufe 3 echt ist, indem sie zeigten, daß das *Innere-Produkt-Modulo-2* in Tiefe 3, aber nicht in Tiefe 2 berechenbar ist [Hajnal87].

Die entsprechende Hierarchie mit Booleschen Gattern (*AND, OR, NOT*) heißt AC^0_k. Sipser bewies, daß diese Hierarchie nicht kollabiert [Sipser83]. Vergleichen wir die Berechnungsmächtigkeit dieser Booleschen Gatter mit Schwellwertgattern, so können wir einerseits feststellen, daß Boolesche Gatter ein Spezialfall von Schwellwertgattern mit bipolaren Gewichten sind (*AND*: Schwelle $\theta = fan\text{-}in$, *OR*: Schwelle $\theta = 1$, Gewichte jeweils 1). Andererseits sind Schwellwertgatter echt leistungsstärker: Furst, Saxe und Sipser zeigten, daß die Funktion *PARITY* mit Booleschen Gattern (*AND, OR, NOT*) nicht in konstanter Tiefe (d.h. für keine Tiefe k) berechnet werden kann [Furst84], jedoch mit nur einer verborgenen Schicht von linear vielen Schwellwertgattern (d.h. in Tiefe 2). Inwiefern die gesamte Hierarchie $\cup\, AC^0_k$ bereits in Tiefe 3 mit Schwellwertgattern berechnet werden kann, ist ein offenes Problem, immerhin konnte jedoch Allender zeigen, daß dies der Fall ist, wenn man die Größenbeschränkung etwas lockert: Er bewies, daß jede Boolesche Funktion dieser Hierarchie sich mit einem Schaltkreis von Schwellwertgattern in Tiefe 3 berechnen läßt, wobei dessen Größe durch $O(n^{(log\ n)^c})$ mit einer festen Konstanten c beschränkt werden kann (dies ist aus praktischen Gesichtspunkten einer polynomialen Schranke nahezu ebenbürtig).

2.1.3.2
Schaltkreise logarithmischer Tiefe

Wie bereits eingangs erwähnt, sind auch Schaltkreise mit logarithmischer Tiefe im Einklang mit der vielzitierten 100-Schritte-Regel. Während *PARITY* in konstanter Tiefe nicht mit Booleschen Gattern (*AND, OR, NOT*) bei unbeschränktem *fan-in* berechnet werden kann, genügen für logarithmische Tiefe bereits Boolesche Gatter mit *fan-in* ≤ 2 (z.B. *XOR*). Definieren wir NC^1 als die Klasse Boolescher Funktionen, die mit Schaltkreisen Boolescher Gatter mit *fan-in* ≤ 2 in logarithmischer Tiefe berechenbar sind, dann läßt sich zeigen, daß NC^1 die gesamte Hierarchie von Schaltkreisen mit Schwellwertgattern und konstanter Tiefe $(\cup\, TC^0_k)$ enthält: Hong zeigte, daß die mehrfache Addition in NC^1 liegt, indem er einen Schaltkreis der Größe $O(n^2)$ und der Tiefe $O(log\ n)$ für die Addition von n Binärzahlen der Länge n konstruierte [Hong 87]; damit läßt sich in einfacher Weise ein Schaltkreis konstruieren, der ein Schwellwertgatter simuliert; ersetzt man nun in einem Schaltkreis von Schwellwertgattern mit konstanter Tiefe, jedes Gatter durch einen solchen Schaltkreis Boolescher Gatter mit *fan-in* ≤ 2 und logarithmischer Tiefe, so erhält man auch insgesamt einen Schaltkreis logarithmischer Tiefe.

An dieser Stelle stellt sich die Frage, inwieweit sich diese Resultate auf die üblichen Neuronen (Schwellwertgatter) mit sigmoider Ausgabefunktion erweitern lassen. Einerseits kann ein Neuron mit sigmoider Ausgabefunktion in einfacher Weise ein Neuron mit binärer Ausgabe simulieren, indem dessen Gewichte mit einer hinreichend großen positiven Konstante multipliziert werden: Eine solche Transformation ändert das Verhalten des Neurons mit binärer Ausgabe nicht, verschiebt aber die Aktivierungen (linearer Anteil) in den Sättigungsbereich der sigmoiden Funktion, d.h. beliebig nahe zu Ausgabe 1 bzw. 0. Andererseits konnten Maass, Schnittger und Sontag zeigen, daß sich Schwellwertgatter mit sigmoider Ausgabefunktion durch solche mit binärer Ausgabefunktion bei gleicher Schaltkreistiefe simulieren lassen, sofern die Gewichte polynomial beschränkt sind [Maass, Schnitger, Sontag 91]. Als offene Frage verbleibt, wie es sich mit exponentiellen Gewichten verhält. Hier könnte sich herausstellen, daß Neuronen mit sigmoider Ausgabefunktion echt leistungsfähiger sind. Hierfür spricht ein Resultat von Sontag, der eine differenzierbare Ausgabefunktion konstruierte, so daß Schaltkreise mit nur zwei Neuronen jede beliebige Boolesche Funktion berechnen können, sofern die Gewichte hinreichend groß sind [Sontag92].

Definieren wir entsprechend die Schaltkreise der Tiefe $O((log\ n)^k)$ mit NC^k, AC^k und TC^k, dann gilt allgemein $AC^k \subseteq TC^k \subseteq NC^k \subseteq AC^{k+1}$. Für keine der Inklusionen ist bekannt, ob sie echt ist, außer der ersten $AC^0 \subseteq TC^0$ (z.B. *PARITY* ist aus $TC^0 \setminus AC^0$). Aufgrund der gegenseitigen Inklusion gilt jedoch $AC = TC = NC$ mit $AC = \cup\, AC^k$, $TC = \cup\, TC^k$ und $NC = \cup\, NC^k$. Es ist ebenso offen, ob nicht bereits $NC = TC^0$ oder sogar $NC = TC^0_3$. Da andererseits die Klasse NC als die Komplexitätsklasse der effizient parallel berechenbaren Funktionen gilt, können wir daraus folgern, daß gemäß dem Stand der Kunst kein Gattertyp bekannt ist, von dem gezeigt werden kann, daß er einerseits effizient parallel berechenbar ist und andererseits nicht bereits durch Schwellwertgatter in Tiefe 3 berechnet werden kann. Dies legt den Schluß nahe, daß Schaltkreise mit Schwellwertgattern und Tiefe 3 „ziemlich" berechnungsmächtig sind.

Diese theoretischen Überlegungen decken sich mit den Ergebnissen aus der praktischen Anwendung neuronaler Netze, von denen dem Autor kein Beispiel bekannt ist, bei dem ein Netz mit mehr als zwei verborgenen Schichten signifikant bessere Performanz besitzt, als bereits durch eines mit maximal zwei verborgenen Schichten erzielbar ist. Aus diesem Grund kann bei unserem evolutiven Netzoptimierer *ENZO* der Anwender eine maximale Topologie vorgeben und damit den Suchraum auf Teilnetze beschränken.

[Anmerkung: Selbstverständlich kann jedoch, wie auch das biologische Vorbild zeigt, ein modularer Aufbau mit mehreren Verarbeitungs- bzw. Repräsentationsstufen die Synthese eines umfangreichen neuronalen Netzmodells wesentlich erleichtern.]

2.1.4
Komplexität des Lernproblems

Das Lernproblem zur Synthese von Schaltkreisen mit Schwellwertgattern ist definiert als das Finden geeigneter Gewichte bei gegebener Topologie und Lernmenge: Gegeben eine Lernmenge $\{(x^1,y^1), (x^2,y^2), .. , (x^p,y^p)\}$ mit $x^\mu \in \{0,1\}^n$, $y^\mu \in \{0,1\}^m$ und ein gerichteter azyklischer Graph; gesucht ist eine Belegung der Gewichte und Schwellwerte der Gatter, so daß der Schaltkreis eine Funktion f mit $f(x^\mu) = y^\mu$ für alle $\mu = 1,.., p$ berechnet.

Judd zeigte, daß dieses Problem NP-vollständig ist und folglich nicht polynomial entscheidbar ist, sofern $P \neq NP$ gilt [Judd88, Judd90]. Blum und Rivest konnten dieses Resultat noch verschärfen, indem sie zeigten, daß das Lernproblem bereits für eine geschichtete Topologie mit nur zwei verborgenen Neuronen NP-vollständig ist [Blum, Rivest 89], [Blum, Rivest 92]. Schließlich zeigten Lin und Vitter, daß bei Verwendung von *Shortcut*-Verbindungen (d.h. direkten Verbindungen von Eingabe zur Ausgabe) bereits bei einem einzigen verborgenen Neuron das Problem NP-vollständig ist [Lin, Vitter 91]. Daraus läßt sich auch folgern, daß das Minimierungsproblem (d.h. die Frage, ob es einen Schaltkreis der Größe höchstens k gibt, der die Lernmenge korrekt berechnet) ebenfalls NP-vollständig ist.

Das Lernproblem für Schaltkreise ohne verborgene Neuronen läßt sich auf das Lernproblem für ein einzelnes Schwellwertgatter (auch Perzeptron genannt) reduzieren, da jede Ausgabekomponente isoliert betrachtet werden kann. Dieses kann wiederum als ein spezielles lineares Optimierungsproblem (mit konstanter Optimierungsfunktion und linearen „Neben"-Bedingungen für jedes Lernbeispiel) angesehen werden und ist deshalb mit dem Algorithmus von Karmarkar in polynomialer Zeit lösbar [Karmarkar84].

Für die praktische Anwendung eher geeignet ist jedoch der einfache Perzeptron-Lernalgorithmus von Rosenblatt [Rosenblatt58]. Minsky und Papert bewiesen, daß dieser stets eine Lösung findet, sofern überhaupt eine existiert (andernfalls terminiert er nicht) [Minsky69]. Aus diesem Beweis läßt sich darüber hinaus folgern, daß dieser Algorithmus in polynomialer Zeit terminiert, wenn es eine Lösung mit polynomial beschränkten Gewichten gibt.

Falls nur eine Lösung mit exponentiellen Gewichten existiert, benötigt der Perzeptron-Lernalgorithmus exponentielle Zeit, da er bei jedem Lernschritt jedes Gewicht höchstens um 1 erhöht oder erniedrigt. Hastad konstruierte eine Boolesche Funktion, die nur mit Schwellwertgatter mit einem maximalen Gewicht von mindestens $n^{n/2} / 2^n$ berechnet werden können [Hastad92]. Hierfür benötigt der Perzeptron-Lernalgorithmus dementsprechend mindestens $n^{n/2} / 2^n$ Schritte. Allerdings ist die Lernmenge, die eine Boolesche Funktion vollständig spezifiziert ebenfalls exponentiell, so daß der Lernalgorithmus relativ zur Größe dieser Lernmenge trotzdem polynomial beschränkt ist. Schmitt gelang es jedoch eine Lernmenge mit nur $n+1$ Lernbeispielen zu konstruieren, die ebenfalls exponentielle Gewichte benötigt [Schmitt94]. Damit ist nachgewiesen, daß der Perzeptron-Lernalgorithmus im schlimmsten Fall exponentiellen Zeitaufwand benötigt.

Zusammenfassend können wir aus diesen Ergebnissen folgern, daß weder das Lernproblem noch das Minimierungsproblem gemäß dem Stand der Kunst für neuronale Netze mit verborgenen Neuronen in polynomialer Zeit berechenbar ist (andernfalls wäre $P=NP$ bewiesen), und deshalb die Verwendung von Näherungsverfahren wie Gradientenabstieg oder Evolution angemessen sind.

2.2
Implizite Wissensrepräsentation (Interpolation)

In diesem Abschnitt wollen wir schnelle adaptive Lernverfahren für das *Multilayer Perceptron* untersuchen.

2.2.1
Überblick

Ein *Multilayer Perceptron* ist ein gerichtetes, azyklisch neuronales Netz (s. Abb. 2.3), dessen Neuronen Schwellwertgatter mit sigmoider Ausgabefunktion sind (s. Abb. 2.2). Aufgabe eines *Multilayer Perceptrons* ist es, eine gegebene mehrdimensionale Funktion möglichst gut zu approximieren. Hierzu gibt ein sogenannter Lehrer Beispiele als Stützstellen vor. Die Parameter des *Multilayer Perceptrons* (d.h. die Gewichte und Schwellen) sind nun so einzustellen, daß die Funktion einerseits an den Stützstellen möglichst genau approximiert wird, aber auch andererseits die Generalisierung (d.h. Interpolation) auf den restlichen Eingaberaum möglichst gut ist.

Wie bereits von den Standardinterpolationsverfahren aus der Mathematik bekannt ist, kann eine zu genaue Approximation an den Stützstellen eine schlechte Generalisierung zur Folge habe, dies wird als *Overfitting* bezeichnet. Dieses Problem tritt stets dann auf, wenn man wenige Stützstellen, aber viele Parameter verwendet. Beispielsweise kann man stets n Stützstellen mit einem Polynom $(n-1)$-ten Grades exakt approximieren. Dieses Polynom generalisiert aber typischerweise ausgesprochen schlecht. Ähnliches kann für das Perzeptron (Schwellwertgatter) gezeigt werden:

1. Zu einer Menge von (maximal) n linear unabhängigen Stützstellen und beliebigen zugehörigen Funktionswerten gibt es stets ein Perzeptron mit linearer Ausgabefunktion, das dieses Approximationsproblem (entspricht linearem Gleichungssystem, für jede Stützstelle eine Gleichung) exakt löst.
2. Sei $\varepsilon > 0$ (beliebig kein): Die Wahrscheinlichkeit, daß $n \cdot (1-\varepsilon)$ zufällig gezogene Vektoren (Stützstellen) im n-dimensionalen Einheitswürfel linear unabhängig sind, strebt gegen 1 für n gegen unendlich. Daraus können wir folgern: Für n gegen unendlich strebt die Wahrscheinlichkeit gegen 1, daß ein Perzeptron mit Eingabedimension n und linearer Ausgabefunktion eine zufällig gezogene Lernmenge mit insgesamt maximal $n \cdot (1-\varepsilon)$ Stützstellen und beliebigen Funktionswerten lernen kann.
3. Sei $\varepsilon > 0$ (beliebig kein): Für n gegen unendlich strebt die Wahrscheinlichkeit gegen 1, daß ein Perzeptron mit Eingabedimension n eine zufällig gezogene Lernmenge mit insgesamt maximal $2 \cdot n \cdot (1-\varepsilon)$ positiven (Antwort 1) bzw. negativen Beispielen (Antwort 0) lernen kann.

Verallgemeinern wir diese Resultate auf das allgemeinere Modell des *Multilayer Perceptrons*, so können wir die vage Arbeitshypothese aufstellen, daß ein *Multilayer Perceptron* mit n Parametern in etwa n Stützstellen mit beliebigen Funktionswerten *auswendig* lernen kann (Anmerkung: Es gibt natürlich Topologien, bei denen diese Behauptung falsch ist, z.B. eine kettenförmige Topologie mit nur einem Neuron pro Schicht). Erst durch wesentlich mehr Beispiele ist es gezwungen, die charakteristischen Merkmale der Funktion zu erkennen und auszunützen (wie z.B. Stetigkeitseigenschaften und Invarianzen: Translation, Rotation, Streckung).

Wenn wir die Topologie des *Multilayer Perceptrons* und damit seine Parameter festhalten, verbessert sich das Generalisierungsverhalten mit der Anzahl der Beispiele (zumindest tendenziell bzw. präziser: das *erwartete* Generalisierungsverhalten bei *zufällig* gewählten Beispielen). Jedoch gilt auch andererseits wie im realen Leben, wenige gut gewählte Beispiele sind informativer / lehrreicher als eine große Anzahl zufällige gewählter. [Anmerkung: Entsprechendes gilt auch für die anderen neuronalen Modelle.]

Zusammenfassend können wir feststellen, daß sich das Lernproblem auf ein Optimierungsproblem, d.h. Approximation an den Stützstellen reduziert, wenn die Anzahl der Stützstellen (Lernbeispiele) relativ zum Freiheitsgrad des *Multilayer Perceptrons* hinreichend groß ist und diese Beispiele hinreichend repräsentativ für den Generalisierungsbereich (d.h. relevanten Eingaberaum) sind. Letztere Bedingung setzen wir als gegeben voraus, somit verbleibt die Wahl des Freiheitsgrads.

Der Freiheitsgrad ist gegeben durch die Anzahl der Parameter und deren Variabilität. Die Variabilität läßt sich einschränken, indem man wie z.B. bei der *Weight-Decay*-Methode Strafterme für die Größe der Parameter einführt. Jedoch ist hierbei zu beachten, daß eine Verringerung des Freiheitsgrads auch die Berechnungsmächtigkeit mindert, so daß sich hierdurch das Gesamtverhalten verschlechtern kann. Diese Gradwanderung zwischen zu kleinem Freiheitsgrad bezüglich der Berechnungsmächtigkeit und zu großem Freiheitsgrad bezüglich der Generalisierungsfähigkeit läßt sich am Ergebnis messen: Durch Verwendung einer Testmenge für die Generalisierung, der sogenannten *Crossvalidierungs*-Menge kann man den

Freiheitsgrad entweder von Hand oder automatisiert (z.B. durch einen evolutionären Algorithmus wie ENZO) optimieren.

An dieser Stelle möchte ich anmerken, daß ich die bei dem Standard-Gradientenabstiegsverfahren für das *Multilayer Perceptron* (Backpropagation) vielfach verwendete Methode, das Lernverfahren abzubrechen, sobald sich der Fehler auf der Crossvalidierungsmenge verschlechtert, für ungeeignet halte: Zum einen ist beim Lernen der Zeitverlauf des Fehlers auf der Crossvalidierungsmenge im allgemeinen nicht konvex mit nur einem eindeutigen Minimum, an dem der Lernvorgang abgebrochen werden kann. Zum anderen wird hierdurch die Aufgabenstellung aufgeweicht, denn dieses Verfahren optimiert nicht nur den Fehler auf der Lernmenge, sondern auch indirekt auf der Crossvalidierungsmenge. Wenn wir nun alternativ ein anderes Verfahren zur Optimierung einsetzen wollen, was ist dann die genaue Optimierungsaufgabe?! Im folgenden gehen wir deshalb davon aus, daß dieser Freiheitsgrad geeignet gewählt ist und die Approximation an den Stützstellen als Optimierungsproblem verbleibt (ohne Crossvalidierung).

Als Optimierungsverfahren kommen viele Standardverfahren wie z.B. *Hillclimbing*, Gradientenabstieg und Evolution, aber auch Suchalgorithmen wie *Divide and Conquer* und *Branch and Bound* in Frage. So basiert der berühmte polynomiale Algorithmus zur Lösung linearer Optimierungsprobleme (und damit insbesondere zur Lösung des Lernproblems für das Perzeptron bzw. *Multilayer Perceptron ohne* verborgene Neuronen) auf einem Suchalgorithmus, denn dessen grober Ablauf beruht darauf, daß in jedem Schritt den Suchraum halbiert wird, ohne die optimale Lösung zu verlieren [Karmarkar84]. Auch *Divide-and-Conquer*-Methoden lassen sich effizient einsetzen, indem für verschiedene Teilbereiche Experten-Netze optimiert werden und die aktuelle Eingabe dem zuständigen Experten zugewiesen wird. Als Beispiele seien hier genannt: *Hierarchie adaptiver Experten* von Jordan und Jacobs [Jordan92], ferner die *motorischen Karten* von Ritter, Martinetz und Schulten, bei denen das Modell der *selbstorganisierenden Karten* derart erweitert wurde, daß das *Winner*-Neuron jeweils einen lokalen, linearen Approximator als Experte auswählt [Ritter90].

Wir werden uns im folgenden auf schnelle und robuste Gradientenabstiegsverfahren beschränken, da ein solches der Grundbaustein unseres evolutiven Netzwerkoptimierers *ENZO* ist und bei diesem einen großen Anteil der Gesamtrechenzeit beansprucht.

2.2.2
Gradientenabstieg für das Multilayer Perceptron

Zuerst wollen wir einige Notationen für das *Multilayer Perceptron* einführen. Die Neuronen benennen wir mit Nummern wie z.B. Neuron 17. Die Ausgabe des Neurons i bezeichnen wir mit s_i, diese berechnet sich aus einem linearen Anteil net_i und einer nichtlinearen sigmoiden Ausgabefunktion f_{sig}:

$$s_i := f_{sig}(net_i) \quad mit \quad net_i := \Sigma_j \, w_{ij} s_j - \theta_i$$

In anderen Worten, die Ausgaben der anderen Neuronen werden mit den sogenannten Gewichten w_{ij} gewichtet aufsummiert abzüglich der Schwelle θ_i. Um die Notation zu vereinfachen, nehmen wir o.B.d.A. an, daß ein zusätzliches Neuron 0 existiert, das konstant 1 ausgibt, dann können wir die Schwelle eliminieren und durch ein Gewicht $w_{i0} := -\theta_i$ ersetzen. Ferner verwenden wir im folgenden als sigmoide Ausgabefunktion die logistische Funktion $f_{log}(z)=(1+e^{-z})^{-1}$. Die Ausführungen in den folgenden Abschnitten können jedoch auch auf alle sigmoiden Funktionen übertragen werden, die sich durch eine lineare Transformation (Streckung, Verschiebung) des Eingabe- bzw. Ausgaberaumes auf die logistische Funktion abbilden lassen, wie z.B. der tangens hyperbolicus mit $tanh(z) = 2 f_{log} (2z) - 1$. Allgemein läßt sich zeigen, daß sich durch diese linearen Transformationen die Berechnungsmächtigkeit eines *Multilayer Perceptron* nicht ändert und selbst beim Gradientenabstieg allein die Translation der Ausgabe eine Änderung des Lernvorgangs bewirkt (s. [Braun91a], [Riedmiller92]).

Da die Vernetzungsstruktur azyklisch ist, können wir o.B.d.A annehmen, daß die Neuronen so numeriert sind, daß ein Neuron nur mit Neuronen verbunden ist, deren Nummer größer ist, d.h. $w_{ij} = 0$ für $i<j$. Insgesamt berechnet sich dann die Ausgabe von Neuron i wie folgt:

$$s_i := f_{log}\Big(\sum_{j<i} w_{ij}s_j \Big)$$

Die Ableitung der logistischen Funktion ist:

$$f'(z) := f(z) \cdot (1-f(z))$$

Bezeichnen wir die Stützstellen mit x^μ, die zugehörigen Zielwerte (target) mit t^μ und die Ausgabe des *Multilayer Perceptrons* mit s^μ ($\mu = 1,..,p$), dann berechnet sich der Approximationsfehler E^μ (error) als Quadrat der euklidischen Distanz zwischen Ausgabe s^μ und target t^μ durch $\| t^\mu - s^\mu \|^2 = (t^\mu - s^\mu)^2$, d.h. insgesamt:

$$E := \sum_{\mu=1}^{p} E^\mu = \sum_{\mu=1}^{p} (t^\mu - s^\mu)^2$$

Die Grundidee des Gradientenabstiegs besteht nun darin, diesen Fehler E dadurch zu minimieren, daß man in jedem Schritt die Parameter (d.h. Gewichte w_{ij}) entgegen dem Gradienten mit Schrittweite $\Delta(t)$ abändert:

$$\Delta w_{ij}(t) = w_{ij}(t+1) - w_{ij}(t) := -\Delta(t)\frac{\partial E(t)}{\partial w_{ij}}$$

2.2.3
Gradientenabstiegsmethoden mit Schrittweitensteuerung

Beim Standard-Gradientenabstiegsverfahren wird die Schrittweite $\Delta(t)$ konstant gewählt. Die Bezeichnung Schrittweite suggeriert, daß dies die tatsächliche Länge des Gewichtsänderungsvektors $\Delta w := (\Delta w_{10},..,\Delta w_{ij},..)$ ist. Dessen Länge ist jedoch $\|\Delta w\| = \Delta(t)\cdot\|\nabla E(t)\|$, wobei $\nabla E(t)$ den Gradientenvektor bezeichnet (d.h. den Vektor aller partiellen Ableitungen $\partial E(t)/\partial w_{ij}$). Dies bedeutet jedoch, daß ausgerechnet dort, wo der Gradient groß, d.h. das „Fehlergebirge" steil ist, große Änderungsschritte gemacht werden, bei kleinem Gradienten jedoch kurze. Dies ist kontraintuitiv, denn versetzt man sich in die Lage des „Gradientenabsteigers", dann erscheint es eher empfehlenswert, flache Hochplateaus mit großen Schritten zu überwinden und in steilem Gelände vorsichtig die Tiefen auszuloten.

Ein erster Verbesserungsschritt könnte darin bestehen, die Länge des Gewichtsänderungsvektors konstant zu halten, indem wir

$$\Delta(t) = \Delta \, / \, ||\nabla E(t)||$$

mit einer geeignet gewählten konstanten effektiven Schrittweite Δ festlegen. Verwenden wir gar obige Strategie, d.h. in flachen Bereichen große Schritte, in steilen kurze, dann wäre auch folgende Wahl vielversprechend:

$$\Delta(t) = \Delta \, / \, ||\nabla E(t)||^2 \, .$$

Beide Strategien sind jedoch ungünstig, wenn wir uns z.B. flache, aber verwinkelte Hochtäler vorstellen. Hier ist eine adaptive Schrittweite vorzuziehen, die die Schrittlänge variabel der lokalen Umgebung anpaßt. Die experimentellen Ergebnisse sind dementsprechend gemischt; gegenüber dem Standardverfahren wurden mit konstanter effektiver Schrittweite z.B. folgende Beschleunigungen erzielt:

Problem	Beschleunigung
10-5-10 Encoder/Decoder	2.2
Ziffernerkennung	3.9
Mühleendspiel	0.5

Tabelle 2.1. Beschleunigung gegenüber Standard-Backpropagation bei Verwendung einer konstanten *effektiven* Schrittweite.

Die adaptive Anpassung der Schrittweite in Abhängigkeit vom Erfolg, d.h. Verkleinern, falls der Fehler zunimmt, und Vergrößern, solange er abnimmt, wurde von Vogl vorgeschlagen [Vogl et al. 88]. Wesentlich bessere Ergebnisse lassen sich jedoch erzielen, wenn nicht eine globale Schrittweite adaptiert wird, sondern für jedes Gewicht eine. Dies ist besonders dann wesentlich effektiver, wenn z.B. die Beträge der partiellen Ableitungen stark differieren. In diesem Fall muß eine globale Schrittweitensteuerung auf das Gewicht mit der betragsmäßig größten partiellen Ableitung Rücksicht nehmen und kann dementsprechend bei Gewichten mit betragsmäßig kleiner Ableitung nur relativ kleine Änderungen zulassen. In anderen Worten, bei einer globalen Schrittweitensteuerung werden die Gewichte am stärksten geändert, auf deren Änderung die Fehlerfunktion am sensibelsten reagiert, während die Gewichte, die nur geringfügige Auswirkungen haben, kaum verändert werden.

Dies ist das Dilemma des Gradientenabstiegs. Einerseits scheint es plausibel zu sein, in Richtung des steilsten Abstiegs (genau entgegen den Gradienten) abzusteigen und andererseits erscheint es auch kontraintuitiv zu sein, gerade die sensibelsten Gewichte am stärksten zu ändern. Sicherlich ist es optimal (kurzfristig betrachtet), genau entgegen den Gradienten abzusteigen, wenn man die Weglänge des Abstiegs minimieren will, d.h. auf kürzestem Weg zu einem lokalen Optimum gelangen möchte. Wenn man jedoch nur die Gesamtanzahl der Schritte minimieren will, ohne die Länge der einzelnen Schritte zu bewerten, ist dies im allgemeinen nicht mehr der Fall. Insbesondere beim *Multilayer Perceptron* kann es erforderlich sein, „unsensible" Gewichte durch große Änderungen wieder in den sensiblen Bereich zu bringen, wodurch bei einer globalen Schrittweitensteuerung lange Lernzeiten verursacht werden: Wenn zum Beispiel ein Gewicht w_{ij} groß ist und deshalb das Neuron i bei allen Eingaben x^μ im Sättigungsbereich liegt, d.h. s_i sehr nahe bei 0 oder 1 liegt, dann ist die partielle Ableitung $\partial s_i / \partial w_{ij}$ sehr klein. Dies hat zur Folge, daß auch die partiellen Ableitungen für alle Vorgänger-Knoten (Neuronen) und -Kanten (Gewichte) sehr klein sind und deshalb bei einer globalen Schrittweitensteuerung kaum mehr verändert werden.

Wenn wir nun individuelle Schrittweiten anpassen wollen, genügt es nicht, den Verlauf des Gesamtfehlers zu betrachten: Wenn dieser zunimmt, war sicherlich eine Schrittweite zu groß, aber nicht unbedingt alle. Und umgekehrt, wenn der Gesamtfehler abnimmt, können trotzdem einzelne Schrittweiten zu groß gewesen sein, nur wurde der entstandene Fehler durch die Änderungen der übrigen Gewichte kompensiert. Ein individueller Indikator ist die partielle Ableitung $\partial E / \partial w_{ij}$: Solange diese das gleiche Vorzeichen besitzt wie beim letzten Änderungsschritt, sind die zugehörigen Gewichtsänderungen gleichsinnig, d.h. die letzte Änderung $\Delta w_{ij}(t\text{-}1)$ hätte auch größer sein dürfen. Hat sich das Vorzeichen aber geändert, macht die aktuelle Änderung $\Delta w_{ij}(t)$ die letzte zumindest teilweise wieder rückgängig, d.h. die letzte Änderung $\Delta w_{ij}(t)$ war zu groß. Optimal wäre die Schrittweite gewesen, wenn die aktuelle partielle Ableitung $\partial E / \partial w_{ij} = 0$ ist.

Jacobs schlug die sogenannte *Delta-bar-delta*-Methode vor [Jacobs88], bei der die einzelnen Schrittweiten Δ_{ij} gemäß obigen Überlegungen adaptiert werden:

$$\Delta w_{ij}(t) \quad := \quad -\Delta_{ij}(t)\frac{\partial E(t)}{\partial w_{ij}} \qquad mit$$

$$\Delta_{ij}(t) := \begin{cases} \kappa + \Delta_{ij}(t-1) & falls \quad \dfrac{\partial E(t-1)}{\partial w_{ij}} \cdot \dfrac{\partial E(t)}{\partial w_{ij}} > 0 \\[2ex] \eta^- \cdot \Delta_{ij}(t-1) & falls \quad \dfrac{\partial E(t-1)}{\partial w_{ij}} \cdot \dfrac{\partial E(t)}{\partial w_{ij}} < 0 \\[2ex] \Delta_{ij}(t-1) & sonst \end{cases}$$

wobei $\kappa > 0$ *und* $0 < \eta^- < 1$.

Hierbei werden die einzelnen Schrittweiten linear vergrößert, aber exponentiell verkleinert. Die exponentielle Verkleinerung ist naheliegend, da eine zu große Schrittweite halbiert werden sollte, denn einerseits können zu große Schrittweiten im Gegensatz zu einer zu kleinen Schrittweite das bisher erreichte zerstören, d.h. hier ist „Eile" geboten, und andererseits ist die halbierte Schrittweite immerhin mindestens halb so groß wie eine optimale.

Die lineare Vergrößerung führt jedoch dazu, daß insbesondere bei großen Schrittweiten die Anpassung zu langsam erfolgt. Viel plausibler ist hier ebenfalls eine exponentielle Anpassung. Tollenaere schlug diese Verbesserung vor und nannte das zugehörige Verfahren *SuperSAB*:

$$\Delta_{ij}(t):=\begin{cases}\eta^{+}\cdot\Delta_{ij}(t-1) & falls & \dfrac{\partial E(t-1)}{\partial w_{ij}}\cdot\dfrac{\partial E(t)}{\partial w_{ij}}>0\\[2ex]\eta^{-}\cdot\Delta_{ij}(t-1) & falls & \dfrac{\partial E(t-1)}{\partial w_{ij}}\cdot\dfrac{\partial E(t)}{\partial w_{ij}}<0\\[2ex]\Delta_{ij}(t-1) & sonst\end{cases}$$

mit $\eta^{+}>1$ *und* $0<\eta^{-}<1$.

Hiermit erreichte er nochmals signifikante Verbesserungen gegenüber der *Delta-bar-delta*-Methode [Tollenaere90].

2.2.4
Resilient Backpropagation (Rprop)

Wie bereits oben erwähnt, ist die adaptive Schrittweitensteuerung insbesondere wichtig, um effizient „unsensible" Gewichte in sensible Bereiche zu bringen. Typischerweise ist dabei der Gradient auf Grund des exponentiellen Abflachens der sigmoiden Ausgabefunktion (f_{log}) sehr gering, solange sich das zugehörige Neuron im „unsensiblen" Sättigungsbereich befindet, so daß hierdurch recht große Schrittweiten Δ_{ij} erzeugt werden. Wenn nun beim Verlassen des „unsensiblen" Bereichs die Schrittweite zu groß geworden ist, wird die Verkleinerung der Schrittweite kompensiert durch die schlagartige Zunahme der Steilheit des Gradienten. Dieses Problem kann jedoch vermieden werden, indem man die Schrittweite nicht indirekt steuert als Skalarfaktor vor der partiellen Ableitung, sondern direkt als effektive Schrittweite und dabei nur das Vorzeichen der partiellen Ableitung zur Festlegung der Änderungsrichtung pro Gewicht verwendet:

$$\Delta w_{ij}(t):=-\Delta_{ij}(t)\cdot\sigma(\frac{\partial E(t)}{\partial w_{ij}})\quad mit\quad \sigma(x)=\begin{cases}1 & x>0\\0 & x=0\\-1 & x<0\end{cases}$$

Die adaptive Schrittweitensteuerung entspricht *SuperSAB*:

$$\Delta_{ij}(t):=\begin{cases}\eta^{+}\cdot\Delta_{ij}(t-1) & falls & \dfrac{\partial E(t-1)}{\partial w_{ij}}\cdot\dfrac{\partial E(t)}{\partial w_{ij}}>0\\[2ex]\eta^{-}\cdot\Delta_{ij}(t-1) & falls & \dfrac{\partial E(t-1)}{\partial w_{ij}}\cdot\dfrac{\partial E(t)}{\partial w_{ij}}<0\\[2ex]\Delta_{ij}(t-1) & sonst\end{cases}$$

mit $\eta^{+}>1$ *und* $0<\eta^{-}<1$.

Günstige Werte sind 1,2 für η^+ und wie bereits genannt 0,5 für η^-. Ferner hat es sich als sinnvoll erwiesen, das exponentielle Anwachsen der Schrittweite in flachen Bereichen durch einen zusätzlichen Parameter Δ_{max} zu beschränken. Damit läßt sich das Risiko begrenzen, aus einem flachen Bereich über ein günstiges lokales Minimum hinwegzuspringen, ohne signifikant an Lerngeschwindigkeit zu verlieren. Da die Schrittweite sich exponentiell vergrößern kann, ist das Verfahren weitgehend unabhängig von der Einstellung der Anfangsschrittweite Δ_0, sofern diese nicht wesentlich zu groß gewählt wird. Eine vorsichtige Einstellung wird in wenigen Schritten schnell durch die exponentielle Anpassung auf die annähernd optimale Schrittweite vergrößert. Damit läßt sich feststellen, daß dieses Verfahren bezüglich der Parametereinstellung äußerst robust ist im Gegensatz zum Standard-Gradientenabstiegsverfahren (*Backpropagation*), bei dem die Einstellung der Schrittweite selbst zum Optimierungsproblem wird.

	Backprop	SuperSAB	Rprop
10-5-10 Encoder	137,1	49,2	19,0
6-Bit-Parity	279,6	82,6	52,8
12-2-12 Encoder	>15 000	536,0	210
Spirale	8 830	10 015	2 605

Tabelle 2.2. Vergleich der Lerngeschwindigkeit an vier Benchmark-Problemen bei jeweils optimaler Parametereinstellung. Diese erweist sich jedoch nur für das Standard-Gradientenabstiegsverfahren (Backpropagation) als sensibel bzgl. der Lerngeschwindigkeit, bei SuperSAB und Rprop hingegen ist diese robust (vgl. Abb. 2.5).

Dieses von uns vorgeschlagene Gradientenabstiegsverfahren namens Rprop (*Resilient Backprop*agation) erwies sich als den bisherigen Verfahren zur adaptiven Schrittweitensteuerung überlegen. Folgende Beispiele sollen die Leistungsfähigkeit dieses Ansatzes verdeutlichen, für eine ausführlichere Auswertung sei auf folgende Artikel verwiesen: [Riedmiller, Braun 92], [RiedmillerBraun 94], [Riedmiller 94].

Als Benchmark-Probleme wurden zwei relativ einfache (10-5-10-Encoder und 6-Bit-Parity) und zwei schwierige Probleme (12-2-12-Encoder und Spiralen-Problem) verwendet. Die Anzahl der benötigten Iterationen (Lernepochen) wurde jeweils für die optimale Parametereinstellung über 20 Läufe gemittelt bei zufälliger Anfangsinitialisierung der Gewichte. Der Lernvorgang wurde abgebrochen, sobald das 40-20-40-Kriterium von Scott Fahlmann erfüllt wurde: Eine Ausgabe des *Multilayer Perceptron* wurde im Bereich [0,0.4] als 0 und im Bereich [0.6,1] als 1 gewertet.

Für das Parity-Problem wurde eine 6-12-1-Topologie gewählt, d.h. 6 Eingabeneuronen, 12 verborgene Neuronen und 1 Ausgabeneuron. Die Aufgabe des Parity-Problems ist es, zu entscheiden, ob die Anzahl der Einsen in der Eingabe gerade ist. Als Lernmenge wurde alle $2^6{=}64$ Binärvektoren der Länge 6 verwendet.

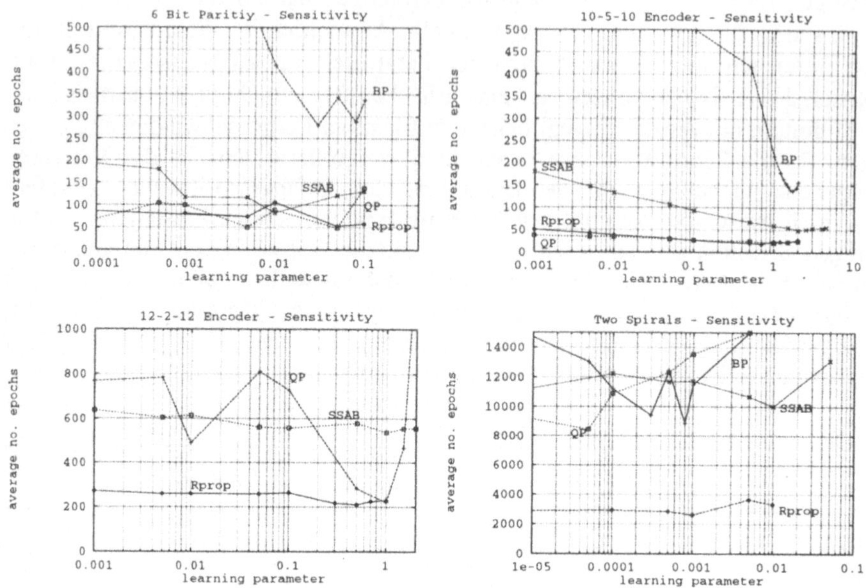

Abb. 2.5. Sensitivität der einzelnen Lernverfahren gegenüber der Parametereinstellung: Backpropagation(BP), Quickprop (QP), SuperSAB (SSAB) und Resilient Backpropagation (Rprop).

Die Aufgabe des Encoder-Problems besteht darin, die Eingabe in die schmale verborgene Schicht zu kodieren und anschließend wieder fehlerlos zu dekodieren. Die Eingaben werden als *1-aus-n*-Kodierung repräsentiert, d.h. beim 10-5-10-Encoder-Problem gibt es 10 Muster mit jeweils einer 1, beim 12-2-12-Encoder-Problem entsprechend 12 Muster. Da beim 12-2-12-Encoder-Problem die verborgene Schicht nur aus 2 Neuronen (13 und 14) besteht und folglich alle 12 Muster in das Einheitsquadrat des Zustandsraums von s_{13} und s_{14} kodiert und wieder dekodiert werden müssen, ist dieses wesentlich schwieriger als das 10-5-10-Encoder-Problem.

Das Spiralen-Problem schließlich besteht aus zwei ineinandergewickelten Spiralen im Einheitsquadrat, wobei auf der einen Spirale die Ausgabe 0 und auf der anderen die Ausgabe 1 sein soll. Die Spiralen werden in der Lernmenge mit 194 Mustern (Stützstellen) repräsentiert. Die Topologie ist hierbei 2-5-5-5-1 mit *Short-cut*-Verbindungen (d.h. die Neuronen einer Schicht sind jeweils mit allen darunterliegenden Schichten *direkt* verbunden). Dieses Lernproblem ist für das *Multilayer Perceptron* schwierig, weil die Trennlinien zwischen den Spiralen kreisförmig sind, während die Trennhyperebenen des Schwellwertneurons linear (genauer: Geraden im zweidimensionalen Eingaberaum) sind.

Die experimentellen Ergebnisse in Tabelle 2.2 belegen die Überlegenheit von Rprop gegenüber SuperSAB und Backpropagation. In der praktischen Anwendung ist nicht nur die Lerngeschwindigkeit bei optimaler Lernparametereinstellung von Bedeutung, sondern auch die Robustheit gegenüber dieser Wahl. Andernfalls verursacht eine langwierige Suche nach einer geeigneten Einstellung den größten

Zeitaufwand. In [Riedmiller94] wurden die vier Lernverfahren Backpropagation (BP), Quickprop (QP) (s. Abschnitt 2.2.6), SuperSAB (SSAB) und Resilient Backpropagation (Rprop) hinsichtlich ihrer Sensitivität gegenüber den Lernparametern getestet. Dabei stellte sich heraus, daß Rprop sehr robust gegenüber der Wahl der (Anfangs-) Lernrate ist und im Vergleich zu den anderen am besten abschneidet (vgl. Abb. 2.5). Insbesondere beim Standardverfahren Backpropagation stellt sich die Einstellung der Schrittweite als schwierig heraus. Man beachte hierbei auch, daß die Vergleichswerte für Backpropagation in Tabelle 2.2 nur für die optimale Einstellung der Lernparameter gilt.

Abb. 2.6. Generalisierungsverhalten beim Spiralen-Problem. Die Lernmenge wurde sowohl mit Weight Decay (rechts) als auch ohne Weight Decay (links) fehlerfrei eingelernt.

Wie bereits erwähnt, unterscheiden sich die Gradientenabstiegsverfahren mit individueller Schrittweitensteuerung von der globalen Steuerung darin, daß auch Gewichte mit kleinem Gradient stark verändert werden, solange nur die Richtung des Gradienten gleichbleibt. Dadurch können insbesondere bei Klassifikationsproblemen *Overfitting*-Effekte verursacht werden. Da bei diesen die Zielausgabe nur mit großen Gewichten näherungsweise erreicht werden kann, treibt *Rprop* die Gewichte in die Höhe und damit die Neuronen in den Sättigungsbereich, auch wenn damit der Fehler auf der Lernmenge nur geringfügig verbessert wird. Bei Backpropagation wird dieses Wachstum der Gewichte gebremst, da der Gradient im Sättigungsbereich der Neuronen sehr flach wird. Deshalb ist es im allgemeinen bei *Rprop* vorteilhaft, wenn das Wachstum mit einem quadratischen Penalty-Term für die Gewichte bestraft wird (*Weight Decay*). In Abb. 2.6 ist der Unterschied im Generalisierungsverhalten beim Spiralen-Problem gezeigt. In beiden Fällen hat *Rprop* den Lernfehler so stark verringert, daß alle Lernbeispiele korrekt klassifiziert werden. Die Generalisierung ist jedoch nur bei Verwendung von *Weight Decay* akzeptabel. Mit *Weight Decay* läßt sich ein besonders gutes Generalisierungsverhalten erzielen, wenn man den Gewichtungsfaktor für *Weight Decay* so groß wählt, daß eine weitere Vergrößerung den Lernfehler signifikant in die Höhe treibt und damit zu Fehlklassifikationen bei der korrekten Klassifikation auf der Lernmenge führt. Eine duale Art der Einstellung besteht darin, das Verhalten auf einer Testmenge zu beobachten und die Gewichtung des *Weight Decay* nur so groß zu wählen, daß ein *Overfitting* gerade noch unterdrückt werden kann.

Bemerkenswert ist auch, daß die adaptive Schrittweitensteuerung keinen zusätzlichen Rechenaufwand bedeutet und nur geringfügig mehr Speicherplatz für die Speicherung des alten Gradienten $\partial E(t-1)/\partial w_{ij}$ und der individuellen Schrittweite Δ_{ij} benötigt.

2.2.5
Rprop auf dichten Lernmengen

Zur Lösung des Lernproblems ist die Lernmenge von entscheidender Bedeutung. Um das erwünschte Verhalten des *Multilayer Perceptrons* durch Lernen, d.h. durch Optimieren des Fehlers auf der Lernmenge, zu erzielen, muß die Lernmenge hinreichend repräsentativ und umfassend sein. Ein bekannter Spruch aus der Praxis lautet (sinngemäß übersetzt): Es gibt nichts Wichtigeres als Daten außer - mehr Daten.

Prinzipiell treten zwei Fälle auf: Entweder ist die Anzahl der Lernbeispiele eher gering bzw. gerade ausreichend, oder es gibt (beliebig) viele Daten. Der erste Fall tritt weitaus häufiger auf. Die Anzahl der Lernbeispiele kann gering sein, wenn es insgesamt nur wenige gibt (z.B. bei der Zeitreihenprognose wie Aktien-, Währungs- und Zinsprognosen, wenn die verfügbaren historischen Zeitreihen kurz sind) oder wenn sie schwer zu beschaffen sind (z.B. Verhaltensbeispiele menschlicher Experten).

In diesem Abschnitt wollen wir uns jedoch mit dem Fall beschäftigen, daß (beliebig) viele Lerndaten vorhanden sind. Ein Beispiel hierfür ist die Prozeßidentifikation: Ein *Multilayer Perceptron* soll das Verhalten eines Prozesses modellieren. Hierzu können automatisch beliebig viele Daten durch Mitprotokollieren des Prozessverhaltens erzeugt werden. Ein anderes Beispiel hierfür ist, wenn die Lernbeispiele aus großen Datenbeständen automatisch erzeugt werden können wie z.B. bei der Bonitätsprognose für die Vergabe von Krediten: Falls die Banken die relevanten Merkmale und deren Folgen (Kredit geplatzt oder bezahlt) bei alten Verträgen bereits gespeichert haben, können hierbei umfangreiche Lernmengen entstehen.

Gradientenabstiegsverfahren, die in jedem Lernschritt die gesamte Lernmenge berücksichtigen, benötigen pro Lernschritt einen Zeitaufwand, der zur Größe der Lernmenge proportional ist. Bei sehr großen Lernmengen erhebt sich die Frage, ob für jede einzelne Gewichtsveränderung der Gradient auf der vollen Lernmenge berechnet werden muß oder eventuell der Gradient einer kleineren Lernmenge genügt. Beim *Blocklernen* wird die gesamte Lernmenge in Blöcke eingeteilt und in jedem Lernschritt jeweils nur der Gradient eines Blocks berechnet.

Ein biologisch motivierter Extremfall hiervon ist das *Musterlernen* (*learning by pattern*) mit der Blockgröße 1. Dieser Ansatz begründet sich biologisch dadurch, daß es nicht plausibel ist anzunehmen, daß beim Lernvorgang in natürlichen Gehirnen eine Lernmenge gespeichert wird, für die inkrementell der Fehler minimiert wird. Vielmehr sollte jedes Lernbeispiel direkt eine Änderung bewirken.

Zur Erinnerung: Beim Standard-Gradientenabstiegsverfahren (*Backpropagation*) werden die Gewichte gemäß folgender Regel verändert:

$$\Delta w_{ij}(t) := -\Delta(t)\frac{\partial E(t)}{\partial w_{ij}} = -\Delta(t)\sum_{\mu=1}^{p}\frac{\partial E^{\mu}(t)}{\partial w_{ij}}$$

Beim Musterlernen werden hingegen nicht erst alle einzelnen Gradienten pro Muster aufaddiert, sondern sofort die Gewicht entsprechend geändert:

$$\Delta w_{ij}(t') := -\Delta(t)\frac{\partial E^{\mu}(t')}{\partial w_{ij}} \qquad mit \quad t' = t \cdot p + \mu$$

Der einzige Unterschied zwischen *Epochenlernen* (d.h. Standard-Gradienten-abstiegsverfahren) und *Musterlernen* besteht darin, daß beim Epochenlernen erst alle Einzelgradienten pro Muster aufsummiert werden und dann die Gewichts-änderung durchgeführt wird, während beim Musterlernen bereits nach der Berech-nung jedes Einzelgradienten eine Gewichtsänderung erfolgt. Durch diese Gewichtsänderung ändert sich jedoch der Einzelgradient. Auf Grund der Stetigkeit der Ableitung der Fehlerfunktion ist diese Änderung um so kleiner, je kleiner die Schrittweite $\Delta(t)$ ist. Insbesondere läßt sich leicht zeigen, daß für $\Delta(t)$ gegen 0 die Trajektorie der Gewichte $w(t)$ des Lernvorgangs mit Musterlernen gegen die mit Epochenlernen strebt.

In der Anwendung wollen wir jedoch zur Beschleunigung des Lernvorgangs die Schrittweite $\Delta(t)$ möglichst groß machen. In diesem Fall kann das Muster-lernen erheblich vom Epochenlernen abweichen. Folgendes Beispiel mag dies verdeutlichen. Stellen wir uns eine stochastische Lernmenge L mit nur einer Stütz-stelle x mit vier verschiedenen Zielwerten vor, die in den Eckpunkten des Ein-heitsquadrats angeordnet sind: $L = \{(x,(0,0)), (x,(1,0)), (x,(0,1)), (x,(1,1))\}$. Starten wir den Lernalgorithmus jeweils mit einer initialen Belegung, so daß die Ausgabe des *Multilayer Perceptrons* bei Eingabe x weit außerhalb des Einheitsquadrats liegt, dann wird beim Musterlernen bei geeignet gewählter Schrittweite bis zu viermal schneller eine Ausgabe im Einheitsquadrat erreicht als mit Epochenlernen (da viermal sooft der Gewichtsvektor geändert wird). Innerhalb des Einheitsqua-drats wird jedoch nur beim Epochenlernen die Ausgabe direkt zum Mittelpunkt (0.5,0.5) wandern, an der der Fehler optimal ist, während die Ausgabe beim Musterlernen mit konstanter Schrittweite nicht konvergiert, sondern stets in Rich-tung des Zielwerts des aktuellen Lernbeispiels springt.

Eine naheliegende Verbesserung des Musterlernens besteht darin, bei jeder Gewichtsänderung nicht nur den Gradienten des aktuellen Musters zu berücksich-tigen, sondern auch die der früheren. Allerdings sind die Gradienten der früheren Muster nicht korrekt, da diese zu einem anderen Zeitpunkt ausgewertet wurden. Je weiter diese entfernt sind, desto größer kann der Fehler sein. Diese Fehlerzunahme bzw. diesen Informationsverlust kann man dadurch kompensieren, daß man diese Gradienten exponentiell abfallend gewichtet:

$$\Delta w_{ij}(t) := -\Delta(t)\sum_{k=0}^{\infty}\lambda^{-k}\frac{\partial E^{\mu(t-k)}(t-k)}{\partial w_{ij}}$$

Verwenden wir nun eine feste Schrittweite Δ, dann erhalten wir folgende einfache rekursive Formel:

$$\Delta w_{ij}(t) := -\Delta \frac{\partial E^{\mu(t)}}{\partial w_{ij}} + \lambda \cdot \Delta w_{ij}(t-1) \quad \text{mit } 0<\lambda<1$$

Demzufolge wird die letzte Gewichtsänderung, gewichtet mit einem Faktor λ, als Trägheitsmoment bei der aktuellen Gewichtsänderung berücksichtigt. Offensichtlich werden durch das Trägheitsmoment Oszillationen der Änderungsrichtung gedämpft und Tendenzen verstärkt. Folgende Überlegung quantifiziert diese beiden Fälle in Abhängigkeit von λ. Zur Einfachheit nehmen wir bei den Oszillationen an, daß diese genau invers sind, d.h. $\nabla E(t) = (-1)^t \cdot \nabla E$. Dann gilt:

$$\Delta w_{ij}(t) \quad := -\Delta \cdot \sum_{k=0}^{\infty} \lambda^k (-1)^{t-k} \frac{\partial E}{\partial w_{ij}}$$

$$= (-1)^{t+1} \Delta \frac{\partial E}{\partial w_{ij}} \sum_{k=0}^{\infty} (-\lambda)^k$$

$$= (-1)^{t+1} \frac{\Delta}{1+\lambda} \cdot \frac{\partial E}{\partial w_{ij}}$$

Entsprechend gilt für den Fall, daß der Gradient gleich bleibt, d.h. $\nabla E(t) = \nabla E$:

$$\Delta w_{ij}(t) \quad := -\Delta \cdot \sum_{k=0}^{\infty} \lambda^k \frac{\partial E}{\partial w_{ij}}$$

$$= -\Delta \frac{\partial E}{\partial w_{ij}} \sum_{k=0}^{\infty} \lambda^k$$

$$= -\frac{\Delta}{1-\lambda} \cdot \frac{\partial E}{\partial w_{ij}}$$

Zusammenfassend können wir feststellen, daß Oszillationen mit dem Faktor $(1+\lambda)^{-1}$ gedämpft und Tendenzen mit dem Faktor $(1-\lambda)^{-1}$ verstärkt werden.

[Anmerkung: Die Dämpfung von Oszillationen um Faktor $(1+\lambda)^{-1}$ erscheint auf den ersten Blick gering zu sein. Bedenken wir jedoch, daß auf Grund der Verstärkung der Tendenzen um Faktor $(1-\lambda)^{-1}$ die Schrittweite um ungefähr diesen Faktor reduziert werden muß, dann multiplizieren sich diese beiden Effekte und die relative Dämpfung beträgt $(1-\lambda)/(1+\lambda)$, dies bedeutet beispielsweise bei $\lambda=0{,}99$ eine relative Dämpfung von ungefähr 1/200.]

Die Einstellung der Schrittweite Δ ist ähnlich problematisch wie beim Epochenlernen: Eine zu kleine Schrittweite verursacht hohen Rechenaufwand, eine zu hohe kann das bisher Erreichte zerstören und die „optimale" Schrittweite ist nicht konstant über den gesamten Lernvorgang. Deshalb ist es naheliegend, die Schrittweite adaptiv einzustellen. Beim Epochenlernen war die Schrittweite optimal, wenn man in einem Schritt zum lokalen Minimum in Richtung der Gewichtsänderung Δw gelangt, d.h. wenn nach einem Lernschritt der neue Gradient senkrecht zum vorherigen steht. Solange das Skalarprodukt dieser beiden Gradienten positiv ist, wird deshalb die Schrittweite erhöht, und falls das Skalarprodukt negativ ist, entsprechend erniedrigt. Auf Grund des Trägheitsmoments kann dies jedoch nicht das Ziel beim Musterlernen sein, denn wenn bereits in einem Schritt das lokale Minimum in Richtung der Gewichtsänderung $\Delta w(t)$ erreicht wird, dann wird durch die zusätzliche Berücksichtigung von $\Delta w(t)$ in den weiteren Gewichtsänderungen $\Delta w(t+k)$ (und zwar im k-ten Folgeschritt mit Faktor λ^k) über das lokale Minimum „hinausgeschossen". In anderen Worten, durch das Trägheitsmoment wird die Gewichtsänderung in Richtung der aktuellen Änderungsrichtung exponentiell abfallend über die Folgeschritte verteilt. Die effektive Schrittweite in Richtung der aktuellen Änderungsrichtung berechnet sich deshalb folgendermaßen:

$$\Delta w_{ij}^{effectiv}(t) \quad := \sum_{k=0}^{\infty} \lambda^k \cdot \Delta w_{ij}(t)$$

$$= \Delta w_{ij}(t) \cdot \sum_{k=0}^{\infty} \lambda^k$$

$$= \frac{1}{1-\lambda} \cdot \Delta w_{ij}(t)$$

Dies bedeutet, daß die effektive Schrittweite um Faktor $(1-\lambda)^{-1}$ größer ist. Ein weiteres Problem wirft die Frage auf, von welcher Fehlerfunktion erwarten wir, daß die optimale Schrittweite ein lokales Minimum erreicht. Eine Möglichkeit besteht darin, die Gesamtfehlerfunktion E zu nehmen. Bedenken wir jedoch, daß die Gewichtsänderungsregel

$$\Delta w_{ij}(t) := -\Delta(t) \sum_{k=0}^{\infty} \lambda^{-k} \frac{\partial E^{\mu(t-k)}(t-k)}{\partial w_{ij}}$$

die Gradienten der Fehler pro Muster exponentiell abfallend gewichtet, erscheint es adäquater, bei der Fehlerfunktion die Einzelfehler entsprechend zu gewichten:

$$E(t) := \sum_{k=0}^{\infty} \lambda^{-k} E^{\mu(t-k)}$$

Damit können wir die Schrittweitenanpassung auf die des Epochenlernens reduzieren:

- Die Schrittweite für das Musterlernen Δ^m berechnet sich aus der (effektiven) Schrittweite Δ^e für das Epochenlernen durch Verkürzung um Faktor $(1-\lambda)$: $\Delta^m := (1-\lambda) \cdot \Delta^e$
- Wir adaptieren für E(t) die (effektive) Schrittweite gemäß Epochenlernen, d.h. wir machen in w^t einen probeweisen (virtuellen) Lernschritt mit der aktuellen Schrittweite Δ^e und passen diese entsprechend dem Skalarprodukt der beiden Gradienten an.

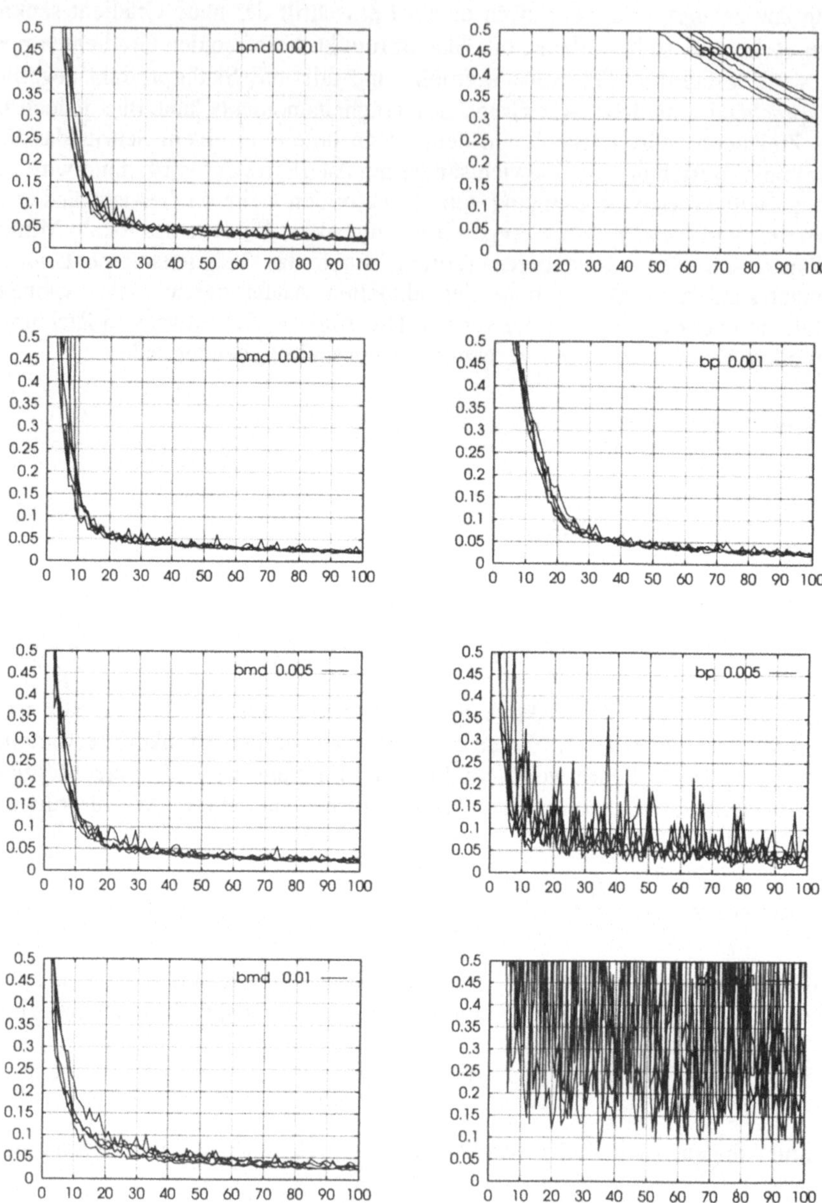

Abb. 2.7. Vergleich der Lernkurven bei verschiedenen Schrittweiten (0.0001, 0.001, 0.005, 0.01) mit und ohne Schrittweitenadaption. (Der Benchmark entstammt der Modellierung eines inversen Pendels.) Parametereinstellung: p=100, λ=0.99, η⁺=1.05, η⁻=0.9 .

Diese idealisierte Vorgehensweise muß man aus Effizienzgründen noch etwas vereinfachen. Zum einen bricht man die unendliche Reihe ab einer geeignet gewählten Stelle p ab, wenn die restlichen Terme auf Grund der exponentiell abfallenden Gewichte vernachlässigbar klein werden. Zum anderen berechnet man nicht in jedem Lernschritt eine neue Schrittweite, sondern höchstens alle $2p$ Schritte, damit der Aufwand für die Schrittweitenanpassung nicht den Aufwand für das Musterlernen übertrifft.

Dieses von mir vorgeschlagene Verfahren hat Johannes Schäfer in seiner Diplomarbeit an verschiedenen Benchmark-Problemen getestet. Für die Optimierung der Schrittweite benutzte er sowohl die globale als auch die lokale Schrittweitenanpassung (Rprop) [Schäfer94]. Dabei stellte sich heraus, daß die globale Schrittweitensteuerung die Schrittweite robust und nahezu optimal einregelt. In Abb. 2.7 kann man an Hand der Lernkurven von jeweils fünf zufälligen Anfangsinitialisierungen bei verschiedenen Startschrittweiten erkennen, daß das Standard-Musterlernverfahren sehr empfindlich auf deren Einstellung reagiert, während bei der adaptiven Schrittweiteneinstellung die Lernkurve weitgehend unabhängig von der Startschrittweite annähernd optimal verläuft. Darüber hinaus ist in Abb. 2.8 zu erkennen, daß es nicht eine optimale (konstante) Schrittweite für den gesamten Lernvorgang gibt, sondern daß die anfänglich große Schrittweite von 0.005 nach wenigen Lernepochen auf 0.002 heruntergeregelt werden muß. Dies entspricht auch den Ergebnissen in Abb. 2.7 für die konstante Schrittweite: Die Schrittweite 0.005 führt nach wenigen Lernschritten zu Oszillationen, während bei Schrittweite 0.001 der Lernfehler zwar gleichmäßig fällt, jedoch anfangs deutlich langsamer als bei adaptiver Einstellung der Schrittweite.

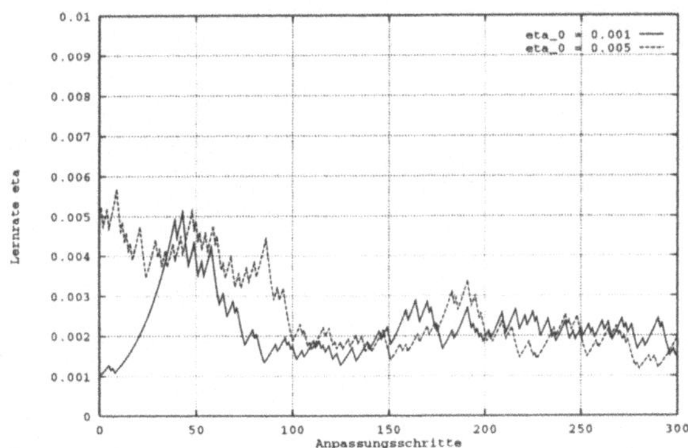

Abb. 2.8. Adaptive Schrittweitenanpassung.

Nach den positiven Erfahrungen mit der individuellen Schrittweitenadaption beim Epochenlernen (*Rprop*) ist es naheliegend, diesen Ansatz auch auf das Musterlernen zu übertragen. Hierbei haben die experimentellen Untersuchungen von Schäfer jedoch gezeigt, daß die Ungenauigkeiten der Gradienten-Schätzung mit Hilfe des Trägheitsmoments keine hinreichend präzise Schrittweitensteuerung zulassen.

Deshalb mußten wir uns mit einer bescheideneren Änderung von Rprop zufrieden geben: Die Schrittweite wird wie bei Rprop nach jeder Epoche geändert, im Unterschied zum Epochenlernen werden die Gewichte jedoch nach jedem Muster geändert. Zur Steuerung der Schrittweite wird die Gradienteninformation der vergangenen Epoche verwendet. Formal erhalten wir damit folgende Variante von *Rprop* für das Musterlernen [bei Schäfer als *Online Propagation OPAL* bezeichnet]:

Das zum Zeitpunkt t betrachtete Muster sei $\mu(t)$, der zugehörige Einzelfehler $E^{\mu(t)}$. Der Gewichtsänderungsschritt bei jedem Muster lautet:

$$\Delta w_{ij}(t) := -\Delta_{ij}(t) \cdot \sum_{k=0}^{\infty} \lambda^{-k} \frac{\partial E^{\mu(t-k)}(t-k)}{\partial w_{ij}}$$

Die Schrittweiten werden nach jeder Lernepoche adaptiert, d.h. bei p Mustern mit Periode p. Sei also nach e Epochen $t = e \cdot p$. Dann ist die aktuelle Gradienteninformation für die zurückliegende Epoche:

$$\Delta E(e) := \sum_{k=0}^{p-1} \frac{\partial E^{\mu(t-k)}(t-k)}{\partial w_{ij}}$$

Entsprechend Rprop lautet die Schrittweitenanpassungsregel:

$$\Delta_{ij}(t) := \begin{cases} \eta^+ \cdot \Delta_{ij}(t-1) & falls \quad \Delta E(e-1) \cdot \Delta E(e) > 0 \\ \eta^- \cdot \Delta_{ij}(t-1) & falls \quad \Delta E(e-1) \cdot \Delta E(e) < 0 \\ \Delta_{ij}(t-1) & sonst \end{cases}$$

mit $\eta^+ > 1$ und $0 < \eta^- < 1$.

Hierbei läßt sich die Formel

$$\sum_{k=0}^{\infty} \lambda^{-k} \frac{\partial E^{\mu(t-k)}(t-k)}{\partial w_{ij}}$$

mit geringem zusätzlichen Speicheraufwand berechnen:

Sei $\Delta \widetilde{w}_{ij}(0) := 0$,

$$\Delta \widetilde{w}_{ij}(t) := -\Delta \frac{\partial E^{\mu(t)}}{\partial w_{ij}} + \lambda \cdot \Delta \widetilde{w}_{ij}(t-1)$$

Dann gilt:

$$\Delta \widetilde{w}_{ij}(t) = \sum_{k=0}^{\infty} \lambda^{-k} \frac{\partial E^{\mu(t-k)}(t-k)}{\partial w_{ij}}$$

Inwiefern die eine oder andere Variante des Musterlernens zu einer Verbesserung führt, hängt vom gegebenen Lernproblem ab. Qualitativ läßt sich sagen, daß Musterlernen vor allem zu Beginn des Lernvorgangs einen großen Geschwindigkeitsgewinn erbringt. Zu diesem Zeitpunkt genügt bereits die Gradienteninformation über eine kleinen Teil der Lernmenge, um den Fehler zu verringern. Wenn jedoch gegen Ende des Lernvorgangs die Feinheiten des Gesamtfehlers optimiert werden, kann Musterlernen eventuell auf höherem Fehlerniveau als Epochenlernen stagnieren, da immer nur die unvollständige Gradienteninformation verarbeitet wird. Diese Eigenschaft kann jedoch hinsichtlich der Generalisierungsfähigkeit von Vorteil sein, da dadurch ein *Overfitting* vermieden wird.

Als zweites Benchmark-Problem untersuchten wir das Schilddrüsen-Problem, bei dem ca. 3000 Muster in drei Klassen eingeteilt werden müssen. Das Problem ist hierbei, daß 92% der Muster bereits in eine Klasse fallen. Dies mag der Grund dafür sein, daß Musterlernen mit globaler Schrittweitensteuerung die Performanz von *Rprop* mit Epochenlernen nicht erreichen konnte. Musterlernen mit individueller Schrittweitensteuerung konnte jedoch dieses noch übertreffen (s. Abb. 2.9). [Anmerkung: Der Ansatz des Musterlernens läßt sich problemlos auf das Blocklernen ausdehnen, indem man statt der Einzelfehler pro Muster den Fehler pro Block verwendet. So erscheint es z.B. sinnvoll, beim Ziffernerkennungsproblem Blöcke von jeweils zehn Ziffern zu bilden, so daß in jedem Block jede Ziffer vorhanden ist. Durch diese ausgewogene Repräsentation der Lerntypen in jedem Block werden Oszillationen des Gewichtsänderungsvektors weitgehend unterdrückt.]

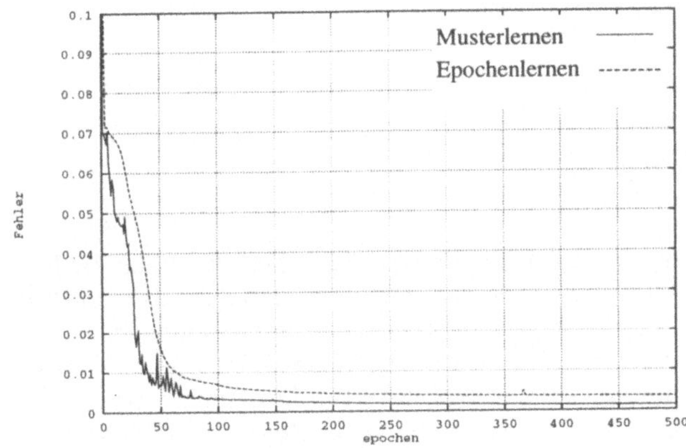

Abb. 2.9. Vergleich von Epochen- und Musterlernen bei Einzel-Schrittweitenanpassung (Rprop) am Benchmark Schilddrüsen-Problem [Parametereinstellung: $\lambda=0.99$, $\Delta_0=0.001$]

2.2.6
Gradientenabstieg für quadratische Polynome

Ziel der Gradientenabstiegsverfahren ist es, ein lokales Minimum der Fehlerfunktion E zu finden. In anderen Worten, gesucht ist eine Nullstelle der Ableitung von E. Unter der Annahme, daß E ein quadratisches Polynom ist, gilt, daß die Ableitung linear ist. Folglich genügt es, ein lineares Gleichungssystem zu lösen, um ein lokales Minimum eines quadratischen Polynoms zu finden. Leider ist die Fehlerfunktion E kein quadratisches Polynom, aber wir können trotzdem in erster Näherung davon ausgehen und hierfür die optimale Gewichtsänderung ausrechnen. Dazu approximieren wir die Fehlerfunktion durch die Taylorreihe zweiter Ordnung:

$$E(w) \approx E(w') + (w\text{-}w')\cdot\nabla E(w') + \tfrac{1}{2}\,(w\text{-}w')\cdot H(w')\cdot(w\text{-}w')^T$$

wobei $\nabla E(w')$ der Gradient von E und $H(w')$ die Hesse-Matrix (zweite Ableitung) an der Stelle w' ist. Für das lokale Minimum dieser Annäherung muß deren Ableitung eine Nullstelle besitzen:

$$0 = \nabla E(w') + (w\text{-}w')\cdot H(w')$$

Oder anders ausgedrückt:

$$\Delta w = w\text{-}w' = -\,\nabla E(w')\cdot H(w')^{-1}$$

Dieses Näherungsverfahren bezeichnet man als Newton-Methode. Da die Berechnung der Hesse-Matrix und deren Inverse (sofern diese überhaupt existiert) ausgesprochen aufwendig ist, läßt sich dieses Verfahren dahingehend vereinfachen, daß man die Optimierung isoliert für jedes Gewicht betrachtet, unabhängig von den anderen, d.h. man sucht Lösungen für die Gleichungen

$$0 = \frac{\partial E(w')}{\partial w_{ij}} + (w_{ij} - w'_{ij})\cdot\frac{\partial E(w')}{\partial w_{ij}{}^2}$$

Oder anders ausgedrückt:

$$\Delta w_{ij} = w_{ij}\text{-}w_{ij}{}' = -\,\frac{\partial E(w')}{\partial w_{ij}} \Big/ \frac{\partial E(w')}{\partial w_{ij}{}^2}$$

Falls E ein quadratisches Polynom ist (bzw. die Approximation durch die Taylorreihe hinreichend genau ist), garantiert dieser Ansatz die optimale (bzw. nahezu optimale) Schrittweite für das Gewicht w_{ij}. Dies bedeutet aber, daß in jedem Lernschritt nur ein Gewicht verändert wird, im Unterschied zum Standard-Gradientenabstieg, bei dem alle Gewichte gleichzeitig abgeändert werden. Ändert man jedoch alle Gewichte gleichzeitig ab, dann können durch die Nichtbeachtung der vorhandenen Abhängigkeiten zwischen den Gewichten Fehler entstehen (exakt wäre die Newton-Methode mit der vollständigen Hesse-Matrix).

Da die Berechnung der zweiten Ableitung zusätzlichen Rechenaufwand bedeutet und die „eindimensionale" Newton-Methode sowieso nicht exakt ist, hat Fahlmann diese Methode nochmals vereinfacht, indem er die zweite Ableitung durch eine Differenzengleichung approximiert hat:

$$\frac{\partial E(w')}{\partial w_{ij}{}^2} \approx \frac{\dfrac{\partial E(w')}{\partial w_{ij}} - \dfrac{\partial E(w'^{-1})}{\partial w_{ij}}}{w_{ij}^{\,t} - w_{ij}^{\,t-1}}$$

Damit erhalten wir als Gewichtsänderungsregel:

$$\Delta w_{ij} = w_{ij} - w_{ij}{}^{t} = -\frac{\dfrac{\partial E(w^{t})}{\partial w_{ij}}}{\dfrac{\partial E(w^{t})}{\partial w_{ij}} - \dfrac{\partial E(w^{t-1})}{\partial w_{ij}}} \cdot (w_{ij}^{t} - w_{ij}^{t-1})$$

Da diese Approximationen in ungünstigen Fällen katastrophale Auswirkungen haben können, etwa wenn $\partial E(w^{t})/\partial w_{ij} \approx \partial E(w^{t-1})/\partial w_{ij}$ gilt und der Nenner nahezu 0 wird, muß aus „Sicherheitsgründen" die maximale Schrittweite beschränkt und eine minimale Schrittweite garantiert werden. Diese Methode bezeichnete Fahlmann als *Quickprop* [Fahlmann88]. Die Lerngeschwindigkeit erreicht bei Benchmark-Problemen teilweise die von *Rprop*, vorausgesetzt die maximale und minimale Schrittweite ist optimal eingestellt (s. Tabelle 2.3). Diese Einstellung ist jedoch im Vergleich zu *Rprop* signifikant weniger robust.

	Backprop	Quickprop	Rprop
10-5-10 Encoder	137,1	21,0	19,0
6-Bit-Parity	279,6	50,5	52,8
12-2-12 Encoder	>15 000	221,0	210
Spirale	8 830	8 415	2 605

Tabelle 2.3. Vergleich der Lerngeschwindigkeit von Rprop und Quickprop.

Wie wir oben gesehen haben, ist die Newton-Methode besonders geeignet für eindimensionale Funktionen, während bei mehrdimensionalen Funktionen die Berechnung der Hesse-Matrix und deren Inversion erheblichen Rechenzeitaufwand verursachen. Statt nun wie bei Quickprop für jedes einzelne Gewicht die optimale Schrittweite näherungsweise zu berechnen, könnte man auch zuerst eine Richtung festlegen und für diese die optimale Schrittweite ermitteln. Die vielversprechendste Richtung ist genau entgegen dem Gradienten. Diesen Ansatz verwendet die *Steepest-Descent*-Methode: In jedem Lernschritt wird zuerst die aktuelle Gradientenrichtung berechnet und dann mit einem schnellen *Line-Search*-Verfahren wie z.B. der Newton-Methode das lokale Minimum in dieser Richtung gesucht.

Diese Methode läßt sich zumindest für quadratische Polynome noch etwas verbessern, indem die neue Suchrichtung $d(t)$ nicht nur den aktuellen Gradienten, sondern auch die Gradienten in der Vergangenheit in Form eines Trägheitsmoments mitberücksichtigt:

$$d(t+1) := \nabla E(w^{t}) + \beta \cdot d(t)$$

Wählen wir β gemäß der Polak-Ribiere-Regel

$$\beta := \frac{(\nabla E(w^{t+1}) - \nabla E(w^{t})) \cdot \nabla E(w^{t+1})}{(\nabla E(w^{t}))^{2}}$$

dann läßt sich zeigen, daß bei quadratischen Polynomen der Dimension n ein lokales Minimum nach maximal n Schritten gefunden wird. Leider hat sich dieses mathematisch elegante Verfahren bei der Optimierung des *Multilayer Perceptrons* in der Praxis nicht bewährt. Hierfür gibt es zweierlei Gründe: Zum einen verhält sich eine sigmoide Funktion insbesondere im Sättigungsbereich anders als ein quadratisches Polynom und damit auch insgesamt die Fehlerfunktion E. Dies hat zur Folge, daß der zusätzliche Aufwand bei der Minimumssuche auf der jeweils festgelegten Suchrichtung $d(t)$ nicht die erhoffte Verbesserung der Schrittweitenschätzung erbringt. Zum anderen wird durch die starke Berücksichtigung des Gradienten auch hier nicht das oben erwähnte Problem gelöst, daß teilweise gerade die „unsensiblen" Gewichte (von Neuronen im Sättigungsbereich) in den „sensiblen" Bereich durch möglichst wenige Lernschritte gebracht werden müssen.

2.2.7
Lernverfahren für ENZO

Bei unserem evolutiven Netzwerkoptimierer *ENZO* soll ein Gradientenabstiegsverfahren zur Nachoptimierung der Nachkommen eingesetzt werden. Da dieser Einsatz automatisch erfolgen muß, ist Voraussetzung hierfür, daß alle Parameter des Lernverfahrens ohne Interaktion eines menschlichen „Ratgebers" gesetzt werden können. Sollen diese Parameter während der gesamten Evolution konstant bleiben, dann muß das Lernverfahren sehr robust gegen Veränderungen der Netztopologie sein, da durch die Evolution eine Vielzahl sehr unterschiedlicher Topologien erzeugt werden, und zwar anfangs eher große und gegen Ende des Verfahrens relativ kleine, aber schwierig zu lösende Topologien.

Ferner verbraucht diese Nachoptimierung einen großen Teil der Rechenzeit. Deshalb ist die Lerngeschwindigkeit von entscheidender Bedeutung für die Gesamtlaufzeit der Evolution. Auf Grund der Lerngeschwindigkeit kommen deshalb entsprechend obigen Überlegungen und experimentellen Untersuchungen sowohl *Rprop* als auch *Quickprop* in Frage (mit Geschwindigkeitsvorteilen für *Rprop* bei gewissen Lernproblemen wie z.B. dem Spiralen-Problem). Da jedoch *Quickprop* signifikant sensibler reagiert auf eine günstige Parametereinstellung, haben wir in unseren Experimenten mit *ENZO* stets *Rprop* verwendet.

2.3
Explizite Wissensrepräsentation (Prototypen)

2.3.1
Überblick

Bei der expliziten Repräsentation von Wissen setzt sich, wie bereits oben erwähnt, das Gesamtwissen zusammen aus lokal begrenztem Einzelwissen wie z.B. einzelnen Fakten oder Regeln. Bei neuronalen Netzmodellen besteht das Gesamtwissen aus der Netztopologie und den Parametern (Gewichte und Schwellwerte). Wenn man aus diesen Werten direkt die der Gesamtfunktion zugrundeliegenden Strategien bzw. Regeln ablesen kann, bezeichnet man die Wissensrepräsentation als explizit. Kennzeichnend ist deshalb für ein neuronales Netzmodell mit expliziter

Wissensrepräsentation, daß sich das Netz aus einer Vielzahl von Modulen aufbaut, die weitgehend unabhängig voneinander sind. Sicherlich ist diese Definition gradualistisch zu interpretieren. Wir werden insbesondere bei dem Modell der radialen Basisfunktionen sehen, daß sich durch die Einstellung eines Modellparameters, und zwar der Breite der Gauß-Glocken bzw. deren Überlappung, ein mehr oder weniger stufenloser Übergang zwischen expliziter und impliziter Wissensrepräsentation erzeugen läßt.

Der einfachste Fall sind Klassifikatoren, bei denen jedes Modul seine Zuständigkeit bewertet. Die Ausgabe eines Klassifikators ist typischerweise eine *1-aus-n*-Kodierung, bei denen das *i*-te Ausgabeneuron die Klasse *i* kodiert. Bei den *Winner-takes-all-Netzen* wie *selbstorganisierenden Karten* [Kohonen82, Kohonen89] und *Adaptive-Resonanz-Theorie-Modellen* [Grossberg76, Grossberg87] kann man die Neuronen als *Prototypen* interpretieren. Nur der Prototyp, der der Eingabe am ähnlichsten ist, bestimmt die Ausgabe. In diesem Sinne basiert das Gesamtwissen auf lokal begrenztem Wissen, den Prototypen als Idealbilder (bzw. Repräsentanten) der Klasse.

Platon führte den Begriff des Ideals ein, nach dem alle realen Ausprägungen streben. Im Umkehrschluß kann man sagen, daß gerade der Durchschnitt über alle realen Ausprägungen dem Ideal nahekommt. Neuere Untersuchungen, in denen viele Bilder solcher Ausprägungen in normierter Weise übereinander-„geblendet" werden, haben bestätigt, daß der Mensch gerade diese „Durchschnittstypen" als schön empfindet, jedoch andererseits sich diese kaum im Gedächtnis behalten kann (das Normale bzw. Durchschnittliche hat keine abweichende, charakterisierende Eigenschaften).

Durchschnitt läßt sich auf zwei Arten bilden: Zum einen der logische Durchschnitt und zum anderen der arithmetische Durchschnitt. Beim logischen Durchschnitt charakterisieren nur die Merkmale den Prototyp, die alle Ausprägungen einer Klasse gemeinsam besitzen. Diesen Ansatz könnte man auch als minimalistisch bezeichnen. Beim arithmetischen Durchschnitt hingegen muß man voraussetzen, daß alle Ausprägungen dieselben Merkmale besitzen, der Unterschied besteht in den Werten dieser Merkmale. Typischerweise kommen beide Durchschnittsbildungen zusammen vor: Die relevanten Merkmale werden durch den logischen Durchschnitt ausgewählt, deren Werte durch den arithmetischen Durchschnitt.

Folgendes Beispiel mag dies verdeutlichen. Der prototypische Tisch hat vier Beine und eine Platte. Andere Merkmale wie z.B. Farbe und Material sind durch die logische Durchschnittsbildung entfernt (dies trifft nicht zu für Unterklassen wie den prototypischen „Naturholztisch"). Die Höhe des Tisches und Größe der Tischplatte bestimmt sich durch arithmetische Mittelungsbildung.

Im folgenden werden wir zuerst zwei bekannte neuronale Modelle erläutern, die diese beiden Durchschnittsarten verwenden: Die *adaptive Resonanz-Theorie* verwendet den logischen Durchschnitt (s. Abschnitt 2.3.3) und die *selbstorganisierenden Karten* den arithmetischen Durchschnitt (s. Abschnitt 2.3.4). Die radialen Basisfunktionen verallgemeinern den Ansatz der Klassifikation zu einer unscharfen Klassifikation (s. Abschnitt 2.3.6). Wir werden hieran erläutern, inwieweit mit Zunahme der Unschärfe auch die Explizitheit des Wissens verschwimmt.

Mit Hilfe der Klassifikation lassen sich auch allgemeine Assoziationsaufgaben lösen, indem man nach dem Prinzip *Divide and Conquer* jeder Klasse einen eigenen Experten zuordnet. Counterpropagation ordnet jeder Klasse eine konstante Ausgabe zu, d.h. ebenfalls einen Prototyp im Ausgaberaum [Hecht-Nielsen90] (s. Abschnitt 2.3.5.1). Die *lokalen linearen Karten* von Ritter, Martinetz und Schulten verallgemeinern dies und ordnen jeder Klasse eine lineare Approximation zu [Ritter90] (s. Abschnitt 2.3.5.3). Beim Modell der radialen Basisfunktionen wird zwar jeder Klasse ebenfalls nur eine konstante Ausgabe zugeordnet, durch die Unschärfe wird jedoch der Übergang zwischen den Klassen geglättet und dadurch eine kontinuierliche Funktion erzeugt (s. Abschnitt 2.3.6). Insgesamt lassen sich die Ausgabefunktionen der drei Modelle folgendermaßen charakterisieren: Counterpropagation erzeugt eine Treppenfunktion, die *motorischen Karten* eine stückweise lineare Funktion und die radialen Basisfunktion eine stetige, differenzierbare Funktion.

2.3.2
Winner-takes-all-Modelle

Das Grundmodell für alle im folgenden betrachteten Modelle ist das *Winner-Takes-All-Netz (WTAN)*. Alle anderen Modelle sind Varianten bzw. Verfeinerungen hiervon. Wir wollen deshalb zuerst dieses Grundmodell erläutern.

Im folgenden betrachten wir zweischichtige Klassifikator-Netze, die jeweils eine Eingabeschicht $(x_1,..,x_n)$ und eine Ausgabeschicht $(s_1,..,s_m)$ besitzen. Jedes Neuron in der Ausgabeschicht berechnet bei gegebener Eingabe x seine Zuständigkeit bzw. Bewertung. Das Neuron mit der höchsten Bewertung ist der sogenannte *Winner* und bestimmt die Ausgabe. Durch laterale Inhibition (Verbindungen mit negativen Gewichte) werden die anderen unterdrückt. Daher auch der Name *Winner-takes-all*. Bei dem einfachsten Modell berechnet sich die Bewertung als Ähnlichkeitsmaß zwischen Eingabe und Gewichtsvektor des Neurons. Verwendet man als Ähnlichkeitsmaß die euklidische Metrik, dann wird bei Eingabe x das Neuron k mit dem kleinsten euklidischen Abstand $||x\text{-}w^k||$ als *Winner* ausgewählt:

$$s_k = ||x\text{-}w^k|| = min \{ ||x\text{-}w^{k'}|| \mid 1 \leq k' \leq m \}$$

Ziel des Lernverfahrens ist es, diese Bewertung zu stabilisieren, d.h. die Bewertung des *Winners* zu erhöhen. Deshalb wird beim sogenannten Wettbewerbslernen (*competitive learning*) der Gewichtsvektor w^k des *Winners* entsprechend der Lernregel beim Perzeptron abgeändert:

$$w^k := w^k + \Delta(t) \cdot (x\text{-}w^k).$$

Zur Stabilisierung des Lernvorgangs schwächt man die Veränderung des Gewichtsvektors im Laufe der Lernphase ab: z. B. $\Delta(t) := 1/t$ im t-ten Schritt. Wählen wir

$$\Delta(t) := 1 / \#\{x(t') \mid Neuron\ k\ Winner\ bei\ x(t')\ und\ t' \leq t \}$$

(mit $\#M$ = Anzahl der Elemente von M), dann ist

$$w^k = Mittelwert\ von\ \{x(t') \mid Neuron\ k\ Winner\ bei\ x(t')\ und\ t' \leq t \}.$$

Bei normierten Gewichtsvektoren können wir das Ähnlichkeitsmaß auf das bei Schwellwertneuronen übliche Skalarprodukt reduzieren:

$$\|x\text{-}w^k\| = min\ \{\ \|x\text{-}w^{k'}\|\ \mid\ 1{\leq}k'{\leq}m\}$$

$$\Leftrightarrow\ \|x\text{-}w^k\|^2 = min\ \{\ \|x\text{-}w^{k'}\|^2\ \mid\ 1{\leq}k'{\leq}m\}$$

$$\Leftrightarrow\ x^2 + (w^k)^2 - 2\,x*w^k = min\ \{\ x^2 + (w^{k'})^2 - 2\,x*w^{k'}\ \mid\ 1{\leq}k'{\leq}m\}$$

$$\Leftrightarrow\ (w^k)^2 - 2\,x*w^k = min\ \{\ (w^{k'})^2 - 2\,x*w^{k'}\ \mid\ 1{\leq}k'{\leq}m\}$$

Falls die Gewichtsvektoren normiert sind gilt weiter:

$$\Leftrightarrow\ -\,2\,x*w^k = min\ \{-\,2\,x*w^{k'}\ \mid\ 1{\leq}k'{\leq}m\}$$

$$\Leftrightarrow\ x*w^k = max\ \{x*w^{k'}\ \mid\ 1{\leq}k'{\leq}m\}$$

Die Normierung der Gewichtsvektoren kann man zum einen dadurch erreichen, daß man die Normierung in den Lernschritt integriert. Zum anderen werden die Gewichtsvektoren durch obige Gewichtsänderungsregel nahezu normiert, wenn die Eingabevektoren normiert sind.

Ein Problem des *Winner-takes-all*-Verfahrens besteht in der geeigneten Initialisierung der Prototypen (alias Gewichtsvektoren). Verwendet man hierfür eine Zufallsinitialisierung, so ist es wahrscheinlich, daß ein Großteil der Prototypen niemals *Winner* werden und deshalb unverändert bleiben: Nehmen wir beispielsweise in einem eindimensionalen Eingaberaum an, daß alle Lernbeispiele aus dem Intervall [2,3] sind und die Prototypen zufällig nahe dem Nullpunkt initialisiert werden, dann wird nur der Prototyp mit dem größten Gewicht *Winner* und angepaßt, alle anderen bleiben unverändert. Dieses Problem läßt sich dadurch mildern, daß die Prototypen um den Mittelwert der Lernbeispiele zufällig initialisiert werden. Bei kleiner Schrittweite wachsen dann die Prototypen sternförmig aus dem Zentrum der Lernbeispiele und verteilen sich in der Lernmenge (daher die Bezeichnung *sprouting*). Eine weitere Verbesserung läßt sich durch eine Hauptkomponentenanalyse erzielen, indem man die Anfangsprototypen in Richtung der Hauptkomponenten entsprechend deren Varianz stärker streut als in nachrangige Komponenten.

Die Idee von *k-means-clustering* besteht darin, *k* Prototypen einfach mit zufällig gewählten Lernbeispielen zu initialisieren und dann diese Prototypen in die Zentren der zugehörigen Cluster zu bewegen. Hierzu führt man wechselweise bis zur Konvergenz folgende zwei Schritte durch: Zu jedem Prototypen *i* bestimmt man das zugehörige Cluster als die Menge der Lernbeispiele mit *Winner i*, dann verschiebt man jeden Prototypen in das Zentrum (*k-means*) und wiederholt die Schleife. Dieses Verfahren terminiert, da nach jedem Schritt die Summe der Abstände zwischen *Winner* und Lernbeispiele bis zur Konvergenz abnimmt: Beim ersten Schritt, da eine Zuordnung eines Lernbeispiels zu einem neuen *Winner* jeweils eine Verkürzung bedeutet, und beim zweiten Schritt, da die Summe der Abstände pro Cluster minimal ist, wenn der zugehörige Prototyp im Zentrum des Clusters sitzt.

Obiges Verfahren kann dazu verwendet werden, um unüberwacht eine Klasseneinteilung zu finden. Falls jedoch für die Lernbeispiele bereits eine Klassifizierung vorhanden ist, ist im allgemeinen die unüberwacht gefundene Einteilung nicht mit der vorgegebenen konsistent. Eine Inkonsistenz entsteht, wenn ein Neuron *Winner* für zwei Lernbeispiele aus verschiedenen Klassen ist. Ferner ist es bei einem einfachen euklidischen Abstandsmaß im allgemeinen nicht möglich, daß jede vorgegebene Klasse genau einem Neuron (alias Prototyp bzw. Repräsentant) entspricht. Vielmehr kann und darf eine vorgegebene Klasse durch mehrere Prototypen (Neuronen) repräsentiert werden. Bei der *lernenden Vektorquantisierung (Learning Vector Quantization, LVQ)* werden die Neuronen in Klassen eingeteilt, entsprechend der Vorgabe. Die *Winner* werden nun in jeder Klasse ermittelt. Der *Winner* in der zur Eingabe x gehörigen Klasse wird wie beim Wettbewerbslernen angepaßt:

$$w^k \quad := w^k + \Delta(t) \cdot (x\text{-}w^k).$$

Sollte jedoch der *Winner* k' einer anderen Klasse eine höhere Bewertung erhalten, so wird dessen Bewertung bei LVQ entsprechend verringert, indem dessen Abstand zur aktuellen Eingabe vergrößert wird:

$$w^{k'} \quad := w^{k'} - \Delta(t) \cdot (x\text{-}w^{k'}).$$

Wie bereits erwähnt ist die Initialisierung der Gewichtsvektoren bei obigen Verfahren sehr wichtig. Darüber hinaus ist es bei ungünstiger Wahl der Eingabemuster in der Lernphase möglich, daß die Gewichte instabil bleiben und nicht konvergieren: Wenn bei einem Eingabemuster x keines der Neuronen gut anspricht, wird mehr oder weniger willkürlich eines davon ausgewählt, im ungünstigen Fall eines, das bereits optimal für eine Gruppe von Eingabemustern eingestellt ist. Ein solches Neuron kann jedoch nur entweder auf x oder auf die Gruppe gut ansprechen, d.h. eine Anpassung der Gewichte des Neurons in Richtung x ist ein Verlernen der Klassifizierung der Gruppe und somit eine Verschlechterung. Dies wird verbessert im Modell *adaptive Resonanz-Theorie (ART)* von Grossberg und Carpenter [Grossberg76], [Grossberg87], [Carpenter, Grossberg 88] (s. Abschnitt 2.3.3).

2.3.3
Adaptive Resonanz-Theorie

Die *adaptive Resonanz-Theorie I (ART I)* von Grossberg hat das Ziel, ein Modell für den Mechanismus des Lernens und Wiedererkennens im Gehirn von Tieren anzugeben. Daher ist sie mehr an biologischen Gegebenheiten als an effizienter Realisierung orientiert. Grossberg und Carpenter haben die *adaptive Resonanz-Theorie* noch weiterentwickelt, so daß neben der Version *ART I* auch *ART II* und *ART III* existieren, die hier jedoch nicht behandelt werden. Bevor wir die Funktionsweise dieses Modells skizzieren, vorweg ein Zitat von Wassermann:
"*ART*, as it is generally found in the literature, is something more than a philosophy, but much less concrete than a computer program. This has allowed a wide range of implementations that adhere to the spirit of *ART*, while they differ greatly in detail."

Ein Problem des Wettbewerbslernens ist das sogenannte Stabilitäts-Plastizitäts-Dilemma:

1. Plastizität: Für ein Lernbeispiel, das zu keiner bisher gelernten Klasse paßt, wird nicht ein neuer Repräsentant (alias Prototyp bzw. Gewichtsvektor des zugehörigen Neurons) erzeugt, sondern fast willkürlich ein bereits adaptierter

Repräsentant ausgewählt, so daß dieser sein „Wissen" (Zentrum seiner Klasse) verlernt.

2. Stabilität: Die Lernregel führt zu keinem stabilen Zustand, sondern jeder Klassifikationsvorgang verändert das Netz.

Diese beiden Nachteile wollte Grossberg mit *ART I* beheben. Der Gewichtsvektor w^k ist binär (d.h. aus $\{0,1\}^n$) und kann nur in eine Richtung (monoton fallende Anzahl der "1en") verändert werden. Außerdem verhindert eine zusätzliche Kontrollinstanz zu große Änderungen der Klasseneinteilung, d.h. ein *Winner*-Neuron kann bei zu großen Abweichungen von der Eingabe gesperrt werden. In diesem Fall wird mit Hilfe der restlichen ungesperrten Neuronen eine neuer *Winner* ermittelt. Das die Gewinnerklasse ermittelnde Teilsystem heißt bei Grossberg *Attentional Subsystem* (*AS*), das die Kontrolle ausübende Teilsystem heißt *Oriental Subsystem* (*OS*).

Beim Basisalgorithmus sind die Prototypen bzw. Gewichtsvektoren w^k als Vektoren aus $\{0,1\}^n$ gespeichert. m bezeichne die Anzahl der Neuronen, d.h. die Anzahl lernbarer Klassen. **1** bezeichne den Vektor $(1,..,1)$. Ferner bezeichnen wir mit $|\cdot|$ die Summennorm eines Vektors ($|x|=|x_1|+|x_2|+..+|x_n|$) und mit $\wedge$ komponentenweises *AND*: $x\wedge x' = (x_1\wedge x'_1,x_2\wedge x'_2,..,x_n\wedge x'_n)$. Damit läßt sich der zugrundeliegende Algorithmus folgendermaßen beschreiben:

Initialisiere für jedes i die Vektoren $w^i = 1$.

(1)   *Einlesen von x, setze $I = \{1,2,..,m\}$;*

(2)   **repeat**

     (2.1)   *Auswahl von $k\in I$ mit $\dfrac{x*w^k}{b+|w^k|} = max\{\dfrac{x*w^{k'}}{b+|w^{k'}|} \mid k' \in I\}$;*

     (2.2)   *$I = I - \{k\}$;*

     until *$(I = \{\})$* **or** *$(x*w^k \geq \rho\cdot|x|)$;*

(3)   *if $(x*w^k \geq \rho\cdot|x|)$)*

     (3.1)   *then $w^k := x\wedge w^k$; goto (1)*

     (3.2)   *else Fehlermeldung: Speicher voll;*

Das *AS* ermittelt wie beim Wettbewerbslernen den Prototypen k, dessen Bewertungsfunktion $|x*w^k| / (b+|w^k|)$ den maximalen Wert besitzt. *b (b≥0)* ist hierbei ein vorher zu wählender Parameter, genannt Biasing oder Bias-Parameter. Betrachten wir die beiden Extremfälle *b=0* und *b→∞*, dann vereinfacht sich das Auswahlkriterium:

$$b=0: \qquad \frac{x*w^k}{|w^k|} = max\{\frac{x*w^{k'}}{|w^{k'}|} \mid k' \in I\};$$

$$b\to\infty: \quad x*w^k = max\{x*w^{k'} \mid k'\in I\}$$

In anderen Worten, für *b=0* wird der Gewichtsvektor w^k mit *relativ* den meisten „1en" selektiert und für *b→∞* der Gewichtsvektor w^k mit *absolut* den meisten „1en". Folglich besitzt für b=0 jedes Teilmuster von x die maximale Bewertung 1, und für $b\to\infty$ jedes Obermuster von x die maximale Bewertung |x|. [Anmerkung: y ist Obermuster von x, bzw. x ist Teilmuster von y, genau dann, wenn $\forall i\ x_i{=}1 \Rightarrow y_i =1$.]

Beide Extremfälle sind ungünstig, denn von den Teilmustern sollte intensionsgemäß das größte bevorzugt werden, und von den Obermustern das kleinste. Falls wir jedoch abweichend von diesen Extremfällen den *Bias* nur hinreichend klein bzw. groß wählen, ist das Kriterium erfüllt. Qualitativ kann man sagen: Bei kleinem *Bias* wird der Prototyp k bevorzugt, dessen Gewichtsvektor w^k das größte Teilmuster von x ist, hingegen bei großem *Bias* der, dessen Gewichtsvektor w^k das kleinste Obermuster von x ist. Insbesondere wird bei großem *Bias* stets ein neuer Prototyp (mit Gewichtsvektor 1) selektiert, sofern kein kleineres Obermuster existiert. Aus diesem Grund sollte der *Bias* nicht zu groß gewählt werden.

Das *AS* macht aus den noch verbliebenen Indizes so lange einen Vorschlag, bis entweder das *OS* diesen akzeptiert oder alle verworfen hat. Das *OS* verwirft einen vorgeschlagenen Prototypen w^k, wenn der Prototyp nach der Anpassung $w^k := x\wedge w^k$ weniger als einen gewissen Prozentsatz ρ der Einsen von der Eingabe enthält. Diesen Parameter ρ $(0<\rho<1)$ zur Überwachung der Speichergüte wird *vigilance* genannt. Bei einem akzeptierten Vorschlag wird der Gewichtsvektor w^k an x mit Hilfe des logischen Durchschnitts angepaßt, d.h. es bleiben nur die gemeinsamen „1en" übrig. Andernfalls läßt sich die Eingabe x nicht mehr akzeptabel (gemäß *OS*) speichern. Dieser Fall kann nur dann auftreten, wenn kein w^k mehr unbenutzt, d.h. in der Vorbelegung 1 ist.

Bei kleinem *Bias* schlägt das *AS* bevorzugt Prototypen mit wenigen zusätzlichen Einsen vor, bei großem *Bias* bevorzugt Prototypen mit wenigen fehlenden Einsen. Da die Anzahl der Einsen in allen Lernschritten durch die *AND*-Operation irreversibel monoton fällt, verringert ersteres den Speicherverbrauch (an Einsen und damit implizit an benutzten Prototypen $w^k{\neq}1$), erhöht dabei aber den Zeitaufwand (mehr Vorschläge werden vom OS nicht akzeptiert). In anderen Worten, ein kleiner Bias erzeugt insgesamt weniger Prototypen als ein großer *Bias*, dafür müssen in jedem Lernschritt mehr Alternativen getestet werden, bis das *OS* eine akzeptiert.

ART I ist für den Fall konzipiert, daß der Prototyp einer Klasse genau die allen gemeinsamen Eigenschaften (alias „1en") besitzt, wobei die Mitglieder (Lernbeispiele) der Klasse noch zusätzliche Eigenschaften (alias „1en") besitzen können. Ungeeignet ist dieses Modell jedoch für den Fall, daß die Lernbeispiele stochastisch von dem Prototypen abweichen. Zusätzliche „1en" sind hierbei zwar unproblematisch und werden bei der Anpassungsoperation $(w^k := x\wedge w^k)$ nicht berücksichtigt. Fehlende „1en" verändern jedoch irreversibel den Prototypen und erzwingen aus diesem Grund immer wieder die Verwendung eines neuen Prototypen. In diesem Fall muß der AND-Operator als Anpassungsoperation ersetzt werden durch einen Mittelungs-Operator $(w^k :=w^k + \Delta(t) \cdot (x{-}w^k))$, vgl. *Winnertakes-all*-Netz im Abschnitt 2.3.2). Diese Erweiterung ist in dem Modell *ART II* enthalten.

Nach Stephen Grossberg ist *ART I* auch ein Modell zur Darstellung von Lang- und Kurzzeitgedächtnis bei Tieren. Das Langzeitgedächtnis entspricht den Gewichten der Neuronen und kann nur endlich oft geändert werden ($m{\cdot}n$ Änderungen der w^k sind möglich), während die anliegende Kontextinformation des Algorithmus, d.h. die Aktivierungszustände der Neuronen, dem beliebig oft änderbaren

Kurzzeitgedächtnis entsprechen. Die jeweiligen Schritte des Algorithmus benötigen im physikalischen Modell einen recht hohen Kodierungsaufwand, nicht zuletzt deshalb, weil sie mit der neurophysiologischen Wirklichkeit des Gehirns übereinstimmen sollen. Für eine detaillierte Darstellung neuronaler Realisierungen sei deshalb der Leser auf [Grossberg87] und [Carpenter, Grossberg 88] verwiesen.

2.3.4
Selbstorganisierende Karten (Kohonen-Netz)

2.3.4.1
Modellbeschreibung

Das Modell der *selbstorganisierenden Karten* ([Kohonen88], [Kohonen89]) berücksichtigt beim Lernen die räumliche Anordnung der Neuronen (z.B. eine 2-dimensionale Gitterstruktur), indem nicht nur das ausgewählte Neuron k angepaßt wird, das auf das Eingabemuster $x = (x_1, ..., x_n)$ am stärksten anspricht, sondern auch seine Nachbarn k', jeweils gewichtet mit einem Nachbarschaftsmaß $h_{kk'} \in [0,1]$ $(h_{kk}=1)$:

$$w^{k'} := w^{k'} + \Delta \cdot h_{kk'} \cdot (x - w^{k'})$$

Das Anpassen der Nachbarn bewirkt, daß die Gewichtsvektoren benachbarter Neuronen ähnlich sind und damit benachbarte Neuronen von einem Eingabemuster ähnlich aktiviert werden, d.h. benachbarte Neuronen klassifizieren ähnliche Merkmale. In anderen Worten, die Neuronen bilden eine „topographische Merkmalskarte". Diese Eigenschaft entspricht nicht nur dem biologischen Vorbild etwa im visuellen und auditiven Bereich der Primaten, sondern ist auch sehr günstig für die modulare Verschaltung größerer neuronaler Netzwerke, da dadurch deren Struktur wesentlich vereinfacht wird (ähnliche Merkmale haben ähnliche Folge-Wirkungen bzw. Folge-Neuronen, d.h. verschalten in ähnliche, benachbarte Hirnregionen).

In vielen Modellen spielen die Verbindungen zwischen den Neuronen und die dazugehörigen Gewichte die entscheidende Rolle, die Lage des Neurons innerhalb des Netzes ist jedoch irrelevant. Im Gegensatz dazu erfüllen im biologischen Gehirn benachbarte Neuronen bzw. Regionen häufig ähnliche Aufgaben. So kann in der Gehirnrinde, besonders in den sensorischen Bereichen, aber auch in den Bereichen der Motorik nachgewiesen werden, daß entlang einer Richtung auf der Neuronenschicht eine (einigermaßen) stetige Abbildung des verarbeiteten Merkmals auf die verarbeitenden Neuronen existiert. Da diese Abbildungen (einigermaßen) Topologie-erhaltend sind und auf wenige Raumdimensionen (1 bis 3) projizieren, werden sie oft als Karten bezeichnet.

Selbstorganisierende Karten sind in Anlehnung an diese Beobachtung Modelle, bei denen die Anordnung der Neuronen, etwa in einer Schichtstruktur, von Bedeutung ist. Die Verschaltung der Neuronen soll so angelegt werden, daß sich im Lernprozeß die räumliche Verteilung ihres Ansprechverhaltens über die Schicht optimiert. Ziel der Optimierung ist die Abbildung von Signalähnlichkeit in Lagenachbarschaft erregter Neuronen, d.h. benachbarte Neuronen sollen von ähnlichen Signalen aktiviert werden. Wenn die Signale hohe Dimensionalität haben und die Nachbarschaftstopologie nur zwei- oder gar eindimensional ist, erbringt diese mehr oder weniger Topologie-erhaltende Abbildung eine starke Kompression der Dimensionalität. Diese Modelle werden nicht durch vorgegebene Eingabe-Ausgabe-Paare trainiert. Vielmehr bildet sich die Abbildung durch wiederholtes Ausführen der Aufgabe unter einem globalen Lernverfahren aus, wobei sich unter geeigneten Bedingungen diese Abbildung zunehmend verbessert. Daher entstand der Name *selbstorganisierende Karten*.

Im folgenden sei kurz die neurophysiologische Motivation des Modells von Kohonen dargestellt. Durch die in der Regel zweidimensionale Neuronenschicht A laufen n Eingangsnervenfasern, die ein Signal $x = (x_1,...,x_n)$ an die Neuronen heranleiten. Die Neuronen werden durch ihren Ort $o^k \in A$ und ihren Gewichtsvektor w^k beschrieben. Durch die Orte der Neuronen wird über die Abstandsmetrik eine Nachbarschaftsstruktur (Topologie) bestimmt, in der sich eng benachbarte Neuronen beim Lernen stärker beeinflussen als entfernter benachbarte. Die Modellierung der Anregung der Neuronen von anderen Schichten (externe Signale) entspricht dem bekannten Schwellwertneuron-Modell: Jedes Neuron k bildet aus den Eingangssignalen x_i die gewichtete Summe $\sum_i x_i w_{ki}$, wobei die Gewichte erregende ($w_{ki}>0$) oder hemmende ($w_{ki}<0$) Synapsen beschreiben. Daraus ergibt sich das Erregungspotential des isolierten Neurons, aus dem sich dann mittels Rückkopplungsgewichte $g_{kk'}$ jeweils zwischen den Neuronen k und k' eine allgemeine Erregung aller Neuronen errechnen läßt. Es kann nun gezeigt werden, daß bei geeigneter Wahl der Rückkopplungsgewichte $g_{kk'}$ die Neuronenschicht mit einer räumlich lokalisierten Erregungsantwort reagiert. Solche Rückkopplungsgewichte wirken erregend auf die Neuronen im unmittelbaren Umfeld des aussendenden Neurons k und hemmend in mittlerer Entfernung, für große Entfernungen gehen sie gegen Null. Dieses Verhalten wird Umfeldhemmung genannt. Auf Grund der Form dieser Funktion im zweidimensionalen Raum wird diese Funktion auch *mexican hat function* genannt. Die entstehende Erregungsantwort hat ein Zentrum in einem Neuron k, in dem die Erregung maximal ist, und fällt von dort in alle Richtungen auf Null ab. Der Ort des Erregungszentrums hängt nur von der Eingabe x ab und variiert mit ihr.

Statt nun k durch das Lösen der allgemeinen Erregungsgleichung zu suchen, macht Kohonen eine radikale Vereinfachung. Als Erregungszentrum k bestimmt er das am stärksten gereizte Neuron allein auf Grund der externen Signale durch

$$\sum_i x_i w_{ki} = max_{k'} \sum_i x_i w_{k'i}$$

Mit der Nebenbedingung, daß die Norm der Gewichtsvektoren $\sum_i w_{ki}^2$ für alle Neuronen gleich ist, ist diese Bedingung äquivalent (vgl. Abschnitt 2.3.2) zu

$$||x - w_k|| \geq min_{k'} || x - w_{k'} ||$$

In anderen Worten, das Neuron, dessen Gewichtsvektor dem Eingabemuster am ähnlichsten ist, wird am stärksten erregt und bildet das Erregungszentrum. Im folgenden werden wir dieses Kriterium zur Selektion des *Winners* verwenden.

Entsprechend den Eigenschaften der Erregungsantwort bei der Lösung der allgemeinen Erregungsgleichung beschreibt Kohonen die Erregungsantwort eines Neurons k' in Abhängigkeit vom Erregungszentrum k durch eine Funktion $h(k,k')$, die monoton mit dem Abstand der Neuronenorte o^k und $o^{k'}$ abnimmt. Ferner geht er davon aus, daß die Synapsenstärken $w_{k'i}$ um

$$\Delta\, w_{k'i} = \Delta \cdot h(k,k') \cdot (x_i - w_{k'i})$$

verändert werden. Der zweite Term entspricht der sogenannten Delta-Lernregel (Ableitung des quadrierten Fehlers bzw. Abstandes) und der erste einem dem Erregungspotential proportionalen Abklingterm. Der Wert Δ ($0 < \Delta < 1$) bestimmt die Größe des einzelnen Lernschrittes (Schrittweite).

Da die genaue Form der Erregungsfunktion $h(k,k')$ nur durch Lösen der allgemeinen Erregungsgleichung zu erhalten wäre, entscheidet sich Kohonen dafür, durch die feste Vorgabe von $h(k,k')$ die genaue Lösung im Modell nur qualitativ anzunähern. Dafür benutzt er eine positive Funktion, die nur vom Abstand $d_{kk'}$ der Orte der Neuronen o^k und $o^{k'}$ abhängt. Sie hat ihr (einziges) Maximum bei k mit $h(k,k)=1$ und strebt für große Abstände gegen Null. Er wählt dafür die Gauß-Glocke

$$h(k,k') = e^{-\frac{d_{kk'}^2}{2\sigma^2}},$$

die sich in Simulationen bewährt hat. Dabei ist σ der Radius dieser Glocke, der bestimmt, in welchem Abstand um das Erregungszentrum k ein Eingangsreiz zu signifikanten Veränderungen der „Karte" führt. Als Abstandsmaß kann der euklidische Abstand zwischen den Neuronenorten verwendet werden:

$$d_{kk'} = \| o^k - o^{k'} \| .$$

Werden die Neuronen in einem eindimensionalen Raum äquidistant verteilt, d.h. als Kette, und zwar in sortierter Reihenfolge, dann vereinfacht sich das Abstandsmaß zu:

$$d_{kk'} = | k - k' | .$$

Entsprechend erhalten wir bei einer gitterförmigen Plazierung im zweidimensionalen Raum als Abstand für die Neuronen k und k' mit $o^k = (i,j)$ und $o^{k'} = (i',j')$:

$$d_{kk'} = \sqrt{(i-i')^2 + (j-j')^2} ,$$

oder unter Verwendung der Gitter-Metrik:

$$d_{kk'} = |i-i'| + |j-j'| .$$

In der Regel ist es vorteilhaft, wenn sich zuerst die Grobstruktur der Karte bilden kann und im Laufe des Lernens sich dann immer feinere Details auf der Karte herausbilden. Dies wird dadurch erreicht, daß σ nicht fest gewählt wird, sondern als langsam mit der Zahl der Lernschritte t sinkende Funktion $\sigma(t)$. Am Anfang wird dann σ so groß gewählt, daß alle Neuronen im Erregungsbereich mit Radius σ liegen. Dadurch bewegen sich alle Gewichtsvektoren gemeinsam in den Bereich der Lernbeispiele. Durch Verringern von σ werden nach und nach die Gewichtsvektoren immer lokaler angepaßt, bis schließlich am Ende σ so klein geworden ist, daß nur noch der *Winner* angepaßt wird.

Bisher sind wir stets von einer endlichen Lernmenge ausgegangen. Dies läßt sich jedoch dahingehend verallgemeinern, daß die Lernbeispiele x^μ zufällig und stochastisch unabhängig voneinander gemäß der Wahrscheinlichkeitsdichte $P(x)$ des zu modellierenden „Experiments" gewählt werden. Der Fall einer endlichen

Lernmenge entspricht der diskreten Gleichverteilung über der Lernmenge, d.h. jedes Element der Lernmenge wird gleich häufig gewählt. Mit diesen Voraussetzungen läßt sich nun der Algorithmus von Kohonen beschreiben:

1. *Initialisierung*: *Zähler = 0* und starte mit geeigneten Anfangswerten für die Synapsenstärken w_{ki}. In Abwesenheit irgendwelcher A-priori-Information können die w_{ki} zum Beispiel zufällig gewählt werden.

2. *Stimuluswahl*: Wähle stochastisch entsprechend der Wahrscheinlichkeitsdichte $P(x)$ einen Vektor x, der ein „sensorisches Signal" repräsentiert.

3. *Response*: Bestimme das zum Signal gehörige Erregungszentrum $k(x)$ aus der Bedingung

$$||x - w^{k(x)}|| \geq || x - w^{k'}|| \; \textit{für alle } k' \in \{1,..,m\}.$$

1. *Adaptionsschritt*: Führe einen Lernschritt durch, indem die Synapsenstärken gemäß

$$w^{k'}(t+1) = w^{k'}(t) + \Delta \cdot e^{-\frac{d^2_{k(x)k'}}{2\sigma(t)^2}} \cdot (x - w^{k'}(t))$$

verändert werden. Solange der Zähler kleiner als die Lernschrittzahl ist, erhöhe den Zähler um 1 und fahre mit 2. fort. Allgemein gilt:

- Für σ gegen *0* geht $h(k,k')$ gegen $\delta_{kk'}$, d.h. nur der *Winner* verändert seine Gewichte. In diesem Fall realisiert die Gewichtsänderungsregel für jedes Neuron k ein Gradientenabstiegsverfahren zur Minimierung der Summe der euklidischen Abstände zwischen dem Gewichtsvektor (Prototyp) und allen Lernbeispielen (Deltaregel), bei denen Neuron k der *Winner* ist.
- Falls $\sigma>0$ ist, realisiert die Gewichtsänderungsregel ebenfalls einen Gradientenabstieg für jedes Neuron, jedoch mit dem Unterschied, daß zusätzlich auch die Summe der euklidischen Abstände zu den Lernbeispielen, bei denen der Nachbar k' *Winner* ist, jeweils gewichtet mit dem Faktor $h(k,k')$, minimiert wird.

In anderen Worten, das Modell der *selbstorganisierenden Karten* minimiert folgende Fehlerfunktion E:

$$E := \sum_{k'=1}^{m} \sum_{x} P(x) \cdot e^{-\frac{d^2_{k(x)k'}}{2\sigma(t)^2}} \cdot (x - w^{k'})^2 \; \textit{mit Winner k(x) bei Eingabe x}$$

Falls die Lernbeispiele nicht aus einer diskreten Menge, sondern aus einem kontinuierlichen Raum gezogen werden, ist die zweite Summe dementsprechend durch ein Integral zu ersetzen:

$$E := \sum_{k'=1}^{m} \int_{x} P(x) \cdot e^{-\frac{d^2_{k(x)k'}}{2\sigma(t)^2}} \cdot (x - w^{k'})^2 \; dx \; \; \textit{mit Winner k(x) bei Eingabe x}$$

Um die Leistungsfähigkeit dieses Ansatzes zu verdeutlichen, betrachten wir im folgenden Abschnitt 2.3.4.2 den Fall eindimensionaler Nachbarschaftsstrukturen. Wie bereits oben erwähnt, können wir bei äquidistanter Plazierung der Neuronen als Kette ein Abstandsmaß mit $d_{kk'}=|k\text{-}k'|$ wählen und erhalten als Gewichtsänderungsregel:

$$w^{k'}(t+1) = w^{k'}(t) + \Delta \cdot e^{-\frac{|k(x)-k'|}{2\sigma(t)^2}} \cdot (x - w^{k'}(t))$$

2.3.4.2
Travelling-Salesman-Problem – Spezialfall der Topologie-Erhaltung

Als Lernaufgabe seien p disjunkte Cluster spezifiziert. Diese könnten etwa dadurch entstanden sein, daß jedes Cluster aus einem „idealen" Repräsentanten und zugehörige Mutanten besteht. Zur weiteren Vereinfachungen gehen wir davon aus, daß die Cluster hinreichend disjunkt sind, so daß wir diese in guter Näherung als punktförmig bezeichnen können. In diesem Fall ist die Verteilung ebenfalls punktförmig, d.h. wir haben eine diskrete Verteilung über die p Punkt-Cluster. Nehmen wir zusätzlich eine gleichförmige Verteilung an, dann wird folgende Fehlerfunktion E minimiert:

$$E := \frac{1}{p} \cdot \sum_{\mu=1}^{p}\sum_{k'=1}^{m} e^{-\frac{|k(x^{\mu})-k'|}{2\sigma(t)^2}} \cdot (x^{\mu} - w^{k'})^2 \quad \textit{mit Winner } k(x) \textit{ bei Eingabe } x$$

Da bei punktförmigen Clustern immer nur ein Neuron *Winner* von einem Cluster sein kann und, unter der Voraussetzung von hinreichend vielen Neuronen, auch zumeist nur *Winner* von höchstens einem Cluster ist, kann man aus obiger Überlegung schließen, daß ein Neuron den Abstand zu den Lernbeispielen mit benachbarten *Winner*-Neuronen minimiert, jeweils gewichtet mit dem Nachbarschaftsmaß $h(k,k')$. In anderen Worten, insgesamt wird angestrebt, daß benachbarte Neuronen *Winner* von Lernbeispielen sind, die dem eigenen Gewichtsvektor (Prototyp) möglichst nahe kommen.

Auf diese Weise lassen sich sehr gute Näherungslösungen für das Problem des Handlungsreisenden (*Travelling-Salesman-Problem: TSP*) gewinnen. Ein *TSP* ist gegeben durch eine Menge von Städten und deren Abstände. Gesucht ist die kürzeste Rundtour, bei der jede Stadt genau einmal besucht wird. Ein *TSP* heißt euklidisch, wenn die Städte in einer zweidimensionalen Ebene plaziert werden können und deren Abstände sich durch die euklidische Metrik berechnen lassen. Das TSP ist ein oft benutztes Optimierungsproblem als Benchmark für neue Optimierungsheuristiken, da es folgende Eigenschaften vereint:

- NP-vollständig, d.h. gemäß Stand der Technik nicht mit polynomialen exakten Algorithmen lösbar. Folglich sind Näherungslösungen sinnvoll.
- Gelöste Testprobleme sind in allen Schwierigkeitsgraden vorhanden: Diese wurden mit speziell auf das *TSP* zugeschnittenen Branch-and-Bound-Methoden gefunden.
- Anschaulich: Das *TSP* ist jedem Menschen als tägliches Wegoptimierungsproblem vertraut.

Bei der Reduzierung des euklidischen *TSPs* auf die Topologie-erhaltende Clusterung (selbstorganisierenden Karten) entspricht jede Stadt einem punktförmigen Cluster. Die Wahrscheinlichkeitsdichte P ist in diesem Fall die gleichförmige diskrete Verteilung über alle Städte bzw. deren Plazierung in der Ebene. Wie bereits oben erwähnt, minimiert das Modell der *selbstorganisierenden Karten* die Fehlerfunktion *E*.

Wenn wir genau so viele Neuronen wie Städte verwenden, dann strebt für σ gegen 0 der Kantenzug, der die gemäß *E* optimalen Gewichtsvektoren verbindet, gegen die optimale Rundtour hinsichtlich der Abstandsquadrate:

$$\sum_{k'=1}^{p} (w^{k+1} - w^{k'})^2$$

mit $\{w^1,..,w^p\} = \{x^1,..,x^p\}$ (Menge der Ortskoordinaten der Städte)

Verwenden wir hingegen doppelt so viele Neuronen wie Städte, dann strebt für σ gegen 0 der Kantenzug, der die gemäß *E* optimalen Gewichtsvektoren verbindet, zwar ebenfalls gegen die optimale Rundtour hinsichtlich der Abstandsquadrate, jedoch wird im Limes jeweils genau ein Neuron auf eine Stadt plaziert und jeweils genau ein Neuron auf die Mitte der Verbindungskanten der optimalen Rundtour (sofern die optimale Rundtour ungefähr gleich lange Kanten besitzt: *maximale Länge < 2·minimale Länge*).

An dieser Stelle erhebt sich natürlich die Frage, warum überhaupt mehr Neuronen verwenden als Städte, wenn deren Anzahl bekannt ist. Der Grund hierfür ist in der Dynamik des Abkühlungsprozesses der nachbarschaftlichen Beeinflussung $\sigma(t)$ zu finden. Bei sehr großen Werten von $\sigma(t)$ wirken die Lernbeispiele auf alle Neuronen nahezu gleich stark und deshalb werden dadurch die Neuronen auf den Schwerpunkt der Lernmenge zentriert. Bei Absenkung von $\sigma(t)$ werden nach und nach die Neuronen immer individueller von den Lernbeispielen (Städten) angezogen. Dies bedeutet bildlich, daß sich der Neuronenring von dem zentralen Schwerpunkt aus sich langsam aufbläht und dabei immer präziser in Richtung der einzelnen Lernbeispiele ausgeformt wird.

Ein Problem hierbei ist, daß in der Spätphase der Ausformung mit kleinem $\sigma(t)$ nur noch eng benachbarte Neuronen des *Winners* mitbewegt werden können. Betrachten wir beispielsweise ein isoliert liegendes Cluster von Städten und das zugehörige Teilstück der Neuronenkette. Falls in diesem weniger Neuronen sind als Städte in dem Cluster, dann werden die fehlenden Neuronen nicht mehr aus entfernt liegenden Bereichen mit überflüssigen Neuronen zum Ausgleich herbewegt. Deshalb ist es die Aufgabe der anfänglichen Phase mit größerem $\sigma(t)$, für eine ausgewogene Grobverteilung zu sorgen. Da dieses jedoch nicht perfekt gelingen kann, ist es wichtig, wesentlich mehr Neuronen als Städte zu verwenden. Bei den von uns untersuchten Benchmark-Problemen erwies es sich als sinnvoll, mindestens doppelt so viele Neuronen wie Städte zu verwenden.

Diese Vorgehensweise läßt sich auch auf allgemeine Clusterungs-Probleme übertragen, bei denen man eventuell bereits weiß, wieviel Cluster vorhanden sind. Auch hier wird es günstig sein, wesentlich mehr Neuronen zu verwenden als Cluster. Am Ende des Lernverfahrens lassen sich dann überflüssige Neuronen, die von keinem Lernbeispiel *Winner* sind, problemlos entfernen. Alternativ kann man auch dynamisch Neuronen erzeugen bzw. entfernen. Fritzke schlug hierzu vor, ein Neuron zu verdoppeln, wenn es *Winner* von mehreren Lernbeispielen ist, und ein Neuron zu entfernen, wenn es von keinem Lernbeispiel *Winner* ist [Fritzke92, Fritzke93].

Es ist beeindruckend, wie gut das Modell der *selbstorganisierenden Karten* das schwierige *Travelling-Salesman-Problem* löst. Bei der Diplomarbeit von Lawitzke wurden selbst für große *TSPs* mit über 500 Städten sehr gute Näherungslösungen gefunden [Lawitzke91]. Die erzielten Resultate entsprechen ungefähr der Leistungsfähigkeit von iterativen Verbesserungsheuristiken wie der Zwei-Kanten-Tausch-Operator oder die Lin-Kernighan-Heuristik, welche bei zufällig plazierten Städten im Einheitsquadrat typischerweise weniger als 5% vom Optimum entfernt sind. Da das Modell der *selbstorganisierenden Karten* in einem Zug eine Näherungslösung erzeugt, ohne anschließend noch irgendwelche Verbesserungen vornehmen zu können, gehört es nicht in die Klasse der Verbesserungsheuristiken, sondern in die der sogenannten Greedy-Heuristiken. Die bekannten Verfahren dieser Klasse für das *TSP* wie z.B. *Nearest Neighbour* oder *Convex Hull* schlägt es jedoch bei weitem, denn diese erreichen nur Näherungslösungen, die typischerweise mehr als 20% über dem Optimum liegen.

Zur Erzeugung guter Näherungslösungen ist es allerdings wichtig, daß zum einen wesentlich mehr Neuronen als Cluster verwendet werden (etwa mindestens doppelt so viele) und zum anderen der Parameter σ zur Steuerung der Breite der Erregungsglockenfunktion $h(k,k')$ ähnlich wie bei *Simulated Annealing* heruntergefahren wird: Anfangs ist der Parameter so groß zu wählen, daß alle Neuronen innerhalb des σ-Radius dieser Gauß-Glocke sich befinden und am Ende nur noch der *Winner*. Verwenden wir zum Beispiel die exponentielle Funktion

$$\sigma(t) := \sigma_1 \cdot \sigma_2^{t/t_{max}} \ ,$$

d.h. am Anfang gilt $\sigma(0) = \sigma_1$ und am Ende $\sigma(t_{max}) = \sigma_1 \cdot \sigma_2$

$$(z.B. \ mit \ \sigma_1 > max\{d_{kk'}\} \ und \ \sigma_2 < \frac{1}{2\sigma_1} \ )$$

dann gilt ähnlich wie bei *Simulated Annealing*, daß die Resultate um so besser sind, je langsamer dieser Abkühlungsprozeß der „nachbarschaftlichen Beziehungen" andauert, d.h. je größer die maximale Anzahl der Iterationsschritte t_{max} ist.

Insbesondere bei großen *TSPs* konnten wir das Verfahren auf sequentiellen Rechnern drastisch beschleunigen, in dem wir die Suche nach dem *Winner* zumeist auf die Nachbarn des vorherigen *Winners* beschränkten, und auch bei den Gewichtsänderungen nur die Änderungen der Neuronen innerhalb eines Nachbarschaftsradius von z.B. *2σ* des *Winner*-Neurons berücksichtigten [Lawitzke91].

2.3.4.3
Verallgemeinerung auf andere Abstandsmaße

Wie bereits oben erläutert, bedeutet die Eigenschaft der Topologie-Erhaltung, daß naheliegende Eingaben auf naheliegende *Winner*-Neuronen abgebildet werden, oder in anderen Worten: naheliegende Neuronen besitzen auch naheliegende Gewichtsvektoren. Hierbei charakterisiert der Begriff „naheliegend" zwei verschiedene Räume: Zum einen den Raum der Lage der Neuronen, d.h. deren Ortsvektoren, zum anderen den Merkmalsraum, d.h. der Raum der Gewichtsvektoren bzw. Lernbeispiele. Während das Modell der *selbstorganisierenden Karten* das Abstandsmaß für den Raum der Ortsvektoren frei wählbar läßt und beliebige Abstände $d_{kk'}$ zwischen je zwei Neuronen k und k' definiert werden können, ist das Abstandsmaß im Merkmalsraum festgelegt: Zur Vereinfachung der Gewichtsänderungsregel und in Anlehnung an das übliche Fehlermaß anderer neuronaler Modelle ist dieses speziell auf das Quadrat der euklidischen Metrik im Merkmalsraum zugeschnitten, denn der Faktor *(x-w^k)* ist gerade der negative Gradient des Quadrats des euklidischen Abstands bzw. *Fehlers (x-w^k)^2*. Dies läßt sich jedoch für ein beliebiges differenzierbares Abstandsmaß *D(x,w)* verallgemeinern, indem wir in der Gewichtsänderungsregel statt des Faktors *(x-w^k)* entsprechend den Gradient $\nabla D(x-w^k)$ verwenden:

$$w^{k'}(t+1) = w^{k'}(t) + \Delta \cdot e^{-\frac{d^2_{k(x)k'}}{2\sigma(t)^2}} \cdot \nabla D(x - w^{k'}(t))$$

Wesentliche Änderungen der Eigenschaften der Topologie-Erhaltung sind hierbei jedoch nicht zu erwarten, denn das Beispiel des *TSPs* hat gezeigt, daß es genügt, die Topologie bezüglich des *quadrierten* euklidischen Abstandes zu minimieren, um sehr gute Näherungslösungen bezüglich des *normalen* euklidischen Abstandes zu erhalten.

2.3.4.4
Verallgemeinerung auf beliebige Cluster

Beim Travelling-Salesman-Problem waren die Eingabemuster Punkte in einer Ebene (also zweidimensional). Dieser Ansatz läßt sich genauso einsetzen, wenn die Punkte in einem *n*-dimensionale Merkmalsraum liegen. Auch für dieses mehrdimensionale *TSP* werden gute Näherungslösungen erzeugt.

Verwenden wir nun anstatt der punktförmigen Cluster allgemeine Cluster als Lernmenge, die z.B. dadurch entstehen, daß die Lernbeispiele jeweils Mutanten eines idealen Repräsentanten (Prototyp) des Clusters sind, dann lassen sich (insbesondere für disjunkte Cluster) die wesentlichen Resultate der *TSP*-Anwendung übertragen:

- Steuerung der Erregungsbreite σ: Günstig erweist sich analog zu *Simulated Annealing* ein exponentielles Abkühlungs-Schedule der nachbarschaftlichen Beziehungen mit $\sigma(t) := \sigma_1 \cdot \sigma_2^{t/t_{max}}$ ($\sigma_1 > max\{d_{kk'}\}$ und $\sigma_2 < (2\sigma_1)^{-1}$). Dabei gilt, daß die Resultate um so besser sind, je langsamer abgekühlt wird.
- Anzahl der Neuronen: Zur Erzeugung einer guten Topologie-Erhaltung sollten mindestens doppelt so viele Neuronen wie Cluster verwendet werden. Nach Abschluß des Lernverfahrens können dann die redundanten Neuronen, die z.B. bei keinem Lernbeispiel *Winner* sind, problemlos entfernt werden (alternativ können auch während des Lernvorgangs Neuronen erzeugt und gelöscht werden [Fritzke92, Fritzke93]).
- Qualität: Die Topologie-Erhaltung ist nicht präzise und global zu interpretieren (d.h. ein nähergelegener Gewichtvektor im Merkmalsraum wird *nicht* stets auf einen nähergelegenen Ortsvektor abgebildet), sondern nur näherungsweise und

lokal in dem Sinne, daß das Verfahren die Summe der lokalen Fehler minimiert:

$$E := \sum_{k'=1}^{m} \sum_{x} P(x) \cdot e^{-\frac{d^2_{k(x)k'}}{2\sigma(t)^2}} \cdot (x - w^{k'})^2 \;\; \text{mit Winner } k(x) \text{ bei Eingabe } x$$

Letzeres läßt sich für den Fall, daß die Cluster disjunkt sind und am Ende des Lernvorgangs im Zentrum jedes Clusters genau ein Gewichtsvektor liegt, näherungsweise vereinfachen zu:

$$E \approx \sum_{k'=1}^{m} \sum_{k=1}^{m} P(k) \cdot e^{-\frac{d^2_{kk'}}{2\sigma(t)^2}} \cdot (w^k - w^{k'})^2 \,,$$

wobei $P(k)$ die Wahrscheinlichkeit ist, daß ein Lernbeispiel aus dem Cluster von Neuron k stammt. Hieraus läßt sich ablesen, was unter einer lokalen Topologie-Erhaltung zu verstehen ist: Die Minimierung von E.

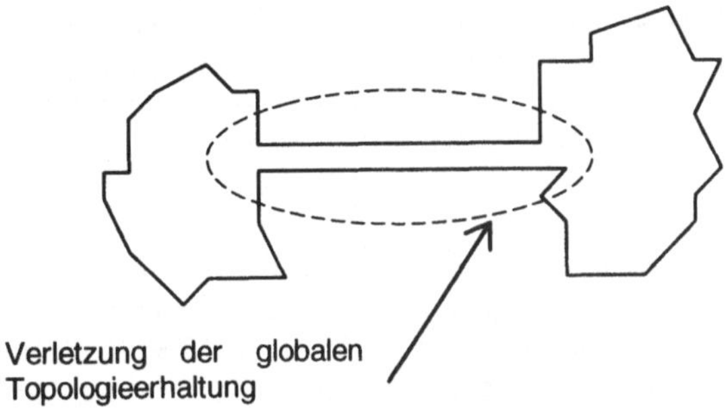

Abb. 2.10. Beispiel einer optimalen TSP-Rundtour, bei dem die globale Topologie-Erhaltung für die vier Städte verletzt ist, die die Endpunkte der Verbindungskanten der beiden Cluster bilden.

Ferner können wir bereits am Spezialfall des *TSPs* durch folgende einfache Überlegung zeigen, daß eine globale Topologie-Erhaltung im allgemeinen nicht möglich ist. Globale Topologie-Erhaltung würde insbesondere bedeuten, daß bei jeder Stadt die nächstgelegene Stadt direkter Nachbar (d.h. Vorgänger oder Nachfolger) in der Rundtour ist. Machen wir dies jedoch zum Prinzip, d.h. wählen wir zu jeder Stadt stets die Kante zum nächstgelegenen Nachbarn, so läßt sich dieser Graph im allgemeinen nicht zu einer gültigen Rundtour vervollständigen. Wäre dies im allgemeinen möglich, so wäre diese einfache *Nearest-Neighbour*-Heuristik bereits optimal. Ein Beispiel hierfür läßt sich dadurch konstruieren, daß wir die Städte auf zwei disjunkten Kreisen gleichmäßig plazieren. In diesem Fall verbindet die *Nearest-Neighbour*-Heuristik jeweils die Städte in einem Kreis und erzeugt damit keine zusammenhängende Rundtour (s. Abb. 2.11).

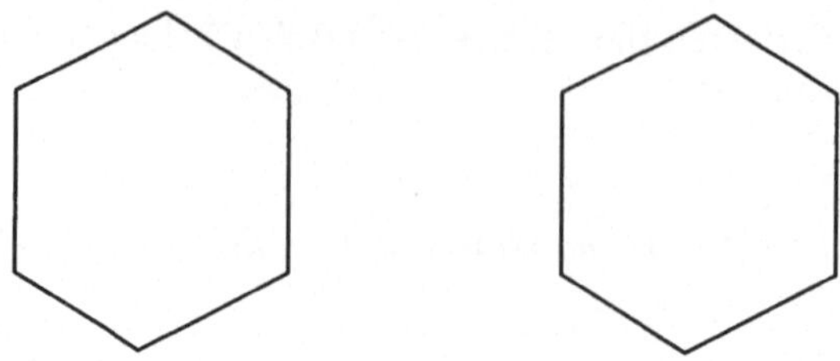

Abb. 2.11. Verbinden wir gemäß einer *Nearest-Neighbour*-Heuristik nur die nächstliegenden Nachbarn, erhalten wir im allgemeinen keine zusammenhängende „Neuronenkette".

2.3.5
Auswahl neuronaler Experten durch Klassifikation

Ein wesentliches Prinzip der Informatik zur Lösung komplexer Aufgaben ist die *Divide-and-Conquer*-Methode (auch *Teile-und-Herrsche* genannt). Hierbei zerlegt man das Gesamtproblem in Teilprobleme und löst diese durch Experten für diese Teilprobleme. Bei neuronalen Netzanwendungen besteht das zu lösende Gesamtproblem typischerweise in einem Assoziationsproblem: Zu Eingabevektoren x der Dimension n assoziiere Ausgabevektoren y der Dimension m unter den bereits erwähnten Bedingungen an die Minimierung der Fehler auf der Lernmenge (Stützstellen) und einer guten Generalisierung auf den restlichen Eingaberaum.

Naheliegend ist nun die Idee, Experten zu bilden, die die Aufgabe jeweils auf einem Teilbereich beherrschen. In diesem Fall ist die Aufgabe der Zerlegung ein Klassifikationsproblem: Welcher Experte ist für die aktuelle Eingabe zuständig. Für diese Aufteilung des Eingaberaumes eignen sich grundsätzlich alle neuronalen Klassifikator-Modelle. Prinzipiell ist jedoch zu überlegen, ob die Zerlegung in Teilbereiche unüberwacht oder überwacht eingelernt werden soll. Überwachtes Einlernen ist dann vorzuziehen, wenn der Anwender entweder Wissen über eine besonders günstige Zerlegung besitzt oder aber aus Gründen der späteren Interpretierbarkeit (Wissensextraktion) eine bestimmte Zerlegung wünscht. Als überwachte Klassifikationsverfahren kommen einerseits überwachte Clusterverfahren wie z.B. *Learning Vector Quantization* (*LVQ*) und andererseits allgemeine Assoziationsmodelle wie z.B. das *Multilayer Perceptron* in Frage. Falls dieses Problemwissen nicht vorhanden ist, kann die Zerlegung durch ein unüberwachtes Clusterverfahren wie z.B. die *selbstorganisierenden Karten* [Kohonen82], [Ritter, Martinetz, Schulten 90] realisiert werden.

Die einfachsten lokalen Experten sind konstante Ausgabevektoren (z.B. Counterpropagation [Hecht-Nielson90], s. Abschnitt 2.3.5.1). Lineare Funktionen als lokale Experten verbessern das lokale Verhalten (z.B. *lokale lineare Karten* [Ritter, Schulten 86], [Ritter, Martinetz, Schulten 90], s. Abschnitt 2.3.5.3).

Da die Teilprobleme vom selben Typ wie das ursprüngliche Gesamtproblem sind, lassen sich diese auch durch beliebige neuronale Assoziationsnetze lösen, d.h. entweder direkt z.B. durch ein *Multilayer Perceptron* oder rekursiv durch denselben Ansatz: Zerlegung des Teilproblems in Teil-Teilprobleme mit Hilfe eines Klassifikationsnetzes und lösen dieser Teil-Teilprobleme durch noch lokalere Experten.

2.3.5.1
Counterpropagation

Die Idee von Counterpropagation besteht darin, als Klassifikationsnetz die *selbstorganisierenden Karten* zu verwenden und als lokale Experten konstante Ausgabevektoren. Abstrakt läßt sich dieses Verfahren folgendermaßen skizzieren. Zuerst wird die Lernmenge in Cluster zerlegt mit einem Repräsentanten (Eingabe-Prototyp) pro Cluster. Der Eingabe-Prototyp ist gerade der Mittelwert des Clusters. Die Lernmenge definiert nun eine Abbildung dieses Clusters in den Ausgaberaum. Der Mittelwert dieses Clusterbildes spezifiziert den zu einem Eingabe-Prototypen gehörigen Ausgabe-Prototyp. Bei Eingabe eines Vektors x wird dann in der Klassifikationsschicht der nächstgelegene Eingabe-Prototyp gesucht und dessen zugehöriger Ausgabe-Prototyp ausgegeben.

Für die neuronale Netzmodellierung genügt es, dem Modell der *selbstorganisierenden Karten* eine zusätzliche Ausgabeschicht hinzuzufügen. Die Ausgabeneuronen sind lineare Neuronen, d.h. Schwellwertneuronen mit der Identität als Ausgabefunktion. Der Eingabe-Prototyp des k-ten Clusters ist der Gewichtsvektor w^k des Neurons k. Bezeichnen wir die Gewichte der Kanten zur Ausgabeschicht als Ausgabevektor v^k des Neurons k, dann entspricht dieser dem Ausgabe-Prototyp des k-ten Cluster. Verbleibt noch anzumerken, daß das Cluster k gerade die Lernbeispiele umfaßt, bei denen Neuron k *Winner* ist. Da in diesem Fall nur Neuron k in der Klassifikationsschicht eine 1 ausgibt und alle anderen 0, wird die Ausgabe nur durch den Vektor v^k aktiviert und, da die Ausgabefunktion der Ausgabeneuronen die Identität ist, wird auch v^k ausgegeben. Die Lernregel für den Ausgabe-Prototypen v^k entspricht der für den Eingabe-Prototypen (bei LVQ):

$$v^k := v^k + \Delta \cdot (y\text{-}v^k)$$

falls (x,y) aktuelles Lernbeispiel und Neuron k *Winner* bei Eingabe x ist.

2.3.5.2
Motorische Karten

Das Modell der *motorischen Karten* von Ritter und Schulten verwendet ebenfalls als Klassifikationsnetz *selbstorganisierende Karten* und als lokale Experten konstante Ausgabevektoren. Im Unterschied zu Counterpropagation werden die Cluster im Ausgaberaum jedoch nicht einfach durch die Clusterbildung im Eingaberaum induziert, sondern ebenfalls selbstorganisierend [Ritter, Schulten 86], [Ritter, Martinetz, Schulten 90]. Der Vorteil liegt darin, daß für die Clusterbildung symmetrisch sowohl die Information (gegeben durch die Lernmenge) im Eingaberaum als auch im Ausgaberaum genutzt wird. Durch die Nutzung dieser vollen Information wird insbesondere die Topologie-Erhaltung im Ausgaberaum verbessert.

2.3.5.3
Lokale lineare Karten

Das Modell der *motorischen Karten* verwendet ebenfalls als Klassifikationsnetz *selbstorganisierende Karten*, die neuronalen Experten sind jedoch im Unterschied zu Counterpropagation lineare Funktionen. Zuerst werden die Cluster unüberwacht mit dem Klassifikationsnetz gelernt, d.h. die Lernmenge in Cluster zerlegt, wobei zum Cluster k genau die Lernbeispiele gehören, für die Neuron k der *Winner* ist. Für jedes Cluster k wird nun unabhängig voneinander eine lineare Abbildung eingelernt, so daß der Fehler auf diesem Cluster minimal wird. Hierzu kann man entweder die Pseudoinversenmethode oder ein Gradientenabstiegsverfahren verwenden. Für beide Verfahren ist eine optimale Lösung garantiert (Gradientenabstieg: Die Fehlerfunktion ist die Summe der quadrierten linearen Einzelfehler und damit konvex).

Falls nicht genügend Lernbeispiele für die einzelnen neuronalen Experten vorhanden sind, läßt sich dieses Verfahren entsprechend den Lernalgorithmus der *selbstorganisierenden Karten* noch dadurch verbessern, daß beim Einlernen von Beispielen (mit einem Gradientenabstiegsverfahren) nicht nur der *Winner*-Experte k eingelernt wird, sondern auch die benachbarten Experten k' proportional einem Nachbarschaftsmaß $h_{kk'} \in [0,1]$ (s. Abschnitt 2.3.4) [Ritter90, Kap.13].

Die neuronale (Hardware-)Realisierung ist etwas aufwendiger als bei Counterpropagation, da man für jedes Cluster ein lineares Assoziationsnetz benötigt. Dieses wird getriggert durch die Klassifikatorneuronen, d.h. das Assoziationsnetz zu Cluster k wird genau dann aktiviert, wenn Neuron k in der Klassifikationsschicht eine 1 ausgibt. Alle anderen linearen Assoziationsnetze sind zu diesem Zeitpunkt inhibiert (d.h. durch Ausgabe 0 der zugehörigen Klassifikatorneuronen).

2.3.6
Radiale Basisfunktionen

2.3.6.1
Modellbeschreibung

Ein Nachteil der Auswahl neuronaler Experten durch Klassifikation besteht darin, daß diese Modelle im allgemeinen nicht überall stetiges Assoziationsverhalten besitzen. Durch die Unstetigkeit der Klassifikation kann sich an der Grenze zwischen den Zuständigkeitsbereichen zweier Experten das Verhalten abrupt verändern. Zwar kann man diese Stufe durch die Verwendung hinreichend vieler Experten beliebig klein machen (vgl. Intervall- bzw. Gitterapproximationen), jedoch benötigt man zum Einlernen der Experten entsprechend viele Lernbeispiele. Da die Lernmenge jedoch typischerweise sehr begrenzt ist, muß man sich oft mit wenigen Experten begnügen.

Ein naheliegender Ansatz besteht darin, den Zuständigkeitsbereich der Experten unscharf zu machen: Beim Modell der radialen Basisfunktion von Moody und Darken [Moody, Darken 88] bewertet jeder Experte k seine Zuständigkeit mit einer Gauß-Glockenförmigen Funktion in Abhängigkeit vom euklidischen Abstand zu seinem Prototyp (Repräsentant) w^k :

$$b_k(x) := e^{-\frac{\|x - w^k\|^2}{2\sigma^2}} = e^{-\frac{(x - w^k)^2}{2\sigma^2}}$$

Durch diese Definition gilt nun nicht mehr, daß für jede Eingabe genau ein Experte (der *Winner*) zuständig ist, sondern alle, jedoch gewichtet durch die Gaußglockenförmige Funktionen b_k . Da diese exponentiell abfallen, ist jedoch nur für die in unmittelbarer Nähe der Eingabe x liegenden Prototypen w^k die Zuständigkeit b_k signifikant größer 0.

Eine Möglichkeit, die Prototypen zu finden, ist die Verwendung eines der bereits besprochenen Klassifikations- bzw. Cluster-Verfahren wie z.B. *lernende Vektorquantifizierung* (*LVQ*) als überwachtes Verfahren oder *k-means-Clustering* bzw. *selbstorganisierende Karten* als unüberwachte Verfahren. Bei diesen Verfahren ist der Repräsentant stets das Zentrum des Clusters bzw. der Mittelwert der Lernbeispiele im Cluster.

Ersetzen wir nun in einem der obigen Modelle neuronaler Experten die Klassifikationsschicht durch radiale Basisfunktionen und erzeugen die Netzausgabe y als gewichtete Summe der Ausgabe s^k der Experten k:

$$y := \sum_k b_k(x)s^k$$

Dann muß gelten, daß die Summe der Zuständigkeiten auf 1 normiert ist:

$$\sum_k b_k(x) = 1$$

Nur dadurch ist gewährleistet, daß einerseits die Ausgaben y^k der Experten relativ zu ihrer Zuständigkeit b_k gewichtet werden und andererseits die Ausgabe y eine Interpolation der Ausgaben s^k der Experten ist. Insbesondere, wenn alle Experten die gleiche Ausgabe s^k erzeugen, gilt dann entsprechend $y = s^k$. Verwenden wir jedoch radiale Basisfunktionen, dann gilt im allgemeinen diese Normierungsbedingung nicht, deshalb haben Moody und Darken die zusätzliche Normierung der radialen Basisfunktionen vorgeschlagen und bezeichneten dies mit *partitioning to one*:

$$y := \frac{\sum_k b_k(x) \cdot s^k}{\sum_k b_k(x)}$$

Ein Problem der Klassifikationsnetze in den vorigen Abschnitten besteht in der Abstandsmessung zwischen den Lernbeispielen und den Prototypen. Bei der euklidischen Metrik setzt sich der Gesamtabstand zusammen aus der Summe der Einzelabstände in jeder Dimension. Diese werden gleichgewichtet und unabhängig von der Lage des Prototyps gemessen. Falls der Anwender die Bedeutung einzelner Komponenten verschieden gewichten will, so muß er in einem Vorverarbeitungsschritt die Lernbeispiele komponentenweise entsprechend skalieren. Da diese Skalierung im allgemeinen schwierig ist und typischerweise vom Anwender nur in grober Näherung ausgeführt wird, wäre eine automatische Skalierung vorteilhaft. Hierzu parametrisieren wir die Breite der Gauß-Glocken in jeder Richtung:

$$b_k(x) := e^{-\sum_i \frac{(x_i - w_i^k)^2}{2\sigma_k^2}}$$

Damit können die Weiten σ_{ki} ähnlich wie beim *Multilayer Perceptron* durch Gradientenabstieg optimiert werden, da die radialen Basisfunktionen und damit der Ausgabefehler differenzierbar sind. Dies hat zusätzlich den Vorteil, daß die Sensibilität von b_k hinsichtlich einzelner Komponenten entsprechend deren Einflusses auf den Ausgabefehler mit σ_{ki} gewichtet wird. D.h. Komponenten, die für den Ausgabefehler weitgehend irrelevant sind, bekommen automatisch mit Hilfe des Lernverfahrens große Weiten σ_{ki} , so daß diese auch nur einen geringen Einfluß auf b_k besitzen. Umgekehrt begrenzen die Komponenten mit großem Einfluß auf den Ausgabefehler durch kleine Weiten σ_{ki} den Zuständigkeitsbereich. Dadurch reduziert sich automatisch mit Hilfe des Lernverfahrens der Eingaberaum auf die relevanten Komponenten.

Im Unterschied zur (globalen) Skalierung der Komponenten des Eingaberaums können hierbei die einzelnen Weiten abhängig vom Prototypen bzw. (implizit) von dessen Lage variieren. Damit können in Bereichen, in der die zu modellierende Funktion weitgehend konstant ist, große Weiten verwendet werden und in sensiblen Bereichen entsprechend kurze.

Zusammenfassend können wir feststellen, daß das Modell der radialen Basisfunktionen beliebige Funktionen als geglättete Gitterapproximation interpolieren kann, mit groben Maschen (Prototypen mit großem Zuständigkeitsbereich) in unsensiblen Bereichen und feinen Maschen in sensiblen.

Die Effizienz dieses Ansatzes läßt sich jedoch noch hinsichtlich eines häufig in der Anwendung auftretenden Falles verbessern: *Default Reasoning*. Häufig verhält sich die zu approximierende Funktion in weiten Bereichen relativ einfach bis auf wenige eng umgrenzte Bereiche (Ausnahmen). Folgendes Beispiel aus dem Alltag mag dies verdeutlichen: Beim Autofahren gilt in Ortschaften die generelle Strategie 50 km/h zu fahren, es sei denn eine Ausnahme tritt auf (Stoppstelle, rote Ampel, Hindernis etc.). Hierbei sollte der Prototyp für den Ausnahmefall in seinem schmalen Zuständigkeitsbereich den (oder die) Prototyp(en) für den allgemeinen Fall überstimmen können, aber eben nur dort. Dies kann man durch Einführen zusätzlicher Gewichtungsfaktoren β_k modellieren, die für weitreichende Prototypen typischerweise klein und für spezielle Prototypen groß sind:

$$b_k(x) := \beta_k \cdot e^{-\sum_i \frac{(x_i - w_i^k)^2}{2\sigma_{ki}^2}} \quad mit \quad \beta_k \in [0,1]$$

2.3.6.2
Vorteile des RBF-Modells zur expliziten Wissensrepräsentation

Vergleichen wir die Klassifikationseigenschaften des *RBF*-Modells mit den *Winner-takes-all*-Modellen (*WTAN*) wie z.B. die *selbstorganisierenden Karten* von Kohonen, dann ergeben sich folgende Vorteile:

- Während bei den *WTAN*-Modellen die Clustergröße der Experten jeweils implizit vom euklidischen Abstand der Prototypen w^k bestimmt ist, kann diese im *RBF*-Modell durch die Spezifikation der Weiten σ_{ki} individuell eingestellt werden.

- Im Gegensatz zu den *WTAN*-Modellen, bei denen der Anwender die einzelnen Dimensionen des Eingaberaumes adäquat skalieren muß, um ein sinnvolles Abstandsmaß zu erhalten, kann dieses im *RBF*-Modell durch die Einstellung der Weiten sogar in Abhängigkeit vom Experten (bzw. Lage des Prototypen) individuell und durch das Lernverfahren automatisch eingeregelt werden.

- Während bei den *WTAN*-Modellen der Übergang zwischen den Zuständigkeitsbereichen nicht stetig ist und die dadurch realisierten Approximationen Treppenfunktionen sind, sind die Übergänge beim *RBF*-Modell geglättet und im gesamten Bereich differenzierbar. Deshalb können *RBF*-Modelle mit Gradientenabstiegsverfahren optimiert werden.

- Die Überlagerung eines globalen Experten mit weitem Zuständigkeitsbereich durch lokale Experten mit eng begrenztem Zuständigkeitsbereich (*Default Reasoning*) ist nur bei den *RBF*-Modellen realisierbar.

2.3.6.3
Explizite Wissensrepräsentation, ein Problem beim RBF-Modell

Obwohl obige schrittweise Verfeinerung der radialen Basisfunktionen zur Steuerung der neuronalen Experten naheliegend und folgerichtig erscheint, ergeben sich dadurch einige Probleme bezüglich der Explizitheit der Wissensrepräsentation bzw. der Analysier- und Interpretierbarkeit trainierter *RBF*-Netze durch den Anwender:

- Lokalisierung der Experten: Insbesondere bei großen Weiten σ_{ki} können sich die Zuständigkeitsbereiche mehrerer Prototypen bzw. Experten stark überlagern, so daß die Ausgabe auf der komplexen Wechselwirkung mehrerer Experten beruht, anstatt auf einem allein verantwortlichen (lokalisierten) Experten.

- Lokalisierung des Zuständigkeitsbereichs: Durch die Normierung der Experten sind die Zuständigkeitsbereiche nicht mehr begrenzt. Selbst in Bereichen, in denen die Funktion b_k nahe 0 liegt, kann durch die Relativierung der Experte k großen Einfluß auf die Ausgabe besitzen, sofern alle anderen Experten noch geringer aktiviert sind. Ohne Normierung (*partitioning to one, PTO*) ist jedoch der Einfluß des Experten auf wenige Vielfache seiner Weiten σ_{ki} begrenzt.

Durch den zweiten Punkt gerät ferner ein wesentlicher Vorteil des *RBF*-Modells ins Wanken: Das Maß für die Vertrauenswürdigkeit der Ausgabe. Beim *Multilayer Perceptron* ist es für den Anwender nicht möglich, bei einem trainierten Netz zu entscheiden, in welchem Bereich das Netz ausgiebig trainiert wurde und infolgedessen die Ausgaben vertrauenswürdig sind. Auch in Bereichen weit ab von den Stützstellen der Lernmenge arbeitet das *Multilayer Perceptron* ohne einen Hinweis auf eine eventuelle „Kompetenzüberschreitung“. Hingegen ist die Summe der Aktivierungen der Experten $\Sigma_k\, b_k$ ein *hinreichendes* Maß dafür, inwieweit Prototypen und damit implizit auch Lernbeispiele (Stützstellen) in der Nähe liegen. Durch die Normierung (PTO) ist dieses Kriterium jedoch nicht mehr notwendig: Auch in Bereichen mit geringer Aktivierung b_k kann der Experte k noch großen Einfluß haben und eventuell die Lernbeispiele korrekt wiedergeben. Andererseits ist der effektive (tatsächliche) Einfluß $b_k\, /\, \Sigma_j\, b_j$ eines Experten k durch die Normierung völlig unbrauchbar, da deren Summe überall 1 ist, also auch weitab von der Lernmenge.

Die Untersuchungen in der Diplomarbeit von Andreas Sprenger verdeutlichen diese Aspekte [Sprenger96]. In dieser Arbeit wurden u.a. das vielfach als Benchmark-Problem verwendete Spiralen-Problem (s. Abb. 2.13a,b) und ein selbstdefiniertes (künstliches) Klassifikationsproblem verwendet, bei dem sich die Eigenschaften der RBF-Modelle besonders gut visualieren lassen (s. Abb.

2.12a,b). Als *RBF*-Modell verwendeten wir jeweils die Variante mit Normierung der Zuständigkeiten b_k und Gewichtungsfaktoren β_k.

Beim Spiralen-Problem ist die Lernmenge gegeben durch zwei ineinander geschlungene Spiralen im Einheitsquadrat, eine mit Sollausgabe 1 und die andere mit Sollausgabe -1. Das *RBF*-Netz mit 64 verborgenen (*RBF*-) Neuronen wurde auf der Standard-Lernmenge von 172 Stützstellen auf den beiden Spiralen eintrainiert.

Um die Flexibilität der Weitenanpassung im *RBF*-Modell zu untersuchen, wählten wir bei unserem künstlichen Klassifikationsproblem die Lernbeispiele für das Einheitsquadrat so, daß sowohl große als auch kleine Klassen-Bereiche entstanden. Als Lernmenge verwendeten wir 256 äquidistant verteilte Stützstellen und trainierten das *RBF*-Netz mit 25 *RBF*-Neuronen.

Zur Visualisierung der Merkmale des eintrainierten Netzes kennzeichnen wir im Eingaberaum die Zuständigkeitsbereiche der Experten (alias *RBF*s) durch deren Weiten, d.h. Ellipsen mit Achsenlängen σ_{ki}, und deren Gewichtungsfaktoren durch die Strichstärke der Ellipsen. Für welche Ausgabeklasse ein *RBF* votiert, wird jeweils durch „+" für ein positives Ausgabe-Gewicht und „-" für ein negatives angezeigt. Die Lernbeispiele sind im Eingaberaum durch „*" für Sollausgabe 1 und „." für -1.

Mit Hilfe dieser Repräsentation der eintrainierten *RBF*-Netze können wir erkennen, daß große Bereiche außerhalb dieser „Zuständigkeitsbereiche" der Experten liegen (s. oben in Abb. 2.12a und Abb. 2.13a). Insbesondere, wenn wir die Normierung bei der Berechnung der Ausgabe nicht verwenden, sind in weiten Teilen die Aktivierungen b_k nahezu 0. Betrachtet man jedoch die Ausgabe bei normierten Bewertungen, so läßt sich erkennen, daß das *RBF*-Netz das Spiralen-Problem mit einer guten Generalisierung eingelernt hat (s. Mitte in Abb. 2.13a). Von einer expliziten Wissensrepräsentation kann jedoch keine Rede sein, denn beim Spiralen-Problem wird in fast allen Bereichen und bei unserem Klassifikationsproblem in weiten Bereichen die Ausgabe von mehreren radialen Basisfunktionen bestimmt (s. unten in Abb. 2.12a und Abb. 2.13a).

Auf Grund der Betrachtung der Lage der *RBF*s oben in Abb. 2.12a,b und Abb. 2.13a,b kann der Anwender kaum das Ausgabeverhalten verstehen und erklären, obwohl diese Bilder ziemlich präzise und anschaulich die wesentlichen Parameter des *RBF*-Netzes visualisieren. Günstiger ist hierfür die Darstellung der Aktivierung der maximal aktivierten *RBF* (s. unten in Abb. 2.12a,b und Abb. 2.13a,b). In diesen Abbildungen lassen sich die Zuständigkeitsbereiche der einzelnen Experten (alias *RBF*s) und deren Übergangsbereiche gut erkennen.

Hierbei können wir auch feststellen, daß diese Zuständigkeitsbereiche nicht notwendigerweise konvex sein müssen wie bei den *Winner-takes-all*-Modellen (*LVQ, selbstorganisierende Karten* etc.), welche eine sogenannte Voronoi-Triangulation des Eingaberaumes erzeugen. Insbesondere können wir auf den beiden unteren Graphiken in Abb. 2.13a,b mehrere Beispiele für *Default Reasoning* erkennen, bei denen der Zuständigkeitsbereich einer *RBF* mit einer größeren Weite eine andere *RBF* mit kleinerer Weite voll oder teilweise (U-förmig) umschließt.

Für eine explizite Wissensrepräsentation forderten wir, daß das Netz aus Modulen mit lokalem Zuständigkeitsbereich besteht (vgl. Abschnitt 2.3.1). Bei einer Eingabe x sollten deshalb nur wenige Prototypen signifikant aktiviert sein. Ein Maß für die Überlappung zweier Regeln $p_{kk'}$ ist deren durchschnittliches

Produkt auf der Lernmenge (entsprechend dem stochastischen Korrelat zweier stochastischer Variablen):

$$p_{kk'} := \sum_x \frac{b_k(x) \cdot b_{k'}(x)}{(\sum_j b_j(x))^2}$$

Entsprechend definieren wir die Lokalität L_k eines Experten k durch dessen Überlappung p_k mit den anderen Experten als $L_k := 1 - p_k$, wobei

$$p_k := \sum_{k' \neq k} p_{kk'} = \sum_{k' \neq k} \sum_x \frac{b_k(x) \cdot b_{k'}(x)}{(\sum_j b_j(x))^2}$$

$$= \sum_x \sum_{k' \neq k} \frac{b_k(x) \cdot b_{k'}(x)}{(\sum_j b_j(x))^2}$$

$$= \sum_x \frac{b_k(x)}{\sum_j b_j(x)} \cdot \sum_{k' \neq k} \frac{b_{k'}(x)}{\sum_j b_j(x)}$$

$$= \sum_x \frac{b_k(x)}{\sum_j b_j(x)} \cdot \left(1 - \frac{b_k(x)}{\sum_j b_j(x)}\right)$$

Als Maß für die Explizitheit eines *RBF*-Modells definieren wir schließlich die durchschnittliche Lokalität L seiner Experten:

$$L := \frac{1}{n} \cdot \sum_{k=1}^{n} L_k = 1 - \frac{1}{n} \cdot \sum_{k=1}^{n} p_k = 1 - \frac{1}{n} \cdot \sum_{k=1}^{n} \sum_x \frac{b_k(x)}{\sum_j b_j(x)} \cdot \left(1 - \frac{b_k(x)}{\sum_j b_j(x)}\right)$$

Die durchschnittliche Überlappung P eines *RBF*-Modells definieren wir entsprechend durch:

$$P := 1 - L = \frac{1}{n} \cdot \sum_{k=1}^{n} \sum_x \frac{b_k(x)}{\sum_j b_j(x)} \cdot \left(1 - \frac{b_k(x)}{\sum_j b_j(x)}\right)$$

Lage und Weite
der radialen Basisfunktionen

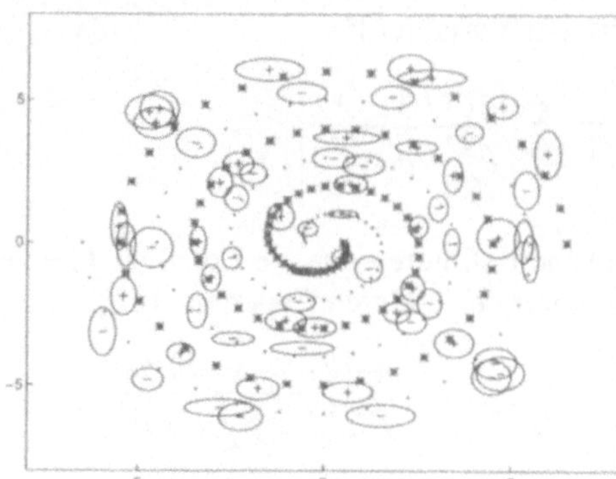

Ausgabefunktion
des Gesamtnetzes

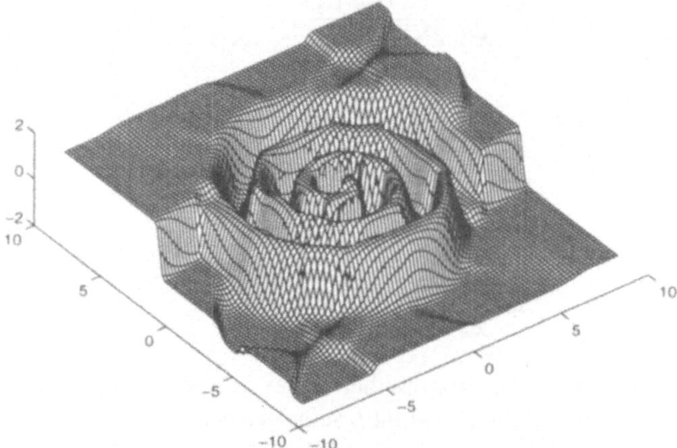

(normierte) Aktivierung
der maximal aktivierten
radialen Basisfunktion

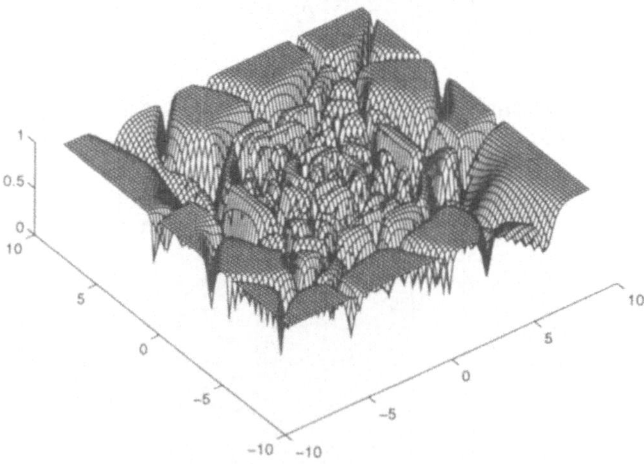

Abb. 2.12a. Lernen eines RBF-Netzes *ohne* Berücksichtigung des Lokalitätsterms am Beispiel des Spiralenproblems: Weiche Übergänge zwischen den Zuständigkeitsbereichen.

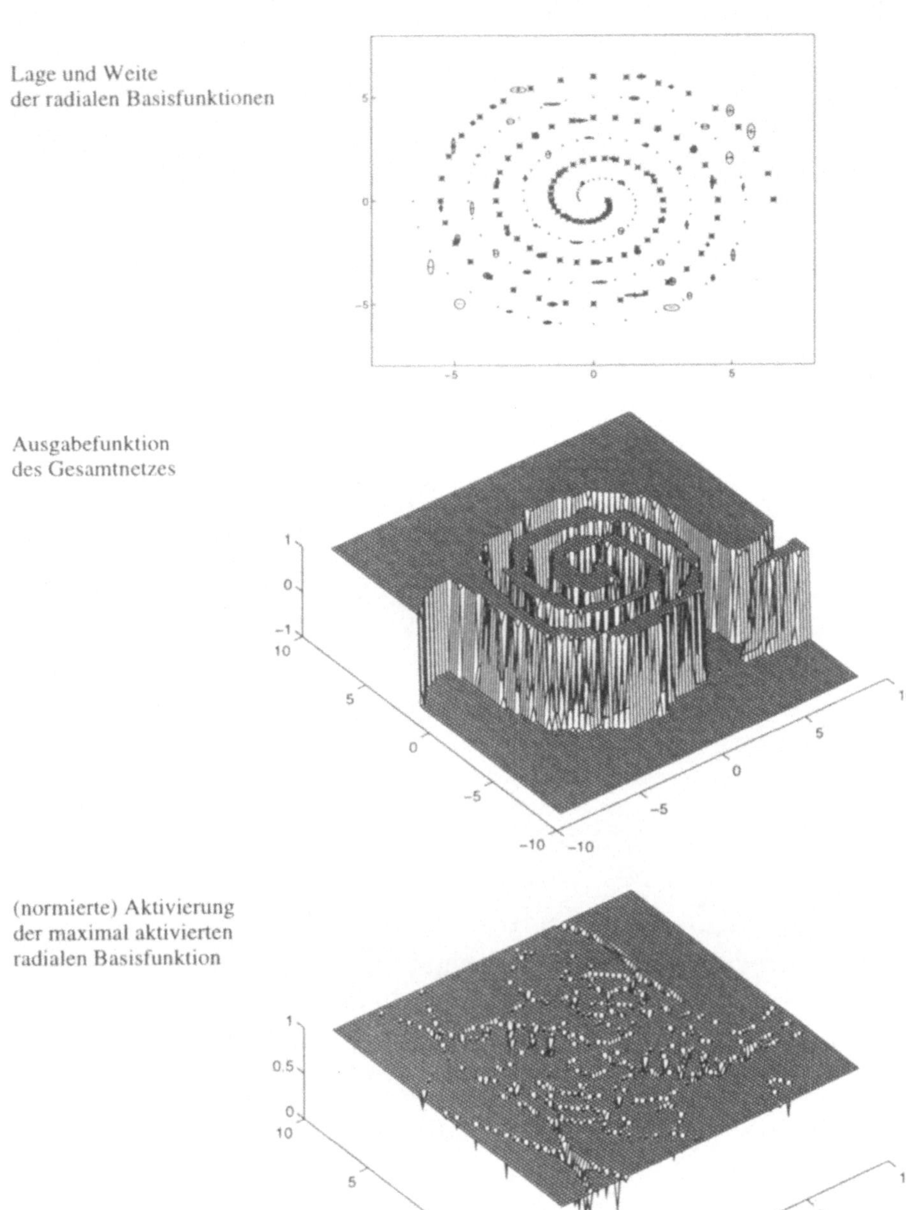

Abb. 2.12b. Lernen eines RBF-Netzes *mit* Berücksichtigung des Lokalitätsterms am Beispiel des Spiralenproblems: Harte Übergänge, d.h. fast immer ist nur eine RBF zuständig.

Lage und Weite
der radialen Basisfunktionen

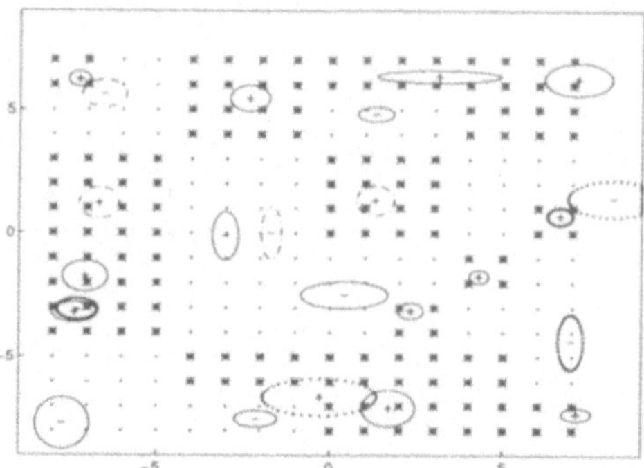

Ausgabefunktion
des Gesamtnetzes

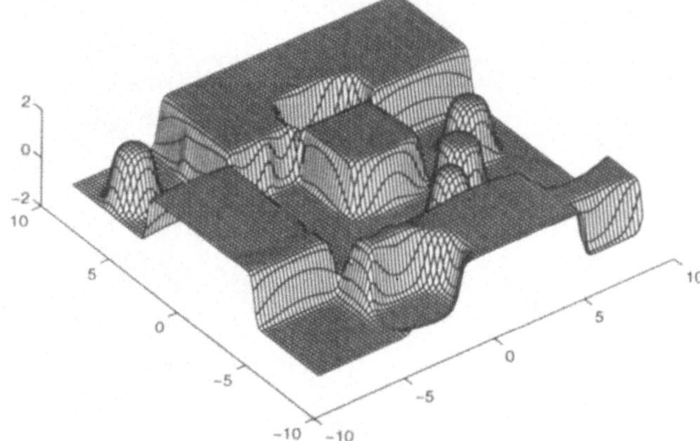

(normierte) Aktivierung
der maximal aktivierten
radialen Basisfunktion

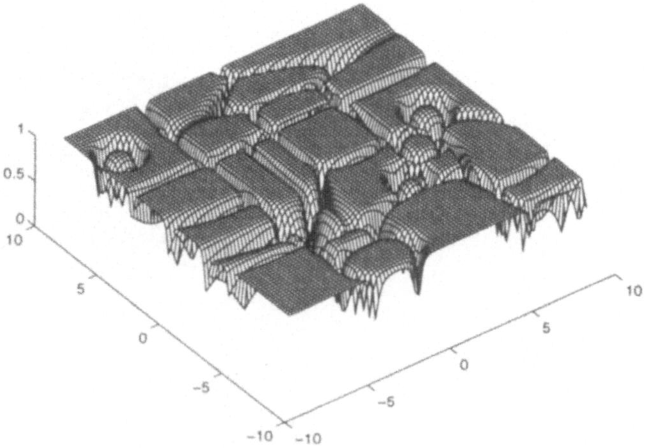

Abb. 2.13a. Lernen eines RBF-Netzes *ohne* Berücksichtigung des Lokalitätsterms am Beispiel eines Klassifikationsproblems: Weiche Übergänge zwischen den Zuständigkeitsbereichen.

Lage und Weite
der radialen Basisfunktionen

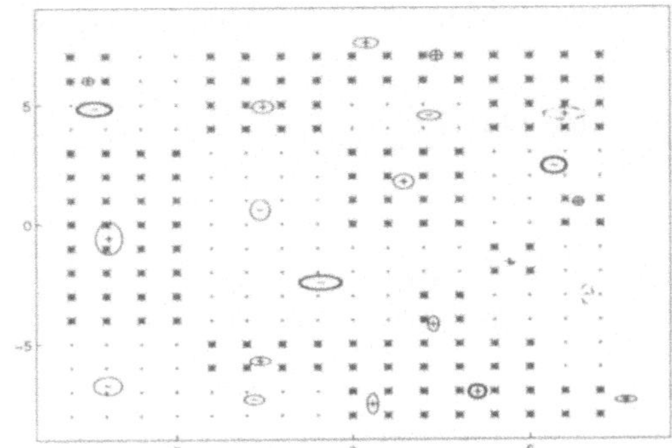

Ausgabefunktion
des Gesamtnetzes

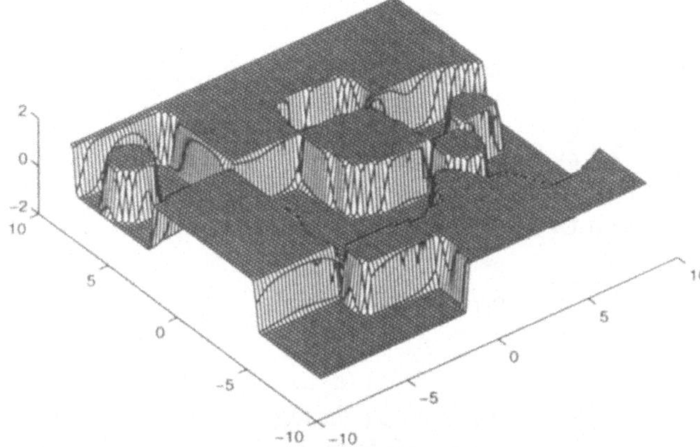

(normierte) Aktivierung
der maximal aktivierten
radialen Basisfunktion

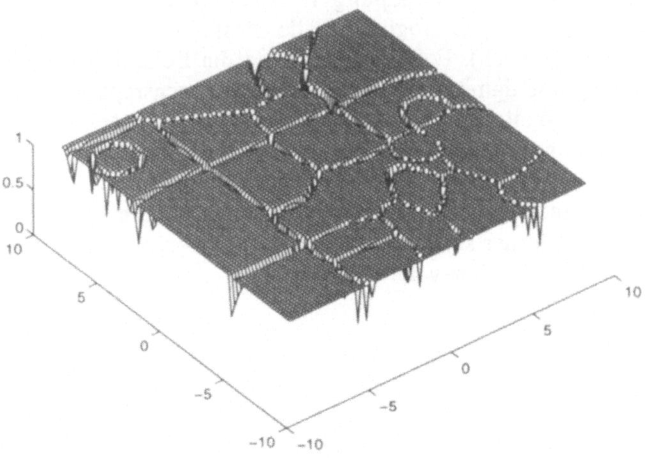

Abb. 2.13b. Lernen eines RBF-Netzes *mit* Berücksichtigung des Lokalitätsterms am Beispiel eines Klassifikationsproblems: Harte Übergänge, d.h. fast immer ist nur eine RBF zuständig.

Verwenden wir ein *RBF*-Modell ohne Normierung, dann vereinfacht sich die Lokalität folgendermaßen. Die Überlappung zwischen zwei Experten ist definiert als:

$$p_{kk'} := \sum_x \frac{b_k(x) \cdot b_{k'}(x)}{\sum_j b_j(x)}$$

Die Lokalität L_k eines Experten k bestimmen wir entsprechend durch dessen Überlappung p_k mit den anderen Experten:

$$p_k := \sum_{k' \neq k} p_{kk'} = \sum_{k' \neq k} \sum_x b_k(x) \cdot b_{k'}(x)$$

$$= \sum_x b_k(x) \cdot \sum_{k' \neq k} b_{k'}(x)$$

Damit ergibt sich als Lokalität eines *RBF*-Modells ohne Normierung:

$$L := \frac{1}{n} \cdot \sum_{k=} L_k = 1 - \frac{1}{n} \cdot \sum_{k=} p_k = 1 - \frac{1}{n} \cdot \sum_x \sum_{k=} b_k(x) \cdot \sum_{k' \neq k} b_{k'}(x)$$

bzw. dessen Überlappung:

$$P := \frac{1}{n} \cdot \sum_x \sum_{k=} b_k(x) \cdot \sum_{k' \neq k} b_{k'}(x)$$

Für große Weiten σ_{ki} geht in diesem Fall (*RBF*-Modell ohne Normierung) die Überlappung P gegen 1 und damit die Lokalität L gegen 0, für kleine Weiten hingegen geht die Überlappung P gegen 0 und damit die Lokalität L gegen 1 (ausgenommen pathologische Fälle: Prototypen w^k, $w^{k'}$ verschiedener Experten k, k' sind identisch). Folglich kann man die Lokalität des *RBF*-Modells ohne Normierung und damit die Explizitheit der Wissensrepräsentation durch die Verringerung der Weite steuern. Diese Eigenschaft trifft allerdings für *RBF*-Modelle mit Normierung im allgemeinen nicht mehr zu (z.B. wenn der Abstand der Experten zu den Lernbeispielen gleich groß ist).

Ein Beispiel: Gegeben seien insgesamt 2 Experten 1 und 2 sowie zwei Lernmuster x^1 und x^2; ferner sei $\| x^1 - w^1 \| = \| x^1 - w^2 \| = \| x^2 - w^1 \| = \| x^2 - w^2 \|$ und die Weiten $\sigma_{ki} = \sigma$ einheitlich gewählt, dann gilt

$$\frac{b_k(x)}{\sum_j b_j(x)} = \tfrac{1}{2}$$

und somit $L = \tfrac{1}{4}$ unabhängig von der Weite σ. Insofern genügt es beim *RBF*-Modell mit Normierung nicht, um die Lokalität zu garantieren, nur die Überlappung der „elliptischen (absoluten) Zuständigkeitsbereiche" Z_k zu verbieten:

$$\forall k, k': \ Z_k \cap Z_{k'} = \emptyset \quad mit$$

$$Z_k = \{x \mid b_k(x) \le 1/e\} = \{x \mid e^{-\sum_i \frac{(x_i - w_i^k)^2}{2\sigma_{ki}^2}}) \le 1/e\} = \{x \mid \sum_i \frac{(x_i - w_i^k)^2}{2\sigma_{ki}^2} \le 1\}$$

Im folgenden werden wir deshalb die Maximierung der Lokalität bzw. die Minimierung der Überlappung als zusätzliches Optimierungskriterium neben dem Fehler auf der Lernmenge betrachten. In anderen Worten, die Überlappung ist ein zusätzlicher Strafterm ähnlich wie die Größe der Gewichte beim *Multilayer Perceptron* (*Weight-Decay*-Methode).

Betrachten wir die Auswirkungen dieses zusätzlichen Strafterms an den beiden in der Diplomarbeit von Sprenger untersuchten Benchmark-Problemen (s. Abb. 2.12b und Abb. 2.13b), dann können wir feststellen:

1. In fast allen Bereichen existiert eine (maximal aktivierte) *RBF* mit einer (normierten) Aktivierung von (nahezu) 1, d.h. in diesen Bereichen bestimmt nur eine einzige *RBF* die Ausgabe. Die Grenzen dieser Zuständigkeitsbereiche einzelner *RBF*s lassen sich dadurch erkennen, daß hier notwendigerweise die maximale Aktivierung auf einen Wert < ½ sinkt (im Bild als „Graben" sichtbar).
2. Insbesondere beim Spiralen-Problem ist erkennbar, daß durch die Berücksichtigung der Lokalität (als Strafterm) der Freiheitsgrad eingeschränkt wird und die *RBF*s gezwungen werden, sich präzise auf die zugehörige Spirale mit möglichst großem Abstand zu plazieren.
3. Durch die Minimierung der Überlappung wird jedoch auch der Übergang zwischen den Zuständigkeitsbereichen zweier Experten (alias *RBF*s) steiler. Möchte man hier jedoch eine weiche Interpolation, so kann diese Eigenschaft von Nachteil sein. Betrachten wir beispielsweise Abb. 2.12a,b Mitte: Ohne Berücksichtigung der Lokalität (Abb. 2.12a) entspricht der radiale Querschnitt durch die Spiralen ungefähr einer Sinus-Schwingung, hingegen mit Berücksichtigung der Lokalität (Abb. 2.12b) entspricht der Querschnitt einer Stufenfunktion.

2.3.6.4
Ein schnelles Gradientenabstiegsverfahren für das RBF-Modell: Rprop

Das in Abschnitt 2.2.4 vorgestellte Gradientenabstiegsverfahren mit adaptiver Schrittweitenregelung *Rprop* (Resilient Backpropagation) ist ein allgemeines Verfahren, das sich prinzipiell für beliebige Minimierungsprobleme einsetzen läßt, sofern die Optimierungsfunktion differenzierbar ist. Folglich ist es naheliegend, dieses Verfahren auch für die Optimierung von *RBF*-Netzen zu verwenden.

Wie bereits beim *Multilayer Perceptron* erwähnt, ist es dabei wichtig, den Freiheitsgrad für die Optimierung einzuschränken, da *Rprop* auf Grund seiner Schrittweitenadaption auch irrelevante Parameter ausreizt und damit das Generalisierungsverhalten zugunsten der schnellen Minimierung des Lernfehlers verschlechtert. Hierzu kann beim *Multilayer Perceptron* zum einen die Anzahl der freien Parameter durch Begrenzung der Menge der verborgenen Neuronen eingeschränkt werden und zum anderen deren Variabilität durch Bestrafung zu großer

Gewichte, z.B. nach der *Weight-Decay-* oder *Weight-Elimination-* Methode, verringert werden kann.

Auch beim *RBF*-Modell läßt sich die Anzahl der freien Parameter durch die Begrenzung der verborgenen Schicht, d.h. Anzahl der Experten einschränken. Eine Bestrafung der Parametergröße erscheint hier jedoch weniger sinnvoll, da gerade Experten mit großer Reichweite für eine gleichmäßige Generalisierung sorgen, während Experten mit sehr kurzer Reichweite speziell auf die Lernbeispiele getrimmt werden können. Andererseits ist es für die angestrebte Wissensextraktion wesentlich, daß sich die (effektiven) Zuständigkeitsbereiche möglichst wenig überlappen. Wir verwenden deshalb die in obigem Abschnitt 2.3.6.3 definierte Lokalität L bzw. Überlappung als zusätzliches Optimierungskriterium, gewichtet mit einem Faktor $\alpha > 0$:

$$E' := Lernfehler \; - \; \alpha' \cdot Lokalität$$

$$= \frac{1}{2} \sum_{\mu} \| \, y(x^{\mu}) - y^{\mu} \, \|^2 - \alpha' \cdot (1 - \frac{1}{n} \cdot \sum_{k=1}^{n} \sum_{\mu} \frac{b_k(x^{\mu})}{\sum_j b_j(x^{\mu})} \cdot (1 - \frac{b_k(x^{\mu})}{\sum_j b_j(x^{\mu})})$$

$$= \frac{1}{2} \sum_{\mu} \| \, y(x^{\mu}) - y^{\mu} \, \|^2 - \alpha' + \frac{\alpha'}{n} \cdot \sum_{k=1}^{n} \sum_{\mu} \frac{b_k(x^{\mu})}{\sum_j b_j(x^{\mu})} \cdot (1 - \frac{b_k(x^{\mu})}{\sum_j b_j(x^{\mu})})$$

Die Konstante α' kann für die Minimierung entfallen, da diese unabhängig von den zu optimierenden Parametern ist. Ferner können wir zur Vereinfachung der Notation $\alpha = \alpha'/n$ setzen und erhalten:

$$E := \frac{1}{2} \sum_{\mu} \| \, y(x^{\mu}) - y^{\mu} \, \|^2 \; + \; \alpha \cdot \sum_{k=1}^{n} \sum_{\mu} \frac{b_k(x^{\mu})}{\sum_j b_j(x^{\mu})} \cdot (1 - \frac{b_k(x^{\mu})}{\sum_j b_j(x^{\mu})})$$

d.h. wir ersetzen die Minimierung von $\alpha' \cdot Lokalität\ (\alpha' \cdot L)$ durch die Minimierung von $\alpha \cdot Überlappung\ (\alpha \cdot P)$. Da diese Funktion E stetig differenzierbar ist, können wir auf diese *Rprop* als schnelles Gradientenabstiegsverfahren anwenden. Definieren wir die effektive Aktivierung c_k eines Experten k bzw. dessen effektive Bewertung mit

$$c_k := \frac{b_k(x)}{\sum_j b_j(x)}$$

Dann erhalten wir:

$$y(x) := \sum_k c_k(x) \cdot s^k(x)$$

und damit:

$$E := \frac{1}{2} \sum_\mu \left(\sum_k c_k(x^\mu) \cdot s^k - y^\mu \right)^2 \quad + \quad \alpha \cdot \sum_{k=1}^{n} \sum_\mu c_k(x^\mu) \cdot (1 - c_k(x^\mu))$$

Mit dem Gradientenabstiegsverfahren können die Prototypen w^k, die zugehörigen Weiten σ_{ki} und die protoypischen Ausgaben s^k für alle Experten k optimiert werden. Für die Änderungsregeln benötigen wir jeweils die partiellen Ableitung von E nach diesen Parametern. Die Ableitung von E nach der prototypischen Ausgabe s^k berechnet sich durch:

$$\frac{\partial E}{\partial s^k} := \sum_\mu \left(\sum_k c_k(x) \cdot s^k - y^\mu \right)$$

Die Ableitungen von E nach den übrigen Parametern lassen sich mit der Kettenregel berechnen:

$$\frac{\partial E}{\partial w_{ki}} := \sum_{k'} \frac{\partial E}{\partial c_{k'}} \cdot \frac{\partial c_{k'}}{\partial b_k} \cdot \frac{\partial b_k}{\partial w_{ki}} \quad bzw. \quad \frac{\partial E}{\partial \sigma_{ki}} := \sum_{k'} \frac{\partial E}{\partial c_{k'}} \cdot \frac{\partial c_{k'}}{\partial b_k} \cdot \frac{\partial b_k}{\partial \sigma_{ki}}$$

Dabei gilt:

$$\frac{\partial E}{\partial c_{k'}} := \sum_\mu \left(\sum_j c_j(x) \cdot s^j - y^\mu \right) \cdot s^{k'} + \sum_\mu (1 - 2 \cdot c_{k'}(x^\mu))$$

$$\frac{\partial c_{k'}}{\partial b_k} := \frac{-b_{k'}(x)}{\left(\sum_j b_j(x) \right)^2} = \frac{-c_{k'}(x)}{\sum_j b_j(x)} \quad \text{für } k' \neq k$$

$$\frac{\partial c_k}{\partial b_k} := \frac{\sum_{j \neq k} b_j(x)}{\left(\sum_j b_j(x) \right)^2} = \frac{1 - c_k(x)}{\sum_j b_j(x)}$$

$$\frac{\partial b_k}{\partial w_{ki}} := b_k \cdot \frac{x_i - w_{ki}}{\sigma_{ki}^{\,2}}$$

$$\frac{\partial b_k}{\partial \sigma_{ki}} := b_k \cdot \frac{(x_i - w_{ki})^2}{\sigma_{ki}^{\,3}}$$

Mit Hilfe dieser Gradienteninformation können wir schrittweise die Parameter optimieren:

$$\Delta w_{ki}(t) := -\Delta(t) \frac{\partial E(t)}{\partial w_{ki}} \quad bzw.$$

$$\Delta\sigma_{ki}(t) := -\Delta(t)\frac{\partial E(t)}{\partial\sigma_{ki}}$$

Wie bereits eingangs erwähnt, läßt sich auch hier die adaptive Schrittweitensteuerung von *Rprop* einsetzen und die Schrittweiten individuell dynamisch adaptieren:

$$\Delta w_{ki}(t) := -\Delta_{ki}(t)\cdot\sigma(\frac{\partial E(t)}{\partial w_{ki}})\qquad bzw.$$

$$\Delta\sigma_{ki}(t) := -\Delta_{ki}(t)\cdot\sigma(\frac{\partial E(t)}{\partial\sigma_{ki}})$$

Die Verbesserung hinsichtlich Lerngeschwindigkeit und Robustheit gegenüber der Parametereinstellung ist in Abb. 2.14 exemplarisch am Beispiel des Einlernens für das Spiralen-Problems aufgezeigt.

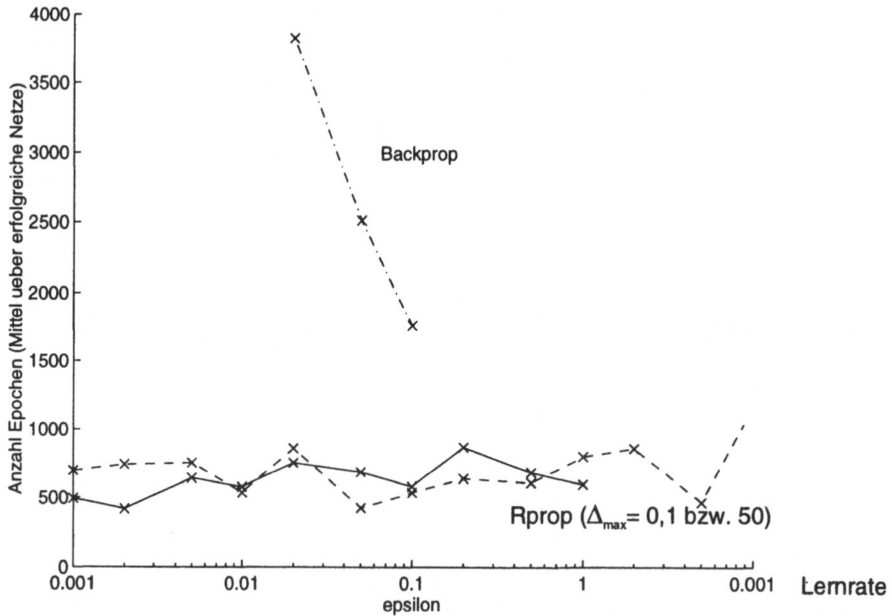

Abb. 2.14. Vergleich der Lerngeschwindigkeit und Robustheit gegenüber der Parametereinstellung von Rprop mit adaptiver Schrittweitensteuerung und Standard-Gradientenabstieg (Backpropagation) mit konstanter Schrittweite am Beispiel des Spiralen-Problems.

Auch hier erweist sich die individuelle Schrittweitensteuerung der Verwendung einer konstanten Schrittweite als deutlich überlegen, selbst wenn die konstante Schrittweite optimal eingestellt wird.

Der Vollständigkeit halber sei jedoch darauf hingewiesen, daß ein *RBF*-Netz sensibel auf die Initialisierung reagiert. In anschaulichen Anwendungsproblemen, wie den hier betrachteten, läßt sich diese problemadäquat spezifizieren (stochastische Verteilung der Zentren im Einheitsquadrat und stochastische Verteilung der Weiten in einer dem Problem angemessenen Größenordnung: z.B. durchschnittliche Varianz der *Cluster*). Ein anderer Ansatz besteht jedoch darin, diese Initialisierung durch eine Analyse der Lernmenge zu optimieren (s. Abschnitt 2.3.6.5).

2.3.6.5
Initialisierung der radialen Basisfunktionen

Bei ungünstiger Wahl der Initialisierung der radialen Basisfunktionen ist es möglich, daß das Gradientenabstiegsverfahren nur schlechte lokale Minima findet. Deshalb ist zur Bestimmung geeigneter initialer Werte für die Weiten und Zentren der radialen Basisfunktionen eine Analyse der Daten wesentlich.

Beispielsweise können wir mit Hilfe einer Hauptkomponentenanalyse die Verteilung der Lernbeispiele bestimmen und darauf aufbauend die Verteilung der Zentren der Weiten spezifizieren.

Eine andere Möglichkeit besteht darin, zuerst ein anderes Clusterverfahren einzusetzen und dann mit Hilfe dessen Klasseneinteilung die Zentren und Weiten zu bestimmen. Verwenden wir zur Vorklassifizierung ein *Winner-takes-all*-Modell (z.B. *LVQ, selbstorganisierende Karten* etc., s. Abschnitt 2.3.2 und 2.3.4), dann erhalten wir ein zweistufiges Verfahren, bei dem zuerst mit dem *WTAN*-Modell eine grobe Klassifizierung erlernt wird, deren scharfe Klassengrenzen dann durch das *RBF*-Modell geglättet werden. Verwenden wir auf dieser ersten Stufe ein unüberwachtes Lernverfahren, dann werden bei dessen Grob-Klassifizierung nur die Eingabewerte der Lernbeispiele berücksichtigt und die Zielwerte erst auf der zweiten Stufe durch das *RBF*-Modell adaptiert.

2.3.7
Neuronale Modelle für unscharfe Logik

Unscharfe Logik ist ein Regelsystem, bei dem im Unterschied zur Prädikatenlogik die Prädikate nicht binär, sondern unscharf sind. Variablentypen wie z.B. *Größe* werden als linguistische Variable bezeichnet, deren Werte als linguistische Terme wie z.B. *klein, mittel, groß*. Unscharfe Regeln haben jeweils eine Prämisse, bestehend aus einer *UND*-Verknüpfung mehrerer linguistischer Terme, und eine Konklusion, bestehend aus einem linguistischen Term. Bei einem unscharfen Regler ist die Konklusion eine Aktion, deren Bedingungen (zum Auslösen dieser Aktion) in der Prämisse stehen. Theoretisch wäre es zwar möglich, auch auf die Konklusion weitere unscharfe Regeln anzuwenden, in der Praxis begnügt man sich jedoch mit nur einer Stufe unscharfen Schließens.

Da in der Prädikatenlogik die binäre Klassifikation eines Prädikats (alias linguistischen Terms) wie z.B. *groß* eine scharfe Klassengrenze besitzt, kann diese den Sprachgebrauch insbesondere an dieser Grenze nicht modellieren. Wenn man z.B. die Klassengrenze für große Menschen bei 1,80 m festlegt, dann entspricht es nicht dem normalen Sprachverständnis, eine Person mit 1,795 m Größe als nicht groß zu bezeichnen, aber mit 1,80 m Größe als groß. Dies könnte im Extremfall auf Grund der Plastizität der Bandscheiben bedeuten, daß dieselbe Person morgens als groß und nachmittags als nicht groß bezeichnet wird. Durch die sogenannten Zugehörigkeitsfunktionen ist es nun bei der unscharfen Logik möglich, das Zutreffen eines Prädikats (alias linguistischen Terms) abzustufen, d.h. neben den binären Werten 1 bzw. 0 (entsprechend *„trifft zu"* bzw. *„trifft nicht zu"*) sind alle Werte aus dem Intervall [0,1] zugelassen. Typischerweise verwendet hierzu der Anwender stückweise lineare Funktionen. Im einfachsten Fall sind dies Dreiecksfunktionen, die bei einem bestimmten Wert w ihr Maximum 1 besitzen und auf beiden Seiten linear relativ zum Abstand von w auf 0 abfallen.

Zur Realisierung der *UND*-Verknüpfung in der Prämisse werden mehrere Varianten verwendet. Allen gemeinsam ist die Eigenschaft, daß diese Verallgemeinerungen des Booleschen *UND*-Operators auf den Hypercubus $[0,1]^n$ sind. Möglich ist hierbei als probabilistische Variante die Produktbildung (die Zugehörigkeitsfunktion wird als Wahrscheinlichkeit des Zutreffens interpretiert). Denkbar, wenn auch etwas unnatürlich, ist die Maximumsbildung. Gebräuchlich ist die Minimumsbildung, d.h. die Prämisse trifft in dem Maß zu wie der in ihr enthaltene linguistische Term mit kleinstem Zugehörigkeitswert. In anderen Worten, dies entspricht dem Bild einer Kette, deren Tragfähigkeit durch ihr schwächstes Glied bestimmt ist.

Die Gesamtausgabe (Aktion) eines unscharfen Reglers wird bestimmt durch die Aggregation seiner Regeln, wobei die linguistischen Ausgabeterme der einzelnen Regeln zusammen die Ausgabe bestimmen, jeweils gewichtet gemäß der Aktivierung ihrer Prämissen. Hierbei ist zu beachten, daß die linguistischen Ausgabeterme ebenfalls unscharf sind und deshalb erst noch „defuzzifiziert", d.h. auf einen Wert abgebildet, werden müssen. Im folgenden betrachten wir drei Typen von Zugehörigkeitsfunktionen des linguistischen Ausgabeterms: Rechteck-, symmetrische Dreieck- und symmetrische Trapezfunktion.

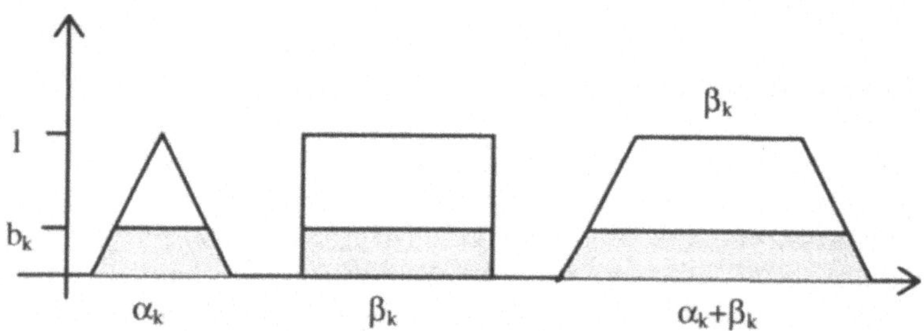

Abb. 2.15. Bei der Schwerpunktmethode werden zur Defuzzifizierung die Schwerpunkte der auf Höhe b_k abgeschnittenen Zugehörigkeitsfunktionen verwendet.

Bei der sogenannten Schwerpunktsmethode werden die Zentren s^k dieser Funktionen jeweils gewichtet mit einer quadratischen Funktion $g(b_k)$ in Abhängigkeit des Maßes b_k für das Zutreffen der Prämisse (s. Abb. 2.15):

Bei der Dreieckfunktion:

$$g(b_k) := \alpha_k \cdot (b_k - b_k^2/2)$$

Bei der Rechteckfunktion:

$$g(b_k) := \beta_k \cdot b_k$$

Bei der Trapezfunktion:

$$g(b_k) := \alpha_k \cdot (b_k - b_k{}^2/2) + \beta_k \cdot b_k$$

Zur Berechnung der Ausgabe werden dann diese Gewichte noch normiert:

$$y := \frac{\sum_k g(b_k) \cdot y^k}{\sum_k g(b_k)}$$

Der Vorteil unscharfer Logik besteht zum einen darin, daß sich die Ausgabe (Aktion) auf die Aktivierung weniger Regeln zurückführen läßt, d.h. das Wissen wird explizit repräsentiert, und zum anderen darin, daß zwischen den Zuständigkeitsbereichen verschiedener Regeln auf Grund der Unschärfe ein kontinuierlicher Übergang besteht, im Unterschied zu Modellierungen in Logiken mit Booleschen Prädikaten.

Das Modell der radialen Basisfunktionen mit Normierung läßt sich folgendermaßen als unscharfer Regler interpretieren:

- Jedem Experten (alias radialen Basisfunktion) entspricht jeweils eine Regel (z.B. *Wenn [Winkel positiv und Winkelgeschwindigkeit positiv] dann Kraft stark positiv*).
- Die Eingabevariablen entsprechen den linguistischen Variablen (z.B. *Winkel, Winkelgeschwindigkeit*).
- Die Gauß-Glocken $e^{-(x_i - w_{ki})^2/2\sigma_{ki}{}^2}$ entsprechen den Zugehörigkeitsfunktionen von linguistischen Terme (z.B. *positiv* ist ein linguistischer Term der linguistischen Variable *Winkel*), d.h. die Zugehörigkeit zu einem linguistischen Term ist maximal bei einer Eingabe im Zentrum w_i und fällt dann exponentiell mit dem Abstand zum Zentrum.
- Die *UND*-Verknüpfung mehrerer Bedingungen in der Prämisse wird gemäß einem probabilistischen Ansatz durch die Multiplikation deren Zugehörigkeitsfunktionswerte realisiert:

$$e^{-\sum_i (x_i - w_{ki})^2/2\sigma_{ki}^2}$$

- Die *ODER*-Verknüpfung (Aggregation) mehrerer Regeln erfolgt durch die Addition der zugehörigen Ausgabewerte, gewichtet gemäß der relativen Aktivierung der Regeln, d.h. die Ausgabe ist eine Interpolation zwischen den Ausgabewerten der einzelnen Regeln mit den Zentren der Gauß-Glocken als Stützstellen.

Normalerweise wird ein linguistischer Term von mehreren Regeln benutzt, dies entspricht einer Mehrfachnutzung der Gauß-Glocken $e^{-(x_i - w_{ki})^2/2\sigma_{ki}{}^2}$. Dies läßt sich durch *Weight Sharing* realisieren: Die Parameter radialer Basisfunktionen, die gleichen linguistischen Termen entsprechen, sind identisch (jeweils das Zentrum

w_{ki} und die Weite σ_{ki}). Die Unterschiede zu einem Standard-unscharfen-Regler sind gering:

- Die Produktbildung ergibt etwas niedrigere Zugehörigkeitswerte als die übliche Minimumsbildung (z.B. bei Dimension 2: $p_1{\cdot}p_2 \leq min\{p_1,p_2\}$), dies wird jedoch durch die Normierung zum Teil kompensiert.
- Die Zugehörigkeitsfunktionen sind üblicherweise Dreieckfunktionen im Unterschied zur Gauß-Glocke beim *RBF*-Modell. Experimentelle Untersuchungen an vielen Benchmark-Problemen haben jedoch gezeigt, daß unscharfe Regler sehr robust gegenüber der Wahl der Zugehörigkeitsfunktion sind. Wie bereits oben erwähnt, ändert sich bei symmetrischen Zugehörigkeitsfunktionen nur die relative Gewichtung der Regeln $g_k(b_k)$, nicht aber deren Zentren s^k, d.h. auf Grund der Normierung können sich nur im Überlappungsbereich der Regeln geringe Unterschiede ergeben.
- Die üblicherweise verwendete Schwerpunktmethode erzeugt ebenso wie die gewichtete Addition eine Interpolation zwischen den Ausgabewerten der aktivierten Regeln. Der Fall der Rechteckfunktion bei der Schwerpunktmethode entspricht genau der normierten Gewichtung beim *RBF*-Modell.

Der entscheidende Vorteil des *RBF*-Modells besteht in seiner Differenzierbarkeit, während beim Standard-unscharfen-Regler weder die Minimumsbildung noch die Dreieckfunktionen (Zugehörigkeitsfunktion) differenzierbar ist. Auf Grund der Differenzierbarkeit läßt sich das *RBF*-Modell durch ein Gradientenabstiegsverfahren optimieren. Dadurch lassen sich sowohl die Zugehörigkeitsfunktionen (Zentren und Weite der Gauß-Glocken) als auch die Ausgabewerte problemabhängig optimieren.

Dabei kann der Anwender sein Wissen durch die Initialisierung dieser Werte einbringen und deren Feinoptimierung durch Gradientenabstieg automatisieren. Da sich durch diese Feinoptimierung die Struktur nicht ändert, läßt sich auch das eintrainierte Netz als unscharfer Regler interpretieren. Insbesondere kann er das (globale) Gesamtverhalten dieses Reglers durch die unscharfen (lokalen) Regeln erklären. Durch diese explizite Repräsentation des im *RBF*-Netz gespeicherten Wissens kann der Anwender die Plausibilität der verwendeten Regeln überprüfen und bei Bedarf Zusatzwissen bzw. neue Regeln in Problembereichen einbringen.

2.4
Semantische Netze – Optimierung durch Relaxation

2.4.1
Einführung

Ein semantisches Modell der Umwelt mit neuronalen Netzen modellieren, bedeutet, eine Interpretation der aktuellen Eingabe zu finden, die möglichst wenig Inkonsistenzen mit dem bisherigen Wissen besitzt. Bei perfektem Wissen sollte sogar eine widerspruchsfreie Interpretation gefunden werden. Da jedoch ein Agent im allgemeinen kein verifiziertes Wissen besitzt, sondern auf Grund von Fehlinformationen, aber auch Fehlinterpretationen, mit einer fehlerbehafteten Wissensbasis handeln muß, lassen sich Inkonsistenzen nicht völlig vermeiden, sondern nur minimieren.

Bereits 1986 haben Rumelhart, Smolensky, McClelland und Hinton ein Modell zu semantischen Modellierung von Wissen vorgeschlagen: *Interactive Activation and Competition* (*IAC*) [Rumelhart, Smolensky, McClelland, Hinton 86]. Bei diesem Modell entsprechen Hypothesen jeweils Neuronen, und deren Aktivierungswerte repräsentieren ein Maß dafür, inwieweit davon ausgegangen wird, daß die Hypothese zutrifft. In menschlichen Kategorien gedacht, könnte man auch sagen, die Aktivierungswerte repräsentieren, wie sehr das neuronale Netz an diese Hypothese *glaubt*. Neuronen, deren zugehörige Hypothesen sich gegenseitig stützen, sind in diesem Modell mit exzitatorischen Verbindungen verknüpft, hingegen Neuronen, deren zugehörige Hypothesen sich gegenseitig widersprechen, mit inhibitorischen.

Wir werden in Abschnitt 2.4.8 zeigen, daß diesem Modell ein Optimierungsproblem, und zwar die Minimierung eines quadratischen Polynoms, zugrunde liegt. Um ihr Modell zu veranschaulichen, haben Rumelhart und McClelland eine kleine Datenbank über Akteure aus dem Musical *Westside Story* modelliert, und zwar die Mitglieder der rivalisierenden Banden Jets und Sharks. Zu diesem Beispiel werden wir in Abschnitt 2.4.2 das zugehörige Optimierungsproblem definieren: Die Minimierung eines quadratischen Polynoms.

Bevor wir das *IAC*-Modell erläutern, werden wir alternative Heuristiken zur Minimierung quadratischer Polynome und deren neuronale Modellierungen aufzeigen: Hillclimbing, Gradientenabstieg, *Simulated Annealing* und *Meanfield Annealing*. Die zugehörigen neuronalen Modellierungen sind:

- *Hillclimbing*: *Hopfield-Netz* (Abschnitt 2.4.4).
- *Gradientenabstieg*: *Brain-state-in-a-box*-Modell (Abschnitt 2.4.3).
- *Simulated Annealing*: *Boltzmann-Maschine* (Abschnitt 2.4.5).
- *Meanfield Annealing*: *Hopfield/Tank-Netz* (Abschnitt 2.4.6).

Aus unseren Untersuchungen dieser Modelle an geeigneten Benchmark-Problemen leiten wir in Abschnitt 2.4.7 ein allgemeines Verfahren zur Variation der Optimierungsfunktion in Anlehnung an Annealing ab, mit der sich die Leistung von Gradientenabstiegsverfahren wesentlich verbessern läßt.

Nach diesem Exkurs über neuronale Modelle zur Minimierung quadratischer Polynome kehren wir in Abschnitt 2.4.8 wieder zurück zu unserem Ausgangsproblem: Der Modellierung eines semantischen Netzes am Beispiel des *IAC*-Modells. Basierend auf den allgemeinen Erkenntnissen des Exkurses, erläutern wir die Schwachstellen des *IAC*-Modells und begründen, inwiefern dieses nur in grober Näherung das Optimierungsproblem löst. Darüber hinaus zeigen wir, wie sich diese Schwachstellen sinngemäß lösen lassen.

2.4.2
Modellierung eines Optimierungsproblems zu einer Datenbank

Im folgenden werden wir die Konstruktion eines semantischen Modells für das von Rumelhart und McClelland verwendete prototypische Datenbankbeispiel als Optimierungsproblem interpretieren. [Anmerkung: Diese Sichtweise entstammt nicht

Rumelhart et al., sondern wurde von mir zur besseren Analyse dieses Modells entworfen.]

Die "Datenbank" enthält Informationen aus der Tabelle 2.4. Jede Zeile der Tabelle entspricht einem Bandenmitglied. Das Attribut *Name* identifiziert jede Person eindeutig. Das Attribut *Gang* (Bande) enthält den Namen der Bande, zu der die Person gehört. Es handelt sich um die beiden Banden Jets und Sharks aus dem Musical *Westside Story*. Unter *Age* (Alter) findet man eine Angabe über das Lebensalter auf das Jahrzehnt genau. Die Einträge bei *Education* (Ausbildung) bedeuten Junior High School (J.H., entspricht etwa der Mittleren Reife), College (COL, Universität), High School (H.S., gymnasiale Oberstufe). Bei *Marital Status* (Familienstand) steht entweder Single (ledig), Married (verheiratet) oder Divorced (geschieden). Unabhängig von ihrer Berufsausbildung gehen die Bandenmitglieder einer festen Beschäftigung nach, die unter *Occupation* als Pusher (Drogenhändler), Burglar (Einbrecher) oder Bookie (Buchmacher) ausgewiesen ist.

Name	Gang	Age	Education	Marital St.	Occupation
Art	Jets	40s	J.H.	Sing.	Pusher
Al	Jets	30s	J.H.	Mar.	Burglar
Sam	Jets	20s	COL.	Sing.	Bookie
Clyde	Jets	40s	J.H.	Sing.	Bookie
Mike	Jets	30s	J.H.	Sing.	Bookie
Jim	Jets	20s	J.H.	Div.	Burglar
Greg	Jets	20s	H.S.	Mar.	Pusher
John	Jets	20s	J.H.	Mar.	Burglar
Doug	Jets	30s	H.S.	Sing.	Bookie
Lance	Jets	20s	J.H.	Mar.	Burglar
George	Jets	20s	J.H.	Div.	Burglar
Pete	Jets	20s	H.S.	Sing.	Bookie
Fred	Jets	20s	H.S.	Sing.	Pusher
Gene	Jets	20s	COL.	Sing.	Pusher
Ralph	Jets	30s	J.H.	Sing	Pusher
Phil	Sharks	30s	COL.	Mar.	Pusher
Ike	Sharks	30s	J.H.	Sing.	Bookie
Nick	Sharks	30s	H.S.	Sing.	Pusher
Don	Sharks	30s	COL.	Mar.	Burglar
Ned	Sharks	30s	COL.	Mar.	Bookie
Karl	Sharks	40s	H.S.	Mar.	Bookie
Ken	Sharks	20s	H.S.	Sing.	Burglar
Earl	Sharks	40s	H.S.	Mar.	Burglar
Rick	Sharks	30s	H.S.	Div.	Burglar
Ol	Sharks	30s	COL.	Mar.	Pusher
Neal	Sharks	30s	H.S.	Sing.	Bookie
Dave	Sharks	30s	H.S.	Div.	Pusher

Tabelle 2.4. Die Datenbank – Eigenschaften der Bandenmitglieder.

Abb. 2.16 zeigt das zu dieser Datenbank gehörige semantische Netz. Jedem Attribut der Datenbank wurde eine Gruppe zugeordnet. Für jeden möglichen Wert eines Attributes gibt es in seiner Gruppe genau ein Attributwert. In der *Occupation*-Gruppe gibt es z.B. die Attribute *Pusher*, *Burglar* und *Bookie*. Außerdem gibt es die Instanzengruppe, die für jeden Datensatz der Datenbank (d.h. für jedes Bandenmitglied) genau eine Instanz enthält. Durch das semantische Modell sollen Anfragen folgender Art beantwortet werden:

- Gib mir die Wahrscheinlichkeiten der Instanzen, wenn das Attribut Alter mit 50% Wahrscheinlichkeit den Wert *40s* und das Attribut Beruf mit 70% Wahrscheinlichkeit den Wert *Pusher* hat.
- Gib mir die Wahrscheinlichkeiten für die Attribute Beruf und Bildungsstand, wenn das Attribut Bande mit 90% Wahrscheinlichkeit den Wert *Jet* hat.
- Gib mir die Wahrscheinlichkeiten für alle Attribute, wenn die Instanz mit 100% Wahrscheinlichkeit den Wert *Art* hat.

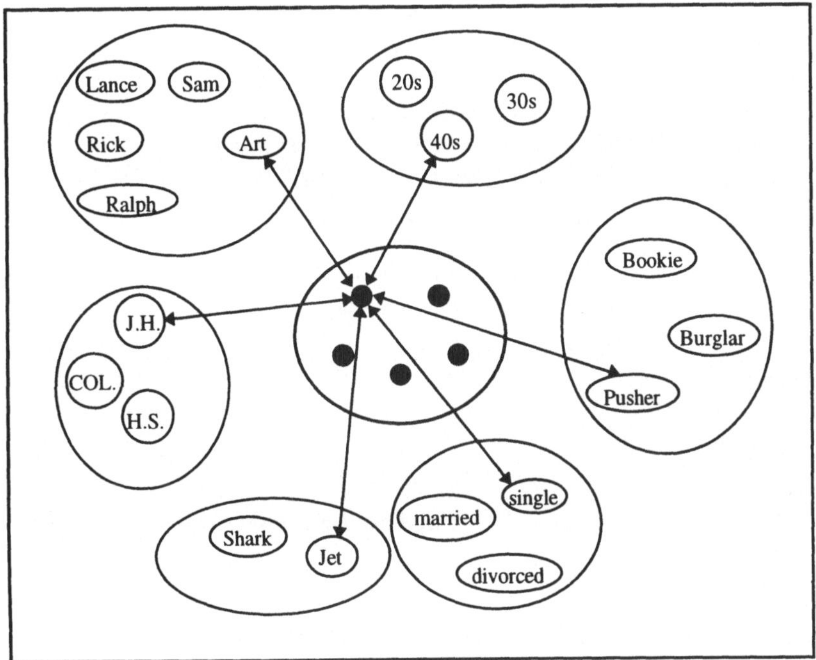

Abb. 2.16. Semantisches Netz zur Datenbank in Tabelle 2.4. Die zentrale Gruppe sind die Instanzneuronen. Für Bandenmitglied Art sind exemplarisch die exzitatorischen Verbindungen von seinem Instanzneuron zu seinen Attributen eingezeichnet. Innerhalb jeder Gruppe sind alle Neuronen paarweise inhibitorisch verbunden.

Die Attribute innerhalb der Gruppen (z.B. *30s* und *40s* in Gruppe *Alter*) schließen sich gegenseitig aus, sofern man davon ausgehen kann, daß jede Instanz (Bandenmitglied) jeweils genau einen Attributwert einer Gruppe besitzt. In anderen Worten, die Attributwerte eines Attributs sind im semantischen Netz inhibitorisch verbunden. Hingegen stützen sich jeweils die Instanzen und ihre zugehörigen Attribute (z.B. Instanz von Bandenmitglied *Art* mit seinen Attributwerten Name *Art*, Alter *40s*, Bildungsstand *J.H.*, Beruf *Pusher*), in anderen Worten, die Instanzen sind jeweils mit ihren Attributwerten exzitatorisch verbunden.

Jedem Attribut *k* bzw. jeder Instanz *i* ordnen wir eine Variable s_k bzw. s_i mit einem Wertebereich von *[0,1]* zu. Diese Variable repräsentieren die Wahrscheinlichkeit, daß die Instanz bzw. das Attribut zutrifft. Damit können wir für das semantische Modell folgendes zu lösende Optimierungsproblem definieren:

Minimiere die Widersprüche, d.h. die Summe der Wahrscheinlichkeiten, daß eine Instanz zutrifft, nicht aber jedes ihrer zugehörigen Attributwerte.

Betrachten wir beispielsweise das Bandenmitglied *Art* mit seinen sechs Eigenschaften (*Art, Jets, 40s, J.H., Sing., Pusher*), dann hätten wir folgende Wahrscheinlichkeiten zu minimieren:

$$s_{(Art)} \cdot (1 - s_{Art}) \qquad \textit{Instanz Art aktiv, aber nicht Name "Art"}$$
$$s_{(Art)} \cdot (1 - s_{Jets}) \qquad \textit{Instanz Art aktiv, aber nicht Gang "Jets"}$$
$$s_{(Art)} \cdot (1 - s_{40s}) \qquad \textit{Instanz Art aktiv, aber nicht Alter "40s"}$$
$$s_{(Art)} \cdot (1 - s_{J.H}) \qquad \textit{Instanz Art aktiv, aber nicht Abschluß "J.H."}$$
$$s_{(Art)} \cdot (1 - s_{Sing}) \qquad \textit{Instanz Art aktiv, aber nicht Status "Single"}$$
$$s_{(Art)} \cdot (1 - s_{Pusher}) \quad \textit{Instanz Art aktiv, aber nicht Beruf "Pusher"}$$

Insgesamt erhalten wir folgende zu minimierende Funktion:

$$s_{(Art)} \cdot (6 - (s_{Art} + s_{Jets} + s_{40s} + s_{J.H.} + s_{Sing} + s_{Pusher}))$$
$$+ \; s_{(Al)} \cdot (6 - (s_{Al} + s_{Jets} + s_{30s} + s_{J.H.} + s_{Mar.} + s_{Burglar}))$$
$$+ \; s_{(Sam)} \cdot \ldots\ldots\ldots\ldots\ldots\ldots\ldots\ldots\ldots\ldots$$

Oder allgemein:

$$E \; := \; \sum_{i \in I} \sum_{k \in A_i} s_i \cdot (1 - s_k)$$

$$\textit{mit} \quad I = \{(Art), (Al), (Sam), ...\} = \textit{Menge der Instanzneuronen}$$

$$A_i = \textit{Attribute von Instanz i}$$

$$\textit{z.B. } i = (Art) \; \Rightarrow \; A_i = \{Art, Jets, 40s, J.H., Sing., Pusher\}$$

Um die Interpretation der s_i als Wahrscheinlichkeiten zu gewährleisten, muß ferner gelten, daß die Summe der Wahrscheinlichkeiten der Attributwerte eines Attributs jeweils gleich *1* ist, d.h. folgende Gleichungen sind als lineare Nebenbedingungen zu berücksichtigen:

$$1 = s_{20s} + s_{30s} + s_{40s}$$
$$1 = s_{J.H.} + s_{H.S.} + s_{COL.}$$
$$1 = s_{Jets} + s_{Sharks}$$
$$1 = s_{Burglar} + s_{Bookie} + s_{Pusher}$$
$$1 = s_{Sing.} + s_{Mar.} + s_{Div.}$$
$$1 = s_{Art} + s_{Al} + s_{Sam} + s_{Clyde} + ...$$

Entsprechend muß auch für die Summe der Wahrscheinlichkeiten der Instanzen gelten:

$$1 = s_{(Art)} + s_{(Al)} + s_{(Sam)} + s_{(Clyde)} + \dots$$

Die Einhaltung dieser linearen Nebenbedingungen läßt sich ebenfalls in ein Minimierungsproblem transformieren, indem wir durch sogenannte *Penalty-Terme* das Verletzen obiger Gleichungen graduell bestrafen. Beispielsweise verwenden wir für die erste Gleichung:

$$(1 - s_{20s} + s_{30s} + s_{40s})^2$$

Insgesamt erhalten wir folgende zu optimierende Funktion E:

$$E := \sum_{i \in I} \sum_{k \in A_i} s_i \cdot (1 - s_k) \; + \; \frac{\alpha}{2} \cdot \sum_{g \in G \cup \{I\}} \left(1 - \sum_{j \in g} s_j\right)^2$$

$$mit \quad G = \{Name,\ Gang,\ Age,\ Edu,\ Mar,\ Occupation\}$$

Damit lassen sich Anfragen an das semantische Modell durch Lösungen dieses Optimierungsproblems beantworten, wobei die in der Anfrage vorgegebenen Wahrscheinlichkeiten fixiert werden. Beispielsweise werden bei der Anfrage:

- Gib mir die Wahrscheinlichkeiten der Instanzen, wenn das Attribut *Alter* mit 50% Wahrscheinlichkeit den Wert „*40s*" und das Attribut Beruf mit 70% Wahrscheinlichkeit den Wert „*Pusher*" hat,

die Variable $s_{40s} := 0.50$ und $s_{Pusher} := 0.70$ fixiert. Ein Problem bei dieser Modellierung besteht darin, daß nur nach einer möglichst konsistenten Lösung gesucht wird, ohne zu berücksichtigen, wieviel für diese auf Grund der Eingabe (gegeben durch die Fixierung) spricht. So könnte sich beispielsweise beim Fehlen jeglicher Eingabeinformation (d.h. ohne Fixierung) irgendeine Instanz ($s_i=1$) und ihre Attributwerte ($s_k=1$ für alle $k \in A_i$) durchsetzen. Deshalb können wir noch zusätzlich berücksichtigen, daß die Wahrheitswerte s_i vorzugsweise nahe bei ihrem Default-Wert d_i liegen sollten:

$$E := \sum_{i \in I} \sum_{k \in A_i} s_i \cdot (1 - s_k) \; + \frac{\alpha}{2} \cdot \sum_{g \in G \cup \{I\}} \left(1 - \sum_{j \in g} s_j\right)^2 + \frac{\tau}{2} \cdot \left(\sum_j (s_j - d_j)^2\right)$$

Für den Fall, daß die in einer Anfrage gegebenen Wahrscheinlichkeiten p_i unscharf sind, könnte man statt der Fixierung dieser Variablen s_i in der Anfrage auch eine weichere Kopplung verwenden: Man setzt die entsprechenden Defaultwerte auf die Wahrscheinlichkeitswerte ($d_i = p_i$) und bestraft Abweichungen von den gewünschten Wahrscheinlichkeiten p_i durch die zugehörigen Penalty-Terme, allerdings gewichtet mit einem größeren Faktor τ_i :

$$\tau_i \cdot (s_i - p_i)^2$$

Obige Modellierung eines semantischen Modells als Optimierungsproblem soll nur eine Möglichkeit aufzeigen, die insbesondere eine sehr enge Verwandtschaft mit dem Ansatz von Rumelhart und McClelland besitzt, wie wir noch in Abschnitt

2.4.8 zeigen werden. Für die folgenden Untersuchungen wollen wir jedoch das allgemeine Minimierungsproblem für quadratische Polynome betrachten:

$$E := -\frac{1}{2} \sum_{i,j} w_{ij} \cdot s_i \cdot s_j \;+\; \sum_i \theta_i \cdot s_i$$

Hierbei können wir im folgenden o.B.d.A. annehmen, daß die Gewichte w_{ij} symmetrisch sind, denn es gilt:

$$-\frac{1}{2} \sum_{i,j} v_{ij} \cdot s_i \cdot s_j \;+\; \sum_i \theta_i \cdot s_i$$

$$= -\frac{1}{2} \sum_{i,j} v_{ji} \cdot s_i \cdot s_j \;+\; \sum_i \theta_i \cdot s_i$$

$$= -\frac{1}{2} \sum_{i,j} \frac{v_{ij}+v_{ji}}{2} \cdot s_i \cdot s_j \;+\; \sum_i \theta_i \cdot s_i$$

$$= -\frac{1}{2} \sum_{i,j} w_{ij} \cdot s_i \cdot s_j \;+\; \sum_i \theta_i \cdot s_i \qquad mit \quad w_{ij} = \frac{v_{ij}+v_{ji}}{2} = w_{ji}$$

2.4.3
Brain-State-in-a-Box-Modell – Gradientenabstieg

Die Strategie des Gradientenabstiegs läßt sich am Beispiel eines „kurzsichtigen" Bergsteigers veranschaulichen, der den Weg zurück ins Tal, d.h. nach dem tiefsten Punkt im Gebirge sucht, indem er die lokal günstigste Richtung wählt, und zwar entgegen dem Gradienten. Hierbei lassen sich die beiden Fälle des kontinuierlichen und des diskreten Gradientenabstiegs unterscheiden. Beim kontinuierlichen Gradientenabstieg wird der zugehörige Weg als Trajektorie $s(t)$ bezeichnet, die eine Lösung eines Anfangswertproblems zu folgender Differentialgleichung darstellt:

$$\frac{\partial s}{\partial t} \;:=\; -\nabla E \;=\; -\left(\frac{\partial E}{\partial s_1},...,\frac{\partial E}{\partial s_n}\right)$$

Im folgenden betrachten wir jedoch den diskreten Abstieg, bei dem die Differentialgleichung durch eine Differenzengleichung approximiert wird:

$$\Delta s(t+1) \;:=\; s(t+1)-s(t) \;=\; -\Delta \cdot \nabla E \;=\; -\Delta \cdot \left(\frac{\partial E}{\partial s_1},...,\frac{\partial E}{\partial s_n}\right)$$

Hierbei wird der Parameter Δ als Schrittweite bezeichnet. Damit lautet die Update-Regel für die Änderung von s:

$$s(t+1) \;:=\; s(t)+\Delta s(t) \;=\; s(t)-\Delta \cdot \nabla E \qquad bzw.$$

$$s_i(t+1) \quad := \quad s_i(t) - \Delta \cdot \frac{\partial E}{\partial s_i}$$

Bei entsprechender Skalierung der Zeit, läßt sich durch Verkleinerung der Schrittweite der kontinuierliche Gradientenabstieg beliebig genau approximieren:

$$\frac{\Delta s(t+\Delta)}{\Delta} \quad := \quad \frac{s(t+\Delta) - s(t)}{\Delta} \quad = \quad -\nabla E \qquad bzw.$$

$$\Delta s(t+\Delta) \quad := \quad s(t+\Delta) - s(t) \quad = \quad -\Delta \cdot \nabla E$$

Die Verkleinerung der Schrittweite Δ bewirkt jedoch einen Effizienzverlust. In Abschnitt 2.2.3 und 2.2.4 haben wir bereits einige Möglichkeiten zur Optimierung der Schrittweite diskutiert und insbesondere ein schnelles adaptives Verfahren (Rprop) vorgeschlagen, das sich auch hier einsetzen läßt. Wir beschränken uns im folgenden jedoch auf eine konstante Schrittweite Δ.

Bei der in Abschnitt 2.4.2 eingeführten Optimierungsfunktion E sollten die Werte s_i im Bereich $[0,1]$ liegen. Um nun zu verhindern, daß der Gradientenabstieg den Hypercubus verläßt, können wir in diesem Fall (beim Verlassen des Hypercubus) den Gradient auf die Randfläche des Hypercubus projizieren und erhalten für diesen projizierten Gradientenabstieg folgende Update-Regel:

$$s_i(t+1) \quad := \quad f_{lin}\left(s_i(t) - \Delta \cdot \frac{\partial E}{\partial s_i}\right) \qquad mit \quad f_{lin}(x) := \begin{cases} 1 & x > 1 \\ x & 0 \le x \le 1 \\ 0 & x < 0 \end{cases}$$

Anders ausgedrückt, für alle Komponenten i, die bereits auf der Randfläche liegen ($s_i=0$ bzw. $s_i=1$), wird die Änderung auf 0 gesetzt (Projektion), sofern die partielle Ableitung nach außen zeigt. Dieses Modell untersuchte bereits 1977 J.J. Anderson und interpretierte es als neuronales Netz [Anderson77]. Er nannte es *Brain-state-in-a-box*-Modell, da der Zustand s des neuronalen Netzes alias *brain* in dem Hypercubus $[0,1]^n$ alias *box* gefangen bleibt.

Eine weitere Möglichkeit, den Zustand im Innern des Hypercubus zu halten, besteht darin, die Rampenfunktion f_{lin} durch eine sigmoide Funktion zu ersetzen:

$$s_i(t+1) \quad := \quad f_{log}\left(s_i(t) - \Delta \cdot \frac{\partial E}{\partial s_i}\right)$$

Diese Variante werden wir in Abschnitt 2.4.6 diskutieren.

2.4.4
Hopfield-Netz – Hillclimbing

Die Strategie von Hillclimbing läßt sich am Beispiel eines „blinden" Bergsteigers veranschaulichen, der nach dem höchsten Punkt im Gebirge sucht, indem er tastende Schritte nach zufälligen Richtungen (oder systematisch nach allen Richtungen) macht und nur die Schritte akzeptiert, die nach oben führen, d.h. seine aktuelle Höhe verbessern. Dabei besitzt dieser Bergsteiger kein Gedächtnis, denn seine Suchrichtung hängt nicht von der Vergangenheit ab (denkbar wäre z.B. ein Trägheitsmoment, d.h. Suchrichtungen zu bevorzugen, die in jüngster Vergangenheit erfolgreich waren). Da der Bergsteiger blind ist, kann er weder das globale Optimum in der Ferne sehen, noch erkennt er die lokale Umgebung, um zielgerichtet die lokal günstigste Richtung zu wählen.

Diese Strategie läßt sich auch auf Minimierungsprobleme anwenden, denn die Minimierung einer Funktion E entspricht der Maximierung der Funktion $-E$. Wir werden deshalb im folgenden die entsprechende Strategie des Abwärtssteigens auf unser Minimierungsproblem untersuchen.

Falls der Suchraum kompakt, die Optimierungsfunktion E stetig differenzierbar ist und die Schrittweiten mit der Zeit gegen 0 streben, können wir die Konvergenz dieses Verfahrens gegen ein lokales Minimum garantieren. Falls außerdem die Optimierungsfunktion E konvex ist, können wir sogar die Konvergenz in ein globales Optimum garantieren.

Bei kleiner Schrittweite verhält sich dieses Verfahren ähnlich wie ein Gradientenabstiegsverfahren (vgl. Abschnitt 2.4.3). Allerdings ist bei gleicher Schrittweite die erwartete Verbesserung pro Schritt wesentlich geringer: Wenn wir z.B. beim Hillclimbing nur Schritte in Richtung der Ordinatenachsen machen und die partiellen Ableitungen in allen Richtungen bis auf eine Null sind, dann braucht Hillclimbing bei einem n-dimensionalen Suchraum im Durchschnitt $2n$ mal soviele Schritte wie beim Gradientenabstieg, da es durchschnittlich $2n$ Rate-Schritte für die Suche nach der einzigen Richtung mit positiver partieller Ableitung benötigt. Für den anderen Extremfall, daß alle partiellen Ableitungen gleich groß sind, benötigt Hillclimbing $2\sqrt{n}$ mal so viele Schritte wie der Gradientenabstieg, da (bei gleicher Schrittweite) die Verbesserung bei Hillclimbing nur $1/\sqrt{n}$ der Verbesserung in Gradientenrichtung beträgt und dabei nur in 50% der Fälle überhaupt eine Verbesserung erzielt wird. Andererseits ist der Effizienzverlust bei fairer Wahl der Richtungen durch Faktor $2n$ begrenzt, denn ein Schritt in Richtung des Gradienten läßt sich zusammensetzen aus n (eventuell etwas kürzeren) Schritten in die n möglichen Ordinatenachsen.

Während für einen kontinuierlichen Suchraum auf Grund obiger Effizienz-Überlegungen die Methode des Hillclimbing für unser Minimierungsproblem eines quadratischen Polynoms dem Gradientenabstieg unterlegen ist, stellt sich der Sachverhalt bei einem diskreten Suchraum anders dar. Hier ist Gradientenabstieg wegen der Diskretisierung nicht möglich (zumindest nicht mit kleinen Schritten). Wir werden jedoch im folgenden sehen, daß für den uns interessierenden Fall (Suchraum gleich $\{0,1\}^n$) Gradientenabstieg und Hillclimbing eng verwandt sind.

Wenn wir ein (lokales) Optimum für E auf $\{0,1\}^n$ suchen, dann bedeutet die Hillclimbing-Strategie, daß wir beginnend bei einem zufällig gewählten Startpunkt s jeweils im Schritt t unsere aktuelle Lösung $s(t)$ versuchen zu verbessern, indem wir für eine zufällig gewählte Komponente i überprüfen, ob der Wert von E bei Invertierung von s_i sinkt. In anderen Worten, wir wählen für s_i den Wert (0 oder 1), der einen geringeren Wert für E zur Folge hat. Bezeichnen $s|s_i=0$ bzw. $s|s_i=1$ die Vektoren, deren i-te Komponente 0 bzw. 1 ist und deren anderen Komponenten identisch mit s sind, dann gilt:

$$E(s|s_i=0) - E(s|s_i=1) = \sum_j w_{ij}s_j + \frac{w_{ii}}{2} - \theta_i = -\frac{\partial E(s \mid s_i = 0.5)}{\partial s_i}$$

Wir berechnen also die partielle Ableitung von E an der Stelle $s|s_i=0.5$, dem Mittelpunkt zwischen $s|s_i=0$ und $s|s_i=1$, und entscheiden uns entsprechend Gradientenabstieg an der Stelle $s|s_i=0.5$: Für $s_i=0$, wenn $\partial E/\partial s_i$ positiv ist, andernfalls für $s_i=1$. Hierzu läßt sich noch anmerken, daß es folgerichtig ist, für die Entscheidung „$s_i=0$ oder $s_i=1$" den Gradient an dem Mittelwert $s|s_i=0.5$ heranzuziehen anstatt an der Stelle s, denn diese Entscheidung ist unabhängig von dem früheren Wert von s_i.

Die Strategie des Hillclimbing läßt sich folglich als folgende Update-Regel für die zufällig ausgewählte Variable s_i formulieren:

$$s_i(t+1) \quad := \sigma(\, E(s(t)|s_i=0) - E(s(t)|s_i=1))$$

$$= \sigma(\sum_j w_{ij}s_j(t) + \frac{w_{ii}}{2} - \theta_i\,)$$

$$= \sigma(-\frac{\partial E(s(t)|s_i = 0.5)}{\partial s_i})$$

mit $\sigma(x)=1$ *für* $x \geq 0$ *und* $\sigma(x)=0$ *für* $x<0$

Obige Update-Regel läßt sich durch ein Schwellwertneuron realisieren. Das zugehörige neuronale Netz besitzt eine rückgekoppelte Topologie mit symmetrischen Gewichten ($w_{ij}=w_{ji}$). Dieser Netztyp wird zu Ehren von J.J. Hopfield, der durch seine Arbeiten viele für die Forschung an neuronalen Netzmodellen begeisterte (insbesondere aus dem Bereich Physik), Hopfield-Netz genannt [Hopfield82]. Der Vollständigkeit halber sei hierzu jedoch angemerkt, daß im üblichen Sprachgebrauch zu einem Hopfield-Netz auch die Hebbsche Lernregel gehört, mit der auf Grund der Lernmenge die Gewichte w_{ij} gelernt werden. Dieser Aspekt wird bei unserer Betrachtung nicht berücksichtigt, da die Gewichte durch das Optimierungsproblem (genauer: die Optimierungsfunktion E) vorgegeben sind.

Ferner arbeitet ein Hopfield-Netz üblicherweise auf der Menge $\{-1,1\}^n$, wodurch die Notation vereinfacht wird. In anderen Worten, die 0 wird durch eine -1 repräsentiert. Die Optimierungsfunktion E ist entsprechend durch die lineare Transformation $s_i':= 2 \cdot s_i-1$, die $\{0,1\}$ auf $\{-1,1\}$ abbildet, umzuformen. Insgesamt ergibt sich dann für die Hillclimbing-Strategie folgende Update-Regel:

$$s_i(t+1) \quad := sign(\, E(s(t)|s_i=-1) - E(s(t)|s_i=1))$$

$$= sign(2\sum_{j \neq i} w_{ij}s_j(t) - 2\theta_i\,)$$

$$= sign(\sum_{j \neq i} w_{ij}s_j(t) - \theta_i\,)$$

$$= sign(-\frac{\partial E(s(t)|s_i = 0)}{\partial s_i})$$

mit $sign(x)=1$ *für* $x \geq 0$ *und* $sign(x)=-1$ *für* $x<0$

2.4.5
Boltzmann-Maschine – Simulated Annealing

Ein Nachteil der Hillclimbing-Strategie besteht darin, daß der *Hillclimber,* initialisiert mit einem zufälligen Startwert, schnell in einem lokalen Minimum landet und dieses nicht mehr verlassen kann. Im allgemeinen ist der Durchschnittswert solcher lokalen Minima wesentlich größer als das globale Minimum. Die von Kirkpatrick, Gelatt und Vecchi vorgeschlagene Methode des *Simulated Annealing* verbessert diesen Ansatz, indem mit einer gewissen Wahrscheinlichkeit auch Verschlechterungen erlaubt werden und damit auch lokale Minima wieder verlassen werden können [Kirkpatrick, Gelatt, Vecchi 83]. Diese Wahrscheinlichkeit hängt von der Größe der Verschlechterung ab. Bei *Simulated Annealing* verwendet man hierzu die logistische Funktion $f_{log,T}(x) := (1+e^{-x/T})^{-1}$. Wenn wir entsprechend auch Verbesserung nur mit einer gewissen Wahrscheinlichkeit (je besser, desto wahrscheinlicher) zulassen, dann erhalten wir folgende Update-Regel:

$$P(s_i(t+1)=1) := f_{log,T}(E(s(t)|s_i=0) - E(s(t)|s_i=1))$$

Dabei ist $P(s_i(t+1)=1)$ die Wahrscheinlichkeit, daß eine (zufällig) ausgewählte Variable s_i im nächsten Schritt den Wert *1* erhält. In anderen Worten, gegenüber Hillclimbing wird die deterministische Vorzeichenfunktion *sign* durch die stochastische, logistische Funktion $f_{log,T}$ ersetzt.

Der sogenannte Temperaturparameter T beeinflußt das Verhalten dieses Systems wesentlich. Bei hohen Werten von T strebt $f_{log,T}(x)$ gegen ½, d.h. alle Zustände *s* sind gleich wahrscheinlich. Andererseits für *T* gegen *0* strebt die stochastische Funktion $f_{log,T}$ gegen die deterministische Funktion σ, d.h. nur noch Verbesserungen werden akzeptiert und *s(t)* konvergiert in ein lokales Optimum.

Da die Update-Regel stochastisch ist, läßt sich das Verhalten des Systems nur noch mit Zustandsverteilungen $P_t(s)$ beschreiben. Dabei sei $P_t(s)$ die Wahrscheinlichkeit, daß das System sich nach *t* Schritten im Zustand *s* befindet, ausgehend von einem festen Startzustand *s(0)*.

Ein solches System, bei dem die Zustandsübergänge stochastisch sind und die Übergangswahrscheinlichkeiten nur vom aktuellen Zustand, nicht aber von der Vergangenheit abhängen, wird als homogenes Markovsystem bezeichnet. Dieses Markovsystem ist für *T>0* ergodisch, d.h. daß jeder Zustand *s´* von jedem Zustand *s* mit einer Wahrscheinlichkeit größer als 0 in ein oder mehreren Schritten erreichbar ist. Mit obiger Update-Regel lassen sich jeweils die Übergangswahrscheinlichkeit $p_{ss'}$ für den Übergang in einem Schritt von *s* nach *s´* berechnen. Das Markovsystem ist wegen $p_{ss}>0$ aperiodisch, was besagt, daß für jeden Zustand s der größte gemeinsame Teiler der Länge *k* aller Zustandsfolgen, $s=s^0, s^1,...,s^k=s$, die von *s* über Zwischenzustände s^i nach *s* jeweils mit positiver Übergangswahrscheinlichkeit $p_{s^i s^{i+1}} >0$ führen, gleich *1* ist. Mit der Matrix $P =(p_{ss'})$ lassen sich sukzessive die Zustandsverteilungen $P_t = (P_t(s))$ berechnen:

$$P_{t+1} := P * P_t$$

d.h. $P_t = P^t * P_0$

Bei homogenen und aperiodischen Markovsystemen konvergiert die Folge (P_t). (Gegenbeispiel: Das (deterministische) Markovsystem mit zwei Zuständen s^1, s^2

und $p(s^1,s^2) = p(s^2,s^1) = 1$ besitzt Periode *2* und für Startzustand s^1 konvergiert die Folge (P_t) nicht). Bezeichnen wir die Grenzverteilung mit $P_\infty = lim_t\, P_t$, dann ist diese bei homogenen, ergodischen und aperiodischen Markovsystemen unabhängig vom Startzustand $s(0)$, d.h. $P_\infty = lim_t P_t = lim_t P^t = P^\infty$ (Gegenbeispiel: Das Markovsystem mit zwei Zuständen s^1, s^2 und $p(s^1,s^1) = p(s^2,s^2) = 1$ ist nicht ergodisch, und die Folge (P_t) hängt vom Startzustand ab.) Für obige Update-Regel kann man zeigen, daß für die Grenzverteilung P_T^∞ in Abhängigkeit von der Temperatur T gilt:

$$P_T^\infty(s) \;=\; \frac{e^{\frac{-E(s)}{T}}}{\sum\limits_{s'} e^{\frac{-E(s')}{T}}}$$

Diese Verteilung wird auch als Boltzmann-Gibbs-Verteilung bezeichnet. Daraus folgt, daß die relative Wahrscheinlichkeit zweier Zustände s, s' exponentiell von deren Differenz in E abhängt:

$$\frac{P_T^\infty(s)}{P_T^\infty(s')} \;=\; \frac{e^{\frac{-E(s)}{T}}}{e^{\frac{-E(s')}{T}}} \;=\; e^{\frac{E(s')-E(s)}{T}}$$

Ist nun s' ein globales Minimum, dann gilt für alle Zustände s, die nicht globale Minima sind, daß für T gegen 0 der Exponent $(E(s')-E(s))/T$ gegen $-\infty$ strebt und damit die relative Wahrscheinlichkeit gegen 0. Andererseits ist die relative Wahrscheinlichkeit für zwei Zustände mit gleichem Wert $(E(s')=E(s))$ und damit auch für zwei globale Minima gleich 1, d.h. die Wahrscheinlichkeiten sind in der Grenzverteilung gleich. Wenn also k globale Minima existieren, strebt für T gegen 0 die Grenzverteilung gegen die Gleichverteilung auf den globalen Minima:

$$lim_{T\to0}\; P_T^\infty(s) \;=\; \begin{cases} 1/k & s\ \textit{globales Minimum} \\ 0 & \textit{sonst} \end{cases}$$

Auf Grund dieser theoretischen Überlegung erscheint das Verfahren vielversprechend, obige Update-Regel bei hinreichend kleiner Temperatur solange zu simulieren, bis die Zustandsverteilung näherungsweise der Grenzverteilung entspricht. Leider hat obiges Resultat jedoch einen Haken. Die Grenzverteilung wird für niedrige Temperatur T, d.h. T nahe 0, nur sehr langsam approximiert. Wenn z.B. ein lokales Minimum nur durch Überwinden einer Energiedifferenz ΔE verlassen werden kann, so benötigt man im Mittel hierfür mindestens $e^{\Delta E/T}$ viele Schritte. Dies bedeutet, daß für kleines T lokale Minima in realistischer Zeit nicht mehr verlassen werden. Insofern ist die Zustandsverteilung in realistischer Zeit vom Startzustand (lokales Minimum) abhängig (im Gegensatz zur Grenzverteilung) und die Wahrscheinlichkeit eines globalen Minimums bleibt für die Zustandsverteilung $P_t(s)$ praktisch 0 (für realistische Zeit t und T nahe 0).

Der Ansatz von *Simulated Annealing* besteht nun darin, mit einer hohen Temperatur zu starten und dann diese sukzessive abzukühlen. Bei hoher Temperatur wird damit der Suchraum weiträumig exploriert und nur große, tiefe Täler der Optimierungsfunktion E können und sollen den Zustand $s(t)$ einfangen. Je niedriger die Temperatur dann wird, um so kleinere Täler können den Zustand $s(t)$ in ihrem Attraktorbecken (Anziehungsbereich) halten. Für T=0 wird schließlich der Zustand $s(t)$ in ein lokales Minimum konvergieren. In anderen Worten, durch den Abkühlvorgang wird zuerst weiträumig grob optimiert und dann diese Groboptimierung stufenweise verfeinert.

Wenn man die Temperatur hinreichend langsam abkühlt, läßt sich sogar zeigen, daß die Grenzverteilung ebenfalls gegen die Gleichverteilung auf den globalen Minima konvergiert. Doch auch dieses Resultat hat wieder einen Haken, denn die Voraussetzung hierfür ist, daß für die Temperatur T_t im Schritt t gilt: $T_t > (log\ t)^{-1}$ [Hajek88]. Bei diesem extrem langsamen Abkühlungsprozeß findet man wiederum ein globales Minimum schneller durch erschöpfendes Durchsuchen des Lösungsraumes anstatt durch diese stochastische Exploration. Immerhin konnte Aarts und van Laarhoven zeigen, daß bei einer festen Temperatur die Grenzverteilung nach quadratisch (bezüglich der Suchraumgröße) vielen Schritten beliebig gut (je größer n desto besser) approximiert wird [Aarts85]. Hierzu sei angemerkt, daß man auch nicht ein wesentlich besseres Resultat erwarten kann, das ein globales Optimum in polynomialer Zeit garantiert, da, wie bereits oben erwähnt, das Minimierungsproblem für quadratische Polynome im allgemeinen NP-vollständig ist.

In der praktischen Anwendung wird wesentlich schneller abgekühlt und zwar exponentiell statt logarithmisch: $T_t = q^{-t}$ mit $0 < q < 1$ (z.B. $q = 0.99$). Ähnlich wie bei dem Abkühlungsprozeß der Nachbarschaftsbeziehung der selbstorganisierenden Karten kann hierbei einen günstige Starttemperatur T_a in Abhängigkeit von dem maximalen Differenz der Optimierungsfunktion E und eine günstige Endtemperatur T_e in Abhängigkeit von der minimalen Differenz der Optimierungsfunktion E bei benachbarten Zuständen bestimmt werden. [Anmerkung: Die Starttemperatur sollte nicht zu groß gewählt werden, damit nicht unnötig Rechenzeit mit rein zufälligem Springen durch den Suchraum verbraucht wird, und nicht zu klein, damit weiträumig exploriert werden kann]. Damit läßt sich der exponentielle Abkühlungsprozeß bestimmen durch:

$$T_t = T_a \cdot \left(\frac{T_e}{T_a}\right)^{\frac{t}{t_{max}}}$$

Bei diesem Annealing-Schedule läßt sich qualitativ sagen, daß die erwarteten Resultate um so besser sind, je größer t_{max} ist. Damit kann man je nach der zur Verfügung stehenden Rechenzeit mehr oder weniger gute Resultate erzielen. Anders ausgedrückt, mit *Simulated Annealing* kann man die Resultate von Hillclimbing dann und nur dann wesentlich verbessern, wenn erheblich mehr Rechenzeit zur Verfügung steht. Für eine ausführlichere Diskussion sei auf die Bücher von Aarts und Korts [Aarts, Korts 89] bzw. van Laarhoven und Aarts [Laarhoven, Aarts 89] verwiesen.

Obige Ausführungen über *Simulated Annealing* als Heuristik zur Minimierung einer Funktion E auf $\{0,1\}^n$ bzw. $\{-1,1\}^n$ gelten für eine beliebige Funktion E. Falls E ein quadratisches Polynom ist, lautet die zugehörige Update-Regel:

$$P(s_i(t+1)=1) := f_{log,T}\big(E(s(t)|s_i=0) - E(s(t)|s_i=1)\big)$$

$$= f_{\log,T}\left(\sum_j w_{ij} s_j(t) + \frac{w_{ii}}{2} - \theta_i\right) \qquad bzw.$$

$$P(s_i(t+1)=1) := f_{\log,T}\left(E(s(t)|s_i=-1) - E(s(t)|s_i=1)\right)$$

$$= f_{\log,T}\left(2\sum_{j\neq i} w_{ij} s_j(t) - 2\theta_i\right)$$

Ferner können wir zur Vereinfachung der Notation o.B.d.A. annehmen, daß $w_{ii}=0$, denn zum einen gilt $w_{ii}\cdot s_i^2 = w_{ii}\cdot s_i$ für $s_i\in\{0,1\}$, d.h. der Beitrag von w_{ii} zur Funktion E läßt sich ersetzen durch Erhöhen von θ_i um w_{ii}, und zum anderen $w_{ii}\cdot s_i^2 = w_{ii}$ für $s_i\in\{-1,1\}$, d.h. dieser konstante Beitrag ist unabhängig von s und damit für die Minimierung unwesentlich. Damit vereinfacht sich die Update-Regel für beide Fälle wie folgt:

$$P(s_i(t+1)=1) := f_{\log,T}\left(\sum_j w_{ij} s_j(t) - \theta_i\right) = f_{\log,T}\left(-\frac{\partial E(s(t))}{\partial s_i}\right) \qquad bzw.$$

$$P(s_i(t+1)=1) := f_{\log,T}\left(2\left(\sum_j w_{ij} s_j(t) - \theta_i\right)\right) = f_{\log,\frac{T}{2}}\left(-\frac{\partial E(s(t))}{\partial s_i}\right)$$

Mit obigen stochastischen Update-Regeln läßt sich dieser Ansatz jeweils als rückgekoppeltes, neuronales Netz mit symmetrischen Gewichten interpretieren. Da in diesem Fall die Zustandsverteilungen $P_t(s)$ sogenannte Boltzmann-Gibbs-Verteilungen sind, wird dieses Modell als Boltzmann-Maschine bezeichnet.

2.4.6
Hopfield/Tank-Netz – Meanfield Annealing

Ein Nachteil der Boltzmann-Maschine ist der im allgemeinen sehr hohe Rechenzeitaufwand für den Abkühlungsprozeß , d.h. für das näherungsweise Ermitteln des thermischen Gleichgewichts (Grenzverteilung) auf jeder Temperaturstufe. Der Ansatz von Peterson besteht nun darin, das Erreichen der Grenzverteilung zu vorgegebener Temperatur durch einen Mittelungsprozeß zu beschleunigen. Entsprechend *Simulated Annealing* wird auch bei diesem Verfahren die Temperatur gemäß einem Annealing-Schedule nach und nach abgekühlt. Daher der Name *Meanfield Annealing.*

Wählen wir das Neuron, das zum Zeitpunkt t gemäß obiger Update-Regel geändert wird, zufällig mit gleichförmiger Verteilung aus, d.h. Neuron i wird mit Wahrscheinlichkeit $1/n$ zu jedem Zeitpunkt t ausgewählt, dann berechnet sich für $s_i\in\{0,1\}$ die Wahrscheinlichkeit, daß das Neuron i im Folgezustand s' eine 1 ausgibt, folgendermaßen:

$$P(s'_i=1) = \frac{n-1}{n}\cdot s_i + \frac{1}{n}\cdot f_{\log,T}\left(\sum_j w_{ij} s_j - \theta_i\right)$$

Für die Mittelwerte $<s_i> = lim_t \, \Sigma_s \, P_t(s) \cdot s_i$ der Grenzverteilung müssen dann für $s_i \in \{0,1\}$ auf Grund obiger Update-Regel folgende Bedingungen gelten:

$$\forall i: \quad <s_i> \; = \; <f_{log,T}(\sum_j w_{ij}s_j - \theta_i)>$$

Beweis:

$$<s_i> \; = lim_t \sum_s P_t(s) \cdot s_i$$

$$= lim_t \sum_s P_{t+1}(s) \cdot s_i$$

$$= lim_t \sum_s P_t(s) \cdot (\frac{n-1}{n} \cdot s_i + \frac{1}{n} \cdot f_{log,T}(\sum_j w_{ij}s_j - \theta_i))$$

$$= \frac{n-1}{n} \cdot lim_t \sum_s P_t(s) \cdot s_i \; + \; \frac{1}{n} \cdot lim_t \, P_t(s) \cdot f_{log,T}(\sum_j w_{ij}s_j - \theta_i)$$

$$= \frac{n-1}{n} \cdot <s_i> \; + \; \frac{1}{n} \cdot <f_{log,T}(\sum_j w_{ij}s_j - \theta_i)>$$

Daraus folgt:

$$\frac{1}{n} \cdot <s_i> \; = \; \frac{1}{n} \cdot <f_{log,T}(\sum_j w_{ij}s_j - \theta_i)> \qquad bzw.$$

$$<s_i> \; = \; <f_{log,T}(\sum_j w_{ij}s_j - \theta_i)>$$

Wäre $f_{log,T}$ eine lineare Funktion (oder lokal näherungsweise quadratisch und die Variable s_j stochastisch unabhängig), könnte man die Mittelung auf der rechten Seite auf die Mittelung des Arguments reduzieren. (Gegenbeispiel: Sei s_1 korreliert zu s_2 mit $s_1=s_2$ und $P(s_1=1) = P(s_1=-1) = \frac{1}{2}$, dann gilt $<s_1 \cdot s_2> =1$ und $<s_1> \cdot <s_2> =0$.) Jedoch sowohl $f_{log,T}$ ist nicht linear durch die Konvergenz gegen ± 1 in den Randbereichen als auch die Variablen s_j sind teilweise stark stochastisch korreliert durch die Gewichte w_{ij}. Deshalb gilt nur näherungsweise:

$$<s_i> \approx f_{log,T}(<\sum_j w_{ij}s_j - \theta_i >)$$

Die Mittelung der linearen Funktion über die stochastischen Variable s_j läßt sich dann auf die Mittelwerte dieser Variablen reduzieren:

$$<s_i> \approx f_{log,T}(<\sum_j w_{ij}s_j - \theta_i >) \; = \; f_{log,T}(\sum_j w_{ij} <s_j> - \theta_i)$$

In anderen Worten, die Grenzverteilung muß näherungsweise diese Gleichungen erfüllen. Bei der Methode des *Meanfield Annealing* sucht man nun umgekehrt Zustände s, die diese Gleichungen exakt erfüllen:

$$<s_i> \; = \; f_{log,T}(\sum_j w_{ij} <s_j> - \theta_i)$$

Diese Vorgehensweise ähnelt dem Ansatz des Gradientenabstiegs insofern, daß auch beim Gradientenabstieg Zustände gesucht werden, die gewisse Gleichungen erfüllen (partielle Ableitungen sind 0), die für ein globales Optimum notwendig, aber keineswegs hinreichend sind.

Nehmen wir aber einmal an, wir hätten für eine hinreichend kleine Temperatur T tatsächlich die Grenzverteilung gefunden, dann erhalten wir damit näherungsweise den Mittelwert über alle globalen Minima. Falls das globale Minimum eindeutig ist, haben wir damit *die* Lösung. Bei mehreren globalen Minima erhalten wir bei einer im kontinuierlichen Raum konvexen Optimierungsfunktion E (z.B. „Badewanne" oder „half pipe") ebenfalls ein globales Optimum. Falls E jedoch nicht konvex ist, wie z.B. bei einer doppelten Sinusschwingung, dann kann der Mittelwert zweier globaler Minima im Extremfall das globale Optimum sein.

Zusammenfassend können wir feststellen, daß die Methode des *Meanfield Annealing* drei Problempunkte aufweist:

1. Die Mittelwertsbedingungen gelten für die Grenzverteilung nur näherungsweise.
2. Diese Bedingungen sind für die Grenzverteilung nur notwendig, aber nicht hinreichend.
3. Der Mittelwert der Grenzverteilung kann bei mehreren globalen Minima einen hohen Wert für E besitzen.

Trotz all dieser Vorbehalte sei an dieser Stelle bereits angemerkt, daß wir in unseren experimentellen Untersuchungen mit diesem Ansatz wesentlich bessere Ergebnisse erzielen konnten als mit dem Gradientenabstiegsverfahren. Doch bevor wir auf diese Ergebnisse näher eingehen, erläutern wir erst die zwei neuronalen Realisierungen dieses Ansatzes. Um die Notation zu vereinfachen, lassen wir die spitzen Klammern bei der Mittelwertbildung der Zustände s weg, d.h. es werden Vektoren s gesucht, die alle n Gleichungen erfüllen:

$$\forall i: \quad s_i = f_{log,T}\left(\sum_j w_{ij}s_j - \theta_i\right)$$

Die Strategie von *Meanfield Annealing* besteht darin, die Differenz zwischen linker und rechter Seite schrittweise zu verkleinern:

$$s_i(t+1) = s_i(t) + \Delta \cdot \left(f_{log,T}\left(\sum_j w_{ij}s_j(t) - \theta_i\right) - s_i(t)\right)$$

Falls die Schrittweite Δ auf 1 gesetzt wird, erhält man daraus folgende Rekurrenzgleichungen:

$$s_i(t+1) := f_{log,T}\left(\sum_j w_{ij}s_j(t) - \theta_i\right)$$

Dabei ist jedoch keine Konvergenz mehr garantiert. In diesem Fall ist eine asynchrone Änderung (zu jedem Zeitpunkt wird nur eine Komponente geändert) einer synchronen (alle werden gleichzeitig geändert) vorzuziehen, da dann die Änderung pro Schritt kleiner ist und damit auch die Tendenz zur Instabilität.

Beim Hopfield/Tank-Modell werden zuerst die Gleichungen durch die Umkehrfunktion von $f_{log,T}$ transformiert:

$$f_{log,T}^{-1}(s_i(t+1) \;=\; \sum_j w_{ij}s_j(t)-\theta_i$$

Daraus erhalten wir mit $a_i = f_{log,T}^{-1}(s_i)$ die folgenden Gleichungen:

$$a_i(t+1) \;=\; \sum_j w_{ij}f_{log,T}(a_j(t))-\theta_i$$

Verwenden wir dieselbe Strategie wie bei *Meanfield Annealing*, dann ergibt sich folgende Update-Regel:

$$a_i(t+1) = a_i(t) + \Delta\cdot\left(\left(\sum_j w_{ij}f_{log,T}(a_j(t))-\theta_i\right) - a_i(t)\right)$$

Die zu dieser Differenzengleichung gehörige Differentialgleichung hat folgende Gestalt:

$$\frac{\partial a_i}{\partial t} \;=\; \sum_j w_{ij}f_{log,T}(a_j(t)) \;\;-\theta_i - a_i(t)$$

Hierbei sei angemerkt, daß in der Originalarbeit von Hopfield und Tank noch ein zusätzlicher Dämpfungsparameter τ verwendet wird [Hopfield, Tank 85], von dem ich jedoch in [Braun90] gezeigt habe, daß dieser redundant ist und durch den Parameter T simuliert werden kann:

$$\frac{\partial a_i}{\partial t} \;=\; \sum_j w_{ij}f_{log,T}(a_j(t)) \;\;-\theta_i - \tau\cdot a_i(t)$$

Mit Hilfe der Ableitung von E läßt sich obige Update-Regel auch schreiben als

$$\frac{\partial a_i}{\partial t} \;=\; \sum_j w_{ij}s_j \;\;-\theta_i - a_i(t) \;=\; -\frac{\partial E(s(t))}{\partial s_i} - a_i(t)$$

Betrachten wir die Funktion

$$\hat{E}(s) \;:= E(s) + \sum_i \int_{0.5}^{s_i} f_{log,T}^{-1}(s')ds'$$

dann gilt für deren partielle Ableitungen:

$$\frac{\partial \hat{E}(s)}{\partial s_i} \;=\; -\frac{\partial E(s(t))}{\partial s_i} + f_{log,T}^{-1}(s_i(t)) \;=\; -\frac{\partial E(s(t))}{\partial s_i} + a_i(t)$$

Also gilt:

$$\frac{\partial a_i}{\partial t} \;=\; -\frac{\partial \hat{E}(s(t))}{\partial s_i}$$

Wegen

$$\frac{\partial s_i}{\partial a_i} \;=\; s_i \cdot (1 - s_i)$$

gilt:

$$\frac{\partial s_i}{\partial t} \;=\; -s_i \cdot (1 - s_i) \cdot \frac{\partial \hat{E}(s(t))}{\partial s_i}$$

D.h. jede Änderung von einer Komponente s_i geht stets entgegen der Richtung der partiellen Ableitung $\partial \hat{E}\,/\partial s_i$, nur gedämpft um den *Faktor $s_i\cdot(1\text{-}s_i)$*. Folglich nimmt beim Hopfield/Tank-Modell $\hat{E}$ monoton ab:

$$\frac{\partial \hat{E}(s)}{\partial t} \;=\; \sum_i \frac{\partial \hat{E}(s)}{\partial s_i} \cdot \frac{\partial s_i}{\partial a_i} \cdot \frac{\partial a_i}{\partial t}$$

$$=\; -\sum_i \frac{\partial \hat{E}(s(t))}{\partial s_i} \cdot s_i \cdot (1 - s_i) \cdot \frac{\partial \hat{E}(s(t))}{\partial s_i}$$

$$=\; -\sum_i \left(\frac{\partial \hat{E}(s(t))}{\partial s_i}\right)^2 \cdot s_i \cdot (1 - s_i)$$

$$\leq 0$$

Dasselbe gilt für die Differenzengleichungen der diskreten Update-Regel, sofern die Schrittweite Δ hinreichend klein ist. In anderen Worten, die Update-Regel des Hopfield/Tank-Modells minimiert die Funktion $\hat{E}$, nicht aber die Funktion E. Nur für T gegen 0 geht auch das zusätzliche Integral in $\hat{E}$ gegen 0. Dies entspricht auch dem Verhalten von *Simulated Annealing* : Nur bei Temperatur 0 wird die Funktion E lokal optimiert, nicht aber für $T{>}0$.

Hierbei sei angemerkt, daß keine Funktion $\widetilde{E}$ existiert, bezüglich der das Hopfield/Tank-Modell einen echten Gradientenabstieg ausführt, d.h. es sollte gelten:

$$\frac{\partial s_i}{\partial t} \;=\; -\frac{\partial \widetilde{E}(s(t))}{\partial s_i}$$

und damit

$$\frac{\partial \widetilde{E}(s(t))}{\partial s_i} \;=\; s_i \cdot (1 - s_i) \cdot \frac{\partial \hat{E}(s(t))}{\partial s_i}$$

Denn dann müßte auch gelten:

$$\frac{\partial^2 \widetilde{E}(s(t))}{\partial s_i \cdot \partial s_j} \;=\; \frac{\partial^2 \widetilde{E}(s(t))}{\partial s_j \cdot \partial s_i}$$

Dies ist jedoch für $s_i \neq s_j$ nicht der Fall, denn:

$$\frac{\partial^2 \widetilde{E}(s(t))}{\partial s_i \cdot \partial s_j} = s_i \cdot (1 - s_i) \cdot \frac{\partial^2 \hat{E}(s(t))}{\partial s_i \cdot \partial s_j}$$

$$\frac{\partial^2 \widetilde{E}(s(t))}{\partial s_j \cdot \partial s_i} = s_j \cdot (1 - s_j) \cdot \frac{\partial^2 \hat{E}(s(t))}{\partial s_j \cdot \partial s_i} = s_j \cdot (1 - s_j) \cdot \frac{\partial^2 \hat{E}(s(t))}{\partial s_i \cdot \partial s_j}$$

Wie oben bereits erwähnt und in [Braun90] bewiesen, läßt sich bei dem Hopfield/Tank-Modell der Temperaturparameter T in der logistischen Funktion durch einen Skalarfaktor vor dem Dämpfungsglied $a_i(t)$ ersetzen:

$$\frac{\partial a_i}{\partial t} = \sum_j w_{ij} f_{log}(a_j(t)) \; -\theta_i - T \cdot a_i(t)$$

Dies läßt sich umformen in:

$$\frac{\partial s_i}{\partial t} = \frac{\partial s_i}{\partial a_i} \cdot \frac{\partial a_i}{\partial t} = s_i \cdot (1 - s_i) \cdot (-\frac{\partial E(s(t))}{\partial s_i} - T \cdot f_{log}^{-1}(s_i))$$

Mit dieser Update-Regel mit Temperatur 1 und Dämpfung T verhält sich das Hopfield/Tank-Modell gleich wie bei der Update-Regel mit Temperatur T und Dämpfung 1, sofern die Startzustände s_i ($= f_{log}(a_i)$ bzw. $= f_{log,T}(a_i)$) sich entsprechen. Demgemäß erhalten wir für die Funktion $\hat{E}$':

$$\hat{E}(s) := E(s) + T \cdot \sum_i \int_{0.5}^{s_i} f_{log}^{-1}(s') ds'$$

Für T=0 erhalten wir folglich mit der Update-Regel:

$$\frac{\partial a_i}{\partial t} = \sum_j w_{ij} f_{log}(a_j(t)) \; -\theta_i = -\frac{\partial E(s(t))}{\partial s_i}$$

ein Gradientenabstiegsverfahren für E. Dies läßt sich umformen in:

$$\frac{\partial s_i}{\partial t} = \frac{\partial s_i}{\partial a_i} \cdot \frac{\partial a_i}{\partial t} = -s_i \cdot (1 - s_i) \cdot \frac{\partial E(s(t))}{\partial s_i}$$

Folglich verhält sich diese Update-Regel ähnlich wie der projizierte Gradientenabstieg, mit dem Unterschied, daß bereits vor Erreichen der Randfläche des Hypercubus der Gradient durch den Faktor $s_i \cdot (1 - s_i)$ gestaucht wird. Fassen wir obige Überlegungen nochmals zusammen, dann haben wir gezeigt:

- Das Hopfield/Tank-Modell (und auch *Meanfield Annealing*) berechnet einen Zustand s, für den folgende n Mittelwertsgleichungen gelten, die näherungsweise auch von der (gesuchten) Gleichgewichtsverteilung erfüllt werden:

$$\forall i: \quad s_i = f_{log,T}(\sum_j w_{ij} s_j - \theta_i) = f_{log,T}(-\frac{\partial E}{\partial s_i})$$

- Das Hopfield/Tank-Modell konvergiert in ein lokales Minimum der Funktion

$$\hat{E}\,(s)\;:= E(s)\,+\,T\cdot\sum_i\int_{0.5}^{s_i} f_{log}^{-1}(s')ds'$$

- Das Hopfield/Tank-Modell ist kein echtes Gradientenabstiegsverfahren (für keine Funktion $\tilde{E}$), aber es relaxiert die Funktion $\hat{E}$, denn die Update-Regel läßt sich folgendermaßen umformulieren:

$$\frac{\partial s_i}{\partial t}\;=\;\frac{\partial s_i}{\partial a_i}\cdot\frac{\partial a_i}{\partial t}\;=\;-s_i\cdot(1-s_i)\cdot\left(\frac{\partial\hat{E}(s(t))}{\partial s_i}\right)$$

- Für Temperatur $T=0$ verhält es sich nahezu wie der projizierte Gradienten-abstieg auf der Funktion E, außer daß bereits vor Erreichen der Randflächen des Hypercubus $[0,1]^n$ der Gradient in jeder Komponente um den Faktor $s_i(1-s_i)$ gedämpft wird, denn für die Update-Regel gilt (für $T=0$):

$$\frac{\partial s_i}{\partial t}\;=\;-s_i\cdot(1-s_i)\cdot\left(\frac{\partial E(s(t))}{\partial s_i}\right)$$

Gemäß den Überlegungen bei *Simulated Annealing* in Abschnitt 2.4.5 ist jedoch nicht zu erwarten, daß unter der Voraussetzung einer konstanten Temperatur die besten Ergebnisse für $T=0$ zu erwarten sind, sondern für ein $T>0$. Insbesondere sind bessere Ergebnisse zu erwarten, wenn man T sukzessive erniedrigt (*Annealing Schedule*). Diese Erwartungen wurden durch die experimentellen Untersuchungen in den von mir betreuten Arbeiten von Albrecht und Tu bzgl. der beiden Optimie-rungsprobleme Schulstundenplanung und Travelling-Salesman-Problem bestätigt (siehe Tabelle 2.5, Abb. 2.17 und Abb. 2.18) [Albrecht93], [Tu93].

Städteanzahl	Ohne Annealing			Mit Annealing	
	BSB	MFA	HT	MFA	HT
15	1,07	1,02	1,02		
20	1,15	1,06	1,06		
30	1,28	1,20	1,17	1,13	1,13
40	1,34	1,32	1,26	1,15	1,13
50	1,64	1,26	1,25	1,17	1,13

Tabelle 2.5. Vergleich der durchschnittlichen Performanz der drei Modelle *Brain-State-in-a-Box* (*BSB*, d.h. projizierter Gradientenabstieg), *Meanfield Annealing* (*MFA*) und *Hopfield/Tank-Netz* (*HT*) am Beispiel verschiedener Travelling-Salesman-Probleme. Gemessen wurde hierbei das durchschnittliche Verhältnis der erzielten Lösung gegenüber dem Optimum. Dabei wurde bei MFA und HT ohne Annealing eine feste (gemäß Experimenten optimale) Temperatur T gewählt.

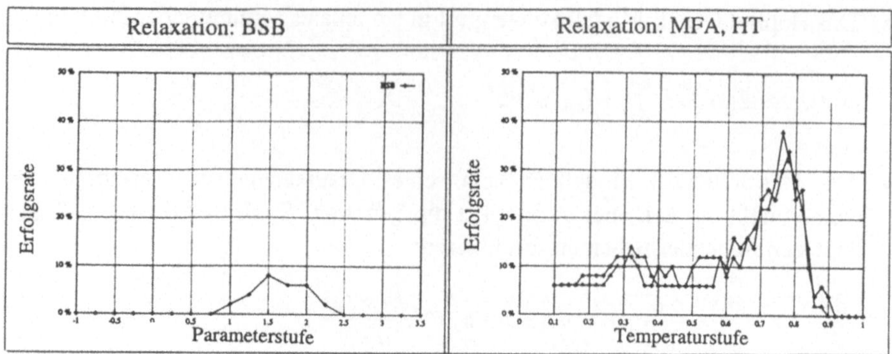

Abb. 2.17. Performanzvergleich der durchschnittlichen Erfolgsrate der drei Modelle BSB, MFA und HT bei einem Stundenplan-Problem in Abhängigkeit von der Temperatur (beim BSB-Modell wurde der allgemeinere Ansatz in Abschnitt 2.4.7 verwandt).

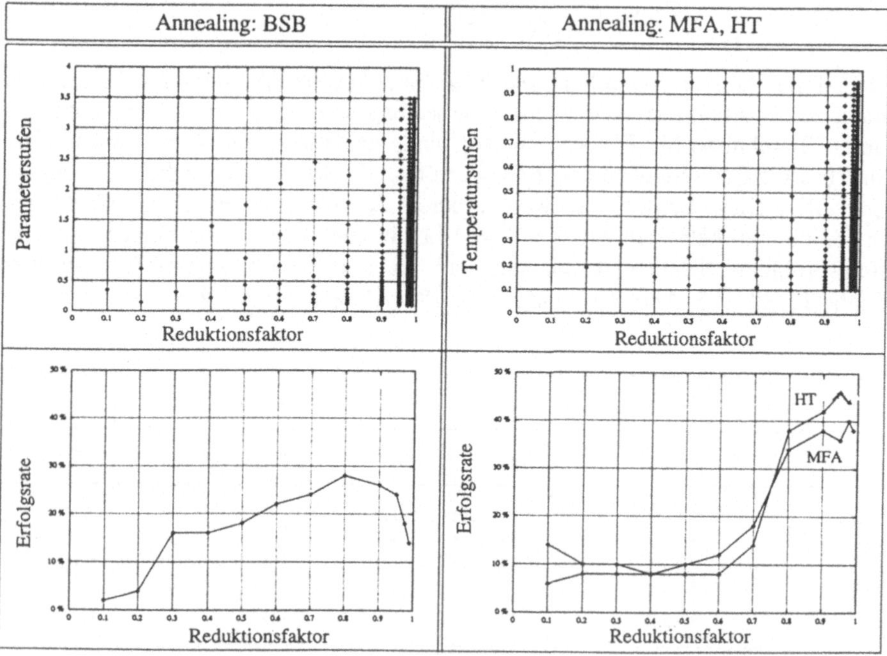

Abb. 2.18. Performanzvergleich der durchschnittlichen Erfolgsrate der drei Modelle BSB, MFA und HT mit Annealing bei einem Stundenplan-Problem (beim BSB-Modell wurde der allgemeinere Ansatz in Abschnitt 2.4.7 verwandt).

2.4.7
Annealing der Optimierungsfunktion

Unsere experimentellen Untersuchungen haben gezeigt, daß das *Meanfield Annealing* bzw. das Hopfield/Tank-Modell dem projizierten Gradientenabstieg deutlich überlegen ist. Dies bedeutet, daß es wesentlich günstiger ist, zur Optimierung der Funktion E einen Gradientenabstieg auf $\hat{E}$

$$\hat{E}\,(s)\; := E(s) + T\cdot \sum_i \int^i f_{log}^{-}(s')\,ds'$$

anstatt direkt auf E durchzuführen. Approximieren wir f_{log} durch die Identität, dann erhalten wir:

$$E^{*}(s)\; := E(s) + T\cdot \sum_i (s_i - 0.5)^2$$

Mit diesem Ansatz können wir auch für den projizierten Gradientenabstieg, d.h. das *Brain-state-in-a-box*-Modell, ein Annealing durchführen. Die zugehörige Differenzengleichung lautet dann:

$$s_i(t+1)\; := \; f_{lin}(\,s_i(t) - \Delta\cdot(\frac{\partial E}{\partial s_i} - T\cdot(s_i - 0.5)))\,)$$

$$mit\; f_{lin} := min(max(0,x),1)$$

Unsere experimentellen Untersuchungen (siehe Tabelle 2.5, Abb. 2.17 und Abb. 2.18) haben gezeigt, daß sich auch damit die Performanz des Gradientenabstiegs deutlich steigern läßt, allerdings wird durch diese Vereinfachung nicht ganz die Leistung des *Meanfield Annealing* bzw. Hopfield/Tank-Modells erreicht.

Es muß jedoch angemerkt werden, daß diese Verbesserung bei fester Temperatur T nicht für beliebige quadratische Polynome E erwartet werden kann. Betrachten wir hierzu die Funktion E^{*} mit optimal eingestelltem T. Dann ist E^{*} selbst wieder ein quadratisches Polynom. Für das Minimierungsproblem von E^{*} können wir dann keine Verbesserung mehr erwarten. Vielmehr können wir nur für solche Minimierungsprobleme eine Verbesserung erwarten, für die der *Meanfield-Annealing*-Ansatz konzipiert ist: Das kontinuierliche Minimierungsproblem sollte aus einem diskreten Minimierungsproblem für ein quadratisches Polynom über dem Hypercubus $\{0,1\}^n$ hervorgegangen sein, wobei die Variablen s_i jeweils als Wahrscheinlichkeit interpretiert werden können, daß $s_i=1$ im thermischen Gleichgewicht der zugehörigen *Boltzmann-Maschine* gilt. Diese Klasse ist allerdings sehr umfangreich, da dieses Problem NP-vollständig ist und folglich die meisten diskreten Entscheidungsprobleme umfaßt (genauer: diese können in ein diskretes Minimierungsproblem kodiert werden).

2.4.8
Ein Beispiel – Interactive Activation and Competition

Im folgenden wollen wir anhand unserer obigen Betrachtungen das Modell *Interactive Activation and Competition* (*IAC*) diskutieren und die Schwachstellen verbessern.

Das *IAC*-Netz ist ein rückgekoppeltes Netz, dessen Neuronen die Ausgabe in drei Stufen berechnen. Auf der ersten Stufe wird net_i entsprechend der üblichen linearen Gewichtungsfunktion berechnet:

$$net_i(s) := \sum_j w_{ij} \cdot s_j \; - \; \theta_i$$

Auf der zweiten Stufe wird dann die interne Aktivierung a_i berechnet:

$$\Delta a_i(t+1) := a_i(t+1) - a_i(t)$$

$$= \begin{cases} \Delta \cdot (max - a_i(t)) \cdot net_i(t) - \tau \cdot (a_i(t) - rest_i) & net_i(t) > 0 \\ \Delta \cdot (a_i(t) - min) \cdot net_i(t) - \tau \cdot (a_i(t) - rest_i) & net_i(t) < 0 \end{cases}$$

Dabei gilt: *min*<*rest*<*max*. Schließlich werden aus diesen internen Aktivierungen a_i die Ausgaben s_i berechnet:

$$s_i := max\{0, \, a_i\}$$

Im folgenden werden wir zeigen, daß sich dieses Modell im wesentlichen auf das Hopfield/Tank-Modell zurückführen läßt. Als erstes können wir o.B.d.A. den Maximalwert *max* auf *1* normieren: Wir teilen alle Parameter durch max und multiplizieren die Schrittweite mit max. Damit verhalten sich die Differenzengleichungen für die Ausgaben s_i identisch.

Die Dämpfungsfaktoren *(max-a_i(t))* bzw. *(a_i(t)-min)* sollen bewirken, daß a_i stets im Intervall *[min,max]* bleibt. Hierzu ist es notwendig und hinreichend, daß $\Delta \cdot net_i(t) < 1$ gilt, d.h.

$$\Delta < min\{1/net_i(t)\} = 1/max\{net_i(t)\}.$$

Eine interne Aktivierung von a_i unterhalb von 0 wirkt sich wegen $s_i = max\{0, \, a_i\}$ nicht auf die Berechnung von net_j anderer Neuronen j aus und ist somit nur lokal von Bedeutung. Lokal bewirkt es jedoch eine Latenzzeit, falls $net_i(t)$ wieder größer 0 wird. In diesem Fall muß sich a_i erst wieder auf 0 vergrößern, bis sich dies in den übrigen Differenzengleichungen auswirkt. Ferner ist es unverständlich, warum die Neuronen sich in der Nähe der minimalen Aktivierung (s_i=0) anders verhalten sollen wie in der Nähe der maximalen Aktivierung (s_i=1). Naheliegend wäre es deshalb, daß Minimum *min* auf 0 zu setzen. Dadurch kann man auf die dritte Stufe verzichten und erhält:

$$\Delta s_i(t+1) \quad := s_i(t+1) - s_i(t)$$

$$= \begin{cases} \Delta \cdot (1 - s_i(t)) \cdot net_i(t) \quad -\tau \cdot (s_i(t) - rest_i) & net_i(t) > 0 \\ \Delta \cdot (s_i(t) - 0) \cdot net_i(t) \quad -\tau \cdot (s_i(t) - rest_i) & net_i(t) < 0 \end{cases}$$

Schließlich läßt sich die Fallunterscheidung eliminieren durch die Beobachtung, daß die Dämpfungsterme nur in der Nähe des Minimums bzw. des Maximums einen signifikanten Einfluß haben. Damit erhalten wir:

$$\Delta s_i(t+1) \quad := \Delta \cdot (1 - s_i(t)) \cdot s_i(t) \cdot net_i(t) \quad -\tau \cdot (s_i(t) - rest_i)$$

Oder als Differentialgleichung:

$$\frac{\partial s_i}{\partial t} \quad = \quad s_i \cdot (1 - s_i) \cdot net_i(t) \quad -\tau \cdot (s_i(t) - rest_i)$$

Betrachten wir die zugehörige Energiefunktion E, deren partielle Ableitung gerade $-net_i(t)$ ist, dann erhalten wir:

$$\frac{\partial s_i}{\partial t} \quad = \quad -s_i \cdot (1 - s_i) \cdot \frac{\partial E(s(t))}{\partial s_i} \quad -\tau \cdot (s_i(t) - rest_i)$$

Wir wollen nun diesen Ansatz mit dem Hopfield/Tank-Modell für unsere Optimierungsfunktion des semantischen Modells in Abschnitt 2.4.2 vergleichen. Dort definierten wir zwei Optimierungsfunktionen:

$$E^1 := \sum_{i \in I} \sum_{k \in A_i} s_i \cdot (1 - s_k) \quad + \frac{\alpha}{2} \cdot \sum_{g \in G \cup \{I\}} (1 - \sum_{j \in g} s_j)^2$$

$$E^2 := \sum_{i \in I} \sum_{k \in A_i} s_i \cdot (1 - s_k) + \frac{\alpha}{2} \cdot \sum_{g \in G \cup \{I\}} (1 - \sum_{j \in g} s_j)^2 + \frac{\tau}{2} \cdot (\sum_j (s_j - d_j)^2$$

Hierbei besitzt E^2 einen zusätzlichen Bestrafungsterm für den Abstand der Entscheidungsvariablen von deren Defaultwert d_i . Die Differentialgleichung für das Hopfield/Tank-Modell mit Temperatur 0 lautet gemäß Ausführungen im Abschnitt 2.4.6 bei E^2:

$$\frac{\partial s_i}{\partial t} \quad := -s_i \cdot (1 - s_i) \cdot \frac{\partial E^2(s(t))}{\partial s_i}$$

$$= \quad s_i \cdot (1 - s_i) \cdot (-\frac{\partial E^1(s(t))}{\partial s_i} - \tau \cdot (s_i(t) - d_i))$$

$$= \quad -s_i \cdot (1 - s_i) \cdot \frac{\partial E^1(s(t))}{\partial s_i} \quad -s_i \cdot (1 - s_i) \cdot \tau \cdot (s_i(t) - d_i)$$

Dies entspricht bis auf den Faktor $s_i(1 - s_i)$ vor dem Dämpfungsterm genau obiger Differentialgleichung für das *IAC*-Modell (sofern wir sinngemäß $rest_i = d_i$ setzen).

Die Differentialgleichung für das Hopfield/Tank-Modell mit Temperatur τ lautet gemäß Ausführungen im Abschnitt 2.4.6 bei E^1:

$$\frac{\partial s_i}{\partial t} := s_i \cdot (1 - s_i) \cdot \left(-\frac{\partial E^1(s(t))}{\partial s_i} - \tau \cdot f_{log}^{-1}(s_i) \right)$$

Bedenken wir nun, daß die Dämpfung bzw. Temperatur τ Abweichungen der Variable von ½ dämpft bzw. bestraft und daß sich die Funktion f_{log}^{-1} in der lokalen Umgebung von ½ annähernd linear verhält, können wir zumindest bei nicht zu kleiner Dämpfung bzw. Temperatur τ die Funktion f_{log}^{-1} mit guter Näherung durch eine Taylorreihe erster Ordnung am Defaultwert ½ approximieren und erhalten (bei entsprechender Anpassung von τ um den Faktor $(f_{log}^{-1})'(½)$):

$$\frac{\partial s_i}{\partial t} := s_i \cdot (1 - s_i) \cdot \left(-\frac{\partial E^1(s(t))}{\partial s_i} \right) - \tau \cdot (s_i(t) - 0.5)$$

Dies entspricht genau dem *IAC*-Modell mit Default-Wert $rest_i=½$. Zusammenfassend können wir feststellen:

- Bei Dämpfung 0 verhält sich das (überarbeitete) *IAC*-Modell genau wie ein Hopfield/ Tank-Modell mit Temperatur 0.
- Wie in Abschnitt 2.4.6 und 2.4.7 gezeigt, läßt sich bei Optimierungsfunktionen von Entscheidungsproblemen die Leistung durch Annealing auf zweierlei Arten steigern: Einführung der Temperatur über einen Dämpfungsterm ($\tau>0$ und E^1) oder Variation der Optimierungsfunktion ($\tau=0$ und E^2). In beiden Fällen wird eine Abweichung vom Defaultwert bestraft. Das (überarbeitete) *IAC*-Modell mit Dämpfung $\tau>0$ verhält sich sehr ähnlich zu beiden Varianten.
- Da die Dämpfung bzw. Temperatur beim Annealingprozeß auf 0 heruntergeregelt wird, sind von diesen geringfügigen Unterschieden in den Differentialgleichungen im allgemeinen keine signifikanten Unterschiede in der Performanz dieser drei Varianten zu erwarten.

Im folgenden wollen wir noch auf zwei weitere Differenzen zu unserer Vorgehensweise (semantisches Modell als Optimierungsproblem) aufmerksam machen. Hierzu wollen wir die genauen Gewichte bestimmen, die sich aus unserem Ansatz ergeben. Verwenden wir folgende Optimierungsfunktion (entsprechend der Variante „$\tau=0$ und E^2"):

$$E := \sum_{i \in I} \sum_{k \in A_i} s_i \cdot (1 - s_k) + \frac{\alpha}{2} \cdot \sum_{g \in G \cup \{I\}} (1 - \sum_{j \in g} s_j)^2 + \frac{\tau}{2} \cdot (\sum_j (s_j - d_j)^2$$

So erhalten wir folgende Ableitungen:

Falls s_i ein Instanzneuron ist:

$$\frac{\partial E}{\partial s_i} := \sum_{k \in A_i} (1 - s_k) + \alpha \cdot (\sum_{j \in I} s_j - 1) + \tau \cdot (s_i - d_j)$$

Falls s_k ein Attributneuron der Gruppe g ist:

$$\frac{\partial E}{\partial s_k} := -\sum_{i \in I} \sum_{k \in A_i} s_i \; + \; \alpha \cdot \left(\sum_{j \in g} s_j - 1\right) \; + \; \tau \cdot (s_k - d_k)$$

Damit erhalten wir beim Gradientenabstieg die gleiche Gewichtsmatrix wie beim *IAC*-Netz:

- inhibitorische Gewichte -α zwischen Neuronen einer Gruppe
- exzitatorische Gewichte 1 jeweils zwischen einem Instanzneuron und seinen zugehörigen Attributneuronen

Es fehlen jedoch beim *IAC*-Netz die konstanten Glieder des Gradienten (alias Schwellwerte, thresholds etc.), und zwar α-6 beim Instanzneuron und α beim Attributneuron. Das ist auch der Grund, warum bei experimentellen Auswertungen der *IAC*-Netze die Summe der Aktivierung der Instanzneuronen größer als 1 (Verschiebung des negativen Gradienten um $-(\alpha$-6$\gamma) > 0$) und die der Attributneuronen einer Gruppe jeweils kleiner als 1 ist (Verschiebung um $-\alpha < 0$). Dies entspricht dem Gradientenabstieg für die „irrtümliche" Funktion $\widetilde{E}$:

$$\widetilde{E} := \sum_{i \in I} \sum_{k \in A_i} s_i \cdot (1 - s_k) \; + \frac{\alpha}{2} \cdot \sum_{g \in \cup I} (1 - \sum_{j \in g} s_j) \; + \frac{\tau}{2} \cdot \left(\sum_{j} (s_j - d_j)\right)$$

Eine weitere Ungereimtheit besteht in der Art und Weise, wie das *IAC*-Netz Eingaben verarbeitet. Wenn wir beispielsweise die Anfrage betrachten:

Gib mir die Wahrscheinlichkeiten der Instanzneuronen, wenn das Attributneuron Alter mit 50% Wahrscheinlichkeit den Wert "40s" und das Attributneuron Beruf mit 70% Wahrscheinlichkeit den Wert "Pusher" hat,

würde man dies in der Sprache der Optimierungsprobleme so formulieren, daß man ein Minimum sucht unter der Voraussetzung, daß $s_{Alter} = 0{,}5$ *und* $s_{Pusher} = 0{,}7$ gilt, d.h. die Attributneuronen s_{Alter} und s_{Pusher} werden auf *0,5* bzw. *0,6* fixiert und die restlichen Neuronen relaxiert. Beim *IAC*-Netz hingegen werden nur die Schwellwerte (alias threshold etc.) θ_{Alter} und θ_{Pusher} fixiert, während die Aktivierungen s_{Alter} und s_{Pusher} sich bei der Relaxierung ändern. Deshalb relaxieren die mit Eingaben belegten Neuronen bei experimentellen Auswertungen auch nicht auf die vorgegebenen Werte.

3 Neuronale Modelle für Strategielernen

3.1
Problemstellung

Eine fundamentale Aufgabe für jedes Lebewesen ist es, Strategien zu erlernen, die sein Verhalten in seinem Lebensraum optimieren (siehe Abb. 3.1). Auf die vielfältigen Aspekte der Begriffe Strategie und Lernen werden wir im folgenden nicht eingehen, vielmehr reduzieren wir diese auf Verhalten und Optimieren. Wenn wir also im folgenden sagen, daß ein Agent eine Strategie S besitzt, soll das nur heißen, daß er jeweils bei Eingabe einer Situationsbeschreibung x die Aktion $S(x)$ wählt. Ferner verstehen wir unter Lernen nur das Optimieren von S hinsichtlich eines Verhaltensfehlers. Hierbei können wir die Lernsituation in folgende drei Kategorien einteilen:

1. Lernen von Beispielen: Es existiert ein Lehrer bzw. Experte, der für eine Auswahl an Beispielsituationen x jeweils eine Aktion $a = S_L(x)$ dem Agenten als Lernmenge vorgibt. Das Ziel ist es, nicht nur auf der Lernmenge die Strategie S_L des Lehrer zu imitieren, sondern auch in den übrigen Situationen (Generalisierung).
2. Zielorientiertes Lernen: Es werden Ziele vorgegeben, aber nicht, durch welche Aktion bzw. Aktionenfolge diese jeweils erreicht werden können. Hierbei unterscheiden wir zwischen dem Erreichen des Ziels in einem Schritt (direktes Ziel) und dem Fall, in dem das Ziel nur durch eine Sequenz von Aktionen erreicht werden kann (Fernziel).
3. Reinforcement-Lernen: Hier bekommt der Agent abhängig von Zustand x und gewählter Aktion ein sogenanntes Reinforcement-Signal (positiv: Belohnung, negativ: Bestrafung, Null: kein Signal), und seine Aufgabe besteht darin, die Summe der zukünftigen Reinforcement-Signale zu maximieren.

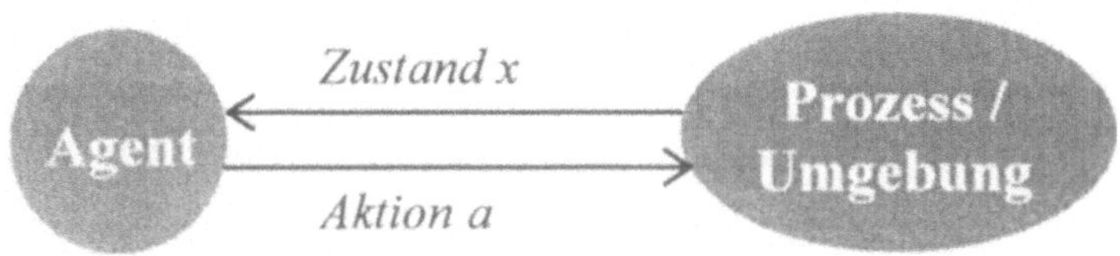

Abb. 3.1. Interaktion zwischen einem Agenten und seiner Umwelt.

Bei jeder dieser Lernsituationen soll das Verhalten des Agenten optimiert werden. Da wir uns auf neuronale Modelle des Agenten beschränken, wird dieses bestimmt durch die Parameter des verwendeten Netzmodells. Hierbei können prinzipiell alle Assoziationsmodelle verwendet werden, d.h. beispielsweise bei impliziter Wissensrepräsentation das *Multilayer Perceptron* und bei expliziter Wissensrepräsentation die lokalen linearen Karten [Ritter, Martinetz, Schulten 90] und das Modell der radialen Basisfunktionen. Ferner können deren Parameter durch irgendein Optimierungsverfahren angepaßt werden: Gradientenabstieg, Hillclimbing, Simulated Annealing oder evolutionäre Algorithmen. Glücklicherweise multiplizieren sich bei der Synthese bzw. Analyse der Verfahren zum „neuronalen" Strategielernen nicht all diese Variationsmöglichkeiten, sondern können unabhängig voneinander betrachtet werden: Zur Modellierung der lernfähigen Assoziationseinheit kann der Entwerfer einen Netztyp wählen, der seinen speziellen Anforderungen gerecht wird: Beispielsweise ein *RBF*-Netz, falls das Verhalten des Agenten als Neuro-Fuzzy-Regelsystem interpretiert werden soll, oder ein *Multilayer Perceptron*, falls die Interpretation keine Rolle spielt, aber ein robustes Lernverfahren gewünscht wird. Hat der Entwerfer sich auf das Netzmodell festgelegt, kann er sich eines der effizientes Verfahren zur Fehlerminimierung wählen, die wir im vorhergehenden Kapitel diskutiert haben. Für die von uns favorisierten Netzmodelle *Multilayer Perceptron* und *radiale Basisfunktionen* erwies sich dabei das adaptive Gradientenabstiegsverfahren Resilient Backpropagation (Rprop) [Riedmiller, Braun 93a], [Riedmiller, Braun 93b], [Riedmiller 94] als besonders effizient und robust.

Wir werden im folgenden zeigen, daß sich für obige Kategorien des Strategielernens zwei Lern- bzw. Optimierungsverfahren besonders gut eignen und alle Lernsituationen abdecken: Fehlerminimierung (*Backpropagation*) und dynamisches Programmieren (*Temporal Difference Learning*). Aus diesem Grund, haben wir unseren evolutiven Netzwerk-Optimierer *ENZO* auf diese zwei Lernalgorithmentypen zugeschnitten, wobei die lernfähige Assoziationseinheit des Agenten (*Multilayer Perceptron* oder *RBF*-Modell) jeweils mit *Rprop* optimiert wird.

3.2
Lernen nach Beispielen

Die einfachste Kategorie des Strategielernens ist die Situation, wenn bereits ein Experte vorhanden ist, der ein optimales (oder hinreichend gutes) Verhalten besitzt. Die Lernaufgabe besteht darin, dessen Verhalten zu imitieren, d.h. den sogenannten Lernfehler

$$E = (S(x) - T(x))^2$$

über alle in der Lernmenge enthaltenen Lernbeispiele x zu minimieren (siehe Abb. 3.2).

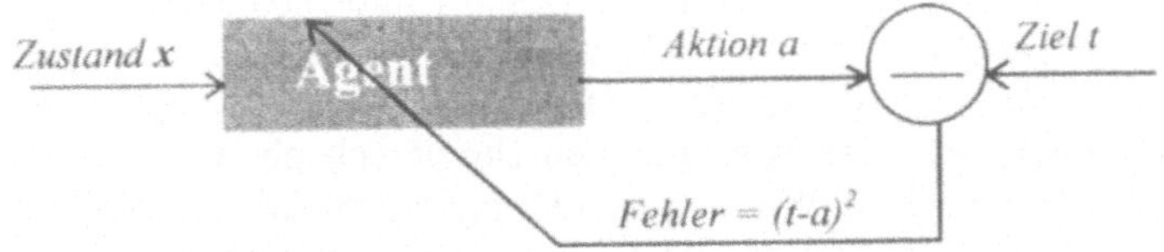

Abb. 3.2. Lernzyklus für überwachtes Lernen: Die Parameter der lernfähigen Assoziationseinheit sind so anzupassen, daß der Fehler zwischen der Vorgabe t des Lehrers und der Ausgabe a des Agenten minimiert wird.

Dabei kann der neuronale Agent prinzipiell nicht besser werden als sein Lehrer. Die einzigen Ausnahmen können darin bestehen, daß Vorteile bei der Geschwindigkeit oder der Leistungsausdauer ausgenützt werden können. So ist es beispielsweise zum einen denkbar, daß der Lehrer die Lernbeispiele nur mit sehr hohem Rechenaufwand erzeugt hat, in einer Anwendung in Realzeit jedoch viel zu langsam ist (vgl. Abschnitt 3.4.4). Zum anderen kommt es zumindest bei menschlichen Experten häufig vor, daß diese nicht konsequent eine feste Strategie verfolgen, sondern auf Grund von Ermüdungserscheinungen bzw. Aberglauben gewisse Inkonsistenzen oder Irrationalitäten in ihrem Handeln bewußt oder unbewußt in Kauf nehmen.

Auch wenn also die Leistungsfähigkeit des neuronalen Agenten durch die seines Lehrers beschränkt wird, ist diese Aufgabenstellung das zentrale Problem der künstlichen Intelligenz: Es ist ein (menschlicher) Experte vorhanden, und das (ehrgeizige) Ziel besteht darin, diesen zu imitieren. Allerdings hängt die Eignung neuronaler Netzmodelle zum Erlernen von Verhalten (Strategien) vom Typ des Experten ab. Betrachten wir hierzu die Stufen menschlicher Expertise:

1. Fallwissen: Auf der ersten Stufe sammelt der angehende Experte Erfahrungen und versucht, einen Fehler nicht zweimal zu machen. Hierbei generalisiert er von einer gemachten Erfahrung auf ähnliche Situationen.
2. Rationalisierung: Nachdem der angehende Experte eine große Menge von Erfahrungen gesammelt hat, gilt es diese zu einem Regelsystem zu kondensieren. Ziel ist es, mit möglichst wenigen Regeln ein rationales (d.h. insbesondere ein mit den gemachten Erfahrungen konsistentes) Handeln zu realisieren.
3. Intuition: Auf Grund eines reichen Erfahrungsschatzes handelt der Experte intuitiv, ohne sein Verhalten jeweils auf wenige Regeln zurückzuführen.

Zur Realisierung der ersten Stufe eignen sich prototypenorientierte Ansätze wie die *Winner_takes_all_Modelle* (siehe Abschnitt 2.3): *selbstorganisierende Karten* (Kohonen-Netz), *LVQ* (*Learning Vector Quantization*), *ART* (*Adaptive Resonanz Theorie*), aber auch deren unscharfe (fuzzy) Variante: *RBF* (*radiale Basisfunktionen*). Die Lernbeispiele (alias gemachten Erfahrungen) werden bei diesen Modellen jeweils in Cluster zusammengefaßt und deren Zentrum als Prototyp gespeichert. Die Ähnlichkeit wird bestimmt durch den euklidischen Abstand im Merkmalsraum zwischen dem aus Erfahrungen gewonnenen Prototypen und der aktuellen Situation.

Die zweite Stufe eignet sich weniger für die üblichen neuronalen Modelle, da rationales Folgern im allgemeinen der 100-Schritte-Regel widerspricht. Das soll nicht heißen, daß neuronale Netze prinzipiell nicht in der Lage wären, rationales Folgern zu realisieren (siehe auch die Anmerkungen zur Berechenbarkeitstheorie in Kapitel 2). Vielmehr betrifft diese Wertung nur die meistverwendeten Modelle mit wenigen Schichten und vorwärtsgerichteter Informationsverarbeitung ohne innere Schleifen (Rekursion), denn zur Realisierung rationaler Intelligenz wird Rekursion benötigt.

Zur Realisierung der dritten Stufe hingegen scheint sich das *Multilayer Perceptron* besonders gut zu eignen. Aus einer möglichst hohen Zahl an Lernbeispielen wird eine komplexe Assoziationseinheit eingelernt, die sich als Gesamtsystem korrekt verhält, ohne daß sich dieses (implizite) Wissen auf einzelne lokalisierbare Einheiten (Regeln) zurückführen läßt. Dieses Charakteristikum entspricht dem menschlicher Experten, die ihre eigene Strategie nicht anderen erklären können. Diese können zwar Beispiele ihres Handelns angeben, aber da sie nicht nach wenigen Regeln handeln, können sie auch keine angeben.

Diese Dreistufung der Expertise ist besonders gut bei Strategiespielen erkennbar. Während der Anfänger noch versucht, kurzfristig gefährliche Situationen (1-Schritt-Vorausschau) zu meiden und umgekehrt den Gegner in solche leicht zu durchschauende Gefahren-Situationen zu bringen, versucht der etwas ambitioniertere Spieler durch Tiefensuche (*Min-Max*-Heuristik) sein Wissen zu vertiefen. Hingegen können Spitzenspieler auch ohne rationale Überlegungen, d.h. mit 1-Vorausschau, hervorragende Leistungen erbringen (z.B. im Blitzschach simultan gegen eine große Gruppe von Spielern).

Zusammenfassend können wir feststellen, daß die Eignung eines neuronalen Modells für das Erlernen einer Strategie aus Lernbeispielen zum einen von der Strategie des Experten (beispielorientiert oder ganzheitlich komplex) und zum anderen von der Anforderung an die Wissensrepräsentation (explizit oder implizit) abhängt. Im Kapitel 2 haben wir hierzu effiziente Verfahren zur Minimierung des Lernfehlers besprochen, wobei wir beim *Multilayer Perceptron* und beim *RBF*-Modell, wie bereits erwähnt, das adaptive Gradientenabstiegsverfahren *Rprop* favorisieren.

3.3
Lernen nach Zielvorgabe

3.3.1
Direktes Ziel

Der Fall, daß die Zielvorgaben des Lehrers aus direkt erreichbaren Zielen besteht, wird auch inverse Modellierung genannt. Eine Anwendung hiervon ist die inverse Kinematik in der Robotik: Der Lehrer bzw. Experte gibt zu gegebenem Startzustand x (z.B. Handposition des Roboterarmes) einen gewünschten Zielzustand x' (Zielposition) vor. Die Aufgabe besteht darin, die Aktion a (Gelenkwinkel) so zu wählen, daß die Zielposition (der Hand) erreicht wird. Der Name inverses Modell beruht auf der Invertierung der Problemstellung eines Modells. Ein Modell des betrachteten Prozesses (z.B. Kinematik des Roboterarms) modelliert eine funktionale Beziehung wie die folgende: Gegeben Istzustand x und Aktion a, bestimme den Folgezustand x'. Beim inversen Modell hingegen ist die Problemstellung invertiert: Zu gegebenen Istzustand x und Zielzustand x' ist die Aktion a gesucht, die x in x' überführt.

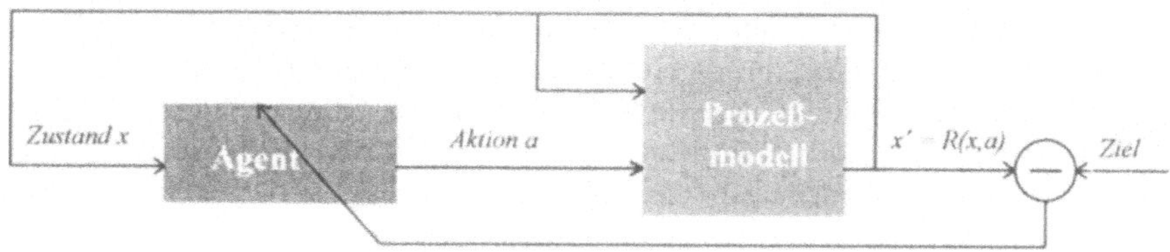

Abb. 3.3. Lernzyklus bei einer in einem Schritt erreichbaren Zielvorgabe.

Zur Lösung dieses Optimierungsproblems benötigen wir ein Modell des betrachteten Prozesses, damit wir Verbesserungen des Agenten „offline" testen können. Andernfalls müssen wir den realen Prozeß in den Lernalgorithmus integrieren. Ein solches Prozeß modell R_M muß differenzierbar sein, wenn wir zur Optimierung des Agenten Gradientenabstieg anwenden wollen, d.h. wir ändern schrittweise die Parameter w_{ij} der Strategie S des Agenten entgegen dem Gradienten des quadrierten Fehlers zwischen erreichter Position $R_M°S(x)$ und gewünschter Zielposition $T(x)$ (siehe Abb. 3.3):

$$E = \frac{1}{2} \cdot \sum_{x \in L} (R_M \circ S(x) - T(x))^2$$

d.h. $$\frac{\partial E}{\partial w_{ij}} = \sum_{x \in L} (R_M \circ S(x) - T(x))^2 \cdot \frac{\partial R_M(S(x))}{\partial S} \cdot \frac{\partial S(x)}{\partial w_{ij}}$$

In diesem Fall können wir die in Kapitel 2 besprochenen Verfahren zur Modellierung von Expertenwissen anwenden. Insbesondere können wir diese auch zur Modellierung R_M des Prozesses verwenden. Benutzen wir hierfür ein *Multilayer Perceptron* oder *RBF*-Modell, dann ist dieses, wie gewünscht, differenzierbar.

   Falls das Prozeßmodell jedoch nicht differenzierbar ist, verbleiben die Optimierungsverfahren, die keinen Gradienten berechnen: Hillclimbing, Simulated Annealing und Evolution. Bei diesen werden die Parameter der Strategie des Agenten zufällig geändert und die daraus resultierende Änderung der Strategie auf der Lernmenge L am Prozeßmodell R_M bzw. realen Prozeß R überprüft.

3.3.2
Fernziel

Wesentlich schwieriger ist der Fall, wenn das Ziel nicht in einem Schritt, sondern nur über eine Folge von Aktionen erreichbar ist. Bei einfachen Prozessen läßt sich dieses Problem auf das vorige zurückführen, indem man die *Greedy*-Strategie einlernt: Wähle jeweils die Aktion, die dem Ziel am nächsten kommt. In diesem Fall ist bei jedem einzelnen Schritt der Lernfehler, d.h. Abstand zum Ziel, zu minimieren. Diese Strategie scheitert jedoch, wenn die Trajektorie x(t) auf diesem Weg in eine Sackgasse gerät, wie z.B. bei einem Labyrinth-Problem mit konkaven Hindernissen vor dem Ziel. [Anmerkung: Streng konvexe, beschränkte Hindernisse werden bei dieser Strategie problemlos umgangen.]

In komplexeren Fällen kann man jedoch nicht einfach versuchen, den Fehler (bzw. die Abweichung vom Ziel) in jedem Schritt zu minimieren, sondern muß den Fehler am Ende der Aktionenfolge bewerten. Wenn die Aktionenfolge nach Erreichen einer Endebedingung B abgebrochen wird, läßt sich dieses programmiersprachlich folgendermaßen beschreiben:

> *Für alle Startsituationen x_a ist der Fehler*
> $$(x_e - T(x_a))^2$$
> *nach Beendigung der while-Schleife*
> $$x := x_a$$
> *while B do* $x := R_M(x, S(x))$
> $$x_e := x$$
> *zu minimieren.*

Zur Optimierung dieses Fehlers könnte man die while-Schleife als atomare „black box" interpretieren, die in Abhängigkeit der Strategieparameter eine Abbildung auf der Menge der Zustände darstellt und jeweils den Startzustand x_a auf den Endzustand x_e abbildet. In diesem Fall können wir zur Optimierung der Strategie bzw. deren Parameter wiederum alle Verfahren anwenden, die nur die Strategie als solche, aber keine Zusatzinformationen wie z.B. den Gradienten benötigen: Hillclimbing, Simulated Annealing und Evolution. In Abschnitt 4.5 zeigen wir für das Stabbalancierungsproblem, wie sich auf diese Weise mit Hilfe eines evolutionären Verfahrens eine minimale Lösung evolvieren läßt.

3.3.2.1
Backpropagation through Time

Um Gradientenabstieg verwenden zu können, müssen wir die while-Schleife entfalten. Falls die Endebedingung nach k Schritten erreicht wurde, entspricht die while-Schleife gerade der k-maligen Ausführung des Schleifenrumpfes. Der Lernfehler pro Lernmuster berechnet sich durch:

$$error = \left(\ (R_M \circ S)^k(x) - T(x)\ \right)^2$$

Von dieser k-fach iterierten Schleifenrumpf-Funktion $R_M \circ S(x)$ läßt sich dann mit Hilfe der Kettenregel der Gradient berechnen, sofern S und R_M jeweils differenzierbar sind. Verwenden wir für R_M und S ein differenzierbares neuronales Netzmodell wie das *Multilayer Perceptron* bzw. *radiale Basisfunktionen*, dann können wir zur Berechnung des Gradienten der Schleifenrumpf-Funktion $R_M \circ S(x)$ ein Standardverfahren wie Backpropagation oder unser schnelles adaptives Verfahren *Rprop* einsetzen. Dieser Ansatz der Entfaltung der while-Schleife wird *Backpropagation through time* genannt (siehe Abb. 3.4) und wurde 1986 von Rumelhart, Hinton und Williams vorgeschlagen [Rumelhart, Hinton, Williams 86].

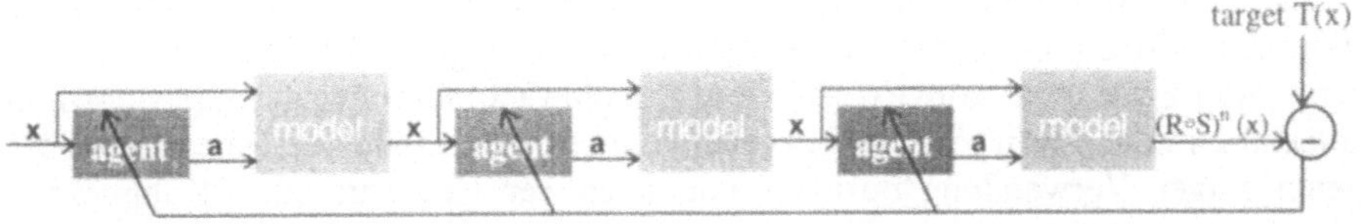

Abb. 3.4. Lernen mit Gradientenabstieg durch Entfalten der while-Schleife (Backpropagation through time).

Mit diesem Ansatz gelang es Ngyen und Widrow, ein *Multilayer Perceptron* ein-zulernen, das einen Lastwagen mit einem ein- bis zweiachsigen Anhänger (bzw. ein bis zwei einachsige Anhänger) rückwärts an eine Laderampe steuern kann [Ngyen, Widrow 90], [Ngyen 91]. Dieses ist in der realen Anwendung zumindest für ungeübte Fahrer ein durchaus schwieriges Problem.

Ausgehend von einem zufällig initialisierten Netz macht es natürlich keinen Sinn, anfangs Startpositionen weit entfernt von der Laderampe zu verwenden und dann nach einer längeren Irrfahrt den großen Fehler durch viele Stufen der entfal-teten while-Schleife zurückzupropagieren. Vielmehr begannen Ngyen und Widrow das Training mit einfachen Startpositionen wenige Schritte von der Laderampe entfernt. Bei unseren Untersuchungen ergab es sich sogar, daß es am günstigsten ist, zuerst Startpositionen mit nur einem einzigen Schritt Abstand einzutrainieren [Trede91, Hartroth91]. Diese Startpositionen lassen sich beispielsweise durch wenige Schritte Vorwärtsfahren von der Laderampe mit zufälliger Lenkradposition erzeugen. Von diesen Startpositionen läßt man das Netz in jedem Lernzyklus den Lastwagen rückwärts steuern bis die Laderampe erreicht ist. Die Abweichung von der gewünschten Zielposition wird dann mit *Backpropagation through time* mini-miert. Nachdem das Netz diese Situationen hinreichend gut beherrscht, werden stufenweise schwierigere, d.h. weiter entfernte Startpositionen hinzugefügt.

Vergleichen wir diese inkrementelle Vorgehensweise mit Lernsituationen im menschlichen Bereich, so bedeutet dies, daß erst einfache Problemstellungen, die mit wenigen Aktionen gelöst werden können, eingeübt werden und dann stufen-weise der Schwierigkeitsgrad (d.h. Anzahl der notwendigen Aktionen) erhöht wird. Insofern beschränkt sich diese Methode nicht nur speziell auf dieses Anwendungs-problem, sondern ist eine generelle Strategie zum Erlernen von Aktionssequenzen.

Obiger Ansatz erscheint auf den ersten Blick sehr elegant, besitzt jedoch zwei Probleme. Zum einen muß das Prozeßmodell R_M möglichst exakt sein, denn beim Zurückpropagieren über mehrere Stufen addieren sich die Fehler, so daß bereits nach wenigen Stufen die Gradienteninformation unbrauchbar werden kann. Zum anderen scheint sich Gradientenabstieg bei der Optimierung der Gewichte über mehrere Stufen oft in ungünstigen lokalen Minima zu verfangen. Dieses etwas vage Argument beruht darauf, daß in vielen experimentellen Untersuchungen Netze mit maximal zwei (aber nicht mehr) verborgenen Schichten die besten Resultate erzielten (nicht zuletzt aus diesem Grund besteht der Standardansatz beim Entwurf der Netztopologie darin, nur Netze mit ein oder zwei verborgene Schichten zu testen).

[Anmerkung: Bei konvexen Optimierungsfunktionen findet Gradientenabstieg immer das globale Optimum. Bei Netzen ohne verborgene Schichten ist die Fehlerfunktion zwar nicht konvex, aber das globale Optimum läßt sich stets abwärts steigend erreichen. Mit jeder verborgenen Schicht werden jedoch insbesondere bei gleichzeitiger Verwendung positiver und negativer Gewichte (d.h. Kooperation und Wettbewerb) komplexere Verwerfungen der Optimierungslandschaft erzeugt.]

Verbleibt die Frage, weshalb es Ngyen und Widrow trotzdem gelang, diese für den Menschen komplexe Steuerungsaufgabe mit einem *Multilayer Perceptron* zu lösen. Ein Antwort hierauf versucht die kurze Notiz von Jenkins und Yuhas zu geben: Während in der Originalarbeit ein *Multilayer Perceptron* mit 25 verborgenen Neuronen in zigtausenden Lernzyklen eintrainiert wurden, zerlegten Jenkins und Yuhas die Aufgabe in drei Teilprobleme (Anhänger ausrichten, Winkel zwischen Anhänger und Führerhaus verringern, Abstand zur Senkrechten der Andockposition relativ zur Laderampe verringern) und konstruierten damit ein einfaches Netz mit nur zwei verborgenen Neuronen und 5 Gewichten, das das Steuerungsproblem für den einachsigen Anhänger löst [Jenkins, Yuhas 92].

Zusammenfassend läßt sich feststellen, daß *Backpropagation through time* zum Erlernen von Aktionssequenzen sich insbesondere für kurze Sequenzen eignet, jedoch für längeren Sequenzen auf Grund der beiden angeführten Probleme (Fehleraddition beim Rückwärtspropagieren durch mehrere Stufen des Prozeßmodells R_M und generelles Gradientenabstiegsproblem bei vielstufigen *Multilayer Perceptrons*) eher ungeeignet ist.

3.3.2.2
Ansatz: Reinforcement-Lernen

Das Problem des zielorientierten Lernens läßt sich in folgender Weise auf das Problem des Reinforcement-Lernens reduzieren: Jede Aktion a (bzw. jeder vom Zielzustand verschiedene Zustand x) verursacht gewisse Kosten r_a (bzw. r_x), die Endebedingung der while-Schleife wird erfüllt, wenn der Zielzustand erreicht wurde. Kann bei der bisher gelernten Kontroll-Strategie der Zielzustand nicht erreicht werden, dann kann die Schleife (Aktionssequenz) ebenfalls abgebrochen werden, jedoch mit maximalen Kosten.

Damit ist das zugehörige Reinforcement-Problem dadurch gegeben, mit möglichst wenig Kosten zum Ziel zu gelangen. Sind alle Kosten $r_a=r$ konstant, dann ist dies äquivalent dazu, das Ziel auf kürzestem Weg zu erreichen.

Will man jedoch auf möglichst direktem Weg das Ziel erreichen, dann kann man auch die Kosten $r_x = ||x\text{-}T||^2$ für alle Zwischenzustände auf dem Weg zum Ziel festsetzen.

Zusammenfassend können wir feststellen, daß das Problem des zielorientierten Lernens ein Spezialfall des Reinforcement-Lernens ist und alle in Abschnitt 3.4 vorgestellten Verfahren hierfür eingesetzt werden können (siehe auch Abschnitt 3.4.9: Spezialfall: Zielorientiertes Lernen / Strategiespiele).

3.4
Reinforcement-Lernen

Die Lernsituation von Reinforcement-Lernen ist das allgemeinste, aber auch schwierigste Lernproblem. Die Umgebung (oder der Lehrer) erteilt in Abhängigkeit des aktuellen Zustandes x und der gewählten Aktion $S(x)$ positive oder negative Reinforcement-Signale $r(x,S(x))$ (d.h. Belohnungen oder Bestrafungen), und die Aufgabe des Lernenden (Agenten) besteht darin, die Summe der erwarteten zukünftigen Reinforcement-Signale zu minimieren.

[Anmerkung: Wir interpretieren im folgenden positive Reinforcement-Signale als Kosten, deshalb sind diese zu minimieren. Diese Vorgehensweise ist willkürlich. Genausogut kann man Kosten als negative Reinforcement-Signale repräsentieren, dann wären diese entsprechend zu maximieren.]

Formal können wir bei einem deterministischen Prozeß das zukünftige Reinforcement folgendermaßen definieren. Sei x_{t_0} der aktuelle Zustand und $x_{t+1} :=$ $R(x_t,S(x_t))$ jeweils der Folgezustand von x_t, dann ist das zukünftige Reinforcement $V(x_{t_0})$ (im folgenden die Bewertung genannt, engl.: Value) definiert durch

$$V(x_{t_0}) := \sum_{t=t_0}^{\infty} r(x_t,S(x_t)) \, .$$

Damit läßt sich $V(x_t)$ rekursiv berechnen:

$$V(x_t) := r(x_t,S(x_t)) + V(x_{t+1}).$$

Diese Rekursion terminiert, wenn die Folge (x_t) in einen absorbierenden Zustand x_e konvergiert mit $r(x_e)=0$, d.h.

$$\exists e: \ x_e = R(x_e,S(x_e)) \ \text{ und } \ r(x_e,S(x_e))=0$$

In diesem Fall gilt:

$$\forall t > e: \ V(x_t) = 0$$

Andernfalls konvergiert die Reihe $V(x_t)$ im allgemeinen nicht, insbesondere bei ganzzahligen Reinforcement-Signalen, die für unendlich viele Zustände x_t ungleich 0 sind. Für solche echt unendlichen Sequenzen kann man bei beschränkten Reinforcement-Signalen die Konvergenz von $V(x_{t_0})$ durch eine exponentiell abnehmende Gewichtung erzwingen:

$$V(x_{t_0}) := \sum_{t=t_0}^{\infty} \gamma^{\,t-t_0} \cdot r(x_t,S(x_t)) \, .$$

In diesem Fall müssen die Bewertungen der Zustände x_t die folgenden Gleichungen erfüllen:

$$V(x_t) = r(x_t,S(x_t)) + \gamma \cdot V(x_{t+1}).$$

Im Falle eines stochastischen Prozesses sind diese Gleichungen entsprechend zu verallgemeinern:

$$V(x) \;=\; r(x,S(x)) \;+\; \gamma \cdot \sum_{y} P(y|x,S(x)) \cdot V(y)$$

wobei $P(y|x,S(x))$ die Wahrscheinlichkeit ist,

daß y der Folgezustand von x bei Aktion $S(x)$ ist.

Der exponentielle Dämpfungsfaktor γ^{t-t_0} läßt sich bei stochastischen Prozessen (bzw. Umgebungen) R auch dadurch begründen, daß das in zukünftigen Zuständen x_t erhaltene Reinforcement $r(S(x_t),x_t)$ auf Grund der Stochastizität des Prozesses um so weniger von x_{t_0} abhängt, je länger der zeitliche Abstand t-t_0 ist. Typischerweise sinkt die Wahrscheinlichkeit

$$P(x_t = (R \circ S)^{t-t_0}(x_{t_0}))$$

(d.h. ausgehend von x_{t_0} nach t-t_0 Schritten in Zustand x_t zu gelangen) exponentiell in Abhängigkeit von t.

[Anmerkung: Bei einer endlichen Zustandsmenge läßt sich $R \circ S$ als homogenes Markovsystem interpretieren. In diesem Fall strebt obige Wahrscheinlichkeit nicht exponentiell gegen *0*, sondern gegen eine Gleichgewichtsverteilung, sofern das Markovsystem ergodisch und aperiodisch ist. Falls die Zustandsmenge jedoch hinreichend groß ist (z.B. 2^n), sinkt obige Wahrscheinlichkeit zumindest für die in der Anwendung relevanten anfänglichen Schritte (z.B. n) exponentiell gegen *0*.]

Entsprechend obigen Erläuterungen läßt sich das Reinforcement-Lernproblem als Optimierungsproblem definieren: Gesucht ist eine optimale Strategie S, so daß für alle Zustände x das zukünftige Reinforcement bzw. die Bewertung $V(x)$ maximal ist. In anderen Worten:

$$\text{Minimiere } \sum_{x} V(x)$$

Zur Lösung des Reinforcement-Lernproblems sind vielfältige Lösungsansätze denkbar. Beispielsweise können wir zur Optimierung der Parameter von S Verbesserungsheuristiken wie Hillclimbing, Simulated Annealing oder evolutionäre Algorithmen verwenden. Bei diesen Verfahren werden schrittweise einzelne Parameter von S geändert und diese Änderung jeweils am Verhalten bewertet, d.h. der Summe der erwarteten Reinforcement-Signale:

$$\sum_{x} V(x)$$

In der Anwendung wäre es insbesondere bei großen Zustandsmengen natürlich viel zu aufwendig, diese Summe exakt auszurechnen. Vielmehr begnügt man sich hierbei mit einer näherungsweisen Schätzung: Man bewertet das Verhalten auf einer ausgewählten Menge von Startzuständen jeweils eine gewisse Anzahl von Schritten lang, indem man die hierbei erhaltenen Reinforcement-Signale aufsummiert.

Falls die Zustandsmenge endlich ist, läßt sich die optimale Strategie mit Hilfe der Methode des dynamischen Programmierens exakt berechnen (siehe Abschnitt 3.4.1). Zur Vereinfachung der Notation gehen wir im folgenden davon aus, daß der Prozeß deterministisch ist. Die Resultate und Verfahren lassen sich jedoch auch für stochastische Prozesse verallgemeinern. Hinweise hierzu werden jeweils gegeben.

Die von uns im folgenden betrachteten Heuristiken zur Lösung dieses Problems beruhen auf der generellen Strategie, ein Bewertung der Zustände einzulernen, die möglichst gut die erwarteten Kosten (alias Reinforcement) bei Anwendung einer optimalen Strategie approximiert. Gegeben eine solche Bewertung, wählt der Agent dann stets den Nachfolgezustand mit der besten Bewertung $V(x,a)$ zuzüglich aktuellem Reinforcement $r(x,a)$ (vgl. Abb. 3.5).

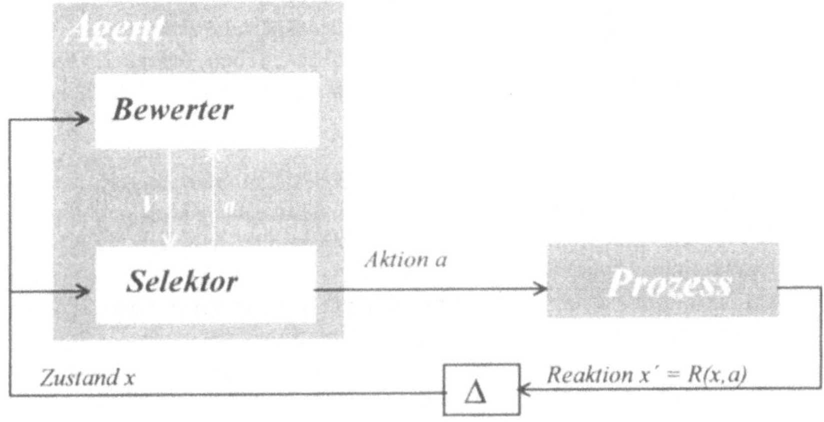

Abb. 3.5. Der von uns betrachtete Ansatz für Reinforcement-Lernen verwendet einen Schätzer für das zukünftige Reinforcement. Der Agent wählt jeweils die Aktion mit dem besten Erwartungswert für das zukünftige Reinforcement.

Der generelle Lösungsansatz besteht darin, einen Bewerter (alias Reinforcement-Schätzer) auf Grund von relativ wenigen, aber relevanten bzw. prototypischen Beispielen (alias Stützstellen) mit Hilfe der Generalisierungsfähigkeit neuronaler Netze einzulernen. In anderen Worten, wir vermeiden es, den eventuell exorbitant großen Zustandsraum vollständig zu untersuchen, indem wir uns zum einen nur auf den Bereich der Zustände beschränken, die bei einer geeigneten (guten bzw. nahezu optimalen) Strategie auftreten können (siehe Abschnitt 3.4.6), und indem wir zum anderen auch diesen zumeist wesentlich kleineren Bereich nicht vollständig erfassen, sondern die Stetigkeit der Bewertungsfunktion voraussetzen und ausnutzen (siehe Abschnitte 3.4.7.2 und 3.4.7.3).

Inwiefern die Kostenfunktion der optimalen Strategie tatsächlich stetig ist in dem Sinne, daß ähnlich kodierte Zustände auch ähnliche Bewertungen haben, hängt von der gewählten Repräsentation (Kodierung) ab. Insbesondere ist es für die Leistungsfähigkeit der im folgenden betrachteten Verfahren, basierend auf neuronalen Bewertern, wesentlich, die Repräsentation so zu wählen, daß die Kostenfunktion einer (nahezu) optimalen Strategie lernbar ist (d.h. stetig approximierbar und nicht zu komplex).

Im folgenden werden wir drei Möglichkeiten diskutieren, ein neuronales Bewertungsmodell zu erlernen. Bei der ersten Möglichkeit sind Lernbeispiele für die Bewertungsfunktion vorhanden und können überwacht eintrainiert werden (siehe Abschnitt 3.4.2). Diese Lernbeispiele können z.B. dadurch gegeben sein, daß ein Experte mit einer guten Strategie existiert, und wir zur Bewertung eines Zustands x das Reinforcement, das wir bei Anwendung dessen Strategie ausgehend von x (als Startzustand) erhalten, als Zielwert jeweils eintrainieren. Mit Hilfe dieser Bewertungen läßt sich die Strategie inkrementell verbessern, indem für die verbesserte Strategie wiederum die Bewertungen eingelernt werden, und dieser Vorgang iteriert wird. Dieser Ansatz, genannt *Policy Iteration*, konvergiert gegen die optimale Strategie (siehe Abschnitte 3.4.2.1 und 3.4.2.2).

Betrachten wir die simple Selektionsfunktion des Agenten, der stets nur den bestbewerteten Folgezustand auswählt, so können wir feststellen, daß es für dessen Strategie nicht wesentlich ist, daß der Bewerter das erwartete zukünftige Reinforcement exakt ausrechnet, sondern es genügt, wenn die Bewertung relativ richtig bewertet wird (d.h. günstigere Aktionen haben die bessere Bewertung), insbesondere muß nur gelten, daß die günstigste Aktion die beste Bewertung besitzt. Aus diesem Grund besteht der zweite Ansatz darin, das neuronale Bewertungsmodell mit Hilfe relativer Lernbeispiele der Art *„Bewertung von x ist höher als Bewertung von y"* einzulernen (siehe Abschnitt 3.4.3).

Schließlich besteht der dritte und leistungsfähigste Ansatz darin, basierend auf den Methoden des dynamischen Programmierens eine möglichst optimale Bewertung einzutrainieren, d.h. gesucht ist eine neuronale Bewertungsfunktion V, die für alle relevanten Zustände möglichst genau die folgenden Gleichungen erfüllt:

$$V(x) = min\ \{\, r(x,a) + \gamma \cdot \sum_{y} P(y|x,a) \cdot V(y)\ \mid Aktion\ a\}$$

Für deterministische Prozesse reduzieren sich diese Gleichungen zu:

$$V(x) = min\ \{\, r(x,a) + \gamma \cdot V(R(x,a))\ \mid Aktion\ a\}$$

Das exakte Verfahren, das die Bewertungsfunktionen $V(x)$ in einer Tabelle abspeichert und inkrementell optimiert, heißt *Value Iteration* und wird in Abschnitt 3.4.5 diskutiert. Da eine solche Tabelle für jeden Zustand x einen Eintrag enthält, ist dieses Verfahren nur für kleine Zustandsmengen praktisch anwendbar. Für größere Zustandsmengen eignet sich hingegen das daraus abgeleitete und von Sutton vorgeschlagene Verfahren *Temporal Difference Learning* (siehe Abschnitt 3.4.7), bei dem die Bewertungsfunktion durch ein neuronales Netz modelliert wird und dessen Generalisierungsfähigkeit eine grobmaschige Bearbeitung des Zustandsraumes erlaubt.

Im Abschnitt 3.4.9 betrachten wir schließlich den Spezialfall zielorientiertes Lernen bzw. Strategiespiele. Insbesondere diskutieren wir die Detailprobleme und deren Lösungsansätze bei der Anwendung von *Temporal Difference Learning* auf komplexe Lernprobleme.

3.4.1
Dynamisches Programmieren

Dynamisches Programmieren ist eine Methode zur Optimierung sequentieller Entscheidungsprobleme: Gegeben ist ein endlicher Graph mit gewichteten Kanten (Gewicht = Kosten für Benutzung der Kante in einem Pfad) und gewichteten Knoten (Gewicht = Wert eines Knotens als Endpunkt eines Pfades); die Aufgabe besteht darin, von einem Startpunkt s den kostengünstigsten Pfad der Länge k zu finden. Die Kosten eines Pfades berechnen sich aus der Summe der Gewichte der benutzten Kanten und dem Gewicht des Endpunktes.

Die Methode beruht auf dem Bellman-Prinzip, welches besagt, daß der kostengünstigste Pfad von x der Länge k sich zerlegen läßt in die Kante zu einem Nachbarn y von x und den kostengünstigsten Pfad von y der Länge $k-1$. Damit läßt sich das Optimierungsproblem inkrementell lösen, indem wir die Aufgabe geringfügig verallgemeinern: Für $k=1,2,...$ finde jeweils für jeden beliebigen Startpunkt s den kostengünstigsten Pfad der Länge k bzw. äquivalent hierzu: Berechne die Kosten $V^*(s)$ des kostengünstigsten Pfades der Länge k. Mit Hilfe des Bellman-Prinzips erhalten wir folgende rekursive Berechnungsvorschrift:

$$V^0(x) := v_x, \quad , \quad mit\ Gewicht\ von\ x = v_x$$

$$V^{k+1}(x) := min\ \{r_{xy} + V^*(y) \mid r_{xy}\ ist\ Gewicht\ von\ Kante\ (x,y)\ \}$$

Kennen wir die Kosten der kostengünstigsten Pfade, dann können wir in einfacher Weise den kostengünstigsten Pfad $(x_0,x_1,...,x_k)$ von Startpunkt s erzeugen:

$$x_0 = s$$

$$x_{i+1}\ ist\ ein\ Nachbar\ von\ x_i\ mit:$$

$$r_{x_i x_{i+1}} + V^{k-i-1}(x_{i+1}) = min\ \{\ r_{x_i x_j} + V^{k-i-1}(x_j) \mid (x_i,\ x_j)\ ist\ eine\ Kante\ in\ G\}$$

Die Methode des dynamischen Programmierens läßt sich auch für unendlich lange Pfade mit exponentiell gedämpften Kosten verallgemeinern, d.h. für den Fall, daß die Kosten für die k-te Kante mit einem exponentiellen Dämpfungsfaktor γ^k $(0<\gamma<1)$ gewichtet werden:

$$V(x_0) = min\ \{ \sum_{i=0}^{\infty} \gamma^j \cdot r_{x_i x_{i+1}} \mid (x_0,x_1,...)\ ist\ ein\ Pfad\ in\ G\}$$

Diese optimalen Kosten lassen sich durch das Bellman-Prinzip näherungsweise berechnen, indem man die Reihe nach hinreichend vielen Schritten abbricht:

$$V^k(x_0) = min\ \{ \sum_{i=0}^{k} \gamma^j \cdot r_{x_i x_{i+1}} \mid (x_0,x_1,...,x_k)\ ist\ ein\ Pfad\ in\ G\}$$

Die zugehörige Rekursionsformel für die inkrementelle Berechnung nach dem Bellman-Prinzip lautet entsprechend:

$$V^0(x) := 0$$

$$V^{k+1}(x) := min \ \{r_{xy} + \gamma \cdot V^k(y) \mid r_{xy} \text{ ist Gewicht von Kante } (x,y) \ \}$$

Der Approximationsfehler läßt sich bei beschränkten Kosten $r_{xy} < r_{max}$ durch

$$|V(x) - V^k(x)| < \gamma^{k+1} \cdot \frac{r_{max}}{1-\gamma}$$

abschätzen. D.h. dieser Fehler fällt exponentiell mit k. Da die Folge (V^k) gegen V konvergiert, müssen die Änderungen

$$|V^{k+1}(x)-V^k(x)| = |V^k(x) - min \ \{r_{xy}+\gamma \cdot V^k(y) \mid r_{xy} \text{ ist Gewicht von Kante } (x,y)\}|$$

gegen 0 streben. Folglich gilt für den Grenzwert V:

$$0 = | \ V(x) - min \ \{r_{xy} + \gamma \cdot V(y) \mid r_{xy} \text{ ist Gewicht von Kante } (x,y)\} \ |$$

$$d.h. \quad \forall x: \ V(x) = min \ \{r_{xy} + \gamma \cdot V(y) \mid r_{xy} \text{ ist Gewicht von Kante } (x,y)\}$$

Darüber hinaus läßt sich zeigen, daß die Kosten $V(x)$ der optimalen Strategie durch diese Gleichungen eindeutig definiert sind [Ross83, Bertsekas89]. Die Methode des dynamischen Programmierens läßt sich auch für stochastische Problemstellungen verallgemeinern:

1. Der Nachfolgezustand hängt stochastisch vom aktuellen Zustand und der gewählten Aktion ab, d.h. bei fester Strategie verhält sich die Rückkopplung zwischen dem Agenten und seiner Umgebung (Prozeß) wie ein homogenes Markovsystem.
2. Die Kosten einer gewählten Aktion bzw. die Belohnung im aktuellen Zustand (alias Reinforcement-Signal) sind stochastisch.

In beiden Fällen sind obige Formeln so zu transformieren, daß die einzelnen Variablen durch ihre Erwartungswerte ersetzt werden. Wir beschränken uns im folgenden auf den ersten Fall:

$$V^0(x) := v_x \qquad mit \ Gewicht \ von \ x = v_x$$

$$V^{k+1}(x) := min \ \{ r(x,a) + \sum_y P(y|x,a) \cdot V^k(y) \mid Aktion \ a\}$$

bzw.

$$V^0(x) := 0$$

$$V^{k+1}(x) := min \ \{ r(x,a) + \gamma \cdot \sum_y P(y|x,a) \cdot V^k(y) \mid Aktion \ a\}$$

mit

$$P(y|x,a) = Wahrscheinlichkeit, \ daß \ y \ Folgezustand \ von \ x \ bei \ Aktion \ a \ ist.$$

Darüber hinaus läßt sich zeigen, daß die optimale Strategie durch folgende Gleichungen eindeutig definiert ist [Ross83, Bertsekas89]:

$$\forall x: \quad V(x) = min \ \{ \ r(x,a) + \gamma \cdot \sum_y P(y|x,a) \cdot V(y) \ \ | \ Aktion \ a\}$$

Eine komplexitätstheoretische Betrachtung zeigt, daß wir durch diese inkrementelle Vorgehensweise bei einem Graphen mit n Knoten nicht alle exponentiell vielen Pfade untersuchen müssen, sondern nur polynomial viele: Bei jedem Rekursionsschritt müssen wir für alle n Knoten die Kosten von maximal n Nachbarn auswerten, das ergibt einen Zeitaufwand von $O(n^2)$ Schritten. Das bedeutet bei Pfaden der Länge k insgesamt einen Zeitaufwand von $O(kn^2)$.

Eine naheliegende Anwendung des dynamischen Programmierens ist z.B. das Finden einer kürzesten Verbindung zwischen zwei Orten in einem Wegenetz. Darüber hinaus lassen sich viele andere Optimierungsprobleme wie z.B. die optimale Klammerung bei der Matrixmultiplikation (unter Ausnutzung des Assoziativgesetzes) in obiges Pfadoptimierungsproblem transformieren und in polynomialer Zeit lösen.

Diese günstige komplexitätstheoretische Abschätzung hat jedoch leider in der praktischen Anwendung oft einen Haken: Die Anzahl n der Zustände ist exponentiell relativ zu deren Beschreibungslänge, d.h. in vielen Anwendungen (wie z.B. kombinatorische Strategiespiele) lassen sich die Zustände (Spielsituationen) zwar relativ kurz beschreiben (und im Rechner effizient handhaben), jedoch kann deren Anzahl astronomisch hoch sein. In diesem Fall nutzt uns eine polynomiale Zeitschranke wenig.

3.4.2
Überwachtes Lernen mit absoluten Bewertungen

Bei diesem Verfahren verwenden wir ein neuronales Netzmodell, um die Bewertungsfunktion als Interpolation einzutrainieren, die auf der Lernmenge als Stützstellen beruht. Je nach Anwendungsfall, lassen sich hierbei die bereits in Kapitel 2 besprochenen Modelle mit impliziter bzw. expliziter Wissensrepräsentation (*Multilayer Perceptron* bzw. *selbstorganisierende Karten* oder *radiale Basisfunktionen*) einsetzen. Das Problem dieses Ansatzes ist die Art und Weise wie man überhaupt die Lernmenge, d.h. geeignete Bewertungen, erhält.

3.4.2.1
Policy Iteration

Ein Ansatz besteht darin, daß ein Experte mit einer guten Strategie vorhanden ist. In diesem Fall kann man diesen Experten beobachten und für jeden Zustand x, die ab diesem Zeitpunkt erhaltenen Reinforcement-Signale aufsummieren und diese Summe als Bewertung $V^S(x)$ eintrainieren. Formal läßt sich dieser Ansatz für den deterministischen Fall folgendermaßen beschreiben:

$$x_{t+1} := R(x_t, S(x_t))$$

$$V^S(x_0) := \sum_{t=0}^{\infty} \gamma^t \cdot r(x_t, S(x_t))$$

Hierbei läßt sich diese unendliche Reihe in der praktischen Anwendung auf Grund der exponentiellen Gewichtung bei einem hinreichend großen t abbrechen. Der dadurch entstehende Fehler ist beschränkt durch $r_{max} \cdot \gamma^t / (1-\gamma)$. Falls der Zustandsraum hinreichend klein ist, können wir auf diese Weise für jeden Zustand die exakte Summe zukünftiger Reinforcement-Signale berechnen. Andernfalls ist diese Berechnung auf eine begrenzte Anzahl prototypischer Beispiele (Stützstellen) zu beschränken und die Gesamtfunktion mit Hilfe eines neuronale Netzmodells zu generalisieren. Der Vorteil eines neuronalen Bewerters besteht dann darin, daß diese umfangreichen Berechnungen nur für die Lernphase benötigt werden, das Netz jedoch in der Kannphase entsprechend seiner Größe die Bewertungsfunktion schnell berechnet.

Dieser Ansatz läßt sich auch für den stochastischen Fall verallgemeinern. Hierbei genügt es jedoch nicht, für einen Zustand eine Sequenz auszuwerten. In diesem Fall ist der Erwartungswert über mehrere Sequenzen (Monte-Carlo-Simulation) zu mitteln.

Normalerweise geht ein Laie davon aus, daß ein Programm, das von einem Experten lernt, niemals besser werden kann als dieser Experte. Interessanterweise ist dies hier nicht der Fall. Verwenden wir wiederum die *Greedy*-Strategie als Auswahlfunktion, d.h. Selektion der bestbewerteten Aktion, dann ist die Strategie des so konstruierten Agenten besser als die des Experten, sofern der Experte nicht bereits die optimale Strategie besaß. Diese etwas überraschende Tatsache läßt sich leicht dadurch beweisen (vollständige Induktion), daß jede Abweichung von der Expertenstrategie einen Vorteil erbringt: Wenn es in einem Zustand x eine besser bewertete Aktion a gibt, d.h.

$$r(x,S(x)) + V^S(R(x,S(x))) > r(x,a) + V^S(R(x,a))$$

dann bedeutet dies, daß das zukünftige Reinforcement kleiner ausfällt, wenn in x ausnahmsweise Aktion a gewählt wird und ab dann wieder die Expertenstrategie S. Da diese Argumentation auch für jede zukünftige Abweichung das zukünftige Reinforcement verringert, erhalten wir insgesamt auch ein besseres zukünftiges Reinforcement, wenn wir stets die besser bewertete Aktion wählen (statt die des Experten).

Dieser Ansatz läßt sich iterieren. Dabei ist jeweils für die neue Strategie S' wieder die Bewertungsfunktion $V^{S'}$ zu berechnen. Da die neue Strategie jeweils echt besser ist als die alte, sofern diese sich überhaupt in einem Zustand von der alten unterscheidet, konvergiert diese Iteration nach endlich vielen Schritten (es gibt nur endlich viele verschiedene Strategien) zu einer Strategie S, für die gilt:

$$\forall x: \quad r(x,S(x)) + \gamma \cdot V^S(R(x,S(x)))$$

$$= min\{r(x,a) + \gamma \cdot V^S(R(x,a)) \mid Aktion\ a\}$$

bzw.

$$\forall x: \ V^S(x) = min\{r(x,a) + \gamma \cdot V^S(R(x,a)) \mid Aktion\ a\}$$

und entsprechend im stochastischen Fall:

$$\forall x: \ V^S(x) = min \ \{ r(x,a) + \gamma \cdot \sum_y P(y|x,a) \cdot V^S(y) \ | \ Aktion \ a\}$$

Folglich ist die so erhaltene Strategie S entsprechend den Ausführungen in Abschnitt 3.4.1 optimal. Dieser Ansatz wird auch als *Policy Iteration* (engl. policy = Strategie) bezeichnet.

Diese theoretischen Überlegungen setzen jedoch voraus, daß das zukünftige Reinforcement V^S bei einer festen Strategie S jeweils exakt berechnet wird. Falls jedoch diese Funktion nur näherungsweise mit einem neuronalen Netzmodell eingelernt wird, erreicht man mit einer mehrfachen Iteration nicht notwendigerweise eine Verbesserung oder gar die optimale Strategie.

3.4.2.2
Policy Iteration mit tiefer Vorausschau

Im vorigen Abschnitt 3.4.2.1 verwendeten wir als Selektor des Gradienten eine *Greedy*-Heuristik mit Vorausschautiefe 1: In einem Zustand x wird stets die Aktion a gewählt, für die das aktuelle Reinforcement $r(x,a)$ zuzüglich der Bewertung $V^S(R(x,a))$ für das zukünftige Reinforcement des Folgezustands $R(x,a)$ minimal ist. Wenn diese Bewertung V^S dem erwarteten Reinforcement bei Strategie S entspricht, erhalten wir damit eine echte Verbesserung gegenüber Strategie S, sofern diese nicht bereits optimal ist. Für die neue Strategie ist garantiert, daß diese jeweils eine optimale Aktion auswählt unter der Nebenbedingung, daß ab diesem ersten Schritt nur noch nach Strategie S die Aktionen gewählt werden.

Diese Vorausschautiefe läßt sich dadurch erhöhen, daß die *Greedy*-Heuristik bei der Auswahl der optimalen Aktion alle Aktionssequenzen der Länge k betrachtet und die Sequenz selektiert, deren Reinforcement zuzüglich Bewertung des Endzustandes minimal ist. Von dieser Aktionssequenz wird dann die erste Aktion ausgeführt. Formal läßt sich dieser Ansatz folgendermaßen beschreiben:

$$Sei \quad V(x,a_1,...,a_k) = \sum_{i=1}^{k} r(x_i,a_i) \ + \ V^S(x_{k+1}) \quad mit \ x_{i+1} := R(x_i,a_i)$$

$$und \quad V(x,a_1,...,a_k) = min \ \{ \ V(x,a_1',...,a_k') \ | \ Aktionen \ a_1',...,a_k'\},$$

dann wähle im Zustand x die Aktion a_1.

Verwenden wir diese Selektionsstrategie, dann ist für jeden Zustand garantiert, daß das zukünftige Reinforcement höchstens so groß ist wie dasjenige für die optimale Aktionssequenz unter der Nebenbedingung, daß ab dem $k+1$-ten Schritt Strategie S verwendet wird. Bezeichnen wir diese Eigenschaft als *k-Vorausschau-optimal relativ zu S*, dann erhalten wir bei jeder Iteration dieses Verfahrens eine Erhöhung der Vorausschautiefe um k, d.h. nach r Iterationen erhalten wir eine Strategie, die *r· k-Vorausschau-optimal relativ zu S* ist.

Allerdings erhöht sich der Suchaufwand bei der Selektion im allgemeinen exponentiell mit k. Um diesen Suchaufwand zu minimieren, lassen sich einerseits exakte Verfahren wie beispielsweise *Branch and Bound* einsetzen, andererseits kann es jedoch auch sinnvoll sein, heuristisch den Suchbaum (Aktionssequenzen) zu begrenzen, um dadurch eine größere Suchtiefe zu ermöglichen. Hierbei betrachtet man beim Aufbau des Suchbaums bei jedem Knoten nicht alle möglichen Aktionen als Nachfolgekanten, sondern nur die, die zu den in dem zugehörigen Zustand besser bewerteten Aktionen gehören.

Ein Anwendungsbeispiel für diesen Ansatz sind kombinatorische Strategiespiele. In diesem Fall stellt der Spielgegner die Umgebung (bzw. Prozeß) dar: Er wählt jeweils seinerseits die für den Agenten möglichst ungünstige Aktion und erzeugt auf diese Weise eine neue Spielsituation, auf die der Agent wieder reagieren kann. Der meist verwendete Ansatz besteht darin, daß der Agent eine relativ simple Bewertung (lineare Funktion über einen Merkmalsvektor) verwendet und diese Bewertung durch die Vorausschautiefe verbessert. Als exakte Verfahren kann er hierzu das einfache *Min-Max*-Verfahren verwenden, bei dem der vollständige Suchbaum aufgebaut wird. Die α-β-Suche beruht auf der *Branch-and-Bound*-Methode und schneidet Äste des Suchbaums ab, die das Minimum auf Grund der berechneten Schranken (bound) nicht enthalten können. Schließlich beschränken sich die praktisch eingesetzten Spielprogramme darauf, speziell die aussichtsreichsten Zugalternativen in größere Tiefen zu berechnen.

Wäre es nun möglich, die durch die k-Vorausschau berechneten Bewertungen (basierend auf der simplen Bewertungsfunktion V^S der Blätter) direkt mit einem schnellen Algorithmus exakt zu berechnen (beispielsweise durch ein Tabellenverfahren oder ein nicht zu großes neuronales Netzmodell), so ließe sich dieser Ansatz wiederholen. Jede Iteration erhöht die Vorausschautiefe um k relativ zu V^S.

Verwenden wir ein neuronales Netzmodell zur Berechnung der Bewertungsfunktion, dann ist auf Grund der Generalisierungsfehler diese Eigenschaft nicht mehr garantiert. Im Vergleich zur einfachen *Policy Iteration* werden Generalisierungsfehler jedoch stärker gedämpft (exponentieller *Decay*-Faktor γ^k), denn bei der k-Vorausschau geht die Bewertungsfunktion nur gewichtet mit dem Faktor γ^k ein, während das exakt berechnete (oder gemessene) Reinforcement der ersten k Schritte den wesentlichen Teil der neuen Bewertung darstellt.

Zusammenfassend können wir feststellen, daß durch die *Policy Iteration* mit Vorausschautiefe eine vorhandene (neuronale) Bewertungsfunktion verbessert werden kann. Bei einer durch ein Tabellenverfahren realisierten Bewertungsfunktion ist garantiert, daß die mehrfache Iteration dieses Verfahrens zu einer optimalen Strategie (bzw. zugehörigen Bewertungsfunktion) konvergiert. Bei Verwendung eines neuronalen Netzmodells für die Bewertungsfunktion hängt die Leistungsfähigkeit dieses Ansatzes zum einen von der Repräsentation und zum anderen von der Leistungsfähigkeit des neuronalen Netzes ab. Der Vorteil der Verwendung neuronaler Netze besteht in deren Generalisierungsfähigkeit, die es gestattet, auch große Zustandsräume mit Hilfe weniger Lernbeispiele (Stützstellen) zu bewältigen.

3.4.3
Überwachtes Lernen mit relativen Bewertungen

Aus theoretischer Sicht scheint die optimale Strategie stets die anstrebenswerte Lösung zu sein. Dies ist in der praktischen Anwendung nicht immer der Fall. Beispielsweise gibt es beim Schachendspiel „König gegen Turm und König" eine sehr einfache Gewinnstrategie, die allerdings bis zu doppelt so viele Schritte benötigt wie die optimale Strategie. Versucht man nun durch Verfahren wie *Policy Iteration* einem gegebenen neuronalen Netz die optimale Strategie einzulernen, so scheitert dieser Ansatz möglicherweise daran, daß das neuronale Netz diese komplexe Bewertungsfunktion nicht berechnen bzw. einlernen kann. Andererseits wäre es durchaus in der Lage, die simple Strategie zu erlernen. In diesem Fall ist es eventuell besser, die einfache Strategie direkt einzulernen, d.h. keine Bewertungsfunktion, sondern direkt die jeweils gewünschte Aktion (siehe Abschnitt 3.2).

Ein anderer Ansatz besteht darin, relative Bewertungen eines Experten einzulernen, d.h. ein Experte beurteilt zwei mögliche Folgezustände und gibt seine Präferenz einem der Zustände (Zustand x ist erfolgsversprechender als Zustand x'). Diese relativen Bewertungen kann man dadurch erhalten, indem man einen Experten beobachtet, und sich notiert, welchen der möglichen Folgezustände er bevorzugt bzw. auswählt. Insbesondere können wir auf diese Weise bei Strategiespielen wie Mühle und Schach vom Gegner lernen. Gesucht ist nun zu einer gegebenen Strategie S eine Bewertungsfunktion V^S, die nur dieselbe Ordnung induziert:

$$r(x,S(x)) + V^S(R(x,S(x))) = min \{ r(x,a) + V^S(R(x,a))| \; Aktion \; a\}$$

ohne zusätzlich zu fordern, daß

$$V^S(x) = r(x,S(x)) + V^S(R(x,S(x)))$$

gilt. Sind beide Bedingungen gleichzeitig erfüllt, dann ist die Strategie nach dem Bellman-Prinzip bereits optimal. Im folgenden begnügen wir uns mit der ersten Bedingung, die hinreichend dafür ist, daß die *Greedy*-Heuristik stets die Aktion $S(x)$ auswählt, sofern das Maximum eindeutig ist, d.h. es muß zusätzlich gelten, daß für alle $a' \neq S(x)$ gilt:

$$r(x,a') + V^S(R(x,a')) > min \{ r(x,a) + V^S(R(x,a))| \; Aktion \; a\}$$

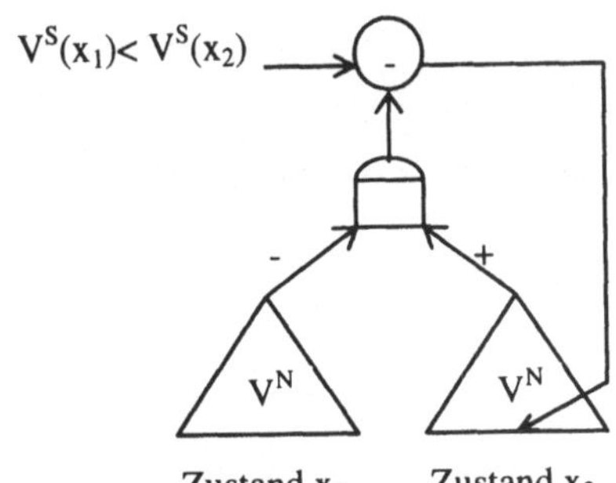

Abb. 3.6. Ein neuronales Modell zum Eintrainieren relativer Bewertungen. Das Komparatorneuron vergleicht die beiden Bewertungen $V^N(x_1)$ und $V^N(x_2)$. Bei positiver Differenz gibt es einen Wert nahe 1 aus, sonst einen Wert nahe 0.

In [Braun, Feulner, Ullrich 91] haben wir einen Lernalgorithmus vorgestellt, der auf Gradientenabstieg beruht: Ein neuronales Netzmodell wird so einzutrainiert, daß zumindest auf der Lernmenge diese relativen Bedingungen erfüllt sind. Prinzipiell kann bei diesem Ansatz jedes stetig differenzierbare neuronale Netzmodell eingesetzt werden. In unseren Untersuchungen verwendeten wir das *Multilayer Perceptron*, falls jedoch eine explizite Wissensrepräsentation gewünscht wird, kann auch beispielsweise ein *RBF*-Netz verwendet werden.

Die Grundidee läßt sich folgendermaßen skizzieren. Wir konstruieren ein neuronales Netz, indem wir zwei identische Bewertungsnetze mit einem sogenannten Komparatorneuron verbinden (siehe Abb. 3.6). Zielwert ist jeweils die relative Bewertung des Experten, d.h. der Wert 1, falls $V^S(x_1) < V^S(x_2)$, und sonst 0. Die Parameter des neuronalen Netzes V^N werden mittels Gradientenabstieg optimiert. Hierbei wird *Weight Sharing* verwendet, da die beiden Teilnetze identisch sind (bei *Weight Sharing* addieren sich gemäß den Regeln der Differentialrechnung die Fehlerableitungen der beiden sich entsprechenden Gewichte).

Verwenden wir als Komparatorneuron ein Schwellwertneuron mit sigmoider Ausgabefunktion $f_{log}(x) = (1+e^{-\alpha x})^{-1}$, dann ist das Gesamtnetz ein *Multilayer Perceptron* und wir können ein Standard-Gradientenabstiegsverfahren (Backpropagation bzw. Rprop) zur Optimierung der Gewichte von V^N verwenden.

Wir können o.B.d.A. davon ausgehen, daß bei den Lernbeispielen stets der vom Experten niedriger bewertete Zustand auf der rechten Seite angelegt wird, d.h. $V^S(x_2) < V^S(x_1)$. In diesem Fall ist der Zielwert stets *0*. Für Fehlklassifikationen gilt $V^N(x_2) > V^N(x_1)$. In diesem Fall entspricht der relative Fehler des neuronalen Bewerters gerade der Netzeingabe des Komparatorneurons: $V^N(x_2) - V^N(x_1)$. Infolgedessen besteht eine zweite Möglichkeit darin, ein Schwellwertneuron mit Ausgabefunktion $\sigma(x) = max(0,x)$ zu verwenden, das nur bei Fehlklassifikationen den Fehler ausgibt.

Entsprechend dem Perzeptron-Lernverfahren können wir hierzu ein Lernverfahren spezifizieren, das nur bei Fehlklassifikationen die Gewichte ändert: Als Fehlerfunktion verwenden wir den quadratischen Fehler:

$$E := \frac{1}{2} \sum_{(x_1,x_2)\in L} (\sigma(V^N(x_2) - V^N(x_1)))^2$$

Die Gewichte werden entsprechend dem Gradientenabstieg folgendermaßen optimiert:

$$\Delta w_{ij} := \Delta \cdot \frac{\partial E}{\partial w_{ij}} \quad mit$$

$$\frac{\partial E}{\partial w_{ij}} = \sum_{(x_1,x_2)\in L} (\sigma(V^N(x_2) - V^N(x_1))) \cdot \left(\frac{\partial V^N(x_2)}{\partial w_{ij}} - \frac{\partial V^N(x_1)}{\partial w_{ij}}\right)$$

Der Fehler E ist genau dann *0*, wenn alle relativen Bewertungen in der Lernmenge korrekt klassifiziert werden (ausgenommen der äußerst seltene Fall, daß $V^N(x_2)=V^N(x_1)$). Allerdings sind im allgemeinen diese neuronalen Klassifizierungen nicht robust gegen geringfügige Abänderungen der Eingaben. Dies widerspricht der geforderten Generalisierungsleistung. Deshalb sollte zur Verbesserung schärfer gefordert werden, daß die Ungleichungen mit einem „Sicherheitsabstand" κ erfüllt werden, d.h. für alle Lernbeispiele gilt:

$$V^N(x_2) > V^N(x_1) + \kappa \quad \text{mit } \kappa > 0$$

Dieser Ansatz entspricht im wesentlichen dem Verfahren von Gardner für das Perzeptronlernen [Gardner88]. Die beste Generalisierung kann man erwarten, wenn man κ so groß wählt, daß das Lernproblem gerade noch gelöst werden kann (vgl. [Opper, Kinzel, Kleinz, Nehl 90]). Zum Finden eines solchen Wertes für κ kann man beispielsweise die binäre Suche verwenden (erst Suchraum verdoppeln durch Verdoppeln von κ, bis κ zu groß ist, dann den Suchraum wieder halbieren).

Im folgenden wollen wir analysieren, welche Fehlersignale von dem Komparatorneuron jeweils für das neuronale Bewertungsnetz erzeugt werden. Im Fall der Ausgabefunktion $\sigma = max(0,x)$ ist dies gerade der Bewertungsfehler $\sigma(V^N(x_2) - V^N(x_1))$ bzw. $\sigma(V^N(x_2) - V^N(x_1) + \kappa)$. Verwenden wir jedoch ein „Standard"-neuron des *Multilayer Perceptron*s, d.h. die Ausgabefunktion $f_{log}(x) = (1+e^{-\alpha x})^{-1}$, dann ergibt sich für die Fehlerfunktion

$$E := \frac{1}{2} \sum_{(x_1,x_2)\in L} (f_{log}(V^N(x_2) - V^N(x_1)))^2$$

(Hinweis: Zielwert ist jeweils *0*) folgende Gewichtsänderungsregel:

$$\Delta w_{ij} := \Delta \cdot \frac{\partial E}{\partial w_{ij}} \quad mit$$

$$\frac{\partial E}{\partial w_{ij}} = \sum_{(x_1,x_2)\in L} (f_{log}(V^N(x_2) - V^N(x_1)))^2 \cdot (1 - f_{log}(V^N(x_2) - V^N(x_1)))$$

$$\cdot \alpha \cdot \left(\frac{\partial V^N(x_2)}{\partial w_{ij}} - \frac{\partial V^N(x_1)}{\partial w_{ij}} \right)$$

Hinweis:
$$\frac{\partial (\frac{1}{2} f_{log}(x))^2}{\partial x} = f_{log}(x) \cdot f_{log}(x) \cdot (1 - f_{log}(x)) \cdot \alpha$$

Schreiben wir abkürzend $\Delta V = V^N(x_2) - V^N(x_1)$, dann erhalten wir als „Fehlersignal" für das Bewertungsnetz:

$$\alpha \cdot f_{log}(\Delta V)^2 \cdot (1 - f_{log}(\Delta V)$$

$$= \alpha \cdot f_{log}(\Delta V)^2 \cdot f_{log}(-\Delta V)$$

$$\approx \begin{cases} e^{-\alpha \cdot \Delta V} & \alpha \cdot \Delta V \gg 0 \quad (d.h. \quad Fehlklassifikation) \\ e^{2\alpha \cdot \Delta V} & \alpha \cdot \Delta V \ll 0 \quad (d.h. \quad korrekte\ Klassifikation) \end{cases}$$

Daraus lassen sich zwei Folgerungen ziehen: Zum einen wird das Fehlersignal exponentiell kleiner, je größer (!) der Fehler ist. Zum anderen wird auch bei korrekt klassifizierten Lernbeispielen ein „Fehlersignal" erzeugt. Definieren wir

$$d(x_1,x_2) := \begin{cases} \Delta V & \Delta V >> 0 \quad (d.h. \quad Fehlklassifikation) \\ -2\Delta V & \Delta V << 0 \quad (d.h. \quad korrekte\ Klassifikation) \end{cases}$$

dann erhalten wir mit obiger Umformung für das Fehlersignal näherungsweise:

$$\alpha \cdot f_{log}(\Delta V)^2 \cdot (1 - f_{log}(\Delta V) \approx e^{-\alpha \cdot d(x_1, x_2)}$$

Ersetzen wir ferner die Schrittweite durch $\Delta' := \alpha \cdot e^{\alpha \cdot d} \cdot \Delta$ $mit\ d = min\ \{d(x_1,x_2)\ |\ (x_1,x_2) \in L\}$, dann erhalten wir näherungsweise für die Gewichtsänderungsregel:

$$\Delta w_{ij} \approx \Delta' \cdot \sum_{(x_1,x_2)\in L} e^{-\alpha(d(x_1,x_2)-d)} \cdot (\frac{\partial V^N(x_2)}{\partial w_{ij}} - \frac{\partial V^N(x_1)}{\partial w_{ij}})$$

Dies bedeutet, daß für große Werte von α nur Lernbeispiele $(x_1,x_2) \in L$ mit $d(x_1,x_2) = d$ gelernt werden, denn für alle anderen gilt $e^{-\alpha \cdot (d(x_1, x_2)-d)} \approx 0$:

$$\Delta w_{ij} \approx \Delta' \cdot \sum_{d(x_1,x_2)=d} (\frac{\partial V^N(x_2)}{\partial w_{ij}} - \frac{\partial V^N(x_1)}{\partial w_{ij}})$$

Umgekehrt erhalten wir für sehr kleine Werte von α näherungsweise Hebbsches Lernen ($e^{-\alpha \cdot (d(x_1, x_2)-d)} \approx 1$):

$$\Delta w_{ij} \approx \Delta' \cdot \sum_{(x_1,x_2)\in L} (\frac{\partial V^N(x_2)}{\partial w_{ij}} - \frac{\partial V^N(x_1)}{\partial w_{ij}})$$

Beide Extremfälle sind offensichtlich ungeeignet zum Einlernen einer Bewertungsfunktion. Der Werte für α sollte deshalb weder zu groß noch zu klein gewählt werden. Wir untersuchten diesen Ansatz an dem Strategiespiel „Mühle" und erhielten gute Ergebnisse für $\alpha \in [30,500]$. Wählten wir hingegen α zu klein (z.B. $\alpha = 1$) oder zu groß (z.B. $\alpha = 1000$), dann blieb der Gradientenabstieg stets in einem lokalen Minimum hängen, ohne eine Lösung zu finden (siehe Tabelle 3.1).

Von großer Bedeutung ist bei diesem Ansatz die Auswahl der Lernbeispiele. Wenige gut gewählte Beispiele konnten wesentlich bessere Ergebnisse erzielen als eine Vielzahl zufällig gewählter. Betrachten wir beispielsweise eine Stellung, die bei optimaler Spielweise 10 Züge vom Sieg entfernt ist. Dann bedeutet ein optimaler Zug, daß die Folgestellung nach dem Zug des Gegners höchstens 8 Züge vom Ziel entfernt ist. Falls der Gegner nicht optimal zieht, sogar noch näher. Auf den ersten Blick erscheint es nur wichtig, keinen Zug auszuwählen der zu einer Remisposition oder gar Verlustposition führt. Dies genügt jedoch nicht, denn Züge, die zwar auf eine Siegposition führen, aber doch vom Ziel weg (beispielsweise mit 12 Zügen Abstand zum Sieg), können einen möglichen Sieg verhindern und zum Remis wegen Zeitüberschreitung führen. Deshalb ist es besonders wichtig, diese sehr ähnlich zu bewertenden Stellungen richtig zu klassifizieren. Die leichter zu klassifizierenden Stellungen ergeben sich dann in der Regel von selbst.

Deshalb verwendeten wir folgende Methode zur Erzeugung der Lernbeispiele. Ein Spielexperte führt mehrere Spiele durch und notiert jeweils als Lernbeispiele die beste Stellung, die er gewählt hat und die zweitbeste, von der er weiß, daß diese geringfügig schlechter ist. Nachdem er eine erste Menge prototypischer Beispiele erzeugt hat, beobachtet er das damit eintrainierte neuronale Spielprogramm. Für jeden Fehler, den dieses macht, fügt er dann inkrementell diese Spielsituation als zusätzliches Lernbeispiel hinzu (d.h. die vom Spielprogramm gewählte Folgestellung und die dem Experte optimal erscheinende).

Das Mühlespiel läßt sich in 4 Phasen einteilen. In der ersten Phase setzen beide Spieler ihre Steine. In der zweiten Phase können diese Steine geschoben werden. Für jede Mühle darf ein Spieler dem Gegner ein Stein wegnehmen. Hat dann ein Spieler nur noch drei Steine, darf er springen, d.h. seine Steine beliebig versetzen. Dieses ist die dritte Phase. In der 4. Phase, dem sogenannten Endspiel, haben beide Spieler nur noch drei Steine und dürfen beide springen. Nach dem Prinzip *Teile und Herrsche* zerlegten wir das Lernproblem einer neuronalen Bewertungsfunktion in die vier Phasen und trainierten für jede Phase einen neuronalen „Experten".

Zur Kodierung verwendeten wir nicht eine direkte Brett-Kodierung wie z.B. einen ternären Vektor, der für jede Position angibt, ob diese durch einen weißen, schwarzen oder gar keinen Stein besetzt ist. In diesem Fall müßte der Bewerter sich die zur Beurteilung wesentlichen Merkmale als „hidden features alias units" selber erlernen. Wichtige Merkmale wie Mühle (drei Steine in einer Reihe) sind geometrische Muster, was dem menschlichen Spieler das Erlernen einer Strategie sehr erleichtert (man stelle sich nur vor, ein menschlicher Spieler müßte das Spiel auf einer ternären Brett-Kodierung spielen). Bei einer direkten Brett-Kodierung besteht das Hauptproblem des Erlernen bereits darin, die einfachen geometrischen Zusammenhänge aus der Kodierung zu dekodieren.

Deshalb verwendeten wir eine Merkmalskodierung, d.h. wir repräsentierten eine Spielsituation durch die Merkmale, mit denen auch ein menschlicher Experte eine Spielsituation beurteilt (Anzahl offener bzw. geschlossener Mühlen, indirekte Mühlendrohung etc.).

α	Zug optimal	Zug $\rightarrow$ Remis	Zug $\rightarrow$ Niederlage	Performanz	Lernerfolg
1	-	-	-	-	0%
10	74,8%	0,7%	1,9%	0.555	90%
30	81,7%	0,5%	0,3%	0.826	100%
100	82,4%	0,5%	0,2%	0.903	100%
300	82,6%	0,5%	0,1%	0.899	100%
500	83,2%	0,5%	0,2%	0.944	100%
700	83,5%	0,5%	0,3%	0.943	50%
1000	-	-	-	-	0%
best	85.2%	0.7%	0%	1,082	-

Tabelle 3.1. Vergleich der Generalisierungsfähigkeit für verschiedene Werte von α am Beispiel des Mühle-Endspiels. Für die Tabelleneinträge wurde jeweils über 10 Läufe gemittelt. Die letzte Zeile sind die Ergebnisse für das insgesamt beste Netz.

Mit diesem Ansatz ist es uns gelungen, für alle Spielphasen einen neuronalen Bewerter so einzutrainieren, daß das Gesamtprogramm einem normal geübten menschlichen Experten überlegen ist. Unter anderem schlug es auch das konventionelle Spielprogramm Ramses (lauffähig auf Personal Computer der Atari ST Serie), das α-β-Suche und eine von einem menschlichen Experten entworfene Bewertungsfunktion verwendet.

Bemerkenswert ist hierbei, daß für jede Spielphase nur ca. 90 Stellungspaare mit relativer Bewertung als Trainingsmenge verwendet wurden. Da es bei Berücksichtigung sämtlicher Symmetrien insgesamt ungefähr 10^{10} wesentlich verschiedene Mühlestellungen gibt, ist hierbei eine sehr hohe Generalisierungsleistung erzielt worden. Voraussetzung hierfür war zum einen die Wahl einer geeigneten Repräsentation als Merkmalskodierung und zum anderen die inkrementelle Erzeugung der Trainingsbeispiele, wodurch wesentliche Zugfehler durch Aufnahme dieser Situationen als Lernbeispiele in die Trainingsmenge schrittweise eliminiert wurden.

Hierzu ist jedoch anzumerken, daß für uns das Mühlespiel nur als Benchmark-Problem verwendet wurde, d.h. es war nicht das Ziel, das weltbeste Spielprogramm zu entwickeln, sondern die Vor- und Nachteile verschiedener Strategien zum Erlernen eines neuronalen Bewerters zu untersuchen.

Vergleichen wir den hier beschriebenen Ansatz mit der konventionellen Vorgehensweise, dann lassen sich folgende Vorteile erkennen. In beiden Fällen muß zwar ein menschlicher Experte sich die für die Beurteilung der Brettsituation wesentlichen Merkmale überlegen. Deren Gewichtung in der Bewertungsfunktion wird jedoch beim neuronalen Ansatz automatisch durch die Minimierung des Fehlers optimiert, während bei einer handgestrickten (konventionellen) Bewertungsfunktion der Experte die Parameter von Hand (nach Gefühl) einstellen muß. Dadurch ist es möglich, daß der neuronale Bewerter mit einer 1-Vorausschau eine Spielstärke erreicht, für die das konventionelle Programm eine langwierige α–β-Suche benötigt.

Verwenden wir beim neuronalen Bewerter zusätzlich noch eine größere Vorausschau (vergleiche Abschnitt 3.4.2.2), dann läßt sich die Performanz noch wesentlich steigern. Diesen Ansatz untersuchten wir in [Dold92]. Die Suchtiefe wird bei einem solchen Ansatz durch die erforderliche Rechenzeit limitiert. Die Rechenzeit ist zum einen proportional zum Rechenaufwand der Bewertungsfunktion und zum anderen proportional zur Suchbaumgröße, welche exponentiell mit der Tiefe zunimmt. Da die Berechnung des neuronalen Bewerters wesentlich aufwendiger ist als die in konventionellen Spielprogrammen verwendeten linearen Bewertungsfunktionen, ist die Vorausschautiefe für den neuronalen Bewerter bei gegebenem Rechenzeitlimit kleiner als bei konventionellen Spielprogrammen. Um eine größere Such-Tiefe zu ermöglichen, haben wir hierfür *die Heuristische Abschneidestrategie (HAS)* vorgeschlagen. Die Idee hierbei ist, nicht jedem Nachfolger gleich viel Rechenzeit zur Verfügung zu stellen, sondern intensiver die erfolgversprechenden Züge zu untersuchen. Hierzu sortieren wir jeweils alle möglichen Nachfolgestellungen x gemäß ihrer (neuronalen) Bewertung $V^N(x)$. Der Suchbaum wird dann rekursiv aufgebaut (vgl. Abb. 3.7):

Sei x_1, x_2, ... die Nachfolger eines Knoten x in sortierter Reihenfolge,

dann ist der Suchbaum $HAS^n(x)$ definiert durch:

$$HAS^1(x) := x_1$$

$$HAS^k(x) := (HAS^{k-1}(x_1), HAS^{k-2}(x_2),..., HAS^2(x_{k-2}), HAS^1(x_{k-1}))$$

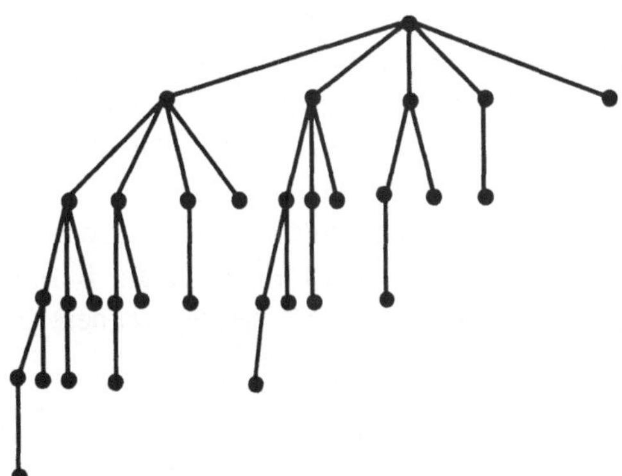

Abb. 3.7. Der Suchbaum bei der Heuristischen Abwärtsstrategie HAS.

Für die Bewertung der Leistungssteigerung verwendeten wir 1000 Stellungen mit gleichmäßiger Streuung des Schwierigkeitsgrades (d.h. gleich viele Stellungen mit Abstand 2 zum Sieg bzw. Verlust wie mit Abstand 16) und bewerteten, wie häufig der optimale Zug gefunden wurde. Dabei konnte der Anteil nicht optimaler Züge durch HAS von 26% auf 11% reduziert, d.h. mehr als halbiert werden. Darüber hinaus wurde der Anteil der spielentscheidenden fatalen Züge, die von einer Siegstellung in eine Verlust- bzw. Remisstellung führen, und solche, die von einer Remisstellung in eine Verluststellung führen, völlig eliminiert.

Strategie	Suchtiefe	nicht optimale Züge	fatale Züge
ohne	1	26%	1,1%
α-β	2	25%	1,0%
α–β	3	17%	0,1%
HAS	10	11%	0,0%

Tabelle 3.2. Vergleich der Selektionsgüte bei verschiedenen Vorausschau-Strategien. Gemessen wurde der Anteil nicht optimaler bzw. fataler Züge über eine Stichprobe von 1000 Stellungen, deren Schwierigkeitsgrad gleichverteilt war.

3.4.4
Komprimieren der Kodierung einer optimalen Strategie

In Realzeit-Anwendungen ist es oft wichtig, eine möglichst schnell zu berechnende Strategie im Agenten zu implementieren, während der Rechenaufwand für die Konstruktion der Komponenten des Agenten nicht von Bedeutung ist. Im folgenden wollen wir am Beispiel des Strategiespiels Mühle diskutieren, inwieweit es sinnvoll ist, mit hohem Aufwand unter Verwendung der Methode des dynamischen Programmierens eine optimale Lösung für ein Reinforcement-Lernproblem zu erzeugen, um mittels dieser Information dann überwacht eine schnell zu berechnende Näherungslösung einzulernen.

Das von uns als Benchmark-Problem untersuchte Strategiespiel Mühle wurde nach jahrelangen Anstrengungen 1994 von Gasser und Nievergelt gelöst. Die Veröffentlichung trägt den schönen Titel: „Es ist entschieden: Das Mühlespiel ist unentschieden" [Gasser, Nievergelt 94]. Auch wenn für manchen Schachspieler, das Mühlespiel vergleichsweise trivial erscheint, erweist sich die Lösung dieses Strategiespiels bei genauerer Analyse als schwieriges Unterfangen. Bereits beim vergleichsweise übersichtlichen Endspiel (d.h. 3 gegen 3 Steine), bei dem sich die

$$\binom{24}{3} \cdot \binom{21}{3} = 2\,691\,920$$

Brettstellungen durch Berücksichtigung aller Symmetrien auf „nur" 56 922 wesentlich verschiedene Brettstellungen reduzieren lassen, gibt es Siegstellungen, die immerhin 26 optimal gewählte Halbzüge benötigen, um (bei optimalen Gegenzügen) den Sieg zu realisieren. Diese maximale Entfernung wächst sprunghaft mit der Anzahl der Steine: Bei „4 gegen 4" gibt es bereits Stellungen mit über 200 Halbzügen Abstand zum Sieg. Insgesamt gibt es für das gesamte Spiel ungefähr 10^{10} verschiedene Spielstellungen bei Berücksichtigung aller Symmetrien.

Die Lösung erreichten Gasser und Nievergelt durch einen „Zangengriff vom Spielanfang und vom Spielende her". In einer immerhin 10 GByte großen Datenbank ist mit Hilfe einer trickreichen Hashkodierung (jede Stellung wird durch nur ein Byte repräsentiert) für jede Stellung ab der Zug-Phase (2. Phase) gespeichert, ob diese eine Sieg-, Verlust- oder Remisstellung ist und zusätzlich in den ersten beiden Fällen die exakte Entfernung zum Sieg bzw. Niederlage (bei optimaler Spielstrategie). Diese Informationen werden inkrementell vom Spielende her aufgebaut (erst alle Endstellungen, dann deren Vorgänger usw.). Schließlich erstellten sie mit α-β-Suche vom Spielanfang her den Suchbaum für die Setz-Phase und bewerteten die Knoten mit den Datenbankeinträgen für die anschließende Zug-Phase.

Eine solche riesige Datenbank eignet sich jedoch (noch) nicht für den Einsatz in einem preiswerten Spielcomputer. Eine naheliegende Idee besteht deshalb darin, mit diesem Datenbankwissen eine neuronale Bewertungsfunktion einzutrainieren. Die Datenbankinformation läßt sich folgendermaßen in eine optimale Bewertungsfunktion kodieren:

Sei m der maximale Abstand zum Sieg oder Verlust.

$$V(x) := \begin{cases} 1 - \dfrac{k}{m+1} & x \text{ Siegstellung mit Abstand } k \text{ zum Sieg} \\[2ex] 0 & x \text{ Remisstellung} \\[2ex] -1 + \dfrac{k}{m+1} & x \text{ Verluststellung mit Abstand } k \text{ zum Verlust} \end{cases}$$

Falls es gelänge, ein neuronales Netz V^N einzutrainieren, das V hinreichend gut approximiert, d.h.

$$\forall x: |V^N(x) - V(x)| < \frac{1}{2m+2}$$

dann wäre die Strategie des zugehörigen neuronalen Agenten optimal.

Diesen Ansatz untersuchten wir für das Mühleendspiel. Um die Trainingsmenge klein zu halten, verwendeten wir eine inkrementelle Trainingsmethode. Ausgehend von einer „handverlesenen" Menge von 180 prototypischen Stellungen testeten wir den Bewerter in jedem Schritt auf 1000 zufällig gewählten Stellungen. Die Stellungen, in denen der selektierte Zug nicht optimal war, fügten wir zur Trainingsmenge hinzu. Dieses Verfahren wiederholten wir bis etwa bei 1100 Mustern der Generalisierungsfehler stagnierte. Mit diesem direkt mit dem perfekten Datenbankwissen eintrainierten Netz als Bewerter wird in 92,7% aller Stellungen der optimale Zug ausgewählt. D.h. bei 52766 von 55922 Endspielstellungen genügt das neuronale Netz als Bewerter (mit ca. 1000 Gewichten), und nur für die restlichen Stellungen benötigen wir die Datenbankinformation. Das entspricht einer Reduktion auf ungefähr 8% (unter der Annahme, daß die Datenbankinformationen bereits kompakt mit 1 Byte gespeichert sind).

Netz	Zug optimal	Zug → Remis	Zug →Niederlage	Performanz
Relativ	85.2%	0,7%	0%	1,082
Datenbank	92,7%	0,0%	0%	1,67

Tabelle 3.3. Vergleich der Performanz zweier neuronalen Bewertungsnetze, die zum einen mit nur 90 Paaren relativ bewerteter Stellungen (vgl. Abschnitt 3.4.3) und zum anderen mit perfekter Datenbankinformation für 1100 ausgewählten Stellungen eintrainiert wurden.

Ferner können wir dieses Netz auch ohne zusätzliche Datenbankinformation (für die 7,3% Ausnahmefälle) verwenden. Auf Grund der perfekten Information erzielt dieses Netz eine wesentlich bessere Performanz als das beste Netz, das mit nur 90 Paaren relativ bewerteter Stellungen (vgl. Abschnitt 3.4.3) eintrainiert wurde (siehe Tabelle 3.3). Insbesondere werden mit diesem Netz keine fatalen Züge mehr gemacht, die einen möglichen Sieg „verschenken". In Abschnitt 3.4.9 werden wir sehen, daß diese Leistung jedoch auch ohne perfekte Datenbankinformation mit *Temporal Difference Learning* erzielt werden kann. Die Merkmalskodierungen der Stellungen sind hierbei jeweils identisch.

3.4.5
Value Iteration

Wenden wir die Methode des dynamischen Programmierens auf das Reinforcement-Lernproblem an (siehe Abschnitt 3.4.1), dann erhalten wir für den stochastischen Fall folgende näherungsweise Berechnung der optimalen Bewertungsfunktion V:

$$\forall x: \ V^{k+1}(x) := min \ \{ r(x,a) + \gamma \cdot \sum_y P(y|x,a) \cdot V^k(y) \ \mid Aktion \ a\}$$

Dabei strebt die Folge (V^k) exponentiell gegen V:

$$|V(x) - V^k(x)| < \gamma^{k+1} \cdot \frac{r_{max}}{1-\gamma}$$

V ist hierbei eindeutig bestimmt durch folgende Gleichungen, die auch als Bellman-Prinzip bezeichnet werden:

$$\forall x: \ V(x) = min \ \{ r(x,a) + \gamma \cdot \sum_y P(y|x,a) \cdot V(y) \ \mid Aktion \ a\}$$

Für den für uns zur Vereinfachung der Notation betrachteten deterministischen Fall reduzieren sich die rekursiven Berechnungsvorschriften für V^k zu

$$\forall x: \ V^{k+1}(x) := min \ \{r(x,a) + \gamma \cdot V^k(R(x,a)) \ \mid Aktion \ a\}$$

und entsprechend die Gleichungen des Bellman Prinzips zu

$$\forall x: \ V(x) := min \ \{r(x,a) + \gamma \cdot V(R(x,a)) \ \mid Aktion \ a\}$$

Wenn wir also eine Funktionstabelle verwenden, in die wir zum Zeitpunkt k jeweils in das Feld x den Wert $V^k(x)$ eintragen (d.h. wir ersetzen in jedem Schritt *synchron* alle Einträge gemäß der Rekursionsgleichung des Bellman-Prinzips), dann konvergiert diese Funktions-Tabelle gegen die gesuchte optimale Bewertungsfunktion V. Dabei erhebt sich die Frage, ob die synchrone Ersetzung für die Konvergenz erforderlich ist, oder ob die Werte $V(x)$ genauso gut sequentiell oder in Blöcken B_k aktualisiert werden können.

$$\forall x \in B_{k+1}: \ V^{k+1}(x) := min \ \{r(x,a) + \gamma \cdot V^k(R(x,a)) \ \mid Aktion \ a\}$$

$$\forall x \notin B_{k+1}: \ V^{k+1}(x) := V^k(x)$$

Das *Local-Value-Improvement*-Theorem zeigt [Bertsekas 89], [Watkins 89], daß dies der Fall ist, sofern alle Werte unendlich oft aktualisiert werden:

Sei $m \geq max\ \{|V^*(x)\text{-}V(x)|\ x\}$, ferner sei a die in Zustand x ausgewählte Aktion bei optimaler Bewertungsfunktion V und a^k bei Bewertungsfunktion V^*. Dann gilt $\forall x \in B_{k+1}$:

$$V^{k+1}(x) = r(x,a^k) + \gamma \cdot V^*(R(x,a_k))$$

$$\leq r(x,a) + \gamma \cdot V^*(R(x,a))$$

$$\leq r(x,a) + \gamma \cdot (V(R(x,a)) + m)$$

$$= V(x) + \gamma \cdot m$$

und

$$V^{k+1}(x) = r(x,a^k) + \gamma \cdot V^*(R(x,a^k))$$

$$\geq r(x,a^k) + \gamma \cdot (V(R(x,a^k)) - m)$$

$$\geq r(x,a) + \gamma \cdot V(R(x,a)) - \gamma \cdot m$$

$$= V(x) - \gamma \cdot m$$

d.h. $\forall x \in B_{k+1}$: $|V^{k+1}(x)\text{-}V(x)| \leq \gamma \cdot m$

        $\forall x \notin B_{k+1}$: $|V^*(x)\text{-}V(x)| \leq m$

Wenn also die Zeitpunkte t_i so gewählt sind, daß jeweils zwischen t_i und t_{i+1} die Bewertungen aller Zustände x aktualisiert werden, d.h. formal:

$$\forall x:\ x \in \bigcup_{j=t_i}^{t_{i+1}-1} B_j$$

dann gilt für $m_i \geq max\ \{|V^{t_i}(x)\text{-}V(x)|\ x\}$:

    $\forall x \in B_{k+1}$: $|V^{t_{i+1}}(x)\text{-}V(x)| \leq \gamma \cdot m_i$

d.h. $m_{i+1} := \gamma \cdot m_i \geq max\ \{|V^{t_{i+1}}(x)\text{-}V(x)|\ x\}$.

Die Folge (V^{t_i}) strebt folglich exponentiell gegen V.

Der Vorteil der sequentiellen Aktualisierung bzw. der Aktualisierung in disjunkten Blöcken besteht darin, daß einerseits die gleiche theoretische (worst case) Konvergenzgeschwindigkeit garantiert ist wie bei der synchronen Aktualisierung, andererseits kann die sequentielle Variante jedoch wesentlich schneller sein, da von jeder Aktualisierung die weiteren Aktualisierungen bereits profitieren können. Betrachten wir hierzu beispielsweise ein Zielfindungsproblem, bei dem jede Aktion (alias Schritt) mit konstanten Kosten r bestraft wird. Eine Ausnahme bildet der Zielzustand z, in diesem ist nur die kostenfreie „Nullaktion" a_N möglich, d.h. $R(z, a_N) = z$. Initialisieren wir die Bewertungsfunktion mit maximalen Kosten ($V(x) := max$), dann besteht die günstigste Aktualisierungsreihenfolge darin, zuerst alle Nachbarzustände des Zielzustands zu aktualisieren, dann deren Nachbarn usw., das heißt, B_i ist die Menge der Zustände mit Abstand i zum Ziel. Bei dieser Vorgehensweise genügt es bereits, alle Zustände nur einmal zu aktualisieren, während die Anzahl der Durchläufe der parallelen Variante dem maximalen Abstand entspricht. Bei einem nxn-Labyrinth haben wir beispielsweise bei der sequentiellen Methode n^2 Aktualisierungsschritte, bei der parallelen Methode hingegen mindestens n^3 Aktualisierungsschritte (der maximale Abstand zum Ziel ist bei einen nxn-Gitter mindestens n; falls das Ziel zentral in der Mitte liegt, genau n).

Obige Überlegung gilt insbesondere auch für Strategiespiele. Auch hier sollten zuerst die Bewertungen der Nachbarn der Endzustände (Sieg bzw. Verlust) berechnet werden, dann deren Nachbarn usw. (vgl. Abschnitte 3.4.9.3 und 3.4.9.4). Diesen Ansatz verwendet man, wenn man eine Datenbank (z.B. für Schachendspiele oder Mühle) erstellen will, in der die Abstände zum Sieg bzw. Verlust bei optimaler Spielweise berechnet sind (vgl. Abschnitt 3.4.4).

3.4.6
Real Time Dynamic Programming

In der praktischen Anwendung ist der Zustandsraum oft sehr groß und deshalb ist es naheliegend, diesen dadurch einzuschränken, daß nur die praktisch relevanten Zustände untersucht werden. Bei einer gegebenen Strategie bewegt der Agent sich auf eindimensionalen Trajektorien durch den im allgemeinen vieldimensionalen Zustandsraum. Prinzipiell könnten diese Trajektorien raumfüllend sein, in praktischen Anwendungen umfassen diese jedoch nur einen Bruchteil des Zustandsraumes. Die Idee von *Real Time Dynamic Programming* besteht nun darin, nur die Bewertungen der Zustände zu aktualisieren, die ausgehend von einem Startzustand (oder mehreren) mit der *Greedy*-Strategie (selektiere stets die bestbewertete Aktion) erreicht werden [Barto, Bradtke, Singh 95].

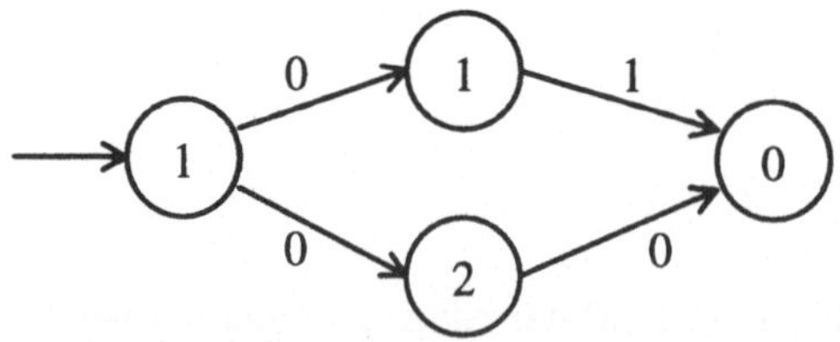

Abb. 3.8. Ein Beispiel, bei dem *Real Time Dynamic Programming* nicht die optimale Bewertung findet. In den Knoten steht jeweils die aktuelle Bewertung V(x), an den Kanten das Reinforcement r(x,a). Da die *Greedy*-Strategie nicht den mit 2 bewerteten Knoten selektiert, wird dieser nicht aktualisiert und deshalb nicht der optimale Weg gefunden.

Dieses Verfahren kann jedoch im allgemeinen nicht mehr die Konvergenz zur optimalen Bewertungsfunktion garantieren, wie das einfache Beispiel in Abb. 3.8 zeigt.

Initialisieren wir hingegen die Bewertungsfunktion jeweils mit einer unteren Schranke für die optimale Bewertung, so bleibt diese Eigenschaft bei jeder Aktualisierung von *Value Iteration* erhalten [Barto, Bradtke, Singh 95]:

$$\textit{Falls} \qquad \forall x\colon V^*(x) \leq V(x)$$

$$\textit{und} \qquad V^{k+1}(x) := \min\ \{r(x,a) + \gamma\cdot V^k(R(x,a))\ \mid \textit{Aktion } a\}$$

$$\textit{dann gilt} \qquad \forall x\colon V^{k+1}(x) \leq V(x)$$

In diesem Fall konvergiert *Real Time Dynamic Programming* gegen die optimale Bewertung für alle von den Startzuständen mit der optimalen Strategie durchlaufenen Zustände, selbst wenn immer nur ausgehend von einem Startpunkt alle entsprechend der aktuellen *Greedy*-Strategie durchlaufenen Zustände aktualisiert werden. Der Konvergenzbeweis beruht darauf, daß zum einen die Bewertungsfunktionen (V^k) konvergieren, denn sie wachsen punktweise monoton $(V^k(x) \leq V^{k+1}(x))$ und sind nach oben beschränkt $(V^k(x) \leq V(x))$. Zum andern gilt im Falle der Konvergenz der Bewertungsfunktionen (V^k) gegen eine Funktion V^*, daß für alle der vom Startpunkt x_0 durchlaufenen Zustände x_k jeweils die Gleichungen des Bellman-Prinzips erfüllt sind:

$$V^*(x_k) = r(x_k, S(x_k)) + \gamma\cdot V^*(x_{k+1})\ \ \text{mit}\ \ x_{k+1} = R(x_k, S(x_k))$$

wobei S die Greedy-Heuristik, basierend auf der Bewertung V^*, ist.

Daraus folgt:

$$V^*(x_k) = \sum_{i=k}^{\infty} \gamma^{i-k}\cdot r(x_k, S(x_k))$$

und damit wegen der Optimalität von V:

$$V^*(x_k) \geq V(x_k)$$

Folglich gilt wegen der Invarianz der Eigenschaft „untere Schranke von V":

$$V^*(x_k) = V(x_k)$$

Entsprechendes gilt für stochastische Prozesse mit Aktualisierungsregel (siehe [Barto, Bradtke, Singh 95]):

$$V^{k+1}(x) := \min\ \{r(x,a) + \gamma\cdot \sum_y P(y\mid x,a)\cdot V^k(y)\ \mid \textit{Aktion } a\}$$

Die Effizienz dieses Verfahrens beruht wesentlich auf einer möglichst guten Wahl der unteren Schranken für die Initialisierung der Bewertungsfunktion. Verwenden wir beispielsweise eine globale untere Schranke für ein Zielfindungsproblem, dann werden in einer Art Breitensuche, ausgehend vom Startpunkt, alle Wege nach einem kürzesten Pfad zum Ziel durchsucht. Dabei werden nicht erforschte Knoten stets bevorzugt. Insbesondere werden vom Startpunkt aus alle Pfade mit geringeren Kosten als der optimale Pfad zum Ziel untersucht. Da typischerweise die Anzahl der Pfade bzw. der damit erreichbaren Knoten exponentiell mit der Baumtiefe wächst, wird auf diese Weise ein großer Anteil von Knoten untersucht, d.h. der Effizienzvorteil (nur die relevanten Zustände zu aktualiseren) ist klein, da durch diese Breitensuche ein großer Anteil relevant zu sein scheint. Bei guten unteren Schranken werden ähnlich wie bei der Methode *branch and bound* Äste mit abschätzbar zu hohen Kosten zum Erreichen des Ziels abgeschnitten. Setzen wir gar die optimale Bewertung als untere Schranke ein (d.h. die initiale Bewertung ist bereits optimal), dann wird nur der optimale Pfad, ausgehend vom Startpunkt, untersucht.

Bei Verwendung eines Funktionsapproximators, wie „beispielsweise" ein neuronales Netz, zur Realisierung der Bewertungsfunktion besteht ein weiteres Problem von *Real Time Dynamic Programming* darin, daß die Eigenschaft der „unteren Schranken" im allgemeinen nicht invariant bleibt, da auf Grund der Generalisierungsfähigkeit die Bewertungen nicht nur lokal aktualisiert werden. In diesem Fall kann es zu Überbewertungen kommen wie beispielsweise in Abb. 3.8. Wenn nun ein solcher überbewerteter Zustand nicht mehr aktualisiert wird, kann ein kostengünstiger Pfad über diesen Zustand nicht mehr gefunden werden, so daß im allgemeinen das Verfahren zwar konvergiert, aber nicht gegen die optimale Bewertung.

Will man trotzdem die Konvergenz zur optimalen Bewertung garantieren, dann besteht eine Möglichkeit darin, die *Greedy*-Strategie stochastisch zu machen, d.h. man addiert zu den von der *Greedy*-Strategie verwendeten Bewertungen der Nachfolgezustände jeweils eine stochastische Variable, so daß zwar die bestbewertete Aktion am häufigsten ausgewählt wird, die anderen Aktionen jedoch auch eine (kleine) Chance besitzen. Auf diese Weise ist garantiert, daß alle Zustände unendlich oft (wenn auch manche sehr selten) erreicht und aktualisiert werden. Dieses Verfahren ist ein guter Kompromiß zwischen Exploitation und Exploration, d.h. einerseits die Optimierung der Bewertung auf die relevant erscheinenden Bereiche zu konzentrieren und andererseits das Umfeld zu erforschen, um nicht in einem lokalen Optimum stecken zu bleiben.

Ein Nachteil dieses Ansatz besteht darin, daß auf Grund der Stochastizität selbst bei einer optimalen Strategie die gemessenen Bewertungen von der optimalen Bewertung stark abweichen können. Beispielsweise genügt bei Strategiespielen wie Mühle oder Schach ein einziger gravierender Fehler, um aus einer gewinnbaren Stellung in eine Verluststellung zu gelangen. Bei Anwendungen aus dem Bereich *Neuro Control* besteht hingegen das umgekehrte Problem, daß eine geringe Stochastizität ausgeregelt wird, ohne die Interaktionssequenz (und damit die gemessenen Bewertungen) nachhaltig zu beeinflussen.

Als eine weitere Möglichkeit können die Startpunkte der Trajektorien als eine mehr oder weniger dichte Menge im Zustandsraum gewählt werden (siehe auch Abschnitte 3.4.9.3 und 3.4.9.4). Auch hier kann man die relevanter erscheinenden Startpunkte häufiger wählen.

3.4.7
Temporal Difference Learning

3.4.7.1
Temporal Difference Learning mit Bewertungstabelle

Noch einen Schritt weiter geht die von Sutton vorgeschlagene Methode des *Temporal Difference Learning* [Sutton88]. Mittels eines Parameters λ werden die Methoden *Value Iteration* (insbesondere *Real Time Dynamic Programming*) und *Policy Iteration* gemischt. Wie bei *Real Time Dynamic Programming* werden nur die Zustände aktualisiert, die ausgehend von verschiedenen Startzuständen bei Anwendung der *Greedy*-Heuristik, basierend auf der aktuellen Bewertungsfunktion, durchlaufen werden. Jedoch werden zur Aktualisierung nicht nur die Bewertungen der direkten Nachfolger verwendet, sondern alle bei Anwendung der *Greedy*-Heuristik durchlaufenen Folgezustände, jeweils mit dem Faktor λ^k exponentiell abnehmend gewichtet. Zur Aktualisierung der Bewertung von Zustand x wird für $\lambda=0$ entsprechend *Value Iteration* nur der direkte Nachfolger berücksichtigt, hingegen für $\lambda=1$ wird entsprechend *Policy Iteration* die (exponentiell gewichtete) Summe des ab Zustand x erhaltenen Reinforcements berechnet.

Sei die ab Zustand x durchlaufene Folge von Zustände (x_i) durch $x_0 := x$, $x_{i+1} := R(x_i, a_i)$ definiert, wobei in Zustand x_i gemäß *Greedy*-Strategie, basierend auf der aktuellen Bewertung V, die Aktion a_i gewählt wird, d.h.

$$r(x_i,a_i) + V(R(x_i,a_i)) = min\ \{\ r(x_i,a) + V(R(x_i,a))\ |\ Aktion\ a\}.$$

Das mit dieser Strategie ab Zustand x erhaltene Reinforcement ist:

$$\sum_{i=0}^{\infty} \gamma^i \cdot r_i \quad mit\ r_i := r(x_i, a_i)$$

Diese Summe läßt sich mit Hilfe der ersten k Reinforcement-Signale näherungsweise berechnen:

$$V^{(k)}(x) := \sum_{i=0}^{k-1} \gamma^i \cdot r_i\ +\ \gamma^k \cdot V(x_k)$$

Hinweis: $V(x_k)$ ist ein Näherungswert für das Reinforcement ab Zustand x_k:

$$V(x_k) \approx \sum_{i=k}^{\infty} \gamma^{i-k} \cdot r_i$$

Damit läßt sich *Temporal Difference Learning* (kurz: *TD(λ)*) formal folgendermaßen beschreiben:

$$V(x) := \sum_{k=0}^{n-1} (1-\lambda) \cdot \lambda^k \cdot V^{(k+1)}(x)\ +\ \lambda^n \cdot V^{(n+1)}(x)\ \ mit\ \lambda \in [0,1].$$

Hinweis: *Für die sogenannte Baryzentrische Gewichtung gilt:*

$$1 = (1-\lambda)\cdot\sum_{k=0}^{n-1}\lambda^k \;+\; \lambda^n$$

Für $\lambda=0$ berechnet sich der aktualisierte Wert von $V(x)$ (Hinweis: $x = x_0$) entsprechend *Value Iteration* durch

$$V(x) := r_0 + \gamma\cdot V(x_1)$$

Für $\lambda=1$ berechnet sich hingegen der aktualisierte Wert von $V(x)$ entsprechend *Policy Iteration* durch

$$V(x) := V^{(n)}(x) = \sum_{i=0}^{n-1}\gamma^i\cdot r_i \;+\; \gamma^n\cdot V(x_n)$$

Temporal Difference Learning erhielt seinen Namen durch eine Umformulierung der Aktualisierungsgleichung für die Bewertungsfunktion. Hierzu betrachten wir die Gleichung für die Änderungsdifferenz $\Delta V(x)$ anstatt für den Absolutwert $V(x)$:

$$\Delta V(x) := V^{neu}(x) - V(x)$$

$$= \sum_{=0}^{n-1}(1-\lambda)\cdot\lambda \cdot V^{+1}(x) \;+\; \lambda^n\cdot V^{n+1}(x) \;-\; V(x)$$

$$= \sum_{k=0}^{n-1}\lambda^k\cdot(1-\lambda)\cdot\left(\sum_{i=0}^{k}\gamma^i\cdot r_i + \gamma^k\cdot V(x_k)\right)$$

$$+\lambda^n\cdot\left(\sum_{i=0}^{n}\gamma^i\cdot r_i + \gamma^n\cdot V(x_n)\right) \;-\; V(x)$$

$$= \sum_{k=1}^{n-1}\lambda^k\cdot\left[\left(\sum_{i=0}^{k}\gamma^i\cdot r_i + \gamma^{k+1}\cdot V(x_{k+1})\right) - \left(\sum_{i=0}^{k-1}\gamma^i\cdot r_i + \gamma^k\cdot V(x_k)\right)\right]$$

$$= \sum_{k=1}^{n-1}\lambda^k\cdot\left[\left(\gamma^k\cdot r_k + \gamma^{k+1}\cdot V(x_{k+1})\right) - \gamma^k\cdot V(x_k)\right]$$

$$= \sum_{k=1}^{n-1}(\lambda\cdot\gamma)^k\cdot\left[\left(r_k + \gamma\cdot V(x_{k+1})\right) - V(x_k)\right]$$

Die Abweichungen von der Gleichung des Bellman-Prinzips (entsprechend *Value Iteration*) in den durchlaufenen Zuständen x_k

$$\Delta_k := r_k + \gamma\cdot V(x_{k+1}) \;-\; V(x_k)$$

werden als *Temporal Differences* bezeichnet. Damit ergibt sich als Änderungs-
gleichung für *TD(λ)* :

$$\Delta V(x) \;=\; \sum_{k=1}^{n-1} (\lambda \cdot \gamma)^k \cdot \Delta_k \quad mit \;\; \lambda \cdot \gamma \in [0,1]$$

bzw. kürzer nach Umbenennung der Variablen ($\lambda := \lambda \cdot \gamma$):

$$\Delta V(x) \;=\; \sum_{k=1}^{n-1} \lambda^k \cdot \Delta_k \quad mit \;\; \lambda \in [0,1]$$

Die letztere Gleichung werden wir im folgenden für *TD(λ)* verwenden. Wird
TD(λ) auf alle Zustände jeweils gleichzeitig angewendet, so konvergiert es gegen
die optimale Bewertung für $\lambda=1$ (entspricht Policy Iteration siehe Abschnitt
3.4.2.1) und für $\lambda=0$ (entspricht *Value Iteration* siehe Abschnitt 3.4.5).

Im Fall der synchronen Aktualisierung erscheint zwar *Value Iteration* auf
Grund seiner exponentiellen Konvergenz als effizientere Lösung im Vergleich zu
TD(λ). Werden jedoch entsprechend dem Ansatz von *Real Time Dynamic
Programming* nur die während eines Interaktionszyklus zwischen Agent und
Prozeß durchlaufenen Zustände aktualisiert, ist der Ansatz von *TD(λ)* vorteilhaft.
Denn es wird nicht nur entsprechend *Value Iteration* zur Verbesserung der Bewer-
tung eines Zustandes x die Information der aktuellen Bewertung des selektierten
Folgezustandes $R(x,S(x))$ und das dabei erhaltene Reinforcement-Signal $r(x,S(x))$
herangezogen, sondern entsprechend *Policy Iteration* zusätzlich alle in den Folge-
schritten bei der aktuellen Strategie erhaltenen Reinforcement-Signale.

Wenn wir nun einen solchen Interaktionszyklus im Zustand x_0 starten und nach
n Schritten beenden, ist es naheliegend, nicht nur gemäß der *TD(λ)*-Gleichung den
Wert von x_0 zu aktualisieren, sondern auch von allen Folgezuständen:

$$\Delta V(x_i) \;=\; \sum_{t=i}^{n-1} \lambda^{t-i} \cdot \Delta_t \quad mit \;\; \lambda \in [0,1]$$

Dies bedeutet, daß die Gewichtung des Beitrags von der im t-ten Schritt erzeugten
Temporal Difference Δ_t zur Änderung von $V(x_i)$ jeweils λ^{t-i} beträgt. Diesen
Ansatz werden wir in Abschnitt 3.4.7.3 mit einer neuronalen Bewertungsfunktion
genauer untersuchen.

3.4.7.2
Neuronale Bewertungsfunktionen

Wie bereits schon mehrfach erwähnt, sind in praktischen Anwendungsproblemen
die aus der Methode des dynamischen Programmierens hergeleiteten exakten
Verfahren oft nicht anwendbar, weil der Zustandsraum bei weitem zu groß ist. In
der vielzitierten Arbeit von Barto, Sutton und Anderson zur Lösung des Stabba-
lancierungsproblems (*Methode des adaptive heuristic critic AHC* alias Bewerters)
wird beispielsweise der Zustandsraum in nur 160 sogenannte Boxen eingeteilt
[Barto, Sutton, Anderson 83]. Das Problem hierbei ist, daß diese Einteilung

einerseits viel Problemwissen erfordert und andererseits viel zu grob ist. Oft wird ein deterministischer Prozeß dadurch erst stochastisch, da je nach Position des aktuellen realen Zustandes innerhalb der Box mit einer Aktion unterschiedliche Folge-„Boxen" erreicht werden können.

Erfolgversprechender erscheint es, den Zustandsraum nicht künstlich in grobe Intervalle bzw. Boxen einzuteilen, sondern die Kontinuitätseigenschaft der Bewertungsfunktion auszunutzen. Ähnliche Zustände sollten auch eine ähnliche (optimale) Bewertung besitzen. Hierbei ist die Repräsentation der Zustände von entscheidender Bedeutung dafür, daß diese „Quasi"-Stetigkeitseigenschaft (bei den hier betrachteten diskreten Zustandsräumen ist Stetigkeit nicht definiert) von der Bewertungsfunktion tatsächlich erfüllt wird. Falls dies der Fall ist, können wir Funktionsapproximatoren wie z.B. das *Multilayer Perceptron* oder das Modell der *radialen Basisfunktionen* verwenden. Auf Grund deren Generalisierungsfähigkeit sollte es dann genügen, die optimalen Bewertungen in vergleichsweise wenigen Stützstellen zu aktualisieren. Dadurch wird der Lernvorgang extrem beschleunigt, denn bei der Aktualisierung der Bewertung eines Zustandes werden auch die Zustände in der lokalen Umgebung des Funktionsapproximators in derselben Richtung geändert. Der Haken hierbei ist jedoch, daß diese Generalisierung unvorhersehbare Effekte besitzen kann. Während beim *RBF*-Modell wegen der expliziten Wissensrepräsentation nur die Bewertungsfunktion in einer (euklidisch) lokalen Umgebung des aktuellen Zustandes verändert wird, können beim *Multilayer Perceptron* die Auswirkungen auch (euklidisch) entfernte Bereiche betreffen. Ein theoretischer Konvergenzbeweis läßt sich deshalb nicht erzielen.

3.4.7.3
Temporal Difference Learning mit neuronalem Bewerter

Verwenden wir zur Berechnung von V nicht eine Tabelle, sondern einen differenzierbaren Funktionsapproximator wie „beispielsweise" ein neuronales Netz mit Gewichten w_{ij}, und optimieren diese Gewichte mit einem Gradientenabstiegsverfahren zur Minimierung der *Temporal Differences*:

$$\Delta V := \sum_{k=0}^{n-1} \Delta V(x_k)$$

dann erhalten wir wegen

$$\frac{\partial \Delta V(x_k)}{\partial w_{ij}} = -\frac{\partial V(x_k)}{\partial w_{ij}}$$

folgende Gewichtsänderungsregel:

$$\Delta w_{ij} := -\Delta \cdot \frac{\partial \Delta V}{\partial w_{ij}}$$

$$= \Delta \cdot \sum_{k=0}^{n-1} \Delta V(x_k) \cdot \frac{\partial V(x_k)}{\partial w_{ij}}$$

$$= \Delta \cdot \sum_{k=0}^{n-1} \sum_{t=k}^{n-1} \lambda^{t-k} \cdot \Delta_t \cdot \frac{\partial V(x_k)}{\partial w_{ij}}$$

$$= \Delta \cdot \sum_{t=0}^{n-1} \sum_{k=0}^{t} \lambda^{t-k} \cdot \Delta_t \cdot \frac{\partial V(x_k)}{\partial w_{ij}}$$

$$= \Delta \cdot \sum_{t=0}^{n-1} \Delta_t \sum_{k=0}^{t} \lambda^{t-k} \cdot \frac{\partial V(x_k)}{\partial w_{ij}}$$

oder kurz

$$\Delta w := \Delta \cdot \sum_{t=0}^{n-1} \Delta_t \sum_{k=0}^{t} \lambda^{t-k} \cdot \nabla_w V(x_k)$$

bzw. $$\Delta w := \Delta \cdot \sum_{k=0}^{n-1} \nabla_w V(x_k) \sum_{t=k}^{n-1} \lambda^{t-k} \cdot \Delta_t$$

Es gibt also zwei Sichtweisen dieser Gewichtsänderungsregel. Einerseits kann man sagen, daß die im Schritt t für Zustand x_t gemessene Inkonsistenz Δ_t (alias *Temporal Difference*) als Fehlersignal an alle Vorgängerzustände x_k exponentiell abfallend gewichtet mit λ^{t-k} weitergegeben wird. Andererseits kann man aus Sicht der Bewertung eines Zustandes x_k feststellen, daß dieser proportional zu der mit λ^{t-k} exponentiell abfallend gewichteten Summe der gemessenen Inkonsistenzen Δ_t (alias *Temporal Difference*) der Nachfolgezustände geändert wird.

Der Vorteil im Vergleich zu *Value Iteration* ($\lambda=0$) besteht darin, daß die Anpassungen der Zustände geglättet werden, denn bei der Anpassung der Bewertung eines Zustandes x_k werden bereits die Änderungen der Nachfolgezustände mitberücksichtigt, die ansonsten erst in zukünftigen Aktualisierungsschritten berücksichtigt würden. Insbesondere ist die Änderung für Zustand x_k und Nachfolgezustand x_{k+1} stark korreliert:

$$\Delta V(x_k) = \sum_{t=k}^{n-1} \lambda^{t-k} \cdot \Delta_t = \Delta_k + \lambda \cdot \Delta V(x_{k+1})$$

Zusammenfassend können wir feststellen, daß bei *TD(λ)* mit neuronalem Bewerter die Aktualisierungen in zweifacher Weise geglättet werden und damit auch große Zustandsmengen beherrschbar werden: Zum einen werden durch die Generalisierungsfähigkeit des neuronalen Bewerters nicht nur die betrachteten Stützstellen x_k verändert, sondern auch deren Umgebung. Zum anderen werden bei $\lambda > 0$ bei einer Änderung der Bewertung von x_k jeweils die Änderungen bei den Nachfolgezuständen x_t mit t>k berücksichtigt.

3.4.7.4
Konvergenzbetrachtungen

Im folgenden setzen wir voraus, daß in jedem Schritt alle Bewertungen aktualisiert werden. Beschränkt man sich wie bei der Methode *Dynamic Real Time Programming* darauf, nur die von gewissen Startzuständen mit der aktuellen Strategie durchlaufenen Zustände zu aktualisieren, dann konvergiert im allgemeinen die Bewertung nicht auf die optimale Bewertungsfunktion (siehe Abb. 3.8 in Abschnitt 3.4.6).

Wie wir bereits in Abschnitt 3.4.7.1 erwähnt haben, konvergiert bei der diskreten Aktualisierung $TD(\lambda)$ (mit Bewertungstabelle) für $\lambda=0$ bzw. $\lambda=1$, da es dann äquivalent ist zu *Value Iteration* bzw. *Policy Iteration*. Für $0<\lambda<1$ wurde die Konvergenz von Dayan gezeigt [Dayan92].

Verwenden wir hingegen einen Funktionsapproximator (neuronales Netz) zur Realisierung der Bewertungsfunktion, dann hängt die Konvergenz von dessen Generalisierungsfähigkeit ab. Notwendige, aber nicht hinreichende Voraussetzung ist, daß der Funktionsapproximator bei geeigneter Parametereinstellung die optimale Bewertungsfunktion überhaupt berechnen kann. Eine allgemeine Lösung der Konvergenzfrage ist deshalb nicht zu erwarten.

Da die Bewertungsfunktion jedoch in diesem Fall kontinuierlich (genauer: in kleinen Schritten) geändert wird, ist es interessant, die Konvergenzfrage für die tabellarische Bewertungsfunktion mit kontinuierlicher Aktualisierung zu betrachten, d.h. statt

$$V(x) \quad := V^{TD}(x) = \sum_{k=0}^{n-1} (1-\lambda) \cdot \lambda^{k} \cdot V^{(k+1)}(x) \quad + \quad \lambda^{n} \cdot V^{(n+1)}(x)$$

setzen wir

$$V(x) \quad := V(x) + \Delta \cdot (V^{TD}(x) - V(x))$$

Mit Schrittweite $\Delta=1$ erhalten wir wieder die diskrete Aktualisierung, deren Konvergenz eingangs diskutiert wurde.

Normalerweise wird nach jedem Aktualisierungsschritt für jeden Zustand der aktuelle Zielwert $V^{TD}(x)$ neu berechnet. Für den Fall jedoch, daß $V^{TD}(x)$ aufwendig zu berechnen ist, haben wir vorgeschlagen, obige kontinuierliche Aktualisierung (bzw. Gewichtsänderung beim neuronalen Bewerter) mehrfach durchzuführen. Dies ist zwar bei dem hier betrachteten tabellarischen Bewerter weniger sinnvoll, da dann $V(x)$ jeweils exponentiell gegen $V^{TD}(x)$ strebt und n solcher Änderungsschritte auch durch einen Schritt mit Schrittweite $1-(1-\Delta)^n$ ersetzt werden können. Anders verhält es sich jedoch, wenn wir einen neuronalen Bewerter verwenden, der die angestrebte Änderung $V(x) := V^{TD}(x)$ nur durch mehrere Gewichtsänderungsschritte (näherungsweise) erreichen kann. Diesen Fall werden wir in Abschnitt 3.4.7.5 genauer diskutieren. Falls hinreichend viele Gewichtsänderungsschritte vor jeder Neuberechnung von $V^{TD}(x)$ durchgeführt wurden, so daß näherungsweise $V(x) = V^{TD}(x)$ gilt, erhalten wir (näherungsweise) den Fall der diskreten Aktualisierung mit den bereits eingangs erwähnten Konvergenzaussagen.

Verbleibt der Fall, daß nach jedem Schritt der aktuelle Zielwert $V^{TD}(x)$ neu berechnet wird. In diesem Fall läßt sich der Konvergenzbeweis für $\lambda=0$ bei diskreter Aktualisierung übertragen (vgl. Abschnitt 3.4.5). Für $\lambda=0$ berechnet sich der aktualisierte Wert der Bewertungsfunktion entsprechend *Value Iteration* im diskreten Fall ($\Delta=1$) durch

$$V^{k+1}(x) := V^{TD(0)}(x) = r_0 + \gamma \cdot V^k(x_1)$$

wobei V^k die Bewertungsfunktion im k-ten Schritt bezeichnet.

In dem Konvergenzbeweis für die diskrete Aktualisierung haben wir gezeigt:

Sei V die (angestrebte) optimale Bewertungsfunktion,

B_k die Menge der im k-ten Schritt ausgewählten Zustände
und $m \geq max \{|V^k(x)-V(x)| \ x\}$,

dann gilt $\forall x \in B_k$: $|V^{k+1}(x)-V(x)| \leq \gamma \cdot m$

Wegen $V^{k+1}(x) = V^{TD(0)}(x)$ bei diskreter Aktualisierung gilt also:

$$\forall x \in B_k: \ |V^{k+1}(x) - V^{TD(0)}(x)| \leq \gamma \cdot m$$

Für die kontinuierliche Aktualisierung erhalten wir bei obiger Notation:

$$V^{k+1}(x) := V^k(x) + \Delta \cdot (V^{TD(0)}(x) - V^k(x))$$

d.h. $V^{k+1}(x) := (1-\Delta) \cdot V^k(x) + \Delta \cdot V^{TD(0)}(x))$

Damit gilt $\forall x \in B_k$:

$$|V^{k+1}(x)-V(x)|$$

$$= |(1-\Delta) \cdot V^k(x) + \Delta \cdot V^{TD(0)}(x) - V(x)|$$

$$\leq (1-\Delta) \cdot |V^k(x) - V(x)| + \Delta \cdot |V^{TD(0)}(x) - V(x)|$$

$$\leq (1-\Delta) \cdot m + \Delta \cdot \gamma \cdot m$$

$$= ((1-\Delta) + \Delta \cdot \gamma) \cdot m$$

D.h. für $\gamma' := ((1-\Delta) + \Delta \cdot \gamma) < 1$ gilt:

$$\forall x \in B_k: \ |V^{k+1}(x)-V(x)| \leq \gamma' \cdot m$$

Wenn also die Zeitpunkte t_i so gewählt sind, daß jeweils zwischen t_i und t_{i+1} die Bewertungen aller Zustände x aktualisiert werden, d.h. formal:

$$\forall x: x \in \bigcup_{j=t_i}^{t_{i+1}-1} B_j$$

dann gilt:

$$\forall x: \ max \ |V^{t_{i+1}}(x)-V(x)| \leq (\gamma')^i \cdot max \ |V^t(x)-V(x)|$$

d.h. *TD(0)* konvergiert auch im kontinuierlichen Fall exponentiell (relativ zu den Indizes i der Zeitpunkte t_i) gegen die optimale Bewertungsfunktion, allerdings mit einem schwächeren Faktor γ' ($\gamma<\gamma'<1$) (für weitere Untersuchungen vgl. auch [Singh94]).

3.4.7.5
Beschleunigung von TD(λ) – der Relearn-Faktor

Bei großen Zustandsräumen ist das Reinforcement-Problem, d.h. das Finden einer optimalen Bewertungsfunktion, eine schwer zu lösende Aufgabe. Exakte Verfahren, die aus der Methode des dynamischen Programmierens abgeleitet sind, können wegen des hohen Rechen- bzw. Speicheraufwandes ($O(kn^2)$ bzw. $O(n)$ bei n Zuständen) praktisch nicht eingesetzt werden. Im folgenden wollen wir die Überlegungen zur Beschleunigung des Lernverfahrens zusammenfassen und zusätzlich als weitere Beschleunigung einen Relearn-Faktor einführen.

Die wichtigste Beschleunigung ergibt sich durch das Ersetzen der tabellarischen Bewertungsfunktion durch einen neuronalen Bewerter. Hierbei nutzen wir die Stetigkeitseigenschaft der Bewertungsfunktion aus:

ähnliche Zustände ⇒ ähnliche Bewertung

und gewinnen dadurch sowohl an Speicherplatz als auch an Rechenzeit, da bei der Aktualisierung an Lernbeispielen die Umgebung auf Grund der Generalisierungsfähigkeit gleichsinnig mitgeändert wird. Voraussetzung hierfür ist jedoch, daß die Repräsentation der Zustände so gewählt wird, daß der neuronale Bewerter die Bewertungsfunktion erlernen kann, d.h. insbesondere sollte diese die Glattheitseigenschaft besitzen. Auf Grund der unvorhersehbaren Generalisierungsfähigkeit des neuronalen Bewerters ist es jedoch im allgemeinen nicht mehr möglich, die Konvergenz zur optimalen Bewertungsfunktion zu garantieren.

Darauf aufbauend werden bei den aus der Methode des dynamischen Programmierens abgeleiteten Verfahren *Value Iteration*, *Policy Iteration* oder *Temporal Difference Learning* nicht synchron alle Zustände in jedem Aktualisierungsschritt geändert, sondern eine kleine Auswahl relevanter Zustände. Hierzu betrachtet man entsprechend dem Ansatz von *Real Time Dynamic Programming* eine Menge von Startzuständen und startet jeweils mit der *Greedy*-Heuristik (selektiere den bestbewerteten Nachfolger bzw. Aktion) den Interaktionszyklus zwischen dem Agent und dem Prozeß. Aktualisiert werden dann nur die dabei durchlaufenen Zustände.

Darüber hinaus werden bei *TD(λ)* die Informationen der in einer Interaktionssequenz enthaltenen *Temporal Differences* (alias Inkonsistenzen mit dem Bellman-Prinzip) genutzt, um die Anpassungen der Zustände innerhalb der Interaktionsseuqenz jeweils zu glätten. Die Änderung an einer Stützstelle berücksichtigt über den Parameter λ die Änderungen der Nachfolgezustände.

Zusätzlich läßt sich *TD(λ)* auch durch eine geeignete Initialisierung der Bewertungsfunktion wesentlich beschleunigen. Beim Ansatz von *Real Time Dynamic Programming* haben wir bereits erwähnt, daß durch Wahl von guten unteren Schranken bei der Initialisierung, einerseits sich die *Branch-and-Bound*-artige Suche nach dem günstigsten Pfad drastisch beschleunigen läßt, ohne die Garantie der Konvergenz zur optimalen Bewertungsfunktion zu verlieren. Diese Garantie ist bei einem neuronalen Bewerter zwar nicht mehr gegeben, doch kann auch hier eine gute Initialisierung helfen, die Suche auf die relevanten Bereiche zu beschränken. Eine heuristische Möglichkeit, untere Schranken zu finden, besteht darin, für alle Zustände die erwarteten Reinforcement-Signale mit einer guten Strategie zu evaluieren und dann beispielsweise einen gewissen Betrag abzuziehen, um aus dieser oberen Schranke für die optimale Bewertung eine untere Schranke zu machen.

Schließlich haben wir für den Fall einer größeren Aktionenmenge, wie sie beispielsweise bei kombinatorischen Strategiespielen (z.B. ca. 50 bei Mühle) auftritt, eine weitere Beschleunigung vorgeschlagen, die den Rechenaufwand bei unseren Anwendungen um mehrere Größenordnungen verkürzte [Ragg, Braun, Feulner 95]. Die Idee hierbei ist, die Information aus einer Interaktionssequenz nicht nur für einen Aktualisierungsschritt zu verwenden, sondern für mehrere. Der Grund für die Beschleunigung besteht darin, daß einerseits für einen Selektionsschritt alle anwendbaren Aktionen bewertet werden müssen und andererseits bei einem neuronalen Bewerter wie beispielsweise das *Multilayer Perceptron* oder das Modell der *radialen Basisfunktionen* der Bewertungsschritt genauso aufwendig ist wie ein Änderungsschritt. Sind in jedem Zustand jeweils k Aktionen anwendbar, dann ist für jede Interaktionssequenz der Aufwand für die Selektion der zu durchlaufenen Zustände k-mal so hoch wie ein Änderungsschritt aller Zustände der Sequenz. Deshalb ist der Gesamt-Rechenaufwand bei k Änderungsschritten pro Interaktionssequenz nur doppelt so groß, und wir können eine Beschleunigung um Faktor $k/2$ erzielen. Eine solche Iteration bei gleichem Zielwert ist sinnvoll, da dieser bei einem neuronalen Netz nicht in einem Schritt eintrainiert werden kann, sondern in mehreren kleineren Änderungsschritten der Gewichte. Formal läßt sich dieser Ansatz folgendermaßen beschreiben. Der inkrementelle Änderungsschritt für die Bewertung beträgt bei TD(λ):

$$\Delta V(x_k) := \Delta \cdot \sum_{t=k}^{n-1} \lambda^{t-k} \cdot \Delta_t$$

Beim Gradientenabstieg der Gewichte ergibt sich (siehe Abschnitt 3.4.7.3):

$$\Delta w := \Delta \cdot \sum_{k=0}^{n-1} \nabla_w V(x_k) \sum_{t=k}^{n-1} \lambda^{t-k} \cdot \Delta_t$$

Diesen Gewichtsänderungsschritt wiederholten wir mehrfach mit unveränderten Werten für Δ. Die Anzahl der Gewichtsänderungsschritte bis zur Aktualisierung der *Temporal Differences* Δ_t bezeichneten wir als *Relearn Factor*. Damit das neuronale Netz nicht nur die aktuelle Sequenz „auswendig" lernt, ist es von Vorteil, die Sequenzen von mehreren Startzuständen gleichzeitig einzulernen. Die besten Lernerfolge erzielten wir bei unserer Anwendung Mühlespiel für λ=1, d.h. für die Variante *Policy Iteration*. (Hinweis: Alternativ können wir auch die Änderungen der Bewertungen $\Delta V(x_k)$ bei den *Temporal Differences* Δ_t berücksichtigen und nur die Sequenz der durchlaufenen Zustände festhalten, d.h. die Strategie fixieren. Dies entspricht jedoch im wesentlichen dem Fall λ=1). Die erzielte Beschleunigung betrug etwa Faktor 30 (siehe Abb. 3.9 und Abb. 3.10.) Zusätzlich war der Lernverlauf für größere Werte des *Relearn Factors* wesentlich kontinuierlicher.

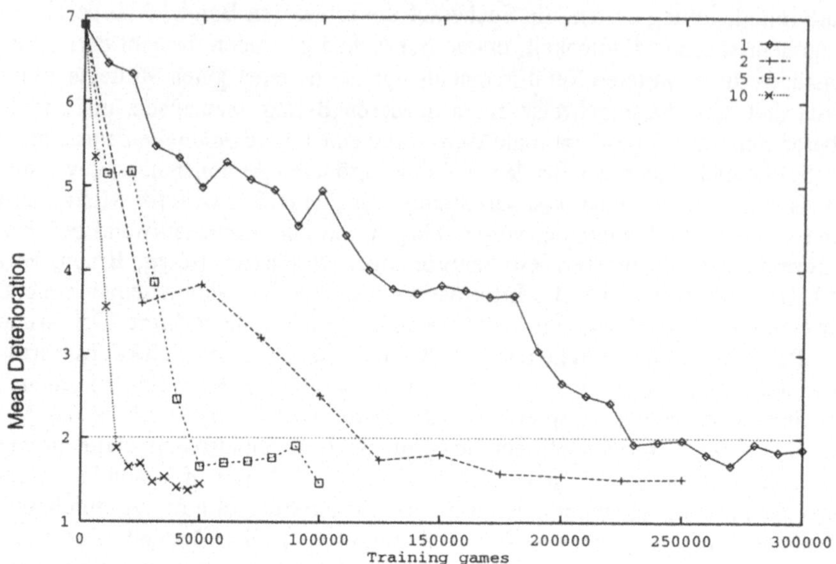

Abb. 3.9. Lernverhalten für verschiedene Werte des *Relearn Factors*. Mean Detoriation ist hierbei ein Maß der Spielstärke und mißt die mittlere Abweichung vom optimalen Zug.

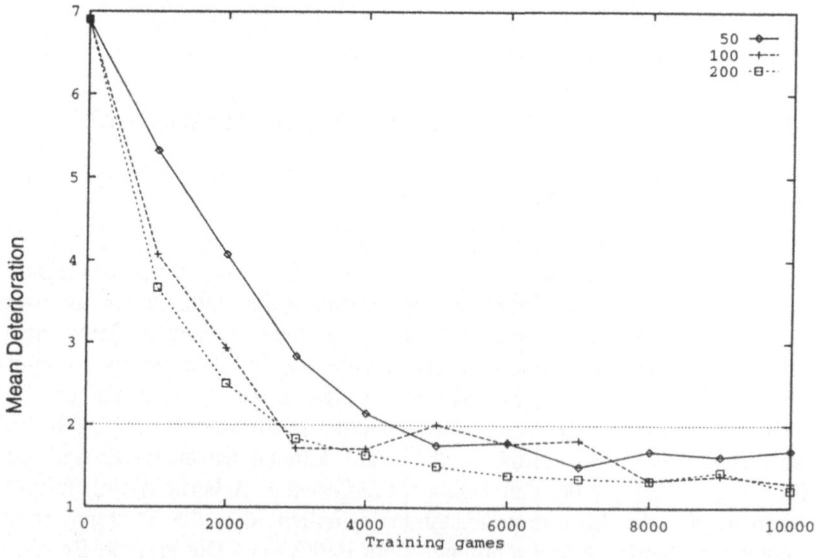

Abb. 3.10. Dieselbe Messung des Lernverhaltens wie in Abb. 3.9, jedoch mit höheren Werten des *Relearn Factors*. Man beachte hierbei die wesentlich geringere Anzahl von Lernzyklen (alias training games).

3.4.8
Q-Learning, ein Modell-freier Ansatz

3.4.8.1
Q-Learning

Bisher verwendeten wir eine *Greedy*-Strategie, die immer die bestbewertete Aktion selektierte:

$$min\ \{r(x,a) + \gamma \cdot V(R(x,a))\ \ |\ Aktion\ a\}$$

$$bzw.\ \ \ min\ \{\,r(x,a)+\gamma \cdot \sum_y P(y|x,a) \cdot V(y)\ \ |\ Aktion\ a\}$$

Hierzu ist es jedoch erforderlich, das Prozeßmodell *R(x,a)* bzw. P(y|x,a) zu kennen. Für den Fall, daß dieses Modell nicht vorhanden ist, schlug Watkins den Ansatz *Q-Learning* vor, bei dem nicht nur der Zustand durch *V(x)* bewertet wird, sondern die Aktion in Abhängigkeit vom aktuellen Zustand durch *Q(x,a)* [Watkins89]. Dadurch transformiert sich das Bellman-Prinzip für die Zustandsbewertungen

$$\forall x\!:\ \ V(x) = min\ \{\,r(x,a)+\gamma \cdot \sum_y P(y|x,a) \cdot V(y)\ |\ Aktion\ a\}$$

in das Bellman-Prinzip für Aktionsbewertungen:

$$\forall x\!:\ Q(x,a) = r(x,a) + min\ \{\ \gamma \cdot V(R(x,a),b)\ \ |\ Aktion\ b\}$$

$$d.h.\ \ \ \forall x\!:\ Q(x,a) = r(x,a)+\gamma \cdot \sum_y P(y|x,a) \cdot min\{Q(y,b)|\ Aktion\ b\}$$

Zur Aktualisierung der Bewertung *Q(x,a)* ist zwar nach wie vor der (reale) Prozeß R auszuwerten, d.h. in einem Zustand *x* wird die Aktion a angewendet und der Folgezustand *y* = *R(x,a)* durch *min{Q(y,b| Aktion b}* bewertet. Jedoch benötigt der Selektor kein Modell, um für alle Aktionen die Folgezustände bzw. deren Wahrscheinlichkeit vorherzusagen, sondern er kann nun einfach (Modell-frei) die bestbewertete Aktion wählen:

$$min\ \{Q(x,a)\ |\ Aktion\ a\}$$

Die Aktualisierung der Bewertung *Q(x,a)* und Auswertung des Prozesses kann beispielsweise entsprechend *Real Time Dynamic Programming* in einer realen Interaktionsschleife zwischen Agent und Prozeß durchgeführt werden (vgl. Abschnitt 3.4.6). Falls der Prozeß *R* stochastisch ist, läßt sich *P(y|x,a)* durch eine Monte-Carlo-Simulation mitteln. Hierbei wird die Aktualisierung in kleinen Schritten Δ durchgeführt:

$$Q(x,a) = Q(x,a) + \Delta \cdot (r(x,a) + \gamma \cdot min\ \{Q(y,b)\ |\ Aktion\ b\}\ -\ Q(x,a))$$

Im übrigen lassen sich alle anderen Verfahren und Anmerkungen aus den Abschnitten über Reinforcement-Lernen weitgehend übertragen (siehe 3.4.8.2). Der

Nachteil von *Q-Learning* besteht darin, daß die Anzahl der zu lernenden Bewertungen durch die Anzahl der Aktionen (pro Zustand) multipliziert wird.

3.4.8.2
Q-Learning – Theoretisch nichts Neues

Wie wir im obigen Abschnitt gesehen haben, liegt der Vorteil von *Q-Learning* darin, daß zur Selektion kein Modell des Prozesses R benötigt wird. Im folgenden werden wir erläutern, weshalb dieses nur ein Repräsentationsproblem ist und *Q-Learning* deshalb aus theoretischer Sicht kein neuer Ansatz ist.

Das Verhalten der Interaktionsschleife zwischen dem Agenten und dem Prozeß läßt sich als endlicher Transduktor interpretieren mit Zustandsmenge X, Eingabealphabet = Aktionsmenge, Ausgabealphabet = Menge der Reinforcement-Signale und Produktionen der Art: $x\, a :: = r_{xa}\, x'$, d.h. in Zustand x geht der endliche Transduktor bei Eingabe (alias Aktion) a in Folgezustand x' mit Ausgabe (alias Reinforcement-Signal) r_{xa} über. Wenn die Ausgabe nur vom Zustand abhängt, wird der endliche Transduktor als *Moore-Automat* bezeichnet [Moore56], falls die Ausgabe zusätzlich von der Eingabe abhängt als *Mealey-Automat* [Mealey55]. Der Moore-Automat ist also ein spezieller Mealey-Automat. Umgekehrt läßt sich zu jedem Mealey-Automat ein äquivalenter Moore-Automat konstruieren, indem man als neue Zustandsmenge das Kreuzprodukt zwischen Zustandsmenge und Eingabealphabet verwendet. Die Produktionen werden dann folgendermaßen transformiert: Wir ersetzen $x\, a :: = r_{xa}\, x'$ durch $(x,a)\, b :: = r_{xa}\, (x',b)$.

Diese Konstruktion läßt sich auch auf das Reinforcement-Problem anwenden. Da es dem Anwender freisteht, wie er die Zustände des Interaktionszyklus Agent-Prozeß definiert, kann er in den Zustand auch zusätzlich die (beabsichtigte) Aktion integrieren. Damit erhalten wir Zustände der Form <x,a>. Das Bellman-Prinzip lautet dann:

$$\forall <x,a>:\ V(<x,a>) = min\ \{r(x,a) + \gamma \cdot V(<R(x,a),b>)\ \ |\ Aktion\ b\}$$

d.h. $\forall <x,a>:\ V(<x,a>) = r(x,a) + min\ \{\ \gamma \cdot V(<R(x,a),b>)\ \ |\ Aktion\ b\}$

bzw. im stochastischen Fall:

$$\forall <x,a>:\ V(<x,a>) = min\ \{r(x,a) + \gamma \cdot \sum_{y} P(y|(x,a)) \cdot V(<y,b>)\ |\ Aktion\ b\}$$

d.h. $\forall <x,a>:\ V(<x,a>) = r(x,a) + \gamma \cdot \sum_{y} P(y|(x,a)) \cdot \{min\{\ V(<y,b>)|\ Aktion\ b\}$

Folglich bedeutet *Q-Learning* für den Theoretiker nur eine andere Repräsentation des Zustandsraumes, für den Praktiker besteht jedoch ein großer Unterschied, da er unter dem Zustand die Beschreibung des Prozesses versteht – ohne zusätzliche Aktionskomponente. Insbesondere lassen sich auf Grund dieser theoretischen Äquivalenz alle Methoden und Verfahren übertragen, die wir bereits für den modellbasierten Ansatz erläutert haben: *Value Iteration, Policy Iteration, Temporal Difference Learning , Real Time Dynamic Programming*.

3.4.9
Spezialfall: Zielorientiertes Lernen/Strategiespiele

Die Aufgabe des zielorientierten Lernens besteht darin, von einer Menge von Startzuständen aus jeweils auf kostengünstigstem Weg das Ziel zu erreichen. Auf diesem Weg sind Absturzstellen (alias Verlustpositionen) und Sackgassen (alias Remisposition) zu vermeiden. Nennen wir einen Zustand f *absorbierend*, wenn er keinen Nachfolgezustand besitzt außer sich selbst und keine weiteren Reinforcement-Signale:

$$f\ absorbierend \;\Leftrightarrow\; \forall a:\ r(f,a)=0 \quad und\ R(f,a)=f$$

und dessen Vorgängerzustände *final*, dann können wir bei zielorientierten Lernproblemen wie beispielsweise Strategiespiele drei Arten von finalen Zuständen unterscheiden: Zielzustände mit maximaler positiver Bewertung V_{max} (o.B.d.A. $V_{max}=1$), Verlustzustände mit maximaler negativer Bewertung V_{min} (o.B.d.A. $V_{min}=-1$) und „Sackgassen" alias Remis mit mittlerem Reinforcement $V_{\varnothing}$ (o.B.d.A. $V_{\varnothing}=0$). Hierbei ist in einem finalen Knoten x nur der Übergang in den absorbierenden Zustand f möglich:

$$x\ final :\Leftrightarrow\ \forall a\ R(x,a)=f\ und\ r(x,a)=V(x)$$

Diese auf Strategiespiele zugeschnittene Definition läßt sich folgendermaßen auf das bereits diskutierte generelle Reinforcement-Problem verallgemeinern. Sei für einen Zustand x (oder mehrere) die optimale Bewertung $V(x)$ bekannt und die optimale Strategie für Interaktionssequenzen ab Startzustand x entweder bekannt oder ohne Belang (vgl. Sieg, Remis oder Verlust), dann läßt sich dieser Zustand durch einen absorbierenden Zustand f ersetzen. Das neue Reinforcement-Problem mit Reinforcement-Funktion r' und Übergangsfunktion R' ergibt sich aus r und R durch:

$$r = r'\ und\ R = R'\ au\beta er:$$

$$\forall a:\ r'(f,a)=0\ \ und\ R'(f,a)=f \quad \{f\ absorbierend\}$$

$$R(y,a)=x \;\Rightarrow\; [R'(y,a)=f\ \ und\ \ r'(y,a)= r(y,a) + V(x)]$$

Entsprechendes gilt für die stochastische Variante:

$$r = r'\ und\ P = P'\ au\beta er:$$

$$\forall a:\ r'(f,a)=0\ \ und\ P'(f\,|\,f,a)=1 \quad \{f\ absorbierend\}$$

$$P(x\,|\,y,a)>0 \;\Rightarrow\; [P'(f\,|\,y,a)= P(x\,|\,y,a)\ und\ \ r'(y,a)=r(y,a)+V(x)]$$

Falls der absorbierende Zustand f bereits vorhanden war, ergibt sich die letzte Zeile zu:

$$P(x\,|\,y,a)>0 \;\Rightarrow\; [P'(f\,|\,y,a)=P(f\,|\,y,a)+P(x\,|\,y,a)\ und\ \ r'(y,a)=r(y,a)+V(x)]$$

3.4.9.1
Reinforcement-Problem mit ungedämpfter Bewertung (γ=1)

Betrachten wir das Reinforcement-Problem mit ungedämpfter Bewertung der Kosten, d.h. γ=1, dann müssen wir beim deterministischen Prozeßmodell zusätzlich fordern, daß kein Zyklus mit insgesamt negativen Kosten existiert:

$$\forall k, x_0, .., x_k, a_0, .., a_k:$$

$$[\forall i: x_{i+1} = R(x_i, a_i) \text{ und } x_0 = x_k] \quad \Rightarrow \quad \sum_{i=}^{k} r(x_i, a_i) \geq 0$$

Andernfalls lassen sich Pfade mit beliebig kleinen Kosten konstruieren, indem dieser Zyklus mehrfach durchlaufen wird. Sind jedoch die Kosten eines Zyklus größer 0, dann muß eine optimale Strategie diesen Zyklus verhindern, da andernfalls alle Zustände dieses Zyklus eine unendliche Bewertung besitzen. Hierzu ist es hinreichend, daß von allen Zuständen der absorbierende Zustand erreichbar ist, d.h. formal (bei insgesamt n Zuständen):

$$\forall x \; \exists x_0, .., x_n, a_0, .., a_n: \; x_0 = x, \; x_n = f \; \text{ und } \; \forall i: x_{i+1} = R(x_i, a_i)$$

Mit der Strategie S, die jeden Zustand obiger Sequenz in seinen Nachfolgezustand überführt: $S(x_i) = a_i$, erhalten wir für alle Zustände x_j der Sequenz endliche Bewertungen (d.h. Kosten)

$$\sum_{i=j}^{k} r(x_i, a_i)$$

Dies ist eine obere Schranke für die optimale Bewertung, d.h. die optimale Bewertung ist für alle Zustände der Sequenz und damit insbesondere für x endlich. Da dies für alle x gilt, ist somit die optimale Bewertung überall endlich. Die entsprechende Bedingung für den stochastischen Fall lautet:

$$\forall x \; \exists x_0, .., x_n, a_0, .., a_n: \; x_0 = x, \; x_n = f \; \text{ und } \; \forall i: P(x_{i+1} | a_i, x_i) > 0$$

Verbleibt die Frage, inwiefern die optimale Bewertung überhaupt existiert (für γ=1 kann die unendliche Reihe trotz Beschränkung divergieren). Unproblematisch ist der Fall, wenn alle optimalen Pfade nach endlich vielen Schritten im absorbierenden Zustand f terminieren. Da es nur endlich viele Zustände gibt, beispielsweise n, müssen alle Pfade der Länge größer n einen Zyklus enthalten. Wann kann ein solcher Zyklus in einem optimalen Pfad auftreten? Wir unterscheiden drei Fälle nach dem Vorzeichen der Summe der Reinforcement-Signale in einem solchen Zyklus. Den Fall einer negativen Summe haben wir ausgeschlossen, da sonst die Bewertung nach -∞ divergiert. Der Fall einer positiven Summe kann in einem optimalen Pfad nach f nicht auftreten, da dann die Auslassung dieses Zyklus niedrigere Kosten erbringt. Verbleibt der Fall, daß die Summe 0 ist. Falls ein solcher Fall in einem optimalen Pfad auftritt, müssen alle Reinforcement-Signale 0 sein, damit die optimale Bewertung konvergiert. Denn nehmen wir an, es gäbe eine optimale Bewertung und die zugehörige Strategie S, wobei einen solcher Zyklus $x_0, .., x_k$ von der optimalen Strategie S selektiert wird. Sei ferner $x_{i+1} := R(x_i, S(x_i))$

und o.B.d.A. $r(x_0, a_0) \neq 0$. Dann gilt, daß sich alle optimalen Pfade der Länge $r \cdot k$ und $r \cdot k + 1$ um $r(x_0, a_0)$ unterscheiden:

$$\sum_{i=}^{r \cdot k} r(x_i, a_i) = 0 \neq r(x, a) = \sum_{i=}^{r \cdot k + 1} r(x_i, a_i)$$

D.h. die Reihe

$$\sum_{i=0}^{\infty} r(x_i)$$

konvergiert nicht. Ein solcher Zyklus tritt genau dann nicht in einem optimalen Pfad auf, wenn für alle Zustände dieses Zyklus der optimale Pfad zum absorbierenden Zustand f nicht positive Kosten verursacht.

Fassen wir diese Fakten nochmals zusammen: Die optimale Bewertungsfunktion ist genau dann wohldefiniert, wenn es zum einen keinen Zyklus mit negativen Kosten gibt, und zum anderen bei jedem Zyklus mit Kosten 0 entweder alle Zustände keine Kosten besitzen ($\forall i: r(x_i, a_i) = 0$) oder für jeden Zustand ein Pfad zum absorbierenden Zustand f mit nicht positiven Kosten existiert. Insbesondere ist die optimale Bewertungsfunktion wohldefiniert, wenn die Reinforcement-Signale r(x,a) in allen Zuständen x≠f positiv sind (z.B. jede Aktion kostet r(x,a)=1).

3.4.9.2
Strategiespiele

Bei Strategiespielen wie beispielsweise Mühle und Schach sind normalerweise mehrere Agenten beteiligt. Wir beschränken uns jedoch zuerst auf den Fall eines Agenten, der seine Strategie gegen einen festen Gegenspieler optimiert, da sich dieser Fall direkt auf ein Reinforcement-Lernproblem reduzieren läßt. Der Gegenspieler wird hierbei durch den Prozeß (alias Umgebung) repräsentiert, der jeweils die aktuelle Spielposition (alias Zustand) entsprechend dem Zug (alias Aktion) des Agenten ändert und den Antwortzug gemäß vorgegebener Strategie. Das allgemeinere Problem zweier Agenten, die beide ihre Kosten minimieren, diskutieren wir in Abschnitt 3.4.9.5.

Im allgemeinen können wir drei Klassen von finalen Zuständen unterscheiden: Sieg-, Verlust- und Remisstellungen. Mit Hilfe der Methode des dynamischen Programmierens können wir inkrementell eine Datenbank aufbauen, in der für jede Stellung vermerkt wird:

- Kann bei optimaler Spielweise ein Sieg erzwungen werden kann? Wenn ja, in wievielen Schritten (bei k Schritten im folgenden als *Sieg-in-k* bezeichnet).
- Kann ein Verlust bei optimaler Spielweise des Gegners nicht verhindert werden kann? Wenn ja, in wievielen Schritten (bei k Schritten im folgenden als *Verlust-in-k* bezeichnet).
- Wird bei beidseitig optimaler Spielweise die Partie im Remis enden wird (im folgenden als *Remis* bezeichnet).

Verwenden wir ein Reinforcement-Signal $r(x)$, das nur vom Zustand abhängt, nicht aber von der selektierten Aktion, dann wählt die *Greedy*-Heuristik S mit

$$r(x) + \gamma \cdot V(R(x,S(x))) = min \; \{r(x) + \gamma \cdot V(R(x,a)) \mid Aktion \; a\}$$

stets die bestbewertete Folgestellung:

$$V(R(x,S(x),)) = min \; \{V(R(x,a)) \mid Aktion \; a\}$$

In diesem Fall ist es für eine optimale Spielstrategie hinreichend, wenn für die Bewertung V gilt:

$$V(Verlust\text{-}in\text{-}k) > V(Verlust\text{-}in\text{-}k+1)$$

$$> V(Remis)$$

$$> V(Sieg\text{-}in\text{-}k) > V(Sieg\text{-}in\text{-}k+1)$$

Zu jeder beliebigen solchen Bewertung V können wir das zugehörige Reinforcement-Problem konstruieren, indem wir das Reinforcement-Signal entsprechend der Gleichung von *Value Iteration* definieren:

$$r(x) := \gamma \cdot min \; \{V(R(x,a)) \mid Aktion \; a\} - V(x)$$

Dabei sei R(x,a) jeweils die Stellung nach Zug a
und einem optimalen Gegenzug des Gegners.

Folglich können wir uns zuerst überlegen, welche Bewertungsfunktion von einem Funktionsapproximator wie beispielsweise einem neuronalen Netz besonders gut eintrainiert werden kann, und dann die zugehörigen Reinforcement-Signale definieren. Insbesondere können wir o.B.d.A. die Bewertung einer Siegstellung auf -1, einer Remisstellung auf 0 und eine Verluststellung auf 1 normieren.

Für eine robuste Generalisierung ist es anzustreben, daß die Abstände zwischen ähnlich bewerteten Stellungen möglichst groß sind. Wollen wir den kleinsten Abstand zwischen zwei unterschiedlichen Bewertungen maximieren, so ergibt sich die äquidistante Bewertungsfunktion V:

Sei m der maximale Abstand zum Sieg oder Verlust.

$$V(x) := \begin{cases} -1 + \dfrac{k}{m+1} & x \; Siegstellung \; mit \; Abstand \; k \; zum \; Sieg \\[2em] 0 & x \; Remisstellung \\[2em] 1 - \dfrac{k}{m+1} & x \; Verluststellung \; mit \; Abstand \; k \; zum \; Verlust \end{cases}$$

Bei beidseitig optimaler Spielweise verringert sich in jedem Schritt der Abstand zu Sieg bzw. Verlust um genau 1, d.h. es gilt:

$$r(\text{Sieg-in-k}) := \gamma \cdot V(\text{Sieg-in-k-1}) - V(\text{Sieg-in-k})$$

$$= \gamma \cdot \left(-1 + \frac{k-1}{m+1}\right) - \left(-1 + \frac{k}{m+1}\right)$$

bzw. $\quad r(\text{Verlust-in-k}) := \gamma \cdot V(\text{Verlust-in-k-1}) - V(\text{Verlust-in-k})$

$$= \gamma \cdot \left(1 - \frac{k-1}{m+1}\right) - \left(1 - \frac{k}{m+1}\right)$$

Wählen wir nun $\gamma=1$, so vereinfacht sich das Reinforcement zu:

$$r(x) := \begin{cases} -\dfrac{1}{m+1} & x\ \textit{Siegstellung mit Abstand k zum Sieg} \\[2ex] 0 & x\ \textit{Remisstellung} \\[2ex] \dfrac{1}{m+1} & x\ \textit{Verluststellung mit Abstand k zum Verlust} \end{cases}$$

Dies bedeutet, daß das Reinforcement-Signal $r(x)$ für eine *Sieg-in-k*-Stellung x negativ ist, hingegen für eine Remisstellung 0 und für eine *Verlust-in-k*-Stellung x positiv ist. In anderen Worten, wir müßten zur Berechnung des Reinforcement-Signals einen Zustand in die drei Klassen Sieg, Remis oder Verlust einordnen können. Dieses Problem ist jedoch ähnlich schwer wie das ursprüngliche Reinforcement-Problem, nämlich dem Finden einer optimalen Spielstrategie. Denn bei allen zyklenfreien Strategiespielen genügt es, als Nachfolgestellung stets irgendeine *Sieg-in-k*-Stellung zu wählen. Damit gelangt man zwar nicht auf dem schnellsten Weg zum Sieg, aber der Sieg ist garantiert, da man die „Siegerstraße" nie verläßt.

In der Anwendung kann man sich jedoch dadurch behelfen, daß man jeweils zur Berechnung von $r(x)$ nur schätzt, in welche der drei Klassen x fällt. Zum einen kann man hierzu die aktuelle Bewertung $V(x)$ verwenden und definieren:

$$r(x) := \begin{cases} -\dfrac{1}{m+1} & V(x) < 0 \\[2ex] 0 & V(x) \approx 0 \\[2ex] \dfrac{1}{m+1} & V(x) > 0 \end{cases}$$

oder die Unsicherheit bei kleinem Wert von V(x) berücksichtigend:

$$r(x) := \begin{cases} max(V(x),-\dfrac{1}{m+1}) & V(x) < 0 \\[2em] 0 & V(x) = 0 \\[2em] min(V(x),\dfrac{1}{m+1}) & V(x) > 0 \end{cases}$$

Zum anderen kann man auch den Ausgang des Spiels benutzen: Bei einem Sieg werden alle Stellungen x_k mit einem negativen Reinforcement $r(x_k)=-1/(m+1)$ bewertet, bei einer Niederlage entsprechend mit einem positiven.

Ein Problem dieses Ansatzes besteht darin, daß das Reinforcement nun nicht nur vom Zustand, sondern auch von der Strategie abhängt. Dieses widerspricht jedoch unseren Voraussetzungen für das Reinforcement-Problem. Hierbei ist anzumerken, daß dies nicht nur spezifisch ist für die äquidistante Bewertungsfunktion, sondern für $\gamma=1$, denn in diesem Fall gilt stets:

$$r(Sieg\text{-}in\text{-}k) := V(Sieg\text{-}in\text{-}k\text{-}1) - V(Sieg\text{-}in\text{-}k) < 0$$

bzw. $r(Verlust\text{-}in\text{-}k) := V(Verlust\text{-}in\text{-}k\text{-}1) - V(Verlust\text{-}in\text{-}k) > 0$

Dabei entsteht die Frage, inwiefern *Value Iteration* überhaupt konvergiert, wenn das Reinforcement-Signal $r(x)$ davon abhängt, welches Vorzeichen die aktuelle Bewertung $V(x)$ besitzt bzw. welchen Ausgang das Spiel nahm. Gehen wir davon aus, daß die Bewertung für alle Zustände mit $V^0(x):=0$ initialisiert wurde und $\gamma=1$ gilt, dann läßt sich durch vollständige Induktion zeigen, daß für jede der oben vorgeschlagenen bewertungsabhängigen Reinforcement-Funktionen r nach k Aktualisierungen aller Zustände durch *Value Iteration* gilt:

- Für alle $x \in Sieg\text{-}in\text{-}j$ bzw. $x \in Verlust\text{-}in\text{-}j$ mit $j \leq k$ ist die aktuelle Bewertung $V^*(x)$ gleich der optimalen Bewertung $V(x)$.
- Für alle übrigen Zustände x' liegt die Bewertung $V(x')$ im Intervall $[V(Sieg\text{-}in\text{-}k), V(Verlust\text{-}in\text{-}k)]$.

Induktionsschluß (k-1→k):

Sei $r_k := r(Verlust\text{-}in\text{-}k)$ und $r_{-k} := r(Sieg\text{-}in\text{-}k)$

Fall 1: $x_k \in Sieg\text{-}in\text{-}k$

Dann existiert a_k, x_{k-1} mit $R(x_k, a_k) = x_{k-1} \in Sieg\text{-}in\text{-}k\text{-}1$

$$V(x_k) = min \{r_{-k} + V(R(x_k, a))|Aktion\ a\}$$

$$= r_{-k} + min \{V(R(x_k, a))|Aktion\ a\}$$

$$= r_{-k} + V(R(x_k, a_k))$$

$$= r_{-k} + min\ \{V^{k-1}(R(x_k, a))|Aktion\ a\}\quad (Induktionsvoraussetzung)$$

$$= V^*(x_k)$$

Fall 2: $x_k \in Verlust\text{-}in\text{-}k$

    Dann existiert a_k, x_{k-1} *mit* $R(x_k, a_k) = x_{k-1} \in Verlust\text{-}in\text{-}k\text{-}1$

    Ferner gilt: $\forall a\ \exists j < k:\ R(x_k, a) \in Verlust\text{-}in\text{-}j$

    $V(x_k) = min\ \{r_k + V(R(x_k, a))|Aktion\ a\}$

$$= r_k + min\ \{V(R(x_k, a))|Aktion\ a\}$$

$$= r_k + V(R(x_k, a_k))$$

$$= r_k + min\ \{V^{k-1}(R(x_k, a))|Aktion\ a\}\quad (Induktionsvoraussetzung)$$

$$= V^*(x_k)$$

Fall 3: $\forall j \leq k\ \ x \notin Verlust\text{-}in\text{-}j\ und\ x \notin Sieg\text{-}in\text{-}j$

    $V^*(x) \leq r_k + max\ \{V^{k-1}(y)|\ \forall j < k\ \ y \notin Verlust\text{-}in\text{-}j\ und\ x \notin Sieg\text{-}in\text{-}j\ \}$

$$\leq r_k + V(Verlust\text{-}in\text{-}k\text{-}1)$$

$$= V(Verlust\text{-}in\text{-}k)$$

    $V^*(x) \geq r_k + min\ \{V^{k-1}(y)|\ \forall j < k\ \ y \notin Verlust\text{-}in\text{-}j\ und\ x \notin Sieg\text{-}in\text{-}j\ \}$

$$\geq r_k + V(Sieg\text{-}in\text{-}k\text{-}1)$$

$$= V(Sieg\text{-}in\text{-}k)$$

    Also $x \in [V(Sieg\text{-}in\text{-}k), V(Verlust\text{-}in\text{-}k)]$

Ist nun m der maximale Abstand zum Sieg bzw. Verlust, dann haben alle Sieg- und Verluststellungen nach m Aktualisierungen die optimale Bewertung. Die verbleibenden Stellungen sind Remisstellungen, deren Werte im Intervall [$V(Sieg\text{-}in\text{-}m), V(Verlust\text{-}in\text{-}m)$] liegen. Damit ist eine optimale Strategie gefunden.

    Ein bewertungsabhängiges Reinforcement-Signal r läßt sich jedoch dadurch umgehen, daß man $\gamma < 1$ und für alle Zustände $r(x) = 0$ setzt (Ausnahme: r(*Sieg-in-0*) = 1 und r(*Verlust-in-0*) = -1):

$$r(Sieg\text{-}in\text{-}k) = 0 = \gamma \cdot V(Sieg\text{-}in\text{-}k\text{-}1) - V(Sieg\text{-}in\text{-}k)$$

$$\Rightarrow\quad \gamma \cdot V(Sieg\text{-}in\text{-}k\text{-}1) = V(Sieg\text{-}in\text{-}k)$$

bzw. $r(Verlust\text{-}in\text{-}k) = 0 = \gamma \cdot V(Verlust\text{-}in\text{-}k\text{-}1) - V(Verlust\text{-}in\text{-}k)$

$\Rightarrow$ $\gamma \cdot V(Verlust\text{-}in\text{-}k\text{-}1) = V(Verlust\text{-}in\text{-}k)$

Werten wir diese Gleichungen rekursiv aus mit *V(Sieg-in-0)=-1* bzw. *V(Verlust-in-0)=1*, dann ergibt sich folgende Bewertungsfunktion:

$$V(x) := \begin{cases} -\gamma^k & x \ Siegstellung\ mit\ Abstand\ k\ zum\ Sieg \\ 0 & x \ Remisstellung \\ \gamma^k & x \ Verluststellung\ mit\ Abstand\ k\ zum\ Verlust \end{cases}$$

Bei diesem Ansatz erscheint es problematisch zu sein, daß die Bewertungen relativ zum Abstand des absorbierenden Zustandes exponentiell gegen *0* gehen und deshalb für größere Werte von k sehr dicht bei *0* liegen, was der Forderung nach Robustheit gegenüber geringfügigen Abweichungen widerspricht. Im folgenden wollen wir kurz überprüfen, wie dicht die Bewertungen bei günstiger Wahl von γ liegen. Sei m der maximale Abstand zum Sieg bzw. Verlust, dann ist der minimale Abstand zwischen unterschiedlichen Bewertungen $(\gamma^{m-1} - \gamma^m)$. Den Maximalwert dieser Funktion erhalten wir durch eine Nullstelle der Ableitung nach γ:

$$(\gamma^{m-1} - \gamma^m)' = (m-1) \cdot \gamma^{m-2} - m \cdot \gamma^{m-1} = \gamma^{m-2} \cdot (m-1 - m \cdot \gamma)$$

$\Rightarrow$ $\gamma = (m-1)/m = 1 - 1/m$

Verwenden wir nun ein solchen Wert für γ, dann ergibt sich für den minimalen Abstand:

$$\gamma^{m-1} - \gamma^m = \gamma^{m-1} \cdot (1-\gamma) = (1-\frac{1}{m})^{m-1} \cdot \frac{1}{m} \approx \frac{1}{e} \cdot \frac{1}{m}$$

Vergleichen wir diesen Wert mit dem minimalen Abstand der äquidistanten Verteilung, dann differieren die beiden um den Faktor *1/e*, d.h. der Abstand verringert sich „nur" auf mehr als ein Drittel. Dies scheint akzeptabel zu sein.

Die ungleichmäßige Verteilung der Abstände kann sogar vorteilhaft sein, denn bei Spielern mit nicht optimaler Strategie ist es besonders wichtig, Zustände mit kurzem Abstand zum Sieg bzw. Verlust richtig zu bewerten: Ein Fehler hierbei bedeutet, einen schnellen Sieg zu verschenken bzw. dem Gegner einen „erkennbaren" Sieg zu schenken, während Fehler bei weit entfernten Zuständen durch die Fehler des Gegners wieder ausgeglichen werden können. In diesem Fall ist es günstig, daß die Bewertungen kurz vor dem Ende größere Abstände besitzen und folglich robuster sind gegen geringfügige Abweichungen des neuronalen Bewerters.

Hinweis: Im Bereich von *Neuro Control* besteht das Reinforcement-Problem typischerweise darin, möglichst kostengünstig zu einem Zielzustand (alias Sieg) zu kommen (siehe auch [Riedmiller96]). Das Verhalten in Zuständen (alias Verluststellung), aus denen auch bei optimaler Strategie ein „Verlust" nicht mehr verhindert werden kann, ist „irrelevant". Betrachten wir hierzu das Stabbalancierungsproblem. Das Ziel ist hierbei, den Stab zu balancieren, d.h. die Zustandsparameter Ort, Geschwindigkeit, Winkel und Winkelgeschwindigkeit sollen 0 sein. Eine „Verlust" ist dadurch definiert, das einer der Parameter Ort oder Winkel den zulässigen Bereich überschreitet. In diesem Fall können wir auch zur zeitoptimalen Regelung konstante positive Kosten $r(x):=r>0$ für alle Zustände x verwenden (außer $r(Sieg)=-1$ und $r(Verlust)=1$). Die optimale Bewertung hat dann die Eigenschaft, daß bei der zugehörigen *Greedy*-Strategie von jedem Startpunkt aus die Bewertung des aktuellen Zustandes in jedem Schritt um r abnimmt. Folglich werden die Zustände, bei denen sich ein Verlust nicht vermeiden läßt, schlechter (höher) bewertet als der eigentliche Verlustzustand. Dies hat die etwas eigentümliche Konsequenz, daß die optimale Strategie lautet: Wenn das Ziel erreicht werden kann, dann auf kürzestem Weg, aber wenn der Verlust unabwendbar ist, dann ebenfalls so schnell wie möglich (d.h. mit Volldampf an den Anschlag). Eine solche Wahl ist insbesondere dann sinnvoll, wenn die Reinforcement-Signale nicht konstant positiv, sondern den Aktionskosten (z.B. erforderliche Energie) entsprechen, denn dann lautet die optimale Strategie: Wenn der Verlust nicht verhindert werden kann, dann mit möglichst wenig Energieverbrauch. Bei Strategiespielen wäre jedoch eine solche Vorgehensweise ungünstig, da der Gegner eventuell Fehler machen kann. Selbst wenn bei optimaler Spielweise des Gegners der Verlust unausweichlich ist, sollte trotzdem dieser endgültige Verlust in der Hoffnung auf einen Fehler des Gegners möglichst lange hinausgezögert werden.

3.4.9.3
Zerlegung des Zustandsraums (Teile-und-Herrsche-Prinzip)

Eine wesentliche Vereinfachung des Reinforcement-Lernproblems können wir erreichen, wenn sich der Zustandsraum so in Klassen zerlegen läßt, daß der Übergangsgraph zwischen den Klassen, der durch das Prozeßmodell R bzw. das Markovsystem P induziert wird, azyklisch ist (bis auf reflexive Zyklen der Länge 0). Betrachten wir beispielsweise das Strategiespiel Mühle. Dieses läßt sich in 4 Phasen zerlegen: Setzen, Beide-Ziehen, Einer-Springt, Beide-Springen. Zustandsübergänge sind nur von Phase i nach Phase $i+1$ möglich, d.h. der Übergangsgraph hat die Form: Setzen $\rightarrow$ Beide-Ziehen $\rightarrow$ Einer-Springt $\rightarrow$ Beide-Springen und ist folglich azyklisch. Diese grobe Zerlegung läßt sich beim Mühlespiel noch weiter verfeinern, indem wir die zweite und dritte Phase zerlegen nach Anzahl der Steine: Phase „i-gegen-j". Da die Anzahl der Steine monoton abnimmt, ist auch diese Zerlegung zyklenfrei.

Die Lösung des Gesamtproblems läßt sich im Falle einer solchen Zerlegung mit azyklischem Übergangsgraph dadurch erzeugen, daß man erst die Teilprobleme für die Klassen löst, die die Blätter des Übergangsgraphen sind, und dann stufenweise deren Vorgänger. Das Reinforcement-Lernproblem der „Blätter"-Klassen läßt sich jeweils isoliert lösen, da alle Zustandsübergänge nach Definition des Übergangsgraphen in dieser Klasse bleiben. Das Reinforcement-Lernproblem der „Zwischenknoten"-Klassen läßt sich ebenfalls isoliert lösen, wenn jeweils die optimale Bewertung für die Zustände der direkten „Nachfolge"-Klassen bekannt ist: Beim zugehörigen Reinforcement-Teilproblem werden alle Übergänge in eine „Nachfolge"-Klasse ersetzt durch einen Übergang in einen absorbierenden Knoten f, wobei zum Reinforcement-Signal die optimale Bewertung V des Nachfolgezustands addiert wird:

Wir definieren $R' := R$ und $r' := r$ mit folgenden Ausnahmen:

Sei $R(x,a)=y$ und y aus „Nachfolge"-Klasse der Klasse von x,

dann ist $R'(x,a) := f$ und $r'(x,a) := r(x,a) + V(y)$

Da der Gesamtaufwand der Methode des dynamischen Programmierens und der daraus abgeleiteten Heuristiken proportional ist zur Länge der zu betrachtenden Pfade, kann sich dadurch eine drastische Zeitersparnis ergeben. Werden beispielsweise bei einer Zerlegung in k Klassen die Pfadlängen um Faktor k gekürzt, dann entspricht dies einer Beschleunigung um Faktor k.

Verwenden wir einen neuronalen Bewerter, dann haben wir darüber hinaus den Vorteil, den Trainingsaufwand dadurch drastisch zu verkürzen, daß wir für jede Klasse einen eigenen neuronalen Bewerter benutzen. Der Trainingsaufwand ist bei den meist verwendeten Netzmodellen wie beispielsweise dem *Multilayer Perceptron* im wesentlichen proportional zur Anzahl der Trainingsmuster und zur Größe der Topologie. Die Gesamtanzahl der Trainingsmuster wird sich zwar durch diese Zerlegung nicht verringern, da der Gesamtraum in beiden Fällen genügend dicht mit Stützstellen (alias Lernbeispielen) abgedeckt werden muß. Jedoch wird die Größe der neuronalen Bewerter für die Teilklassen wesentlich kleiner sein.

Schließlich kann der Anwender noch spezifisches Wissen einfließen lassen, indem er die Merkmalskodierung für die einzelnen Klassen spezifisch wählt, entsprechend den bei diesen Teilproblemen relevanten Merkmalen. Beim Mühlespiel verwendeten wir beispielsweise für jede Spielphase eine andere Merkmalskodierung.

3.4.9.4
Wahl der Startzustände

In Abschnitt 3.4.5 haben wir gezeigt, daß *Value Iteration* stets gegen die optimale Bewertung konvergiert, wenn alle Zustände unendlich oft aktualisiert werden. Diese Konvergenz ist unabhängig von der Reihenfolge der Aktualisierungen. Die Idee von *Real Time Dynamic Programming* ist es, nur die „relevanten" Zustände zu aktualisieren, das sind die Zustände, die bei der aktuellen *Greedy*-Strategie von den relevanten Startzuständen durchlaufen werden (siehe Abschnitt 3.4.6). Auch hierfür ist die Konvergenz zur optimalen Bewertungsfunktion garantiert, wenn zu Beginn die Bewertung für jeden Zustand mit einer unteren Schranke für die optimale Bewertung initialisiert wird.

Wenden wir diese Ideen auf Strategiespiele an, so wäre es naheliegend, als Startzustände nur die Startstellungen zu nehmen (beispielsweise bei Mühle „leeres Brett" oder vom Gegner bereits „1-Stein-gesetzt"). Verwenden wir dann eine globale untere Schranke zur Initialisierung der Bewertung, dann wird in einer Art Breitensuche fast der gesamte Zustandsraum untersucht, da die *Greedy*-Strategie stets alle noch nicht besuchten Zustände bevorzugt (siehe Abschnitt 3.4.6: Die Bewertung wächst monoton für alle Zustände, und nur die noch nicht besuchten Zustände sind noch mit der globalen unteren Schranke initialisiert).

Wesentlich effizienter ist es, die Methoden des vorigen Abschnitts 3.4.9.3 zu verwenden und zuerst die Zustände aus den Blättern des Übergangsgraphen als

Startzustände zu betrachten, d.h. Zustände, die nahe dem Ende sind. Bei Mühle würde das bedeuten, daß wir zuerst das Endspiel („3 gegen 3") isoliert betrachten. Als Strafpunkte sollte es auf Grund der Generalisierungsfähigkeit des neuronalen Bewerters genügen, nicht alle Stellungen als Startzustände zu verwenden, sondern nur eine mehr oder weniger dichte Teilmenge. Wenn für diesen Bereich eine (nahezu) optimale Bewertung gefunden ist, kann man sich stufenweise im Übergangsgraph nach oben arbeiten (die nächsten zu bearbeitenden Klassen sind „4 gegen 3", „5 gegen 3", „4 gegen 4" etc.).

Wenn wir nun die Aufgabe so gut wie möglich in isoliert lösbare Teilprobleme zerlegt haben, verbleibt die Frage, ob wir auch innerhalb einer solchen Klasse durch Wahl geeigneter Startpunkte das Lernverfahren beschleunigen können. Betrachten wir die ideale Zerlegung des Zustandsraumes in die Klassen *Sieg-in-k*, *Verlust-in-k* und Remis, dann ist der zugehörige Übergangsgraph im allgemeinen nicht azyklisch, denn bei optimaler Aktion gelangt man von einer *Sieg-in-k*-Stellung in eine *Sieg-in-(k-1)*-Stellung, jedoch bei einer nicht optimalen Aktion ist auch der Rückschritt in eine *Sieg-in-j*-Stellung mit *j>k* möglich. Trotzdem läßt sich die optimale Bewertung bzw. Spielstrategie gerade auf diese Weise inkrementell berechnen (ein Zustand ist in *Sieg-in-k*, wenn es einen Nachfolger aus *Sieg-in-(k-1)* und kein Nachfolger aus *Sieg-in-j* mit *j<(k-1)* gibt; ein Zustand ist in *Verlust-in-k*, wenn es einen Nachfolger aus *Verlust-in-(k-1)* und alle Nachfolger jeweils aus *Verlust-in-j* für irgendein *j<k* sind).

Wie läßt sich diese Vorgehensweise übertragen? Wir definieren hierzu das Reinforcement-Signal durch

$$r(x) := \begin{cases} -1 & x \in Sieg-in-0 \\ 1 & x \in Verlust-in-0 \\ 0 & sonst \end{cases}$$

Ferner sei $\gamma<1$, dann ist die angestrebte optimale Bewertung:

$$V(x) := \begin{cases} -\gamma^k & x\ Siegstellung\ mit\ Abstand\ k\ zum\ Sieg \\ \gamma^k & x\ Verluststellung\ mit\ Abstand\ k\ zum\ Verlust \\ 0 & x\ Remisstellung \end{cases}$$

Initialisieren wir nun die Bewertung nicht mit einer unteren Schranke, wie bei *Real Time Dynamic Programming* vorgeschlagen, sondern mit $V^0(x)=0$ für alle *x* (dies läßt sich als „weiß-nicht"-Bewertung zwischen Sieg und Verlust interpretieren). Wie bereits erwähnt, konvergiert für $\gamma<1$ bei beliebiger Aktualisierungsreihenfolge von *Value Iteration* die Bewertung zur angestrebten optimalen Bewertung V. Wählen wir die synchrone Aktualisierung, dann gilt jeweils im k-ten Aktualisierungsschritt:

$$V(x) := \begin{cases} -\gamma^j & x \text{ Siegstellung mit Abstand } j < k \text{ zum Sieg} \\ \gamma^j & x \text{ Verluststellung mit Abstand } j < k \text{ zum Verlust} \\ 0 & \text{sonst} \end{cases}$$

Dabei genügt es, im k-ten Aktualisierungsschritt nur die Zustände in den beiden Klassen *Sieg-in-(k-1)* bzw. *Verlust-in-(k-1)* zu aktualisieren. Alle anderen Bewertungen ändern sich nicht (!). Hierin besteht ein wesentlicher Unterschied zur Initialisierung mit einer unteren Schranke für die Bewertung.

In der praktischen Anwendung kann man zwar typischerweise nicht die Zustände der Klassen *Sieg-in-k* bzw. *Verlust-in-k* effizient bestimmen (denn damit wäre das Problem bereits gelöst), jedoch läßt sich darüber hinaus für eine beliebige Aktualisierungsreihenfolge durch vollständige Induktion folgende Invariante zeigen:

$$V(x) \in \{0\} \cup \{\pm\gamma^j \mid j=0,1,..,m\} \quad und$$

$$V(x) = \begin{cases} -\gamma^j & \Rightarrow x \text{ Siegstellung mit Abstand } k \leq j \text{ zum Sieg} \\ \gamma^j & \Rightarrow x \text{ Verluststellung mit Abstand } j \text{ zum Verlust} \\ 0 & \Rightarrow V(x) \text{ wurde bisher nicht geändert} \end{cases}$$

Hierbei stellt sich die Frage, wie die *Greedy*-Strategie diese Information bei der Auswahl der Aktion verwendet. Die Bewertung eines Nachfolgers mit $V(x)=0$ bedeutet, daß dieser Wert seit seiner Initialisierung nicht geändert wurde, und kann deshalb als „weiß nicht" interpretiert werden. Wichtig ist nun bei dem Ansatz von *Real Time Dynamic Programming*, wie diese „weiß nicht"-Zustände behandelt werden. Wie bereits erwähnt, ist für diese Methode die Konvergenz zur optimalen Bewertung garantiert, wenn V mit einer globalen unteren Schranke initialisiert wird. In diesem Fall bevorzugt die Selektionsstrategie stets die „weiß nicht"-Zustände, deren Bewertung noch den Initialwert besitzt. Dies hat den schwerwiegenden Nachteil, daß gierig alles unbekannte Terrain erforscht wird, während bei der hier favorisierten Initialisierung von V mit $V(x)=0$ dieses nur gewählt wird, wenn nicht bereits ein Weg zum Ziel bekannt ist. Theoretisch wäre es deshalb jedoch auch möglich, daß eine Abkürzung zum Ziel übersehen wird.

Andererseits gilt für eine beliebige Aktualisierungsreihenfolge, daß die Bewertung eines Zustands in Klasse *Sieg-in-k* bzw. *Verlust-in-k* nach einer Aktualisierung bereits gegen die optimale Bewertung konvergiert ist (d.h. korrekt und unveränderlich), sofern alle Zustände in den Klassen *Sieg-in-j* bzw. *Verlust-in-j* mit $j<k$ korrekt bewertet sind. (Hinweis: Für $x \in$ *Sieg-in-k* gilt stets $V(x) \leq V^*(x)$, d.h. es genügt, wenn ein Nachfolger aus *Sieg-in-(k-1)* korrekt bewertet wird; für $x \in$ *Verlust-in-k* müssen alle Nachfolger jeweils aus *Verlust-in-j* für irgendein $j<k$ sein, d.h. korrekt bewertet sein.)

Dies bedeutet für die praktische Vorgehensweise, daß zwar eine inkrementelle Vorgehensweise am günstigsten ist, bei der wir zuerst eine (nahezu) optimale Bewertung für alle Zustände der Klassen *Sieg-in-j* bzw. *Verlust-in-j* mit $j<k$ erlernen, bevor wir Startzustände aus den beiden Klassen *Sieg-in-k* bzw. *Verlust-in-k* betrachten. Jedoch schadet eine Abweichung von dieser „günstigsten" Reihenfolge

auch nicht. Verbleibt die qualitative Aussage: Es sollten zuerst einfache (d.h. nahe beim Zielzustand f liegende) Startzustände gewählt werden und dann stufenweise der Schwierigkeitsgrad erhöht werden. Beispielsweise kann man beim Stabbalancierungsproblem den Schwierigkeitsgrad durch verschiedene Anfangsauslenkungs-Winkel variieren. Günstiger ist es jedoch, nicht nur einen der vier Parameter (Winkel, Winkelgeschwindigkeit, Ort, Geschwindigkeit) geringfügig aus dem Zielzustand zu bewegen, sondern alle vier.

Falls kein Schwierigkeitsgrad ohne weiteres erkennbar ist, sind zwei Möglichkeiten denkbar. Zum einen kann man versuchen, durch stochastisches Rückwärts-Ausführen von Aktionen aus dem Zielzustand zu Zuständen zu kommen, deren Schwierigkeitsgrad proportional zur Anzahl der Aktionen wächst. Beispielsweise kann man sich beim Labyrinth-Problem mehrere Schritte vom Ziel entfernen. Diese naheliegende Möglichkeit ist jedoch nicht immer erfolgreich. Betrachten wir beispielsweise das Endspiel von Mühle, dann erreichen wir ausgehend von einer Endstellung durch mehrere Rückwärts-Züge mit hoher Wahrscheinlichkeit eine einfache Stellung, da einfache Stellungen eine hohe Wahrscheinlichkeit haben. Hier verbleibt nur die „letzte" Möglichkeit, Startstellungen zufällig zu erzeugen. Da lange Interaktionssequenzen auf Grund der Strategiefehler wenig Information besitzen, ist es günstig, die Länge dieser Sequenzen zu begrenzen und diese Grenze im Laufe des Lernvorgangs zu steigern. Dies hat bei der Initialisierung der Bewertung mit 0 die Konsequenz, daß nur die Interaktionssequenzen eine Veränderung der Bewertung der durchlaufenen Zustände bewirken, die zum Ziel (Sieg oder Verlust) geführt haben oder aber in einen aktualisierten Zustand, d.h. bei diesem ist entweder ein Weg zum Sieg bekannt oder der Weg zum Verlust (inkl. Abstand) gesichert.

[Anmerkung:
1. Beim tabellarischen Bewerter läßt sich die Aktualisierungsreihenfolge optimieren, indem man inkrementell die Klassen *Sieg-in-k* bzw. *Verlust-in-k* effizient bestimmt: Diese Klasse ist jeweils eine Teilmenge der Zustände, die einen Nachfolger in der Klasse *Sieg-in-(k-1)* bzw. *Verlust-in-(k-1)* besitzen. Diese exakte Bestimmung ist jedoch beim neuronalen Bewerter nicht effizient durchführbar, da dieser gerade für Anwendungsfälle eingesetzt wird, bei denen die Zustandsmenge zu groß ist und deshalb nicht mehr effizient handhabbar ist.
2. Obige Ausführungen betreffen die Methode *Value Iteration*, d.h. *TD(0)*. Verwenden wir *Temporal Difference Learning* mit $\lambda \in (0,1)$, dann läßt sich die Semantik der aktuellen Bewertung $V(x)$ nicht mehr so einfach beschreiben. Für $\lambda = 1$, d.h. *Policy Iteration,* erhalten wir bei Initialisierung der Bewertung mit $V(x)=0$ folgende Invariante bei beliebiger Aktualisierungsreihenfolge:

$$V(x) \in \{0\} \cup \{\pm\gamma^j \mid j=0,1,..,m\} \quad und$$

$$V(x) = \begin{cases} -\gamma^j & \Rightarrow x \text{ Siegstellung mit Abstand } k \leq j \text{ zum Sieg} \\ \gamma^j & \Rightarrow x \text{ nicht Verluststellung mit Abstand } k \leq j \text{ zum Verlust} \\ 0 & \Rightarrow ?? \text{ (keine Aussage möglich)} \end{cases}$$

Insbesondere erbringt für $\lambda=1$ eine Initialisierung der Bewertung V mit einer unteren Schranke keinen Vorteil, da diese Bewertung bereits nach einer ersten Interaktionssequenz mit einer oberen Schranke (nämlich der Bewertung für die aktuelle Strategie) für alle Zustände dieser Sequenz überschrieben wird. Aus diesem Grunde ist auch hier eine Initialisierung der Bewertung mit $V(x)=0$ plausibel.

Da im Falle $\lambda=1$ bei längeren Interaktionssequenzen Strategiefehler weitreichende Auswirkungen besitzen und die relativ zur optimalen Strategie inkorrekten Bewertungen auf alle Vorgänger der Fehlentscheidung bis zurück zum Startpunkt übertragen werden, ist es auch in diesem Fall wichtig, die Bewertung zuerst im Nahbereich der finalen Zustände zu optimieren.]

3.4.9.5
Spezialfall: Optimale Bewertungsfunktion als Potential

Die Selektionsstrategie des Agenten ist bekanntlich eine lokale *Greedy*-Heuristik: Nimm den bestbewerteten Folgezustand. Für die zugehörige Bewertung V^S muß gelten:

$$V^S(x_k) = r(x_k, S(x_k)) + \gamma \cdot V^S(x_{k+1}) \quad mit \quad x_{k+1} = R(x_k, S(x_k))$$

Falls nun $\gamma=1$ und $r(x,a)>0$ gültig ist für alle Aktionen a und Zustände x außer dem Zielzustand, dann folgt daraus, daß

$$V^S(x_k) > V^S(x_{k+1}) \quad mit \quad x_{k+1} = R(x_k, S(x_k))$$

Aus dieser Eigenschaft folgt insbesondere, daß in jedem Zustand ein direkter Nachbarzustand (d.h. mit einer Aktion erreichbar) existiert, der eine „bessere" Bewertung besitzt. Die beste Bewertung besitzt der Zielzustand f mit $V^S(f)=0$. Aus diesem Grund kann man die Bewertungsfunktion V^S als ein Potential bezeichnen, das genau ein einziges lokales Minimum besitzt, den Zielzustand.

Bezeichnen wir eine Strategie als *sicher*, wenn sie von jedem Zustand das Ziel erreicht (nicht unbedingt optimal), dann ist die zugehörige Bewertung überall endlich. Umgekehrt, wenn eine Bewertung die Potential-Eigenschaft besitzt, dann führt jede abwärts steigende Strategie (*Hillclimbing*) *sicher* zum Zielzustand, denn die Bewertung nimmt bis zum Zielzustand streng monoton ab. Zusammenfassend können wir feststellen, daß für den Fall $\gamma=1$ und $r(x,a)>0$ gilt:

- Die gesuchte optimale Bewertung ist eine Potential-Funktion mit dem Ziel als einzigen lokalen Minimum.
- Die zugehörige *Greedy*-Strategie erreicht in diesem „Potential-Gebirge" abwärtssteigend das Ziel.

In Abschnitt 4.4.2 untersuchen wir das Labyrinth-Problem, bei dem sich dieses Potential-Gebirge visualisieren läßt, da der Zustandsraum 2-dimensional ist.

[Anmerkung: Die Eigenschaft des monotonen Abstiegs (d.h. $V^S(x_k) > V^S(x_{k+1})$) ist für $\gamma < 1$ etwas komplizierter, denn hierzu müßte gelten:

$$r(x_k, S(x_k)) > (1-\gamma) \cdot V^S(x_{k+1})$$

Betrachten wir beispielsweise Strategiespiele mit

$$r(x) := \begin{cases} -1 & x \in Sieg-in-0 \\ 1 & x \in Verlust-in-0 \\ 0 & sonst \end{cases}$$

Dann gilt für eine optimale Spielsequenz ausgehend von einer Siegstellung

$$r(x_k) \leq 0 \quad und \quad 0 > V(x_k) > V(x_{k+1}),$$

dh. die optimale Strategie strebt *abwärts* steigend zum Sieg. Andererseits gilt für eine optimale Spielsequenz ausgehend von einer Verluststellung

$$r(x_k) \geq 0 \quad und \quad 0 < V(x_k) \leq V(x_{k+1}),$$

d.h. die optimale Strategie strebt *aufwärts* steigend zum Verlust.]

3.4.9.6
Das Zweipersonen-Spiel – Lernen im Spiel gegen sich selbst

Bisher haben wir angenommen, daß der Prozeß, d.h. im Fall der Strategiespiele der Gegner, unverändert bleibt. Wenn nun dieser Gegner kein erfahrener Experte ist, dann können wir eventuell sehr schnell gegen diesen eine einfache Gewinnstrategie entwickeln. Benutzen wir diese Strategie jedoch gegen einen neuen Gegner, dann versagt sie möglicherweise gänzlich. Günstiger wäre eine Spielstrategie, die auch gegen den bestmöglichen Gegenspieler die geringsten Kosten bzw. den maximalen Gewinn erwarten läßt. Hierbei gehen wir davon aus, daß unsere Strategie nur vom Zustand, nicht aber vom Gegner abhängt.

[Anmerkung: Hier unterscheiden sich Spielprogramme und menschliche Spieler in der Praxis. Während ein Spielprogramm den Gegner nicht kennt und deswegen stereotyp immer gleich reagiert, versucht ein menschlicher Spielexperte, spezifische Schwächen des Gegners auszunutzen und diesen zu einem Fehler zu verlokken. Insbesondere ist die angestrebte optimale Strategie gegen einen optimal spielenden Gegner nicht eine optimale Strategie gegen jeden Gegner, denn es gilt zwar stets, daß gewinnbare Stellungen auch gegen einen schlechter spielenden Gegner gewonnen werden (und zwar kürzer als gegen einen optimal spielenden Gegner), jedoch ist es möglich, daß Stellungen, die gegen einen optimal spielenden Gegner nicht gewinnbar sind, gegen einen schlechter spielenden Gegner zum Sieg führen können, aber auf anderem Wege als gemäß optimaler Strategie gegen optimal spielenden Gegner.]

Wenn wir nun eine Strategie gegen die beste Strategie des Gegners suchen, dann verallgemeinert sich unser Ansatz des Reinforcement-Lernproblems. Wir haben zwei abwechselnd handelnde Agenten, die jeweils versuchen ihre Kosten zu minimieren bzw. ihren Gewinn zu maximieren. Bei Strategiespielen wie Mühle, Schach oder 4-Gewinnt ist typischerweise der Gewinn des einen, der Verlust des anderen. Deshalb definieren wir die Reinforcement-Signale invers zueinander, d.h. für zwei Spieler s (schwarz) und w (weiß) gilt:

$$\forall x:\ r_s(x) = -r_w(x))$$

Zur Vereinfachung betrachten wir im folgenden nur die exponentiell gedämpfte Bewertung und beschränken unsere Reinforcement-Signale auf Gewinn, Verlust und Remis ($r(Gewinn)=-1$, $r(Verlust)=1$, $r(Remis)=0$ bzw. die negierten Signale für den Gegner). Vermerken wir die Zugberechtigung im Zustand, dann teilt sich die Zustandsmenge in zwei Teile, die Menge der Zustände (S,x), in denen man selber (schwarz) am Zug ist, und die Menge der Zustände (W,x), in denen der Gegner (weiß) am Zug ist.

Damit lassen sich die Pfade wiederum rekursiv auswerten mit Hilfe der Methode des dynamischen Programmierens. Sei $V^{(k)}$ die optimale Bewertung für Spieler S für Pfade der Länge k bzw. $-V^{(k)}$ für Spieler W, jeweils unter der Voraussetzung, daß beide Spieler ihr Reinforcement maximieren. Dann gilt für Spieler S am Zug:

$$V^{(0)}(S,x) := \ r(S,x) := \begin{cases} -1 & (S,x) \in Sieg-in-0 \\ 1 & (S,x) \in Verlust-in-0 \\ 0 & sonst \end{cases}$$

$$V^{(k)}(S,x) \quad := min\{\, r(S,x) + \gamma \cdot V^{(k-1)}(R((S,x),a))|\, Aktion\ a\}$$

$$= r(x) + \gamma \cdot min\{\, V^{(k-1)}(R((S,x),a))|\, Aktion\ a\}$$

und für Spieler W am Zug:

$$V^{(0)}(W,x) := \ r(W,x) := \begin{cases} 1 & (W,x) \in Sieg-in-0 \\ -1 & (W,x) \in Verlust-in-0 \\ 0 & sonst \end{cases}$$

$$-V^{(k+1)}(W,x) := min\ \{-r(W,x) - \gamma \cdot V^{(k-1)}(R((W,x),a))|\, Aktion\ a\}$$

$$= -r(W,x) - \gamma \cdot max\ \{\, V^{(k-1)}(R((W,x),a))|\, Aktion\ a\}$$

d.h. $\quad V^{(k+1)}(W,x) \quad = r(W,x) + \gamma \cdot max\ \{\, V^{(k-1)}(R((W,x),a))|\, Aktion\ a\}$

Folglich werden die Bewertungen maximiert, falls der Gegner W am Zug ist, und andernfalls minimiert (S selber am Zug). Falls sich der Baum der möglichen Folgestellungen vollständig aufstellen läßt, wird die zugehörige Suche nach der besten Strategie (bzw. besten Pfad) auch *Min-Max*-Suche genannt, da bei diesem Baum stets abwechselnd das Minimum bzw. das Maximum über die Nachfolgerknoten gebildet wird.

Entsprechend den Ausführungen in Abschnitt 3.4.1 konvergiert die Folge $V^{(k)}$ gegen die optimale Bewertung V punktweise exponentiell mit dem Approximationsfehler (bei beschränkten Kosten $r(x) < r_{max}$)

$$|V(x) - V^{(k)}(x)| < \gamma^{k+1} \cdot \frac{r_{max}}{1-\gamma}$$

Die Methode *Value Iteration* transformiert sich entsprechend:

$$V(S,x) := r(x) + \gamma \cdot min\{V(R((S,x),a))|\ Aktion\ a\}$$

$$V(W,x) := r(x) + \gamma \cdot max\{V(R((W,x),a))|\ Aktion\ a\}$$

Sei V^t die Bewertungsfunktion nach dem wir in t Schritten gemäß *Value Iteration* jeweils in Schritt i eine Teilmenge B_i von Zuständen aktualisiert haben, dann gilt

$$|V(x) - V^t(x)| < \gamma^{k+1} \cdot \frac{r_{max}}{1-\gamma}$$

sofern wir in k Zeitabschnitten jede Variable mindestens einmal aktualisiert haben (vgl. Abschnitt 3.4.5). Insofern konvergiert *Value Iteration* bei beliebiger Aktualisierungs-Reihenfolge exponentiell gegen die optimale Bewertung V.

Bezeichnen wir die Strategie von Spieler S bzw. W mit S^S bzw. S^W und das bei diesen Strategien erhaltene (exponentiell gewichtete) Reinforcement mit $V(S^S,S^W)$, dann gilt:

$$V(x) \quad = min\ \{\ max\{V(S^S,S^W)(x)|\ Strategie\ S^W\}\ |\ Strategie\ S^S\}$$

$$= max\ \{\ min\{V(S^S,S^W)(x)|\ Strategie\ S^S\}\ |\ Strategie\ S^W\}$$

Die optimale Bewertung V hat deshalb folgende Eigenschaften:

1. Verwenden beide Spieler die *Greedy*-Strategie bezüglich der optimalen Bewertung V, dann entspricht das zukünftige Reinforcement ausgehend von einem Zustand x genau $V(x)$.
2. Verwendet nur einer der Spieler die *Greedy*-Strategie bezüglich der optimalen Bewertung V, dann verschlechtert sich für den anderen das zukünftige Reinforcement in allen Zuständen, in denen er von der *Greedy*-Strategie abweicht.
3. Jedoch, wenn nur einer der beiden Spieler die *Greedy*-Strategie bezüglich der optimalen Bewertung V verwendet, dann ist die *Greedy*-Strategie im allgemeinen nicht optimal bezüglich der Strategie des anderen.

In anderen Worten, die *Greedy*-Strategie bezüglich der optimalen Bewertung V ist ein *Worst-Case*-Ansatz, die optimal ist unter der Voraussetzung, daß der Gegner stets die ungünstigste Aktion auswählt.

Etwas komplizierter verhält sich die Anwendung der Methode *Policy Iteration*. Zwar verbessert sich auch hier die Bewertung, wenn wir bei Spieler S die Strategie gemäß der *Greedy*-Heuristik für die aktuelle Bewertung abändern. D.h. die Strategie von Spieler S verbessert sich, sofern sich die Strategie des Gegenspielers W nicht auch ändert. Verbessern wir jedoch auch die Strategie des Gegenspielers W entsprechend der *Greedy*-Heuristik, dann verschlechtert sich dadurch die Bewertung (für S). Folglich ist bei gleichzeitiger Änderung beider Strategien keine Aussage möglich, ob sich dadurch die Bewertung erhöht oder erniedrigt.

Betrachten wir jedoch den Spezialfall Strategiespiele (bzw. zielorientiertes Lernen) mit finalen Zuständen wie beispielsweise Sieg oder Verlust, dann läßt sich mit vollständiger Induktion über k zeigen, daß jeweils nach k Strategieverbesserungen (gemäß *Policy Iteration*) für alle Zustände in *Sieg-in-j* oder *Verlust-in-j* mit $j<k$ die aktuelle Bewertung mit der optimalen Bewertung übereinstimmt. Betrachten wir beispielsweise den Fall $\gamma<1$ und $\forall x:\ r(x)=0$ (bis auf Zustände in *Sieg-in-0* und *Verlust-in-0*), dann erhalten wir mit $V(x)=0$ folgende Induktionsaussage für die k-te Iteration:

- Für alle $x\in$ *Sieg-in-j* bzw. $x\in$ *Verlust-in-j* mit $j\leq k$ ist die aktuelle Bewertung $V^*(x)$ gleich der optimalen Bewertung $V(x)$.
- Für alle übrigen Zustände x' liegt die Bewertung $V(x')$ im Intervall $(V(Sieg-in-k), V(Verlust-in-k))$.

Daraus folgt insbesondere, daß nach k Iterationsschritten beide Spieler weder einen Sieg mit Abstand $\leq k$ verschenken, noch durch einen nicht optimalen Zug dem Gegner einen vermeidbaren Sieg mit Abstand $\leq k$ schenken. Folglich entsprechen bei jeder Interaktionssequenz, die bei einem Sieg oder Verlust endet, die letzten k Züge der optimalen Strategie. Damit sind auch bei $TD(\lambda)$ die *Temporal Differences* für die letzen k Zustände vor einem Sieg oder Verlust 0, und es werden bei einem weiteren Iterationsschritt nach dem *Bellman-Prinzip* die Zustände in *Sieg-in-(k+1)* und *Verlust-in-(k+1)* entsprechend der optimalen Bewertung aktualisiert.

Zusammenfassend läßt sich feststellen: Falls m der maximale Abstand zum Sieg oder Verlust ist, dann hat $TD(\lambda)$ nach m Aktualisierungsschritte aller Zustände die optimale Strategie gefunden, da alle Zustände in *Sieg-in-j* bzw. *Verlust-in-j* (für irgendein j) korrekt bewertet werden und die Bewertungen der übrigen (Remis-) Zustände getrennt von diesen im Intervall $(V(Sieg-in-m), V(Verlust-in-m))$ liegen. Eine korrekte Bewertung der Remiszustände ist für eine optimale Strategie nicht notwendig, sofern diese stets Zuständen in *Verlust-in-j* bevorzugt werden, aber nicht Zuständen in *Sieg-in-j*. Denn damit ist gewährleistet, daß die Strategie ausgehend von einem Remiszustand stets wieder einen Remiszustand als Nachfolger selektiert und die zugehörige Interaktionssequenz kein Reinforcement erzeugt.

Eine Besonderheit ist bei symmetrischen Strategiespielen wie beispielsweise Mühle oder Schach zu beachten. So können wir bei solchen Spielen bei einer Situation *(W,x)* alle Farben invertieren und erhalten eine äquivalente Situation *(S,inv(x))*, wobei die Funktion *inv* die Merkmalskodierung zur farblich invertierten Brettposition berechnet. Allerdings ist zu beachten, daß sich bei diesem Farbwechsel auch am Ende des Spiels das Reinforcement-Signal umkehrt. Damit erhalten wir

$$V(W,x) = -\ V(S,inv(x)).$$

Folglich können wir unseren Zustandsraum halbieren, indem wir nur Bewertungen für *„ Weiß am Zug"*, d.h. der Art $V(W,x)$, lernen. Betrachten wir nun eine gemäß aktueller Strategie durchlaufene Spielsequenz:

$$(W,x_0),\ (S,x_1),\ (W,x_2),\ (S,x_3),\ ...,\ (W,x_{2i}),\ (S,x_{2i+1})$$

Dann transformiert sich diese entsprechend der Reduktion auf:

$$(W,x_0), \ (W,inv(x_1)), \ (W,x_2), \ (W,inv(x_3)), \ ..., \ (W,x_{2i}), \ (W,inv(x_{2i+1}))$$

Als *Temporal Differences* (bzw. lokale Inkonsistenzen) erhalten wir entsprechend TD(λ):

$$(V(W,x_0) + \gamma \cdot V(W,inv(x_1))) + \lambda \cdot (V(W,inv(x_1)) + \gamma \cdot V(W,x_2)) + ...$$

d.h. für $\lambda=0$ ist die *Temporal Difference* 0 und damit die Inkonsistenz beseitigt, wenn jeweils:

$$V(W,x_i) = - \gamma \cdot V(W,inv(x_{i+1}))$$

Da die Merkmalskodierung von x und $inv(x)$ im allgemeinen stark differieren, kann es für einen neuronalen Bewerter Schwierigkeiten bereiten, große Differenzen über eine größere Distanz der Merkmalsvektoren mit der erforderlichen hohen absoluten Genauigkeit einzutrainieren. Wesentlich günstiger erscheint es, die *Temporal Differences* der Zustände mit geraden Indices und die mit ungeraden Indizes getrennt einzulernen:

$$(V(W,x_0) - \gamma^2 \cdot V(W,x_2)) + \lambda \cdot (V(W,x_2) - \gamma^2 \cdot V(W,x_4)) + ...$$

bzw. $\quad (V(W,x_1) - \gamma^2 \cdot V(W,x_3)) + \lambda \cdot (V(W,x_3) - \gamma^2 \cdot V(W,x_5)) + ...$

d.h. für $\lambda=0$ ist die *Temporal Difference* 0 für Zustand x_{2i} bzw. x_{2i+1}, wenn:

$$V(W,x_{2i}) = \gamma^2 \cdot V(W,x_{2i+2})$$

bzw. $\quad V(W,x_{2i+1}) = \gamma^2 \cdot V(W,x_{2i+3})$

Auf diese Weise vereinfacht sich das Lernproblem erheblich. Falls nach dem Eintrainieren Abweichungen bezüglich der Gleichungen

$$V(W,x_i) = - \gamma \cdot V(W,inv(x_{i+1}))$$

bestehen, ist dies für die *Greedy*-Strategie unwesentlich, da die direkten Nachfolger, aus denen sie selektiert und die sie richtig einordnen muß, sich im allgemeinen wesentlich von der invertierten Stellung unterscheiden.

3.4.10
Vergleichende Bewertung am Benchmark-Problem Mühle

In mehreren Diplom- und Studienarbeiten wurden an der Universität Karlsruhe einige Reinforcement-Lernprobleme als Benchmark zur Evaluierung der einzelnen Lernverfahren untersucht: Strategiespiele wie Mühle, Schachendspiel, 4-Gewinnt und verschiedene Labyrinth-Probleme. Im folgenden wollen wir aus Gründen der Übersichtlichkeit exemplarisch nur das Mühlespiel betrachten.

Wie bereits erwähnt wurde dieses Problem zwar in der Zwischenzeit von Gasser und Nievergelt gelöst [Gasser, Nievergelt 94], jedoch benötigt die stark komprimierte Datenbank immerhin 10 GigaByte, um die optimale Bewertung für die 10^{10} verschiedenen Stellungen zu speichern. Da die Berechnung dieser Datenbank sowohl mehrere Forscher-Jahre an Entwicklungszeit als auch mehrere CPU-

Jahre an Rechenzeit erforderte, erscheint dieses Problem nach wie vor als Benchmark-Problem geeignet zu sein, an dem die Performanz von weniger aufwendigen Verfahren evaluiert werden kann.

Die Lösung von Nievergelt und Gasser wurde auf der Grundlage der Methode des dynamischen Programmierens gefunden. Insofern sind die in diesem Abschnitt 3.4 besprochenen Verfahren durchaus geeignet, das Problem exakt zu lösen. Dabei verwendeten Nievergelt und Gasser den tabellarischen Ansatz, bei dem zu jeder Stellung (alias Zustand) x die zugehörige optimale Bewertung gespeichert wird. Ersetzen wir diese Tabelle durch einen neuronalen Bewerter mit wesentlich kleinerer Größe (Anzahl der Gewichte), dann können wir von diesem einfacheren Bewerter nicht eine perfekte Lösung erwarten, sondern wir müssen uns mit Näherungslösungen zufrieden geben.

Zum Erlernen eines neuronalen Bewerters haben wir drei unterschiedliche Verfahren diskutiert. Beim aufwendigsten wird die perfekte Information mit Hilfe der Methode des dynamischen Programmierens in Form einer umfangreichen Tabelle bzw. Datenbank zu erzeugt, um dann mit dieser einen neuronalen Bewerter zu trainieren (siehe Abschnitt 3.4.4). In anderen Worten, die Datenbank wird in den neuronalen Bewerter komprimiert. Je nach Größe des neuronalen Netzes und Auswahl der Lernmenge können hierbei jedoch mehr oder weniger gravierende Fehler entstehen.

Eine zweite Möglichkeit besteht darin, die Erzeugung einer (nahezu) optimalen Bewertungsfunktion dadurch zu beschleunigen, daß beim Einsatz der Methoden des dynamischen Programmierens die Generalisierungsfähigkeit des neuronalen Bewerters ausgenützt wird. Das allgemeine Lernverfahren wird als *TD(λ)* (*Temporal Difference Learning*) bezeichnet (siehe Abschnitt 3.4.7) Die dabei erzielbaren Beschleunigungs-Effekte haben wir in Abschnitt 3.4.7.5 ausführlich diskutiert.

Schließlich schlugen wir als dritten Ansatz vor, den neuronalen Bewerter durch relative Bewertungen eines Experten zu trainieren. Bemerkenswert bei diesem Ansatz war, daß im Vergleich zu den 10^{10} insgesamt möglichen Stellungen nur relativ wenige gut gewählte Lernbeispiele genügten (ca. 90 Stellungspaare für jede der vier Spielphasen), um für das Mühlespiel eine Performanz zu erzielen, die normal geübten menschlichen Spielern überlegen ist. Hierbei war es allerdings wesentlich, daß diese Lernbeispiele inkrementell erzeugt wurden, indem bei schwerwiegenden Zugfehlern die Lernmenge um diese Situation erweitert wurde.

Vergleichen wir diese drei Varianten, dann können wir feststellen, daß einerseits der Rechen- und Speicheraufwand der ersten Methode mit Abstand am größten ist, aber andererseits auf Grund der perfekten Information hierbei stets die besten Resultate zu erwarten sind, die nur durch die Leistungsfähigkeit des verwendeten neuronalen Netzes beschränkt werden. Die Performanz der zweiten Methode *TD(λ)* hängt ab von dem Lernaufwand. Dieser ist jedoch typischerweise wesentlich größer als beim Eintrainieren von relativen Bewertungen. Der Speicheraufwand der zweiten und dritten Methode ist gleich.

Vergleichen wir die letzten beiden Methoden, dann können wir folgende Unterschiede erkennen. Beide versuchen zwar die lokalen Inkonsistenzen (d.h. Fehler in der relativen aber nicht absoluten Bewertung) zu beseitigen, jedoch verwendet *TD(λ)* die *Temporal Differences* Δ_t , d.h. die Bewertung von in einer Interaktionssequenz aufeinanderfolgenden Zustände, während beim Erlernen relativer Bewertungen der relative Abstand zweier direkter (auswählbarer) Nachfolger verwendet wird.

Bei *TD(λ)* wird die Einhaltung einer exakten Differenz optimiert (beispielsweise $V(x_t)=\gamma \cdot V(x_{t+1})$ im Falle $\gamma<1$ und $r(x)=0$), während beim Erlernen relativer Bewertungen nur das korrekte Vorzeichen bzw. zur Erhöhung der Generalisierungsfähigkeit noch zusätzlich ein Mindestabstand gefordert wird. Die schärfere Forderung von *TD(λ)*, daß die *Temporal Differences* Δ_t gegen 0 gehen (bzw. $V(x_t)=\gamma \cdot V(x_{t+1})$ gilt im Falle $\gamma<1$ und $r(x)=0$), entspricht nur dann ungefähr den „wahren" Verhältnissen bei der optimalen Bewertung, wenn der optimale Zug ausgewählt wird. D.h. die bei *TD(λ)* ausgewerteten Informationen sind nur dann informationshaltig, wenn die aktuelle *Greedy*-Strategie nur wenige Fehler macht. Dies trifft anfangs nur für Zustände in der Nähe des Zieles zu. Zur Beschleunigung des Lernens ist deshalb die in Abschnitt 3.4.9.3 diskutierte Zerlegung des Zustandsraumes und die in Abschnitt 3.4.9.4 diskutierte Wahl der Startzustände wesentlich, bei der zuerst Bewertungen für Bereiche nahe dem Ziel (Sieg, Verlust, Remis) eingelernt werden und dann stufenweise dieser Bereich erweitert wird.

Im Unterschied hierzu hängt der Informationsgehalt der relativen Bewertung des Experten nur von dessen Kenntnissen ab. Ein weiterer Vorteil beruht darauf, daß der Experte mit Hilfe seiner relativen Bewertungen eine einfachere Strategie vorgeben kann, die vom neuronalen Netzmodell erlernt werden kann. Hierzu zwei Beispiele. Beim Schachendspiel schwarzer König und Turm gegen weißen König gibt es eine sehr simple Gewinnstrategie, bei der der weiße König vom schwarzen Turm und König in eine Ecke gedrängt wird. Allerdings ist diese Strategie nicht optimal, sondern braucht ungefähr doppelt so lange. Ähnlich verhält es sich auch beim magischen Würfel, der einige Köpfe „zum Rauchen brachte" bis schließlich in einem Nachrichtenmagazin (Der Spiegel) eine Lösung für die breite Öffentlichkeit erschien. Damit diese Lösung von „jedermanns neuronalem Netz", d.h. Gehirn, leicht erlernbar war, wurde keineswegs die optimale Lösung veröffentlicht, sondern eine einfach strukturierte („Nur Kanten vertauschen", „Nur Ecken vertauschen" etc.). Da nun *TD(λ)* gerade die optimale Lösung anstrebt, ist es möglich, daß es dabei die Leistungsfähigkeit des neuronalen Bewerters überfordert.

Ein Lösungsansatz dieses Dilemmas besteht darin, die in Abschnitt 3.4.2.1 diskutierte Methode des *Policy Iteration* zu verwenden. Hierbei halten wir die Strategie des Experten fest und lernen die zugehörige (nicht optimale) Bewertung. Verwenden wir diese (evtl. einfachere) Bewertungsfunktion zur Auswahl der Aktionen mit der *Greedy*-Strategie, dann ist garantiert, daß diese Strategie mindestens so gut ist wie die des Experten (sogar besser, sofern nicht bereits optimal).

Schließlich muß jedoch ein gravierender Nachteil des Einlernen relativer Bewertungen genannt werden. Zum einen brauchen wir einen Experten, der bereits eine gute Strategie besitzt, zum anderen benötigen wir einige Arbeitszeit dieses Experten, denn er muß uns viele Lernbeispiele geben, die keine Fehler und insbesondere keine Inkonsistenzen in deren Bewertung enthalten dürfen (beispielsweise $V(x)<V(y)$ und $V(y)<V(z)$, aber $V(x)>V(z)$). Dies kann in der Anwendung sehr aufwendig und mühsam sein. Beispielsweise konnten wir unseren Mühleexperten (und Diplomanden) motivieren immerhin 90-100 „handverlesene" Lernbeispielpaare pro Spielphase zu generieren, aber auch nicht mehr. Im Unterschied hierzu generiert sich *TD(λ)* seine Lernbeispiele selber und kann damit sehr viel mehr Erfahrungen sammeln bzw. Informationen gewinnen.

Vergleichen wir die für das Mühleendspiel gemessenen Spielstärken (siehe Tabelle 3.4), so können wir feststellen, daß *TD(λ)* eine Strategie erlernt hat, die die Obergrenze der Leistungsfähigkeit des neuronalen Bewerters erreicht: Der *TD(λ)*-Bewerter ist mindestens so gut wie der direkt mit der perfekten Datenbankinformation eintrainierte Bewerter. Diese beiden Netze spielen das Endspiel bereits so perfekt, daß diese aus fast allen Stellungen einen möglichen Sieg realisieren können. Insbesondere machen diese keine fatalen Fehler, d.h. sie verlassen nie die Siegerstraße, indem sie aus einer eigenen Siegstellung in eine Remis- oder Siegstellung des Gegners wechseln. Die Spielstärke des mit relativen Bewertungen eintrainierten Netzes folgt zwar mit deutlichem Abstand, hierbei muß jedoch berücksichtigt werden, daß zum einen relativ wenige Lernbeispiele verwendet wurden und zum anderen dieses Niveau immer noch hoch genug ist, um normal geübte Spieler zu schlagen.

Netz	Zug optimal	Zug → Remis	Zug →Niederlage	Performanz
Relativ	85.2%	0,7 %	0 %	1,082
TD(λ)	96,3%	0,0 %	0 %	1,78
Datenbank	92,7%	0,0 %	0 %	1,67

Tabelle 3.4. Vergleich der Performanz dreier neuronaler Bewertungsnetze, die bei jeweils identischer Merkmalskodierung in folgender Weise eintrainiert wurden:
- Relativ: Mit nur 90 Paaren relativ bewerteter Stellungen
- TD(λ): Mit *Temporal Difference Learning*
- Datenbank: Mit optimaler Bewertung für 1100 Stellungen

Unsere Erfahrung deckt sich auch mit der von Tesauro bei dem Spiel Backgammon. Er konnte zwar durch Lernbeispiele, die von einem Backgammon-Experten produziert wurden, die Spielprogramm-Olympiade gewinnen [Tesauro89]. Weltklasseniveau erreichte er aber erst durch Anwendung von *TD(λ)* [Tesauro92, Tesauro95].

Die von Tesauro in seinem Ansatz für das stochastische Strategiespiel Backgammon vorgeschlagene Parametereinstellung (*γ=1, r(Sieg-in-0)=1, r(Verlust-in-0)=-1 und sonst r(x)=0*) für die Kodierung des Spiel als Reinforcement-Problem läßt sich für deterministische Spiele nicht anwenden. Die optimale Bewertung lautet im deterministischen Fall:

$$V(x) := \begin{cases} -1 & x\ \textit{Siegstellung mit Abstand k zum Sieg} \\ 0 & x\ \textit{Remisstellung} \\ 1 & x\ \textit{Verluststellung mit Abstand k zum Verlust} \end{cases}$$

Damit ist jedoch keine optimale Spielstrategie möglich, da es nicht ausreicht, von einer *Sieg-in-j-* Stellung wieder zu einer *Sieg-in-k*-Stellung für irgendein k zu gelangen. Auf diese Weise ist es bei zyklischen Strategiespielen wie Mühle und

Schach möglich, daß ein möglicher Sieg nicht rechtzeitig realisiert wird und wegen Zeitüberschreitung das Spiel mit Remis abgebrochen wird.

Als Verbesserung haben wir zwei Fälle untersucht. Zum einen für $\gamma=1$ und von Null verschiedenen „Zug-Kosten" den Fall einer äquidistanten optimalen Bewertungsfunktion:

$$V(x) := \begin{cases} -1 + \dfrac{k}{m+1} & x\ \textit{Siegstellung mit Abstand k zum Sieg} \\[2em] 0 & x\ \textit{Remisstellung} \\[2em] 1 - \dfrac{k}{m+1} & x\ \textit{Verluststellung mit Abstand k zum Verlust} \end{cases}$$

In diesem Fall sind die Aktionskosten für die drei Fälle *Sieg-in-j*, *Verlust-in-j* und Remis verschieden. Da diese Reinforcement-Signale in der Anwendung nicht berechenbar sind, haben wir drei Möglichkeiten von bewertungsabhängigen Bewertungskosten vorgeschlagen. Für alle drei Möglichkeiten haben wir den Konvergenzbeweis zur optimalen Bewertung geführt (siehe Abschnitt 3.4.9.2).

Zum anderen den Fall $\gamma<1$ ohne Aktionskosten (*r(Sieg-in-0)=1, r(Verlust-in-0)= -1 und sonst r(x)=0*) mit der optimalen Bewertungsfunktion:

$$V(x) := \begin{cases} -\gamma^k & x\ \textit{Siegstellung mit Abstand k zum Sieg} \\ 0 & x\ \textit{Remisstellung} \\ \gamma^k & x\ \textit{Verluststellung mit Abstand k zum Verlust} \end{cases}$$

Durch die Einführung des *Relearn Factors* wurde der *TD(λ)*-Algorithmus wesentlich beschleunigt. Beim Mühlespiel wurde der Rechenaufwand um ca. Faktor 30 reduziert. Die erwartete Beschleunigung hängt im allgemeinen jedoch von der Anzahl der selektierbaren Aktionen ab. Bei Strategiespielen wie Mühle und Schach sind dies ungefähr 30-100. Falls jedoch nur zwei Aktionen möglich sind, wie beispielsweise bei der Bang-Bang-Regelung für das Stabbalancierungsproblem (d.h. beispielsweise mit ±5N Kraft anwenden), dann ist nur eine geringfügige Beschleunigung zu erwarten.

Der Ansatz des relativen Bewerters läßt sich durch eine Erhöhung der Vorausschautiefe noch wesentlich verbessern. Da auf Grund des höheren Berechnungsaufwandes eines neuronalen Bewerters aus Effizienzgründen die Vorausschautiefe bei vollständiger Suche auf Stufe 3 beschränkt ist, haben wir mit Hilfe der *Heuristischen Abschneidestrategie HAS* die Suche auf die vielversprechenden Äste begrenzt und konnten damit Pfade bis zur Tiefe 10 auswerten (siehe Abschnitt 3.4.3). Damit erzielten wir eine Performanz, die der von TD(λ) erreichten mindestens ebenbürtig ist. Allerdings ist hierbei der Rechenzeitaufwand beim Einsatz als Spielprogramm durch die Baumsuche wesentlich höher.

4 Evolution neuronaler Netze

Entsprechend dem biologischen Vorbild ist es naheliegend, neuronale Netze nach den Prinzipien der natürlichen Evolution zu optimieren. Evolutionäre Verfahren werden schon seit den sechziger Jahren eingesetzt, um komplexe künstliche Systeme zu optimieren. In Abschnitt 4.1 erläutern wir die Grundprinzipien evolutionärer Algorithmen und skizzieren die gebräuchlichsten Verfahren (Evolutionsstrategien, evolutionäre Programmierung, *genetische Algorithmen*, und genetisches Programmieren).

Beim Entwurf evolutionärer Algorithmen ist die Wechselwirkung zwischen Universalität und Effizienz zu beachten. Universelle Anwendbarkeit besitzen beispielsweise die Evolutionsstrategien und die genetischen Algorithmen, die nur eine Kodierung der Individuen in reellwertige bzw. binäre Vektoren voraussetzen. Je mehr man die Algorithmen jedoch auf ein spezielles Anwendungsproblem zuschneidet, desto höhere Effizienz kann man für dieses Anwendungsproblem erwarten. Das andere Extrem der Universalität ist ein Verfahren, das nur für ein Problem oder gar nur für eine Probleminstanz anwendbar ist. Im letzten Fall ist das einfach die Ausgabe der Lösung. Da solche spezielle Verfahren sonst nicht eingesetzt werden können, ist der wissenschaftliche Nutzen relativ gering (es sei denn, das spezielle Anwendungsproblem ist von großer Bedeutung).

Allgemein kann man sagen, daß der Wert eines Verfahrens sich an seiner Effizienz *und* seiner Universalität bemißt. Eine Spezialisierung ist nur dann sinnvoll, wenn dadurch ein entsprechender Effizienzgewinn erzielt wird. Bei unserem *evolutionären Netzwerkoptimierer ENZO* spezialisieren wir uns auf die Problemklasse *Neuronale Netze*. In Abschnitt 4.2 erläutern wir die Grundprinzipien von *ENZO*. In Abschnitt 4.3 stellen wir spezielle Methoden für das überwachte Lernen vor und evaluieren die Leistungsfähigkeit von *ENZO* an mehreren Benchmark-Problemen. In Abschnitt 4.4 erweitern wir die Methoden für Reinforcement-Lernprobleme. In Abschnitt 4.5 diskutieren wir einen direkten Ansatz zur Evolution eines unscharfe Reglers, ohne bei diesem Reinforcement-Problem einen neuronalen Bewerter zu verwenden. Schließlich wollen wir in Abschnitt 4.6 zeigen, daß sich die evolvierten Netztopologien effizient auf einem Parallelrechner berechnen lassen, obwohl diese eine spärliche und unregelmäßige Vernetzungsstruktur aufweisen.

4.1
Evolutionäre Algorithmen

Während die Evolutionstheorie die Entwicklung *natürlicher* Systeme wie Pflanzen, Tiere oder gar die Gattung *homo sapiens* zu begründen versucht, sind *evolu-

tionäre Algorithmen ein Ansatz, diese Modelle (oder vereinfachte Derivate) zur Optimierung komplexer *künstlicher* Systeme in einer *künstlichen* Umgebung zu verwenden. In diesem Sinne nehmen die evolutionären Algorithmen den Anspruch der Evolutionstheorie ernst, daß sich auf Grund von Zufall und Selektion hochkomplexe und an die Arbeits- bzw. Lebensumgebung hervorragend angepaßte Systeme erzeugen lassen.

Die Evolutionstheorie, deren Ursprung sich auf die berühmte Arbeit von Charles Darwin [Darwin1859], aber auch auf Vorüberlegungen von Jean Baptiste de Lamarck [1744-1829] zurückführen läßt, gilt heute als wohlfundierte und anerkannte Theorie der Entstehung der Arten. Eine genaue Diskussion dieser Theorie würde den Rahmen dieses Buches sprengen. Da die hier behandelten evolutionären Algorithmen nur die jedermann bekannten Grundprinzipien der Evolution verwenden, begnüge ich mich im folgenden damit, die Querbezüge durch die entsprechenden Stichworte aus der Evolutionstheorie aufzuzeigen.

Die Idee, *evolutionäre Algorithmen* für die Optimierung von Problemen einzusetzen, die sich mit analytischen Methoden nicht effizient lösen lassen, wurde unabhängig voneinander von mehreren Forschern in den sechziger Jahren vorgeschlagen und untersucht [Ashby60], [Bremermann62], [Rechenberg 64, 73], [Fogel, Owens, Walsh 65], [Holland75]. Aus den letzten drei Arbeiten entwickelten sich unabhängig voneinander mehrere „Schulen": *Evolutionsstrategien* basierend auf Arbeiten von Rechenberg und Schwefel (vgl. Abschnitt 4.1.7.1), *evolutionäre Programmierung* auf Grundlage der Arbeiten von L.J. Fogel und seinem Sohn D.B. Fogel (vgl. Abschnitt 4.1.7.2) und *genetische Algorithmen* basierend auf Arbeiten von Holland und Goldberg (vgl. Abschnitt 4.1.7.3). Auf Grund des wiederbelebten Interesses an evolutionären Algorithmen entstanden seit Ende der achtziger Jahre einige große Konferenzen, und die Grenzen der Schulen verwischten sich durch den gegenseitigen Austausch an Ideen. Ich möchte deshalb die allgemeinen Grundprinzipien evolutionärer Algorithmen zuerst unabhängig von diesen Schulen diskutieren (siehe Abschnitte 4.1.1 - 4.1.6) und dann in einem kurzen historischen Rückblick die speziellen Eigenschaften und Vorschläge der „Urformen" dieser Schulen erläutern (siehe Abschnitt 4.1.7).

Abschließend erfolgt noch ein Vergleich der evolutionären Algorithmen mit anderen universellen Heuristiken, die im Unterschied zur Evolution in jedem Schritt nicht eine Population, sondern nur einzelne „Individuen" (alias Näherungslösung) betrachten.

4.1.1
Grundalgorithmus

Bevor wir den Grundalgorithmus beschreiben, müssen wir den gängigen Sprachgebrauch im Bereich *evolutionäre Algorithmen* einführen. Die zu optimierende Funktion wird als *Fitneß*-Funktion (kurz Fitneß) bezeichnet. Dabei handelt es sich entweder um ein Minimierungs- oder Maximierungsproblem. Im folgenden beschränken wir uns o.B.d.A. auf Minimierungsprobleme. Wie bereits erwähnt, sind Minimierungsprobleme äquivalent zu Maximierungsproblemen, denn die Minimierung von f bedeutet gleichzeitig die Maximierung von $-f$. Diese willkürliche Festlegung entspricht zwar nicht ganz dem Sprachgebrauch (niederer Wert =

höhere Fitneß), ist jedoch bei den meisten Anwendungen adäquater (Minimierung des Lernfehlers, der Größe, der Kosten etc.).

Eine (Näherungs-) Lösung für das Optimierungsproblem wird als *Individuum* bezeichnet. Diese Individuen werden schrittweise verbessert. Das Resultat eines solchen Verbesserungsschrittes bezeichnet man als Nachkomme (alias Kind). Es lassen sich zwei Typen von Operatoren unterscheiden, um Nachkommen zu erzeugen. Bei der *Rekombination* verwendet man mehrere Individuen als sogenannte *Eltern*, bei der *Mutation* nur ein Eltern-Individuum (kurz „geschlechtsneutral": Elter).

Evolutionäre Algorithmen besitzen ein Gedächtnis für erfolgversprechende Lösungsansätze (alias Individuen), genannt *Population*. Die Größe dieses Gedächtnisses (alias Population) ist typischerweise ein zwar frei wählbarer, aber während der Simulation einer Evolution fester Parameter. Der Vorteil einer Population besteht darin, daß mehrere Entwicklungslinien parallel verfolgt werden können. Erfolgversprechende Linien können sich weiter verzweigen, die anderen werden abgebrochen.

In einem Iterationsschritt der Evolution werden parallel mehrere (oder auch nur ein) Nachkommen erzeugt, diese werden als *Generation* bezeichnet. Das heißt, die Anzahl der Generationen ist ein Zeitmaßstab für die Anzahl der durchgeführten Iterationsschritte der simulierten Evolution.

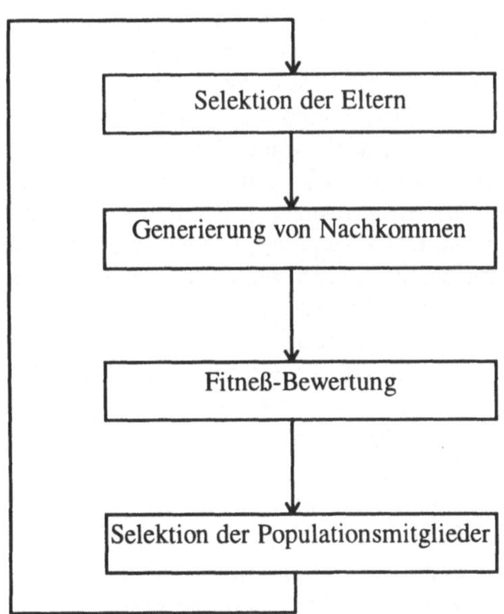

Abb. 4.1. Evolutionszyklus.

Ein Iterationszyklus der Evolution setzt sich aus vier Teilen zusammen (siehe Abb. 4.1). Zuerst werden aus der Population die Eltern selektiert, wobei die Individuen mit höherer Fitneß bevorzugt werden (siehe Abschnitt 4.1.4). Mit diesen Eltern werden mittels Mutation und Rekombination Nachkommen erzeugt (siehe Abschnitt 4.1.3). Eventuell werden die so stochastisch veränderten Individuen (alias Nachkommen) noch nachoptimiert (vgl. Abschnitt 4.1.5). Anschließend wird die Fitneß der Nachkommen evaluiert. Um die Populationsgröße konstant zu halten, wird aus den alten Populationsmitgliedern und den neu erzeugten Nachkommen die neue Population selektiert (siehe Abschnitt 4.1.4). Auch hierbei werden die Individuen mit höherer Fitneß bevorzugt. Die Steuerparameter des Evolutionszyklus wie Populationsgröße, Mutationsrate, Rekombinationsrate etc. können selbst Gegenstand evolutiver Optimierung sein und gleichzeitig mitadaptiert werden (vgl. Abschnitt 4.1.6).

4.1.2
Repräsentation – Kodierung der Individuen

Die einheitliche Kodierung von Erbinformation bei allen Lebewesen in den Chromosomen durch DNA-Sequenzen über einem vier-elementigen Alphabet, legt es nahe, dieselbe Kodierung für die Individuen zu verwenden. In diesem Sinne könnte man das Kodierungsproblem als gelöst betrachten.

Ein Vergleich mit der Kodierung von Näherungslösungen (alias Individuen) in Computerprogrammen ergibt ein ähnliches Bild. Auch hier lassen sich alle Kodierungen auf eine Sequenz über einem endlichen Alphabet reduzieren (aus hardware-technischen Gründen ist es hier allerdings ein binäres Alphabet).

Jedes Standardwerk über Algorithmentechnik betont jedoch, daß das Finden einer günstigen Repräsentation bereits die halbe Problemlösung sei. Jeder, der eigene Programme entwickelt hat, weiß aus eigener Erfahrung, daß zwar letztendlich das Programm auf Hardware-Ebene mit Binärzahlen bzw. -sequenzen arbeitet, aber auf dieser Ebene das Programm weder entwickelt noch analysiert wird.

Überträgt man die Analogie aus der künstlichen Welt der Rechenprogramme in die natürliche Welt der Verarbeitung von Erbinformation, dann ist die Hypothese plausibel, daß auch die Verarbeitung von DNA-Sequenzen in strukturierter Weise erfolgt. Hierunter sind nicht nur einfache Strukturen wie Gene als Informationsblöcke zu verstehen, sondern auch komplexere Strukturen.

Gehen wir davon aus, daß die Individuen strukturiert repräsentiert sind, dann erhebt sich die Frage, wieviel von dieser Strukturierungsinformation wollen wir bei der evolutionären Optimierung ausnützen. Benutzen wir diese Information überhaupt nicht und arbeiten nur auf den Binärsequenzen, dann ist das zugehörige Verfahren universell einsetzbar, da es keine problemspezifische Information ausnutzt. Dieser Ansatz liegt den genetischen Algorithmen zu Grunde (Abschnitt 4.1.7.3). Das andere Extrem besteht darin, die volle Strukturierungsinformation auszunutzen. In diesem Fall ist das zugehörige Optimierungsverfahren auf dieses spezielle Anwendungsproblem zugeschnitten und sonst nicht einsetzbar.

Qualitativ läßt sich sagen, daß problemspezifische Ansätze im allgemeinen zwar leistungsfähiger sind als universale Ansätze, bedingt durch ihre eingeschränkte Anwendungsfähigkeit jedoch einen großen Entwicklungsaufwand verursachen können.

Ziel muß es deshalb sein, für möglichst große Problemklassen spezifische *evolutionäre Algorithmen* zu entwickeln. Je nach Anwendungsproblem, läßt sich die Kodierung eines Individuums in Teilkomponenten (alias Attribute, *Gene*) strukturieren. Deren Attributwerte werden manchmal auch entsprechend dem Sprachgebrauch in der Biologie als *Allel* bezeichnet. Standardtypen aus dem Bereich der Algorithmentechnik sind hierbei die Typen Boolesch (d.h. binäres Alphabet), endliche Mengen (d.h. k-näres Alphabet mit k=Mengengröße), ganze Zahlen, reelle Zahlen und höhere Typen wie Reihen, Baumstrukturen und Klassen. Wie bereits erwähnt, sind die genetischen Algorithmen auf die Repräsentation von Individuen als Binärsequenzen zugeschnitten. Die evolutionären Strategien und die evolutionäre Programmierung verwenden Sequenzen von reellwertigen Vektoren (vgl. Abschnitte 4.1.7.1 und 4.1.7.2). Baumartige Strukturen werden schließlich bei der genetischen Programmierung eingesetzt.

Ziel unseres Ansatzes ist es, *evolutionäre Algorithmen* zur Optimierung neuronaler Netze zu entwickeln, d.h. wir versuchen maßgeschneiderte *evolutionäre Algorithmen* zu entwickeln, die auf den üblichen Kodierungen neuronaler Netze arbeiten und deren Evolutionsoperatoren (Rekombination, Mutation, Selektion) auf diese Klasse von Optimierungsproblemen zugeschnitten sind. Damit verlieren wir zwar den Anspruch an Universalität, können jedoch eine drastische Effizienzsteigerung erwarten.

4.1.3
Generierung von Nachkommen

Ziel der Generierung von Nachkommen ist es, mit einer Wahrscheinlichkeit, die signifikant von Null verschieden ist, einen Nachkommen zu erzeugen, der besser als seine Eltern ist. Betrachten wir zur Verdeutlichung das bekannte Kinderspiel „Blinde Kuh". Wenn wir das Ziel nicht sehen können, genügen uns Zufallsschritte, die mit Fitneß-Werten wie „kalt" und „warm" bewertet werden, um zum Ziel zu gelangen. Dabei ist es nicht günstig mit Riesenschritten im Suchraum umher zu hüpfen (d.h. Nachkommen zu generieren), um dann höchstens aus Zufall im Ziel zu landen. Wesentlich effizienter ist es, sich durch kurze Schritte (nahegelegene Nachkommen) dem Ziel zu nähern. Bei konstanter (kleiner) Schrittweite besteht allerdings die Gefahr, in einem lokalen Optimum steckenzubleiben, aus dem man sich nur durch Variation der Schrittweite befreien kann. Deshalb sollte nicht nur die Richtung des Schrittes zufällig sein, sondern auch dessen Schrittlänge.

Insgesamt ist es wichtig, eine geeignete Balance zwischen *Exploration* und *Exploitation* zu finden. Exploitation bedeutet, daß man gierig (greedy) die lokalen Verbesserungsmöglichkeiten in der Nähe der Eltern ausnützt und so inkrementell die Fitneß verbessert. Um sich dabei jedoch nicht in ein ungünstiges lokales Optimum festzubeißen, sind auch größere Änderungsschritte notwendig. Da zufällige (ungerichtete) Änderungen mit größerer Wahrscheinlichkeit eine Verschlechterung bedeuten, kann man generell qualitativ sagen, daß der Erwartungswert der Fitneß des Nachkommens bei größeren Änderungsschritten zumeist kleiner, die Varianz jedoch stets größer als bei kleineren Änderungsschritten ist. Bei zu großen Änderungsschritten ist jedoch insbesondere in der Nähe des Optimums die Wahrscheinlichkeit sehr gering, einen besseren Nachkommen zu gewinnen. Wählen wir die Schrittweite zufällig, dann ist es anzustreben, daß die Wahrscheinlichkeit einer Schrittweite mit der Wahrscheinlichkeit einer Verbesserung gegenüber den Eltern korreliert.

Zusammengefaßt bedeutet dies, daß die Aufgabe der Generierung von Nachkommen darin besteht, Individuen mit ähnlichen (guten) Eigenschaften wie die Eltern zu erzeugen. In Abschnitt 4.1.3.1 diskutieren wir hierzu die Mutation (nur ein Eltern-Individuum) und in Abschnitt 4.1.3.2 die Rekombination (zwei oder mehr Eltern).

4.1.3.1
Mutation

Bisher haben wir das Ziel des Mutationsoperators noch unpräzise formuliert: Der Nachkomme soll seinen Eltern ähnlich sein. Hierzu benötigen wir ein Abstandsmaß, welches wiederum von der Repräsentation abhängt.

Bei Binärsequenzen ist der Hammingabstand das zugehörige Abstandsmaß. Demzufolge ist in diesem Fall die *Bitinversion* der entsprechende Mutationsoperator:

> *Bitinversion*
> *Elter:*   *1 0 1 0 1 1 0*
> *Nachkomme:*   *1 0 1 1 1 1 0*

Für die Realisierung dieses Mutationsoperators gibt es zwei Möglichkeiten. Entweder werden alle Bits der Sequenz unabhängig voneinander mit einer gewissen Wahrscheinlichkeit (Mutationsrate) invertiert oder es werden für eine bestimmte Anzahl die Indizes der zu invertierenden Bits zufällig gewählt. Wählt man im zweiten Fall die Anzahl *a* fest (beispielsweise 1), dann kann ein lokales Optimum (optimal für alle Nachbarn mit Hammingabstand a) nicht mehr verlassen werden. Günstiger ist es deshalb, auch die Anzahl der zu invertierenden Bits zufällig zu wählen. Der Vorteil der zweiten Variante besteht darin, daß sich die Wahrscheinlichkeitsfunktion für die Anzahl der invertierten Bits beliebig wählen läßt, während diese im ersten Fall durch eine Binomialverteilung festgelegt ist.

Bei reellwertigen Vektoren als Individuen ist der euklidische Abstand das meistverwendete Maß. Als Mutationsoperator kann man wiederum entweder parallel alle Komponenten variieren oder nur eine oder wenige zufällig gewählte. Als Verteilungsfunktion für die Veränderung der einzelnen Komponenten kommen nach obigen Überlegungen monoton mit dem euklidischen Abstand fallende Funktionen in Frage (Wahrscheinlichkeit soll mit dem Fitneß-Erwartungswert korrelieren). Gebräuchlich ist hierfür eine Normalverteilung, d.h. die Gauß-Glockenförmige Kurve:

$$x_i := x_i + N(0,\sigma)\ \ mit\ N(0,\sigma)\ Normalverteilung\ um\ 0\ mit\ Varianz\ \sigma$$

Repräsentieren wir Attribute über einer Menge mit *k* Attributwerten durch ein *k*-elementiges Alphabet $\{a_1,..,a_k\}$, dann können wir als Mutationsoperator einen Attributwert durch einen zufälligen anderen Attributwert ersetzen. Der einfachste Ansatz besteht hierin, alle anderen Attributwerte gleichförmig zu berücksichtigen, d.h. mit Wahrscheinlichkeit *p/(k-1)* ersetzen wir einen Attributwert a_i durch einen anderen Attributwert a_j und mit Wahrscheinlichkeit *1-p* bleibt der Attributwert unverändert. Es kann jedoch auch günstig sein, die Übergangswahrscheinlichkeiten individuell festzulegen, wenn die paarweisen Ähnlichkeiten der Attributwerte untereinander differieren (z.B. Attribut Alter mit den Werten *Kleinkind, Kind,*

Jugendlich, *Twen*, ...; hier könnte eine Mutation des Attributwerts *Kind* zu *Jugendlich* häufiger sein als von *Kleinkind* zu *Twen*).

Bei gemischten Repräsentationen (z.B. reellwertige und binäre Attribute) können die Mutationsoperatoren entsprechend gemischt werden. Man kann jedoch auch für reellwertige Attribute, dargestellt als Binärzahl, die Bitinversion verwenden. Hierbei ist jedoch zu beachten, daß die Inversion eines höherwertigen Bits eine große Änderung des Attributwerts (alias Allel) bedeuten kann. Will man die Wahrscheinlichkeit größerer Änderungen entsprechend der Gaußschen Normalverteilung verringern, dann läßt sich dies dadurch realisieren, daß die Mutationsrate von der Wertigkeit des Bits abhängt: Die Mutationsrate wird multipliziert mit dem Funktionswert der Gauß-Glocke an der Stelle der Attributwertdifferenz (d.h. bei einem Bit mit Wertigkeit 2^i entsprechend mit dem Funktionswert der Gauß-Glocke an der Stelle 2^i).

Generell kann man für zusammengesetzte Attributtypen wie Klassen, Reihen und baumartigen Strukturen die Mutationsoperatoren für die Basistypen verwenden. Darüber hinaus lassen sich jedoch auch auf der höheren Ebene Mutationsoperatoren definieren. Bei baumartigen Strukturen kann man beispielsweise das Austauschen von Teilbäumen als Mutationsoperatoren definieren. Bei Bedarf kann dieser Austausch typgerecht erfolgen, d.h. nur Teilbäume mit demselben oder kompatiblen Wurzeltyp dürfen ausgetauscht werden. Bei Reihen bzw. Sequenzen können wir als Mutationsoperator einerseits Teilsequenzen herausnehmen und an zufälliger Stelle wieder einfügen. Andererseits ist es auch denkbar, Teilsequenzen zu invertieren (*Inversion*), d.h. herausnehmen und in umgekehrter Reihenfolge wieder einfügen. Beide Operatoren werden auch bei der natürlichen Verarbeitung der Erbinformation verwendet.

> *Inversion*
>
> *Elter:* $\quad\quad\quad x_1 \dots x_i \; x_{i+1} \dots x_j \; x_{j+1} \dots x_n$
> *Nachkomme:* $\quad x_1 \dots x_i \; x_j \dots x_{i+1} \; x_{j+1} \dots x_n$

Folgendes Beispiel soll den Nutzen dieser Operatoren verdeutlichen. Kodieren wir beim Travelling-Salesman-Problem ein Individuum als Sequenz von Städten, dann existieren zwei naheliegende Tour-Verbesserungsoperatoren, die ausgehend von einem beliebigen Individuum (alias Städtetour) gemeinsam sehr gute Näherungslösungen erzeugen: der Or-Operator und der 2-Kanten-Tausch. Beim Or-Operator (Bezeichnung zu Ehren des Mathematikers Or) wird eine kurze Teilsequenz von 1-3 Städten aus der Tour entfernt und an einer anderen (günstigeren) Stelle wieder eingefügt. Beim 2-Kanten-Tausch werden 2 Kanten entfernt und die entstehenden zwei Teiltouren mit zwei neuen Kanten wieder zusammengefügt. Dieser Operator ist äquivalent zur Inversion einer Teilsequenz. Standardmäßig verwendet man diese Operatoren deterministisch, d.h. man versucht durch systematische (erschöpfende) Suche, Stellen zu finden, an denen sich durch einen dieser Operatoren eine Verbesserung erzielen läßt. Es ist jedoch fast genauso effizient, diese Stellen zufällig zu suchen, einen Nachkommen mit dem entsprechenden Mutationsoperator zu erzeugen und diesen nur bei einer Verbesserung in die Population aufzunehmen.

4.1.3.2
Rekombination

Ziel der Rekombination ist es, die Eigenschaften von zwei oder mehr Eltern zu mischen. Ein erwünschter Nebeneffekt soll hierbei sein, daß die gemeinsamen Eigenschaften der Eltern erhalten bleiben. Dies bedeutet nach fortgeschrittener Evolution eine enorme Suchraum-Reduktion um viele Dimensionen (so viele wie die Anzahl gemeinsamer Attributwerte der Eltern). Denn als Nachkommen werden nur noch solche Individuen erzeugt, die diese Eigenschaften ebenfalls besitzen.

Bei der einfachsten Art der Rekombination werden unabhängig voneinander die einzelnen Attribute gemischt, d.h. die Attributwerte werden zufällig von einem der Eltern an den Nachkommen vererbt:

> **Diskrete Rekombination**
>
> $Elter_1$:　　　　　$x_1\,x_2\,x_3\,x_4\,x_5\,x_6\ldots\,x_n$
>
> $Elter_2$:　　　　　$y_1\,y_2\,y_3\,y_4\,y_5\,y_6\ldots\,y_n$
>
> $Nachkomme$:　　$y_1\,x_2\,x_3\,y_4\,x_5\,y_6\ldots\,x_n$

Bei reellwertigen Attributwerten kann man die Attributwerte der Eltern auch durch eine Mittelwertbildung mischen:

> **Intermediäre Rekombination**
>
> $Sei\ Elter_1$: $= x\ und\ Elter_2 = y,$
>
> $dann\ ist\ Nachkomme\ z\ definiert\ durch$: $z_i := (x_i + y_i)/2$

Beide Rekombinationsoperatoren lassen sich auch für mehr als zwei Eltern definieren. In der Natur wie bei künstlichen Anwendungsproblemen hat sich jedoch die Beschränkung auf zwei Eltern als vorteilhaft und ausreichend erwiesen.

Vergleichen wir diese beiden Rekombinationsoperatoren, so können wir feststellen, daß die diskrete Rekombination die Vielfalt der Attributwerte erhält, während die intermediäre Rekombination diese auf einen gemeinsamen Mittelwert fokussiert. Je nach Anwendungsproblem kann der eine oder andere Effekt vorteilhaft sein. Bei den Evolutionsstrategien hat sich beispielsweise herausgestellt, daß für die Optimierung der Attribute der Individuen die diskrete Rekombination wesentlich günstiger ist als die intermediäre Rekombination, da bei letzterer die Diversität der Population auf Grund der Fokussierung der Attributwerte zu gering ist und keine ausreichende Exploration des Suchraums zuläßt [Rechenberg94, Schwefel95]. Andererseits hat sich für die Optimierung der Evolutionsparameter (Mutationsrate etc.) die intermediäre Rekombination als günstiger erwiesen, da sich die Güte einer Mutationsrate nicht direkt an der Fitneß eines einzelnen Nachkommens bewerten läßt, sondern nur an der mittleren Güte vieler Nachkommen. Durch die Übertragung von gemittelten Mutationsraten erfolgreicher Eltern durch die intermediäre Rekombination läßt sich die Mutationsrate adaptiv optimieren [Rechenberg94].

Obige Rekombinationsoperatoren setzen voraus, daß die Attribute unabhängig voneinander variiert werden können. Betrachten wir jedoch den Fall, daß diese Werte bei guten Individuen miteinander korrelieren, dann wird bei einer solchen Durchmischung mit hoher Wahrscheinlichkeit ein Nachkomme mit zu geringer Fitneß (nicht überlebensfähig) erzeugt. Dies kann die Effizienz wesentlich mindern.

Zur Verdeutlichung ein kleines Beispiel: Die Attributwerte für Fußgröße, Beinlänge, Armeslänge und Rumpflänge sollten korrelieren, wenn man nicht unproportionierte Nachkommen erzeugen will.

Gehen wir nun davon aus, daß zusammengehörige Attribute bei der Kodierung des Individuums in benachbarten Regionen gespeichert werden, dann können wir das Problem korrelierender Attribute dadurch lösen, daß wir die zugehörigen Teilblöcke vollständig entweder von dem einen oder dem anderen Elter an den Nachkommen vererben:

> **Crossover**
> $Elter_1$: $x_1 \ldots x_i \; x_{i+1} \ldots x_j \; x_{j+1} \ldots x_n$
> $Elter_2$: $y_1 \ldots y_i \; y_{i+1} \ldots y_j \; y_{j+1} \ldots y_n$
> $Nachkomme$: $x_1 \ldots x_i \; y_{i+1} \ldots y_j \; x_{j+1} \ldots x_n$

Hierbei werden die Auftrennpunkte (***crossover point***) zufällig gewählt. Bei n Crossover Points (Crossover-Punkte) wird dieser Operator auch *n-Point-Crossover* genannt. Für die Effizienz dieses Operators ist es wesentlich, daß die Repräsentation des Individuums so gewählt wird, daß zusammengehörende Attribute möglichst nicht durch einen *Crossover*-Punkt getrennt werden.

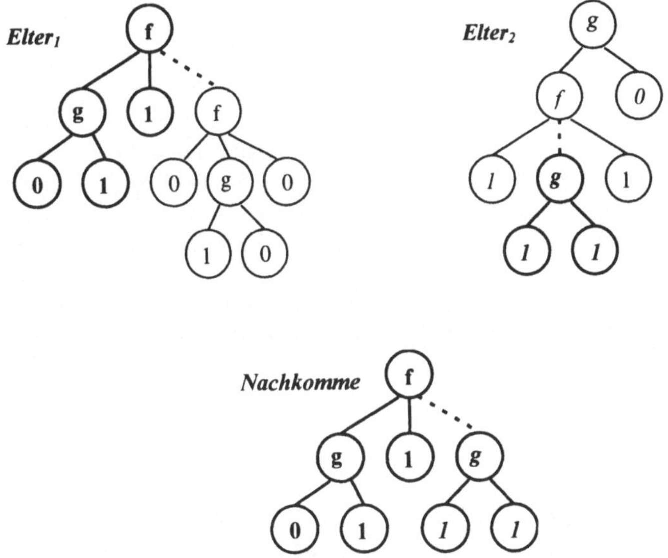

Abb. 4.2. Rekombination bei baumartigen Strukturen. Zufällig gewählte Unterbäume werden ausgetauscht. Mutationen entsprechen dem Spezialfall, daß Blätter ausgetauscht werden.

Verwenden wir eine Kodierung als Binärsequenz und sind bei dieser Kodierung die Grenzen einzelner Attribute (= Teilsequenzen) bekannt, dann ist es insbesondere vorteilhaft, Attributwerte nicht durch den *Crossover-Operator* auseinanderzureißen, sondern als *Crossover*-Punkte nur die Attributs-Grenzen zuzulassen.

Bei baumartig strukturierten Repräsentationen kann man die elterlichen Eigenschaften mischen, indem man Teilbäume austauscht, d.h. man wählt sich als

Crossover-Punkt jeweils zufällig einen Knoten im Baum beider Eltern und vertauscht die zugehörigen Teilbäume. Eventuell kann man bei der Wahl der *Crossover*-Punkte die Typ-Kompatibilität der ausgewählten Knoten prüfen (siehe Abb. 4.2).

4.1.4
Selektion

Während bei evolutionären Algorithmen die Nachkommen mittels Mutation und Rekombination zufällig generiert werden, wobei eine Verbesserung der Fitneß im allgemeinen weniger wahrscheinlich ist als eine Verschlechterung, sorgt die Selektion für die notwendige Fokussierung auf das Ziel. Bei der bereits erwähnten und für die Effizienz eines Suchalgorithmus wesentlichen Balance zwischen Exploration und Exploitation, haben Mutation und Rekombination die Aufgabe einer effizienten Exploration, hingegen bündelt die Selektion die Suchrichtung im Sinne der Exploitation.

Es gibt zwei Stufen der Selektion. In der ersten Stufe wird ausgewählt, welche Individuen zur Population gehören sollen (siehe Abschnitt 4.1.4.4). Alle Individuen, die bei diesem Auswahlprozeß scheitern, werden endgültig von der weiteren Betrachtung ausgeschlossen. Wenn wir die Population als Gedächtnis für die erfolgversprechenden Individuen interpretieren, bedeutet dies, daß wir diese Individuen aus dem Gedächtnis gestrichen haben.

Die zweite Stufe der Selektion ist die Auswahl der Eltern (siehe Abschnitt 4.1.4.2). Nur die Individuen, die hierbei ausgewählt werden, dürfen Nachkommen erzeugen, d.h. ihre Entwicklungslinie fortsetzen. Die anderen müssen eine Runde „aussetzen" und laufen Gefahr, bei der nächsten Auswahl der Populationsmitglieder nicht berücksichtigt zu werden und damit keine Chance mehr zu haben, ihre Eigenschaften an einen Nachkommen weiterzuvererben und damit die Entwicklungslinie fortzusetzen.

Bei der Selektion kann man entweder einen globalen Wettbewerb veranstalten oder die Auswahl auf eine lokale Umgebung beschränken (siehe Abschnitt 4.1.4.1).

4.1.4.1
Populationsmodelle

Die einfachste Modellierung der Population ist eine einfache Menge. In diesem Fall wird die Selektion global durchgeführt, alle Mitglieder stehen untereinander in direktem Wettbewerb um die zukünftigen Rechenkapazitäten, d.h. Erzeugen und Evaluieren von Nachkommen. Der Vorteil eines solchen globalen Wettbewerbs liegt darin, daß die global Besten zügig weiterentwickelt werden. Hierin verbirgt sich jedoch auch ein Nachteil, da dann andere Individuen keine Chance haben, in einer Nische ihre Entwicklungslinie so lange fortzusetzen, bis sie konkurrenzfähig geworden sind. In der praktischen Anwendung bedeutet dies, daß die Evolution zum *Hillclimbing*-Verfahren (siehe Abschnitt 4.1.8.1) degenerieren kann, da nur noch das beste Individuum bzw. sehr ähnliche Abkömmlinge die Population und damit die Evolution beherrschen.

Eine Alternative hierzu ist das Inselmodell, bei dem die Evolution getrennt auf den verschiedenen Insel abläuft und nur manchmal Individuen auf andere Inseln zu Auffrischung des *Genmaterials* wechseln. Hierbei kann man entweder zu bestimmten Zeitpunkten einen globalen Austausch durchführen, bei dem die global besten Individuen auf alle Inseln verteilt werden, oder die Individuen können zu jedem Zeitpunkt mit einer allerdings kleinen *Migrationsrate* auf andere Inseln wechseln. Bei beiden Ansätzen ist gewährleistet, daß Individuen sich unabhängig von den global Besten in einer Nische weiterentwickeln können. Auf lange Sicht werden diese gegen die global Besten allerdings nur überleben können, wenn es ihnen gelingt, rechtzeitig eine konkurrenzfähige Fitneß-Bewertung zu erreichen.

Eine andere Alternative besteht in einem Nachbarschaftsmodell. Nachkommen erzeugen dürfen nur die Individuen, die in ihrer lokalen Nachbarschaft die beste Fitneß haben. Im Falle der Rekombination sucht sich dabei das beste Individuum zufällig einen Partner in seiner Nachbarschaft. Der Nachkomme ersetzt dann ein Individuum aus der Nachbarschaft. Hierbei sind verschiedene Nachbarschaften denkbar. Plazieren wir die Population beispielsweise auf einem zwei-dimensionalen Gitter, dann könnte man einerseits Umgebungen mit gleichförmigen Radien als Nachbarschaft definieren. Andererseits kann man die Durchmischung der Individuen auch durch sternförmige Umgebungen forcieren, bei der Nachkommen in größerer Entfernung von ihren Elter-Individuen plaziert werden und dadurch schneller die *Geninformation* in der Gesamtpopulation verbreiten.

4.1.4.2
Selektion der Eltern

Bei der Selektion der Eltern sollen generell die Individuen mit besserer Fitneß bevorzugt werden. Der Grund hierfür liegt darin, daß die Fitneß auch ein Maßstab für den Erwartungswert der Fitneß der Nachkommen sein sollte, d.h. Individuen mit höherer Fitneß sollten einen höheren Erwartungswert für die Fitneß der Nachkommen besitzen.

Inwiefern diese Eigenschaft erfüllt ist, hängt von der Repräsentation und der Wahl der Mutations- bzw. Rekombinationsoperatoren ab. Betrachten wir zur Vereinfachung nur die Mutation. In diesem Fall wird durch den Mutationsoperator eine Nachbarschaft induziert: Der Grad der Nachbarschaft ist durch die Verteilungsfunktion der Mutation bestimmt, bei der reellwertigen Mutation beispielsweise die Gauß-Glocke, bei binären Mutationen eine Gleichverteilung über alle Individuen mit Hammingabstand 1. Der Erwartungswert der Nachkommen ist der (mit der Verteilungsfunktion gewichtete) Mittelwert der Fitneß-Funktion in dieser lokalen Umgebung. Aus diesem Grund ist es ausreichend, wenn die Fitneß-Funktion in der lokalen Umgebung (näherungsweise) stetig ist.

Folgendes Beispiel soll dieses Problem verdeutlichen. Definieren wir beispielsweise die Fitneß-Funktion mit

$$f(x) := \begin{cases} 100 & x = 0 \\ x^2 & sonst \end{cases}$$

und initialisieren die Population mit Werten aus dem Intervall [-1,1], dann hat ein Individuum mit $x=0$ zwar einerseits mit Abstand den höchsten Fitneß-Wert in der

Population, aber andererseits den geringsten Erwartungswert für die Fitneß der Nachkommen. Eine Selektion, die stets das beste Individuum (d.h. $x=0$) auswählt, wird folglich stagnieren, da dieses außer sich selber nur schlecht bewertete Individuen erzeugen kann.

Im folgenden wollen wir deshalb davon ausgehen, daß der Anwender die Repräsentation geeignet gewählt hat und die „Quasi"-Stetigkeitseigenschaft (ähnliche Individuen besitzen ähnliche Fitneß) erfüllt ist. In diesem Fall verbleibt das Problem der lokalen Optima. Nehmen wir hierzu an, daß das bestbewertete Individuum der Population ein lokales Optimum der Fitneß-Funktion ist. [Anmerkung: Der Begriff „lokal" wird im diskreten Fall durch die Mutation induziert und ist definiert als der Bereich von Individuen, die mit einer Mutation erreichbar sind.] Dann können wir vom bestbewerteten Individuum keine Verbesserung erwarten, auch wenn es den höchsten Erwartungswert für die Fitneß der Nachkommen besitzt. Nur von weiter entfernten Individuen ist noch eine Verbesserung zu erwarten.

Anders ausgedrückt, bei der Auswahl der Eltern gilt es nicht nur den Erwartungswert der Fitneß der Nachkommen zu maximieren, sondern es muß auch der Explorationsgewinn mitberücksichtigt werden. Wenn die lokale Umgebung von Individuen mit etwas geringerer Fitneß bisher kaum untersucht wurde, ist es vorteilhaft diese als Eltern zu wählen, um die Chance auf eine Verbesserung zu erhöhen.

Der Explorationsgewinn bzw. ein Maß für die Exploriertheit der lokalen Umgebung eines Individuums läßt sich in der Anwendung zwar schwer bestimmen, ein guter Kompromiß besteht jedoch darin, nicht nur das beste Individuum als Elter auszuwählen, sondern auch mit monoton fallender Wahrscheinlichkeit die nächstbesten.

Hierfür wurden zwei Möglichkeiten vorgeschlagen: *Fitness Based Selection* und *Ranking Based Selection*. Bei der Fitneß-basierten Selektion ist die Auswahlwahrscheinlichkeit proportional zur Fitneß, d.h. bei einer Populationsgröße μ und Anzahl von Nachkommen λ gilt:

Fitness Based Selection

$$P(x) = \frac{\lambda}{\mu} \cdot \frac{f(x)}{\sum_{x' \in Pop.} f(x')} \quad mit$$

P(x) = Wahrscheinlichkeit der Auswahl von Individuum x

und Fitneß-Funktion f

Der Nachteil bei der Fitneß-basierten Selektion ist die Abhängigkeit von der Fitneß-Funktion f. Zwar ist die Auswahlwahrscheinlichkeit P invariant gegenüber Skalierung mit einem konstanten Faktor, nicht aber gegen Translation durch Addition einer Konstanten. Verwenden wir beispielsweise beim Travelling-Salesman-Problem als Fitneß-Funktion jeweils die Länge der zugehörigen Städtetour, dann werden sich im Verlaufe der Evolution die Fitneß-Werte in der Nähe des Optimums häufen, und zwar beträgt die relative Differenz typischerweise unter 5%

[Braun90]. Dies hat jedoch zur Folge, daß dann auch die Auswahlwahrscheinlichkeiten relativ zueinander höchstens um 5% differieren $(P(x)/P(x')\in$ $[0.95,1.05])$, d.h. $P(x)$ ist für alle Individuen praktisch gleich und damit ist die Selektion nicht mehr wirksam.

Dieses Problem kann man dadurch umgehen, daß man das Optimum der Fitneß-Funktion auf 0 normiert. Hierzu müßte man allerdings den Fitneß-Wert der optimalen Lösung bereits kennen. In der praktischen Anwendung genügt jedoch auch ein hinreichend guter Näherungswert (allerdings muß dieser eine untere Schranke sein, da andernfalls der Fitneß-Wert f(x) und damit P(x) negativ werden kann).

Eine andere Möglichkeit besteht darin, daß man dynamisch eine untere Schranke der aktuellen Fitneß-Werte in der Population abzieht.

Diese Probleme lassen sich umgehen, indem man die Fitneß-Werte nur zur Sortierung der Individuen benutzt und dann die Auswahlwahrscheinlichkeit nur von der Rangreihenfolge $r(x)$ abhängen läßt:

Ranking Based Selection

$$P(x) = \frac{g(r(x))}{\sum_{x'\in Pop.} g(r(x'))} \quad mit$$

$P(x) = Wahrscheinlichkeit\ der\ Auswahl\ von\ Individuum\ x$

$r(x) = ranking\ von\ x\ in\ der\ aktuellen\ Population\ gemäß\ Fitneß\text{-}Funktion\ f$

$und\ g\ monoton\ fallende\ Funktion\ größer\ 0$

Für g kommen verschiedene Funktionen in Frage:

- *Exponentiell:* $g(x) = a^{-x}$

- *Hyberbolisch:* $g(x) = x^{-a}$

- *Die besten k:* $g(x) := \begin{cases} 1/k & x \le k \\ 0 & sonst \end{cases}$

Welche von diesen Varianten die effizienteste ist, hängt vom Anwendungsproblem ab und läßt sich allgemein nicht beantworten. Eine Daumenregel besagt jedoch, daß das bessere Viertel der Population drei Viertel der Nachkommen erzeugen sollte.

4.1.4.3
Evaluation der Fitneß

Die Fitneß-Funktion ist im allgemeinen durch das Optimierungsproblem als die zu optimierende Funktion vorgegeben. Dabei kann jedoch der Fall auftreten, daß diese nicht effizient zu berechnen ist. Betrachten wir beispielsweise als Optimierungskriterium die Generalisierungsfähigkeit eines neuronalen Netzes. Auch wenn wir bei einer effizient berechenbaren Zielfunktion den Generalisierungsfehler für jede einzelne Eingabe effizient berechnen können, kann bei der Evolution die Berechnung des durchschnittlichen Generalisierungsfehlers über alle Eingaben bei weitem zu aufwendig sein (beispielsweise diskreter Eingaberaum $\{0,1\}^{50}$ oder gar kontinuierlicher Eingaberaum $[0,1]$). In diesem Fall kann man sich mit einer Stichprobe (alias Testmenge) behelfen, die einerseits hinreichend repräsentativ, aber andererseits noch effizient berechenbar ist. Da diese beiden Kriterien gegensinnig sind, muß in der Anwendung häufig ein Kompromiß gefunden werden. Dies kann einen sogenannten *Overfitting*-Effekt zur Folge haben, d.h. eine zu intensive Optimierung des Fehlers auf der Testmenge durch die Evolution kann den tatsächlichen durchschnittlichen Generalisierungsfehler in die Höhe treiben.

Eine Alternative hierzu bietet eine Testmenge, die bei jeder Generation für die Fitneß-Evaluation zufällig neu gewählt wird. Um zu vermeiden, daß ein Individuum durch die glückliche Wahl der Testmenge ein für allemal eine viel zu günstige Bewertung bekommt und damit fälschlicherweise immer wieder als Elter ausgewählt wird, muß diese Fitneß-Bewertung bei jeder Selektion wiederholt werden. Die Effizienz dieser Auswertung läßt sich dadurch steigern, daß man bei der Neubewertung der alten Populationsmitglieder einerseits nur die neu bewertet, die in der aktuellen Generation Nachkommen erzeugt haben (bei den anderen ist eine Überbewertung nicht zu befürchten), und andererseits bei den wiederholt bewerteten Individuen die Glaubwürdigkeit der Bewertung dadurch erhöht, daß man die alte Bewertung mitberücksichtigt: Als Fitneß-Wert berechnet man den durchschnittlichen Generalisierungsfehler über die aktuelle und alle vorherigen Testmengen für dieses Individuum.

Ein weiteres Beispiel ist die Performanz bei Reinforcement-Problemen. Optimieren möchte man zwar das erwartete Reinforcement über eine große Menge von Startzuständen, für eine effiziente Fitneß-Bewertung muß man sich jedoch mit einer kleinen Auswahl repräsentativer Startzustände begnügen.

Schließlich kann sich bei der co-evolutiven Optimierung von Strategien wie beispielsweise für Mühle oder Schach die Fitneß-Funktion dynamisch ändern: Gesucht ist zwar eigentlich eine optimale Strategie gegen einen *optimal* spielenden Gegenspieler. Da dieser jedoch nicht verfügbar ist, muß man sich mit einem Vergleich zu den evolvierten Spielern in der Population der Gegenspieler begnügen (Hinweis: Bei den meisten Spielen lassen sich beide Populationen unifizieren, vgl. Abschnitte 3.4.9.6 und 4.4.3). Damit ändert sich die Fitneß-Funktion ebenfalls dynamisch.

Für diese und ähnliche Fälle bietet sich als alternative Bewertung eine Turnier-Bewertung an: Man lost für alle Individuen zufällig eine kleine Auswahl von „Gegnern" aus, d.h. andere Individuen aus der Population, und vergleicht diese paarweise (Generalisierungsfehler auf der Testmenge bzw. Reinforcement-Bewertung auf einer Testmenge bzw. Testspiel) und vergibt für jeden Sieg einen Punkt. Die erreichten Punkte ergeben dann den aktuellen Fitneß-Wert. Auf Grund der Stochastizität der Gegnerauswahl kann man bei der Selektion in diesem Fall auf eine zusätzliche Stochastizität der Selektion der Eltern verzichten und einfach die höchstbewerteten Individuen als Eltern auswählen. Dieses Bewertungsverfahren wird als ***Tournament Selection*** bezeichnet.

Durch die Anzahl der Vergleichspartner kann man den Grad der „Globalität" der Selektion steuern. Wenn alle mit allen verglichen werden, ist dies äquivalent zur *(μ+λ)-Strategie* bei den Evolutionsstrategien. Bei geringer Anzahl von Partnern können auch Individuen mit vergleichsweise geringer Fitneß mit etwas Glück die Selektion „überleben". Allerdings benötigt ein Individuum um so mehr Glück, je schlechter seine Fitneß ist. Das schlechteste Individuum wird stets ausscheiden, da es alle Vergleiche verliert. Das beste wird hingegen stets überleben, da es alle Vergleiche gewinnt (*Elitist-Strategie, vgl. Abschnitt 4.1.4.5*).

Sind die Vergleichspartner nicht zufällig gewählt, sondern durch eine Nachbarschaftstruktur fest vorgegeben, dann entspricht dies je nach Struktur einem der Populationsmodelle in Abschnitt 4.1.4.1 (Inselmodell etc.). In diesem Fall können sich ökologische Nischen ausbilden.

4.1.4.4
Penalty-Terme in der Fitneß-Funktion

Verwenden wir universale Repräsentationen wie Bitsequenzen, dann tritt in der Anwendung häufig das Problem auf, daß nicht alle Bitsequenzen der Kodierung eines Individuums entsprechen. Dies hat zur Folge, daß Mutanten (alias Nachkommen) nicht immer zulässige Individuen sind. Nun könnte man solche Mutationen einfach verbieten, aber leider lassen sich solche Mutationen nicht immer vermeiden.

Das folgende Beispiel soll dies verdeutlichen. Kodieren wir beispielsweise beim Travelling-Salesman-Problem mit 4 Städten jede Stadt durch 2 Bits und eine Städtetour dementsprechend als Sequenz von 4 Blöcken à 2 Bits:

> *z.B. die Städtetour 1   0   3   2*
> *durch den String   01 00 11 10*

dann erzeugt jede einzelne Bitinversion eine unzulässige Tour, denn die zugehörige Stadt von dem Block, in dem die Bitinversion liegt, kann in der Mutante nicht mehr auftreten.

Durch eine problemabhängige komplexere Mutation läßt sich natürlich dieses Problem vermeiden. Will man jedoch die Mutationsoperatoren auf die Standardoperatoren (wie z.B. Bitinversion) beschränken, dann besteht die Möglichkeit, diese unzulässigen Individuen zu erlauben, jedoch den Grad der Verletzung der Zulässigkeitsbedingung mit einem Strafterm zu bewerten. In unserem Beispiel zum Travelling-Salesman-Problem könnte man etwa für jede nicht besuchte Stadt Strafpunkte vergeben. Dabei muß die Strafe mindestens so groß sein, wie die Integration dieser Städte kosten würde, d.h. pro ausgelassener Stadt beispielsweise die maximale Kantenlänge in guten Städtetouren. Eine zu große Strafe ist jedoch ebenfalls zu vermeiden, da diese die Auswahlwahrscheinlichkeit dieses (bestraften) Individuums zu sehr reduziert (quasi-steril).

4.1.4.5
Selektion der Populationsmitglieder

Die Selektion der Populationsmitglieder hat die Aufgabe, die Populationsgröße konstant zu halten. Wenn bei einer Populationsgröße von μ Individuen λ neue

Nachkommen erzeugt worden sind, erhebt sich die Frage, welche der insgesamt $\mu+\lambda$ Individuen in die neue Population übernommen werden sollen. Da bei der Selektion der Eltern die Auswahl stochastisch gewählt werden kann, wollen wir uns hier auf den Fall der Auswahl der μ besten Individuen beschränken. Hierbei gibt es zwei Möglichkeiten: Entweder diese werden nur aus den Nachkommen ausgewählt (*(μ,λ)-Strategie*), oder die Auswahl erstreckt sich auch auf die alten Populationsmitglieder (*($\mu+\lambda$)-Strategie*).

Der Vorteil der *($\mu+\lambda$)-Strategie* besteht darin, daß die besten Lösungen nicht vergessen werden. [Anmerkung: Diese Eigenschaft wird auch als *Elitist-Strategie* bezeichnet.] Dies ist insbesondere bei Optimierungsproblemen mit exakt und effizient berechenbarer Fitneß-Funktion günstig. Ist dies jedoch nicht der Fall, dann ist dieser Vorteil auf Grund der näherungsweisen Berechnung der Fitneß-Funktion zweifelhaft und eventuell die *(μ,λ)-Strategie* vorzuziehen. Diese hat den Vorteil einer besseren Exploration, da die Eltern die bereits Nachkommen erzeugt haben, nicht nochmals neue Nachkommen erzeugen dürfen, sondern nur noch deren Nachkommen.

4.1.5
Mehrstufige Optimierung

Idealerweise ist eine zu minimierende Fitneß-Funktion konvex. In diesem Fall findet jede inkrementelle Verbesserungsheuristik wie *Hillclimbing*, Gradientenabstieg, *Simulated Annealing* und auch *evolutionäre Algorithmen* die optimale Lösung. In praktischen Anwendungsfällen ist die Optimierungsfunktion jedoch oft nicht konvex, sondern enthält viele lokale Minima. Betrachten wir beispielsweise ein reales Gebirge, dann ist die grobe Form der Gebirgsketten überlagert durch lokale Hügel. Eine solche Optimierungsfunktion bezeichnet man als multimodal. Verwenden wir nun von einem beliebigen Startpunkt aus den Gradientenabstieg, dann landen wir in der nächsten Kuhle zwischen den Hügeln, selten jedoch bei einer guten Lösung. Wählen wir hingegen eine große Schrittweite, dann werden wir damit bereits erreichte lokale Optima in der Population kaum verbessern können, da wir bei einer großen Schrittweite zwar im Einzugsbereich eines anderen lokalen Optimums landen, jedoch mit großer Wahrscheinlichkeit nur auf einem Durchschnittswert, der gegenüber den lokalen Optima in der Population nicht konkurrenzfähig ist. Infolgedessen stagniert die Evolution, da keine überlebensfähige Nachkommen erzeugt werden.

In diesem Fall ist es naheliegend, die Mutanten vor deren Evaluation einer Feinoptimierung zu unterziehen. Zur Feinoptimierung kann man wiederum einen evolutionären Algorithmus benutzen, der als einelementige Startpopulation die Mutante verwendet und dann diese für eine gewisse Anzahl von Generationen (mit einer kleineren Mutations-Schrittweite) optimiert. Es lassen sich jedoch auch andere Verfahren wie *Hillclimbing*, Gradientenabstieg oder *Simulated Annealing* einsetzen.

Verwenden wir *Hillclimbing* bzw. Gradientenabstieg, dann kann man das Verfahren auch als *Evolution auf lokalen Minima* bezeichnen, da die Mutanten jeweils lokal optimiert werden und die Population infolgedessen aus lokalen Minima besteht.

Setzen wir jeweils zur Feinoptimierung einen evolutionären Algorithmus ein, dann läßt sich dieses Konzept der Nachoptimierung theoretisch beliebig iterieren, d.h. auch bei der Feinoptimierung werden die Nachkommen wiederum nachoptimiert usw. In der praktischen Anwendung ist jedoch eine mehrstufige Nachoptimierung entweder nicht nötig oder bei schwierigeren (d.h. größeren) Problemen zu rechenaufwendig.

Eine einstufige Nachoptimierung ist jedoch insbesondere dann sehr effizient, wenn die Nachoptimierung bzw. lokale Optimierung durch Gradientenabstieg schnell berechenbar ist (wie beispielsweise bei der Optimierung neuronaler Netze, vgl. Abschnitt 4.2).

4.1.6
Evolution der Evolutionsparameter

In Abschnitt 2.2 haben wir gezeigt, daß beim Gradientenabstieg durch eine adaptive Schrittweitensteuerung die Effizienz wesentlich gesteigert werden kann. Die Anpassungs-Heuristik war erfolgsorientiert, d.h. die Schrittweite wurde so lange exponentiell vergrößert, bis eine weitere Vergrößerung eine Verschlechterung ergab. Der Schrittweite entspricht bei der Evolution die Mutationsrate. Insofern ist es naheliegend, auch hier die Mutationsrate exponentiell anzupassen. Der Erfolg wird beim Nachkommen daran gemessen, daß er die Selektionshürde übersteht. Das läßt sich dadurch realisieren, daß wir die Repräsentation des Individuums um die Mutationsrate erweitern und die Nachkommen jeweils mit der individuellen Mutationsrate des Elter-Individuums erzeugen. Dabei werden die Mutationsraten ebenfalls zufällig verändert. Die besten Überlebenschancen werden Nachkommen mit gut angepaßter Mutationsrate haben: Bei zu kleiner Mutationsrate sind die möglichen Verbesserungen zu gering, bei zu großer Mutationsrate geht zuviel von der erreichten Näherungslösung des Elter-Individuums durch die Mutation verloren.

Wie bereits in Abschnitt 4.1.3.2 erwähnt, kann es problematisch sein, die exponentielle Variation der Mutationsrate beim Nachkommen allein auf Grund der Information festzuschreiben, daß mit dieser Mutationsrate dieser Nachkomme erfolgreich erzeugt wurde. Es ist vielmehr anzustreben, daß sich eine Mutationsrate nicht nur in einem Einzelfall bewährt hat, sondern in möglichst vielen. Deshalb ist es vorteilhaft, hierbei auch die erfolgreichen Mutationen anderer Elter-Individuen zu berücksichtigen. Dies läßt sich durch die paarweise Mittelung bei der *intermediären Rekombination* realisieren (s. Abschnitt 4.1.3.2).

Darüber hinaus läßt sich die Mutationsrate auch über die Erfolge in der Vergangenheit glätten. Diesen Ansatz kann man mit einem Trägheitsmoment dadurch realisieren, daß man bei einer erfolgreichen Variation der Mutationsrate diese nur zu einem Bruchteil beim Nachkomme festschreibt. Beträgt beispielsweise die exponentielle Variation Faktor 1.2 bzw. 0.8, dann wird im Erfolgsfall (d.h. Selektion des Nachkommens, der mit einer durch diesen Faktor variierten Mutationsrate erzeugt wurde) beim Nachkomme nur eine Variation um Faktor 1.02 bzw. 0.98 festgeschrieben. Mit diesen beiden Glättungen sowohl in der Breite als auch in der Tiefe des Stammbaumes der Evolution durch die *intermediäre Rekombination* und das Trägheitsmoment bei der Anpassung ist es möglich, die Mutationsrate sehr effizient anzupassen [Rechenberg94].

Außer der Schrittweite kann man auch versuchen die Suchrichtung anzupassen. Beim Gradientenabstieg ist diese gegeben durch die Gradienteninformation. Zwar muß auf diese Information bei der Evolution verzichtet werden, jedoch kann man auch hier versuchen, aus der Vergangenheit zu lernen. Betrachten wir Repräsentationen mit reellwertigen Vektoren und Mutationen mit einer Gaußschen Verteilungsfunktion, dann entspricht die Anpassung der Mutationsraten der Anpassung der individuellen Weiten der Gauß-Glocken je Dimension. Durch eine Drehung der Suchrichtung werden die Hauptachsen dieser elliptisch verzerrten Gauß-Glocken gedreht. Insbesondere lassen sich damit korrelierte Mutationen erzeugen.

Folgendes Beispiel soll dies verdeutlichen. Betrachten wir ein zwei-dimensionales Problem mit der Mutationsrate 0.1 in Richtung x_1 und 0 in Richtung x_2. Eine Drehung um 45° der Hauptachse x_1 auf die erste Winkelhalbierende bewirkt, daß alle Mutationen auf den beiden Komponenten x_1 und x_2 korreliert und gleich groß sind. Solche korrelierten Mutationen sind oft sehr vorteilhaft, wie beispielsweise bei unserem Beispiel mit den Teilkomponenten *Armeslänge, Beinlänge, Fußgröße*. Aus diesem Grund erscheint es sinnvoll, im Laufe der Evolution die Effizienz der Suche dadurch zu verbessern, daß solche mehr oder weniger ausgeprägten Korrelationen gelernt werden.

Auch die anderen Evolutionsparameter lassen sich auf diese Weise anpassen, wie beispielsweise die Rekombinationsrate und zusätzliche Parameter für die Nachoptimierung (z.B. Anfangsschrittweite beim Gradientenabstieg). Allerdings vergrößert sich durch diese Erweiterungen auch der Suchraum, denn die Evolution muß für jeden zusätzlichen Parameter die optimale Einstellung explorieren. Beispielsweise bedeutet die Optimierung der Mutationsrate gegenüber einer optimal voreingestellten Mutationsrate, daß auch Nachkommen mit zu großer und zu kleiner Mutationsrate erzeugt werden. Diese Fehlversuche sind notwendig, um die Optimalität immer wieder aufs Neue zu explorieren bzw. zu evaluieren.

Die Schlußfolgerung daraus lautet, daß möglichst nur die Parameter durch die Evolution mitoptimiert werden sollten, die sich nicht hinreichend gut voreinstellen lassen. Also insbesondere die Parameter, deren optimale Einstellung im Verlaufe der Evolution stark variiert.

4.1.7
Historischer Rückblick

4.1.7.1
Evolutionsstrategien (ES)

Die Evolutionsstrategien wurden in den sechziger Jahren von Rechenberg und Schwefel vorgeschlagen [Rechenberg65], [Rechenberg73/94], [Schwefel68], [Schwefel75], [Schwefel95]. Damals wurden diese Optimierungsverfahren nicht zur Simulation auf einem Computer eingesetzt, sondern zur Optimierung bei einem experimentellen Versuchsaufbau. Auch heute noch setzt Rechenberg die *evolutionäre Strategien* zur experimentellen Optimierung ein, z.B. zur Optimierung des Windkonzentrators *BERWIAN* (Berliner Windkraftanlage) oder zur Reduzierung des Luftwiderstandes an den Tragflächenspitzen durch kontrollierte Randwirbel.

Die Individuen werden als reellwertige Vektoren kodiert. Bei der Mutation wird eine normalverteilte Zufallsgröße auf jede Komponente addiert:

$$x_i := x_i + N(0,\sigma) \quad mit \ N(0,\sigma) \ Normalverteilung \ um \ 0 \ mit \ Varianz \ \sigma$$

Die Idee der evolutionären Optimierung der Strategieparameter wie Mutationsrate und Hauptachsen der Gauß-Glocken ist auf die Arbeiten von Rechenberg und Schwefel zurückzuführen (siehe Abschnitt 4.1.6) und stellt ein wesentliches Charakteristikum der Evolutionsstrategien dar.

Die Rekombination ist im Vergleich zum Mutationsoperator eher von sekundärer Bedeutung. Für die Optimierung der Strategieparameter wird die *intermediäre Rekombination* favorisiert. Bei der Optimierung der Attribute der Individuen hängt es vom Anwendungsfall ab, in der Regel ist jedoch auf Grund der Erhaltung der Diversität der Attributwerte die *diskrete Rekombination* günstiger (vgl. Abschnitt 4.1.3.2).

Bei der Selektion wird nur eine Selektion der Populationsmitglieder durchgeführt. Hier unterscheiden wir die *(µ,λ)-Strategie* und die *(µ+λ)-Strategie* (vgl. Abschnitt 4.1.4.5). Bei der Auswahl der Eltern werden hingegen alle Individuen der Population in gleichem Maße berücksichtigt.

Eine wichtige Spezialform ist die (1+λ)-Strategie. Rechenberg hat diese Variante theoretisch besonders intensiv analysiert [Rechenberg94] und verwendet die (1+λ)-Strategie häufig in experimentellen Labor-Versuchsumgebungen als effizientes *Hillclimbing*-Verfahren (vgl. Abschnitt 4.1.8.1), da eine breitere Exploration hierbei zu aufwendig ist.

[Anmerkung: Die Bezeichnung *(µ,λ)-Strategie* bzw. *(µ+λ)-Strategie* wurde von Rechenberg und Schwefel eingeführt. Wir benutzen diese jedoch auch bei den anderen evolutionären Algorithmen.]

4.1.7.2
Evolutionäre Programmierung (EP)

Die Grundzüge der evolutionären Programme wurden in den sechziger Jahren von Fogel, Owens und Walsh vorgeschlagen [Fogel, Owens,Walsh 65]. David B. Fogel, der Sohn von Lawrence J. Fogel, nahm Ende der achtziger Jahre diese Forschungstradition wieder auf und verhalf diesen Ideen durch Gründung einer Gesellschaft (Evolutionary Programming Society] und jährlichen internationalen Konferenzen zu einem beachtlichen Bekanntheitsgrad [Fogel88], [Fogel92], [Fogel, Atmar 92].

Wie bei den Evolutionsstrategien sind die Individuen als reellwertige Vektoren kodiert. Aus ideologischen Gründen polemisiert D.B. Fogel gegen die Verwendung eines Rekombinationsoperators in Form von *Crossover* als biologisch unbegründet [Fogel93] und läßt deshalb nur Mutationsoperatoren zu. Auch hier wird bei der Mutation auf die einzelnen Komponenten eine normalverteilte Zufallszahl addiert. Allerdings wird die Weite bzw. Varianz bestimmt durch den Abstand zum Optimum (o.B.d.A. gleich 0):

$$x_i := x_i + N(0,\sigma)$$

mit N(0,σ) Normalverteilung um 0 mit Varianz σ

$$und \quad \sigma := \sqrt{\alpha_i \cdot f(x) + \beta_i}$$

Dabei garantiert die Konstante β_i eine Mindestvarianz und α_i skaliert für jede Dimension individuell die Fitneß-Funktion. Die Idee, die Mutationsrate vom Abstand des Optimums abhängen zu lassen, erscheint erfolgversprechend zu sein: weiträumige Exploration bei großer Entfernung zum Optimum, Feinoptimierung hingegen in der Nähe des Optimums. Das Problem hierbei ist jedoch, daß man in den meisten Anwendungsfällen den Fitneß-Wert einer optimalen Lösung nicht kennt. In diesem Fall muß man sich mit einer möglichst guten Schranke des Optimums (=Minimum) behelfen.

Diese etwas ungewöhnliche Wahl der Schrittweite (alias Mutationsrate) läßt sich durch eine quadratische Approximation begründen:

$$Sei\ x_1 = x_2 = \ldots = x_n\ und\ f(x) = x_1^{\ 2} + x_2^{\ 2} + \ldots + x_n^{\ n}$$

$$dann\ ist\ die\ optimale\ Schrittweite\ \Delta x_i\ =\ x_i\ =\ \sqrt{f(x)\,/\,n}$$

Inzwischen gibt es jedoch auch die Variante *Meta-EP*, bei der wie bei den Evolutionsstrategien die Schrittweite bei der Evolution mitoptimiert wird.

Wie bei den Evolutionsstrategien findet auch hier nur eine Selektion der Populationsmitglieder statt: Jedes Mitglied der Population erzeugt unabhängig von seiner Fitneß genau eine Mutante (alias Nachkomme). Diese werden anschließend in einem Wettbewerb untereinander verglichen, wobei jeder gleich viele zufällige Vergleichspartner zugelost bekommt. Gewertet werden als Fitneß-Wert die Anzahl der Siege (vgl. Abschnitt 4.1.4.3). Die bessere Hälfte der Individuen werden als neue Population gewählt, entsprechend der *(μ+μ)-Strategie*. Das Gesamtauswahlverfahren wird auch als *Tournament Selection* bezeichnet.

4.1.7.3
Genetische Algorithmen (GA)

Die genetischen Algorithmen gehen auf Arbeiten von J.H. Holland zurück [Holland75] und wurden u.a. durch das Buch seines Schülers Goldberg besonders populär [Goldberg89].

Das Modell der genetischen Algorithmen ist ein stark vereinfachtes Modell der natürlichen Genetik. Die Kodierung eines Individuums heißt *Genotyp*, hingegen sein Erscheinungsbild *Phänotyp*. Der Genotyp ist eine Sequenz der Gene (auch Genstring genannt) und wird als Binärsequenz repräsentiert. Als Mutation wird beim Standard-GA die *Bitinversion* und die *Inversion* von Teilsequenzen verwendet (siehe Abschnitt 4.1.3.1). Entsprechend dem biologischen Vorbild wird beim Standard-GA als Rekombination der *Crossover-Operator* eingesetzt, bei dem zusammenhängende Blöcke von einem der Eltern an den Nachkommen vererbt werden (siehe Abschnitt 4.1.3.2). Seltener wird die diskrete Rekombination benutzt, die hier allerdings als **Uniform Crossover** bezeichnet wird.

Im Unterschied zur Evolutionsstrategie ist bei genetischen Algorithmen die Rekombination der überwiegende Operator zur Generierung von Nachkommen. Zusätzlich können ausgewählte Eltern unverändert als Nachkomme geklont werden (**Reproduktion**). Die Mutation wird eher selten angewandt und dient nur zur Erhöhung der Diversität in der Population.

Bei der Selektion ist die Selektion der Eltern das zentrale Kriterium. Beim Standard-GA wird die *Fitness Based Selection* verwendet, bei Optimierungsproblemen hat sich jedoch in der Anwendung die *Ranking Based Selection* als effizienter erwiesen (vgl. Abschnitt 4.1.4.2).

Bei der Variante *Steady State* wird pro Generation nur ein Nachkomme erzeugt und in die Population eingeordnet (entspricht der *(μ+1)-Strategie*). Bei der Variante *generational* wird die gesamte Population durch die Nachkommen ersetzt (entspricht der *(μ,μ)-Strategie*). Bei Verwendung der *Reproduktion* können jedoch auch in diesem Fall Individuen der alten Population überleben (je fitter, desto wahrscheinlicher). Schließlich gibt es auch noch die Variante *Generational Gap*, bei der $\lambda < \mu$ Nachkommen erzeugt werden, die die schlechtesten Individuen verdrängen. Dies entspricht ungefähr der *(μ+λ)-Strategie*. Der Unterschied, daß auch schlechte Nachkommen übernommen werden, macht sich in der Anwendung nicht bemerkbar, da die schlechten Nachkommen nur sehr selten als Eltern selektiert werden.

Zur Analyse der Funktionsweise eines genetischen Algorithmus ist das Konzept des Schemas von Bedeutung. Ein Schema ist eine Sequenz über dem Alphabet $\{0,1,*\}$ mit gleicher Länge wie der Genotyp. Die mit „*" gekennzeichneten Stellen werden als „don´t care" interpretiert. Beispielsweise gehört der Genotyp

$$0\ 1\ 0\ 0\ 1\ 0\ 1\ 0$$

zum Schema

$$0\ *\ 0\ 0\ *\ 0\ 1\ *.$$

Da bei den genetischen Algorithmen der Genotyp strikt vom Phänotyp getrennt wird, ist auf der Ebene des Genotyps nicht bekannt, welche Teile im Genotyp zusammengehören und ein charakteristisches Merkmal des Phänotyps bilden. In diesem Sinne ist ein Schema eine Maske, die spezifiziert, welche Teile zusammengehören. Insgesamt gibt es sehr viele Schemata: Bei einer Genotyp-Länge n existieren 3^n verschiedene Schemata. Andererseits gehört jeder einzelne Genotyp 2^n verschiedenen Schemata an. D.h. bei der Suche nach der optimalen Lösung reduziert sich der gesamte Suchraum von 3^n potentiellen Schemata, die in der Population vorkommen können, drastisch auf einen kleinen Bereich von ungefähr 2^n Schemata, sofern die Population im Verlauf der Evolution auf ein lokales Optimum konvergiert. Die Aussage des *Fundamental-Theorems* lautet nun kurz zusammengefaßt:

> *Die Anteile kurzer Schemata mit überdurchschnittlicher Fitneß (relativ zur aktuellen Population) nehmen jeweils im Verlauf der Evolution exponentiell zu.*

Im folgenden wollen wir diese Aussage präzisieren. Die Länge eines Schemas (*length*) ist definiert als der Abstand zwischen dem ersten und letzten signifikanten (d.h. nicht „*") Bit. Die Ordnung eines Schemas (*order*) ist die Anzahl der signifikanten Bits. Beispielsweise hat das Schema

$$0\ *\ 0\ 0\ *\ 0\ 1\ *$$

die Länge 7 und die Ordnung 5. Das Fundamental-Theorem für den Standard-GA mit *Fitness Based Selection* und der *Generational*-Strategie lautet:

$$E(S,t+1) \geq N(S,t) \cdot (1 - P_C(S)) \cdot (1 - P_M(S)) \cdot \frac{f(S,t)}{f(*,t)}$$

mit $E(S,t+1) =$ *Erwartungswert der Anzahl der Genotypen*
         gemäß Schema S in Generation t+1

$N(S,t) =$ *Anzahl der Genotypen gemäß Schema S in Generation t*

$P_C(S) = p_c \cdot length(S) /n \quad \geq$
         Zerstörungswahrscheinlichkeit durch Crossover bei Crossoverrate p_c

$P_M(S) = p_m \cdot order(S) /n \quad =$
         Zerstörungswahrscheinlichkeit durch Mutation bei Mutationsrate p_m

$f(*,t) = $ *durchschnittliche Fitneß aller Genotypen in Generation t*
$f(S,t) = $ *durchschn. Fitneß der Genotypen gemäß Schema S in Gen. t*

In Worten bedeutet dies:

- Nur Schemata mit überdurchschnittlicher Fitneß werden überproportional selektiert (Erwartungswert: $N(S,t) \cdot f(S,t)/f(*,t)$).
- Nur Schemata kurzer Länge werden durch den zufälligen *Crossover*-Punkt (bzw. Schnitt) hinreichend selten zerstört ($\leq P_C(S) = p_c \cdot length(S) /n$).
- Nur Schemata kleiner Ordnung werden durch die zufällige Bitinversion hinreichend selten zerstört ($P_M(S) = p_m \cdot order(S) /n$).

Dieses simple theoretische Resultat sollte allerdings nicht zur Einstellung der Mutationsrate p_m bzw. Crossoverrate p_c herangezogen werden: So sollten sich zwar gemäß Fundamental-Theorem die überdurchschnittlichen Schemata am schnellsten durchsetzen, wenn die Mutations- und Crossoverrate gleich 0 ist. In diesem Fall ist jedoch auch die Exploration des Suchraums gleich 0 und die Population konvergiert in wenigen Generationen auf das beste Individuum in der Anfangspopulation.

Nützlich ist dieses Resultat vielmehr für die Wahl der Repräsentation, denn mit dem Fundamental-Theorem läßt sich die *Building-Block-Hypothese* begründen:

> *Die Gesamtlösung wird aus kleinen Bausteinen (sogenannten „building blocks" alias Schemata kurzer Länge) mit überdurchschnittlicher Fitneß zusammengesetzt.*

Für die Wahl der Repräsentation bedeutet dies umgekehrt, daß sich die gesuchten (nahezu) optimalen Lösungen aus solchen kleinen Bausteinen mit überdurchschnittlicher Fitneß evolvieren lassen *sollten.* D.h. die *building blocks* einer (nahezu) optimalen Lösung sollten nicht nur bei der Instanziierung der *don't cares* mit der Bit-Kombination der optimalen Lösung eine hohe Fitneß besitzen, sondern auch bei der Instanziierung der *don't cares* mit Bit-Kombinationen suboptimaler Lösungen (genauer: relativ zu diesen eine überdurchschnittliche Fitneß).

Aus diesem Grund sollten die charakteristischen Merkmale des Phänotyps möglichst kompakt im Genotyp kodiert werden, damit sich die zugehörigen Schemata nicht nur bei der Selektion durchsetzen, sondern auch gegen den *Crossover-Operator* Bestand haben.

Vernachlässigen wir darüber hinaus den Einfluß des Mutationsoperators, dann gilt, daß die übereinstimmenden *Bits* der Eltern auch beim Nachkommen erhalten bleiben, da der *Crossover-Operator* diese invariant läßt. Insofern wird die Zerstörungswahrscheinlichkeit eines Schemas nicht durch dessen Länge, d.h. maximaler Abstand signifikanter *Bits*, sondern durch dessen *effektive* Länge, d.h. maximaler Abstand signifikanter *differierender Bits*, bestimmt Sind nun im Verlauf der Evolution ein Teil der *Bits* genetisch fixiert, d.h. bei allen Populationsmitgliedern gleich, dann lassen sich auch längere Schemata evolvieren, da dann für die *effektive* Schema-Länge nur die nicht fixierten Bits betrachtet werden. D.h. die Evolution wird zuerst kurze *building blocks* mit hoher Fitneß selektieren und dann durch deren Fixierung in der Population nach und nach größere Blocks wachsen lassen, bis die Population zu einer einzigen Lösung konvergiert ist.

Vergleichen wir den *Crossover-Operator* mit der diskreten Rekombination (alias *Uniform Crossover*), so läßt sich qualitativ sagen, daß dieser bei unbekannten Strukturgrenzen der Merkmalskodierung vorteilhaft ist, da größere Teilstücke als Ganzes an den Nachkommen vererbt werden und damit auch kompakt kodierte Merkmale. Umgekehrt ist die diskrete Rekombination von Vorteil, wenn die Strukturgrenzen der Merkmalskodierung bekannt sind und diese Merkmale phänotypisch weitgehend unabhängig voneinander sind, da damit eine stärkere Durchmischung der elterlichen Eigenschaften möglich ist (bei Crossover kann man unter *n Crossover*-Punkten wählen, bei der diskreten Rekombination hingegen gibt es 2^n verschiedene Rekombinationsmöglichkeiten von zwei Eltern).

Zusammenfassend können wir feststellen, daß die Evolution gemäß dem Fundamental-Theorem die *building blocks* selbständig findet, ohne daß der Anwender diese in der Struktur des Genotyps spezifizieren muß. Falls diese jedoch bekannt ist, läßt sich die Effizienz wesentlich beschleunigen, indem als *Crossover*-Punkte nur die Struktur- bzw. Merkmalsgrenzen zugelassen werden. Dadurch wird verhindert, daß atomare Merkmalseinheiten auseinandergerissen und aus inkompatiblen Bruchstücken der jeweiligen Eltern wieder zusammengefügt werden.

4.1.7.4
Genetische Programmierung (GP)

Der Einsatz evolutionärer Algorithmen zur Entwicklung von funktionalen Programmen wurde Anfang der neunziger Jahre von Koza vorgeschlagen und genetisches Programmieren genannt [Koza91], [Koza93]. Die Idee, Algorithmen zu evolvieren ist keineswegs neu, sondern wurde bereits in den sechziger Jahren von den Kybernetik-Forschern diskutiert. Beispielsweise wird in dem Buch von Fogel, Owens und Walsh die Evolution von endlichen Automaten vorgeschlagen, um künstliche Intelligenz zu kreieren [Fogel, Owens,Walsh 66]. Noch frühere Arbeiten stammen von Friedberg [Friedberg, Dunham, North 58], [Friedberg59].

Seiner Zeit entsprechend benutzt jedoch Koza nicht endliche Automaten, sondern funktionale Programme wie beispielsweise die Programmiersprache LISP. Deswegen wählte Koza als Repräsentation Baumstrukturen (sogenannte Zerteiler-Bäume) zur Kodierung eines Programms. Eine while-Schleife wird hierbei beispielsweise durch einen Knoten mit zwei Söhnen (Bedingung, Schleifenrumpf) repräsentiert, eine if-Anweisung entsprechend durch einen Knoten mit drei Söhnen (Bedingung, then-Anweisung, else-Anweisung).

Zur Generierung von Nachkommen verwendet er neben der *Reproduktion* ausschließlich die Rekombination auf Bäumen, d.h. den Austausch von zwei zufällig gewählten Teilbäumen. Eine Mutation auf Blattebene wird jedoch praktisch durch die Rekombination auf Blattebene realisiert. Die Selektion entspricht der *Generational*-Variante bei den genetischen Algorithmen, d.h. *Fitness Based Selection* und *(μ,μ)-Strategie*.

Um auch größere Programme entwickeln zu können, ist es möglich, Makros zu bilden, d.h. Teilbäume mit Namen zu belegen und diese Namen an anderen Stellen zu verwenden.

Gut geeignet scheint der Ansatz vor allem dann zu sein, wenn der Suchraum auf kurze Bäume beschränkt werden kann. Der Erfolg dieses Ansatzes hängt demnach wesentlich davon ab, daß der Anwender die Grundoperatoren problemabhängig so wählt, daß relativ kurze (aber eventuell trickreiche) Programme zur Lösung ausreichen.

4.1.8
Vergleich zu anderen Optimierungsheuristiken

Im folgenden wollen wir die evolutionären Algorithmen mit anderen Verbesserungsheuristiken vergleichen, die jedoch in jedem Iterationsschritt nur ein Individuum betrachten, d.h. die Population (alias Gedächtnis) ist ein-elementig.

4.1.8.1
Hillclimbing

Evolutionäre Algorithmen mit einer *(1+λ)-Strategie* entsprechen bei diskreten Suchräumen (z.B. ganzzahligen Vektoren) im wesentlichen der *Hillclimbing*-Strategie: Die Population besteht aus nur einem Individuum, in jedem Schritt wird zufällig eine oder mehrere benachbarte Mutanten erzeugt und die beste genau dann als neuer Ausgangspunkt akzeptiert, wenn diese eine bessere Fitneß als das Eltern-Individuum besitzt. Verwenden wir für die Änderung bei der Mutation eine Gaußsche Verteilungsfunktion, dann können jedoch lokale Minima wieder verlassen werden, da auch große Änderungen möglich sind, wenn auch nur mit einer kleinen Wahrscheinlichkeit.

Da kontinuierliche Systeme sich durch ein Gittermodell approximieren lassen, ist es auch interessant *Hillclimbing* auf dem Gittermodell mit einer *(1+λ)-Strategie* im kontinuierlichen Zustandsraum zu vergleichen. Bei konstanter Schrittweite in jeder Dimension sind die beiden Verfahren äquivalent.

4.1.8.2
Simulated Annealing

Simulated Annealing entspricht einer (2,2)-Strategie, bei der in jedem Iterationsschritt eines der beiden Individuen x^1 und x^2 in der Population mit folgender Fitneß-basierten Wahrscheinlichkeit ausgewählt werden:

$$\frac{P(e=x^1)}{P(e=x^2)} \;=\; \frac{e^{-f(x^1)/T}}{e^{-f(x^2)/T}} \;=\; e^{(f(x^2)-f(x^1))/T}$$

mit P(e=x) = Wahrscheinlichkeit, daß x als Elter ausgewählt wird

(f Fitneß-Funktion, T Temperatur)

Von diesem Elter-Individuum werden dann zwei Nachkommen erzeugt: Durch die Reproduktion eine Kopie und durch die Mutation eine Mutante. Verwenden wir bei binären bzw. bipolaren Vektoren ($\{0,1\}^n$ bzw. $\{-1,1\}^n$) die Bitinversion als Mutation, dann erhalten wir damit gerade die Boltzmann-Maschine (vgl. Abschnitt 2.4.5).

4.1.8.3
Threshold Accepting/Sintflut-Algorithmus

Threshold Accepting [Dück, Scheuer 90] und Sintflut-Algorithmus [Dück93] sind vereinfachte Varianten von *Simulated Annealing*, bei denen ebenfalls eine Temperaturkonstante schrittweise abgesenkt wird.

Bei *Threshold Accepting* werden Mutanten stets akzeptiert, sofern sich die Fitneß gegenüber dem Elter-Individuum um weniger als T verschlechtert. Dies entspricht einer *(1+1)-Strategie*, bei der der Nachkomme bei der Selektion der Populationsmitglieder einen Bonus T bekommt.

Beim Sintflut-Algorithmus werden Mutanten stets akzeptiert, sofern die Fitneß besser als T ist. In diesem Fall wird allerdings die Temperatur nicht auf 0 abgesenkt, sondern maximal bis zum globalen Optimum (= Minimum). Dieser Ansatz entspricht einer *(1+1)-Strategie*, bei der der Nachkomme einen maximalen Bonus bekommt, falls sein Fitneß-Wert T unterschreitet.

Auch wenn der Zusammenhang hier etwas künstlich erscheint, gibt es doch eine Ähnlichkeit zum allgemeinen evolutionären Algorithmus mit *(μ+λ)-Strategie*. Auch hier werden alle Nachkommen akzeptiert, die besser sind als eine bestimmte Schranke, und in die Population aufgenommen. Diese Schranke wird dynamisch definiert durch den λ-schlechtesten Fitneß-Wert in der aktuellen Population. Da sich die Population bei jedem Iterationsschritt monoton verbessert, fällt dieser Grenzwert monoton, bis schließlich keine Nachkommen mehr unterhalb dieser Grenze erzeugt werden, und die Evolution in einem (hoffentlich) guten lokalen Optimum (= Minimum) konvergiert. Man kann also die *(μ+λ)-Strategie* als parallelen Sintflut-Algorithmus bezeichnen bei dem der „Wasserstand" (alias *T*) dynamisch durch den λ-schlechtesten Fitneß-Wert in der aktuellen Population definiert ist.

[Anmerkung: Der Name Sintflut-Algorithmus stammt von der Anwendung als Maximierungs-Heuristik. In diesem Fall steigt T bzw. der Wasserpegel. Nur die Bereiche, die über dem Wasserspiegel liegen (Inseln) dürfen beliebig exploriert werden, bis schließlich der Wasserspiegel so hoch gestiegen ist, daß das Individuum auf einem lokalen Optimum gefangen ist.]

4.2
Grundkonzeption von ENZO

4.2.1
Aufgabenstellung

Ziel unseres *E*volutiven *N*et*Z*werk*O*ptimierers *ENZO* ist es, sowohl die Topologie als auch die Parameter (Gewichte) eines neuronalen Netzes zu optimieren. Der Benutzer soll hierzu auf möglichst hohem Niveau das Optimierungsproblem spezifizieren können. Eine solche Spezifikation besteht einerseits aus dem Lernproblem (beispielsweise Lernmenge und Testmenge) und andererseits aus den Bewertungskriterien (beispielsweise Gewichtung von Netzgröße versus Performanz). Wie wir bereits in Abschnitt 2.1.4 erläutert haben, ist dieses Optimierungsproblem bei mehrschichtigen vorwärtsgerichteten neuronalen Netzen wie beispielsweise dem *Multilayer Perceptron* nicht effizient lösbar (NP-vollständig). Aus diesem Grund ist der Einsatz von Heuristiken bzw. Näherungsverfahren und somit auch von evolutionären Algorithmen gerechtfertigt.

Durch die gleichzeitige Optimierung von Topologie und Parameter kann *ENZO* Synergieeffekte nutzen und damit einen wesentlichen Effizienzgewinn erzielen (vgl. Abschnitte 4.2.2.2 und 4.3.2.1). Darüber hinaus lassen sich durch diesen Synergieeffekt neuronale Netze evolvieren, für deren Topologie das zugehörige Lernverfahren bei Zufallsinitialisierung der Parameter (Gewichte) keine geeignete Einstellung dieser Parameter findet. Für den Anwender bestehen deshalb folgende Vorteile:

1. Er wird von einer Reihenuntersuchung zum Austesten verschiedener „plausibler" Netztopologien entlastet.
2. Durch den Synergieeffekt von Evolution und Lernen können bei begrenzter Rechenzeit wesentlich mehr Topologien „getestet" werden als in einer Reihenuntersuchung.
3. Durch Austesten verschiedener Topologien mit der üblichen Zufallsinitialisierung lassen sich neuronale Netze mit vergleichbarer Fitneß nicht finden.

ENZO soll nicht nur auf ein Netzmodell und ein Lernverfahren zugeschnitten sein, sondern eine einheitliche evolutive Optimierungs-Umgebung bieten, in der unterschiedliche Netzmodelle, Lernverfahren und auch Hardwareplattformen integriert werden (siehe Abb. 4.3). In der gegenwärtigen Ausbaustufe werden folgende Teilkomponenten unterstützt:

- Als Vertreter für die implizite Wissensrepräsentation das *Multilayer Perceptron* und als Vertreter für die explizite Wissensrepräsentation bzw. Neuro-Fuzzy-Systeme das Modell der radialen Basisfunktionen.
- Bei den überwachten Lernverfahren die Gradientenabstiegsverfahren *Backpropagation* und *Rprop* und für Reinforcement-Lernprobleme *Temporal Difference Learning*.
- Als Hardwareplattform existiert neben der zumeist benutzten Workstation auch eine Anbindung an den SIMD-Parallelrechner *MasPar*.

ENZO ist in Kombination mit dem *Stuttgarter Neuronale-Netze-Simulators (SNNS)* für Forschung und Lehre allgemein zugänglich. Eine detailliertere Beschreibung der aktuellen Softwareumgebung ist in den entsprechenden Dokumentaionen von *ENZO* (siehe [Braun, Ragg 95]) und *SNNS* (siehe [Zell94], [Zell95]) zu finden.

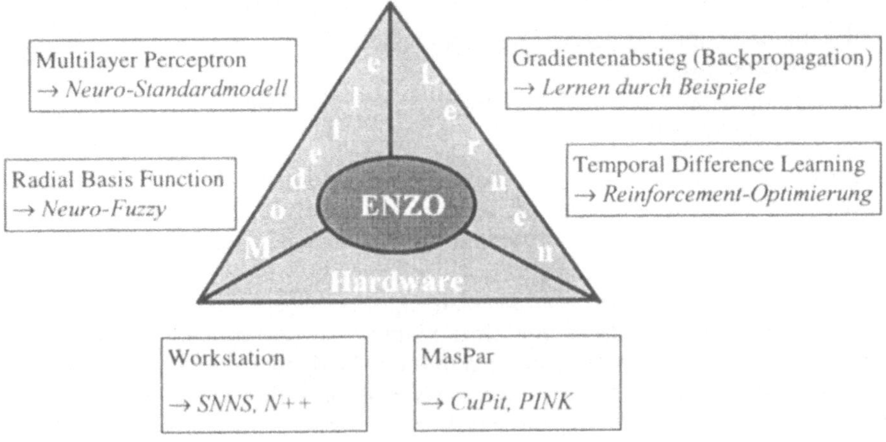

Abb. 4.3. Übersicht über die Schnittstellen von *ENZO*.

4.2.2
Grundkonzept

Lernen und Evolution sind zwei Grundprinzipien, nach denen in der Natur die „biologischen" neuronalen Netze optimiert werden. Hierbei verstehen wir unter Lernen die Optimierung eines neuronalen Netzes zu Lebzeiten des „Besitzers" und unter Evolution die Optimierung über Generationen hinweg. Diese Unterscheidung macht zunächst bei künstlichen neuronalen Netzen keinen Sinn, da diesen keine „Lebenszeit" zugeordnet werden kann. Sowohl bei der Evolution als auch beim Lernen erzeugt jeder Schritt ein *neues* neuronales Netz, das mehr oder weniger ähnlich zu der Version davor ist. Der Grad der Ähnlichkeit ist hierbei ebenfalls kein Kriterium zur Unterscheidung von Lernen und Evolution, so kann man beispielsweise jeden Lernschritt auch als Mutationsschritt im Sinne der Evolution bezeichnen und umgekehrt.

Auch wenn die Übergänge fließend sind, so kann man doch sagen, daß die Evolution die Grobstruktur des Phänotyps optimiert, während Lernen die Feinanpassung realisiert. Dies entspricht auch den Zeitskalen: Die Evolution paßt die Grobstruktur über lange Zeiträume an, während Lernen das Verhalten kurzfristig und dynamisch an die aktuelle Umgebung adaptieren muß. Übertragen wir diese Überlegungen auf die Optimierung neuronaler Netze, dann lassen sich auch hier ein Optimierungsproblem der Grobstruktur und eines der Feinstruktur unterscheiden:

- Das Finden einer optimalen Topologie, d.h. Anzahl der verborgenen Schichten (hidden layers) und deren Größe sowie die Verbindungsstruktur (welche Neuronen sind verbunden, welche nicht)
- Das Finden optimaler Gewichte bei gegebener Topologie

Gemäß dem Vorbild der Natur ist es aus diesem Grund naheliegend, für die Optimierung der Topologie einen evolutionären Algorithmus und für die Feinanpassung ein Lernverfahren zu verwenden:

- Evolution optimiert Grobstruktur (Topologie)
  (langfristige Adaption)
- Lernen optimiert Feinstruktur (Parameter, d.h. Gewichte)
  (kurzfristige Adaption)

In diesem Sinne läßt sich die „Lebenszeit" eines neuronalen Netzes dadurch definieren, daß diese beginnt mit der Generierung mittels Mutation oder Rekombination aus den Eltern und endet mit dem Ausscheiden aus der Population. Veränderungen beim Lernen ändern dabei die Identität nicht.

Theoretisch könnte man zwar das erste Optimierungsproblem unter das zweite subsumieren, denn ausgehend von einer hinreichend (zu) großen Topologie läßt sich das Entfernen einer Verbindung durch das Verbindungsgewicht 0 darstellen und das Entfernen eines Neurons durch das Entfernen aller seiner Verbindungen, d.h. durch Nullsetzen aller zugehörigen Verbindungsgewichte. Trotzdem verbleibt ein Unterschied, denn ersteres ist ein diskretes Optimierungsproblem und letzteres ein kontinuierliches (vgl. Tabelle 4.1).

Andererseits sind beide Optimierungsprobleme direkt miteinander gekoppelt, denn zur Beurteilung der Güte einer Topologie wird eine möglichst optimale Belegung der Gewichte benötigt, und umgekehrt setzt die Optimierung der Gewichte die Festlegung der Topologie voraus. Diese gegenseitige Abhängigkeit wird bei der Verbindung von Evolution und Lernen dadurch bewältigt, daß jeder groben Strukturänderung durch die Evolution eine Feinanpassung durch Lernen folgt, – und umgekehrt.

Optimierungsproblem	Typ	Vorbild Natur	Standardverfahren
Topologie	diskret	Evolution	Intuition
Parameter	kontinuierlich	Lernen	Gradientenabstieg

Tabelle 4.1. Klassifizierung der Optimierungsprobleme neuronaler Netze.

4.2.2.1
Evolution auf lokalen Minima

Der Grundalgorithmus der Evolution neuronaler Netze läßt sich folgendermaßen zusammenfassen: Zuerst wird mit einem Standardverfahren eine Menge von Näherungslösungen als initiale Population erzeugt und anschließend der Evolutionszyklus gestartet. Diesen kann man durch das Schema in Abb. 4.4 beschreiben:

Als erstes werden aus der Population die Eltern ausgewählt, wobei Individuen mit höherer Fitneß die höhere Auswahlwahrscheinlichkeit besitzen. Aus diesen werden mit Hilfe der Mutations- und Rekombinationsoperatoren die Nachkommen erzeugt. Vor der Bewertung deren Fitneß erfolgt der Lernvorgang. Da dieser Lernvorgang ebenfalls eine Optimierung ist, kann man den Gesamtprozeß als zweistufiges Optimierungsverfahren charakterisieren: Die Evolution als eine Metaheuristik, die die groben Optimierungsschritte mit Hilfe von Mutation und Rekombination steuert und auf einem Lernverfahren als Feintuningsheuristik aufbaut. Benutzt man als Lernverfahren ein Gradientenabstiegsverfahren bzw. *Hillclimbing*, so reduziert sich dadurch der Suchraum für die Evolution drastisch auf die Menge der lokalen Minima.

Verwendet man die gemäß Stand der Kunst beste Feintuningsheuristik als Lernverfahren, dann ist gewährleistet, daß die darauf aufbauende Evolution mindestens so erfolgreich ist wie diese. Ein anvisiertes und, wie die folgenden Untersuchungen zeigen werden, auch erreichbares Ziel ist ein signifikanter Qualitätssprung durch die Evolution. Zur Erinnerung können wir hierzu anmerken, daß bereits in [Braun90] gezeigt wurde, wie sich mit Hilfe der Evolution Travelling-Salesman-Probleme mit über 400 Städte optimal lösen lassen, während bereits bei 100-Städte-Probleme die Wahrscheinlichkeit, daß die zugrundegelegte Heuristik das Optimum findet, äußerst gering ist. Dabei ist der Sprung von 100 Städten auf 400 bei einem NP-vollständigen (und damit nach dem heutigen Stand der Kunst nur mit exponentiellen Zeitaufwand lösbaren) Problem nicht einfach als Faktor 4 zu werten.

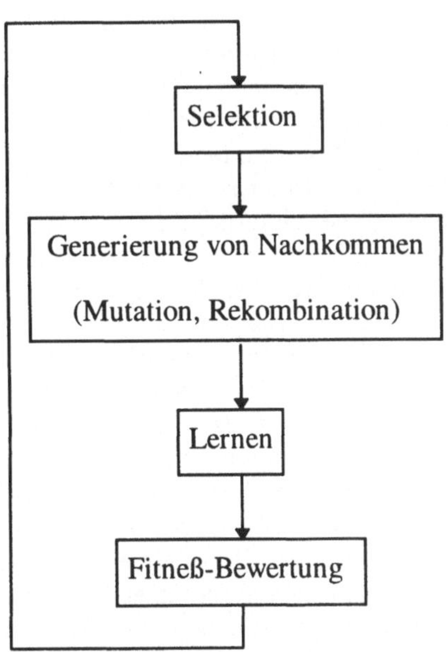

Abb. 4.4. Evolutionszyklus für die Evolution neuronaler Netze.

4.2.2.2
Lamarckismus – Wissenstransfer von den Eltern

Wie wir aus unserem Biologie-Unterricht wissen, ist die berühmte Hypothese von Lamarck, daß sich erlerntes Wissen genetisch vererben läßt, leider falsch. Es wäre zu schön, wenn die Kinder nicht mühsam das Wissen der Eltern nochmals erlernen müßten. Der Grund hierfür liegt einfach darin, daß die Erbinformation in der DNS nur den groben „Bauplan" enthält, keineswegs jedoch die vollständige Information, sondern allenfalls einen winzigen Bruchteil. Insofern ist es gar nicht möglich, die erlernte Feinstruktur wieder in die Erbinformation zurück zu übertragen.

Nun kann man sich fragen, warum die Natur nicht einfach die vollständige Information verwendet. Hierfür lassen sich zwei plausible Gründe angeben. Zum einen ist es in natürlicher Umgebung von Vorteil, wenn ein Lebewesen nicht genetisch fixiert ist, sondern in seiner aktuellen Lebensumgebung sein Verhalten situationsgerecht erlernen kann. Denken wir hierbei beispielsweise an ein japanisches Baby, das als Säugling von einer deutschen Familie adoptiert wird, – diesem würde ein ererbtes Japanisch nichts nützen.

Ein zweiter Grund mag in der ungeheuer großen Zahl an Parametern liegen, die nötig sind, um ein Lebewesen wie den Menschen zu beschreiben (vorausgesetzt, das wäre möglich). In einem solch großen Suchraum ist die Evolution nicht mehr effizient durchführbar. In anderen Worten, die Evolution kann allenfalls die Grobstruktur optimieren.

Anders verhält es sich jedoch bei der Optimierung künstlicher neuronaler Netze. Zum einen ist bei diesen die Umgebung fest vorgegeben und zum anderen lassen sich diese mit „relativ" wenigen Parametern beschreiben: Bei den meisten Anwendungen werden weniger als 5000 Parameter benötigt. In diesem Fall verbleibt der Vorteil des Lamarckismus: Die drastische Verkürzung der Lernzeit.

Beim überwachten Lernen ist das erlernte Wissen in den Netzparametern (Gewichte) enthalten. Da die Netztopologie des Nachkommens den Eltern ähnlich ist (insbesondere bei Mutanten), verkürzt es die Lernzeit um mehrere Größenordnungen, wenn wir die Gewichte des Nachkommen mit denen des Elter-Individuums initialisieren anstatt mit Zufallsgewichten (vgl. Abschnitt 4.3.2.1).

Bedenken wir ferner, daß der Gradientenabstieg bei einer festen Topologie nur ein *lokales* Minimum findet, welches von der Initialisierung der Gewichte abhängt, dann können wir daraus folgern, daß bei Zufallsinitialisierung nur ein „durchschnittliches" lokales Minimum zu erwarten ist. Falls jedoch das Elternnetz ein überdurchschnittlich gutes lokales Minimum relativ zur Elterntopologie darstellt, dann können wir insbesondere bei Mutanten erwarten, daß das lokale Minimum des Nachkommen ebenfalls überdurchschnittlich ist, sofern wir zum Trainieren als Initialisierung die Gewichte des Elternnetzes verwenden. Diese Hypothese läßt sich zum einen an Einzelfällen validieren. Zum anderen konnten wir jedoch bei den von uns untersuchten Problemen feststellen, daß für die evolvierten Topologien bei einer Zufallsinitialisierung im allgemeinen kein akzeptabler Lernfehler durch Gradientenabstieg erzielt werden konnte, d.h. diese Topologien sind nur mit Hilfe der Gewichtsinformation der Elternnetze trainierbar. Lamarckismus ist deshalb für die Evolution (nahezu) minimaler Topologien eine notwendige Voraussetzung (und bewirkt nicht nur eine Reduzierung der Trainingsdauer).

Auch bei Reinforcement-Lernen ist die erlernte Information in den Netzparametern enthalten. Wir können jedoch zusätzlich versuchen, das schwierige Reinforcement-Lernproblem dadurch zu vereinfachen, daß wir zuerst überwacht die Strategie der Eltern eintrainieren. Erst danach dürfen die Nachkommen selbständig ihr Verhalten mit einem Reinforcement-Lernverfahren (z.B. *Temporal Difference Learning)* verbessern (vgl. Abschnitt 4.4.1)

4.2.2.3
Problemspezifische Grundoperatoren (Mutation, Rekombination)

Wie bereits im Abschnitt 4.1.3 erläutert, gibt es bei der Evolution zum einen asexuelle Operatoren wie Mutation bzw. Inversion (nur ein Elternteil) und zum anderen bisexuelle Operatoren wie Crossover bzw. Rekombination (zwei Eltern). Eine wesentliche Eigenschaft dieser Operatoren ist, daß diese *stochastisch* und *blind* auf dem Genmaterial operieren, ohne die Auswirkungen abzuschätzen. So kommt beispielsweise ein lokal-sichtiger (bzw. kurz-sichtiger) Operator wie Gradientenabstieg oder *Hillclimbing* als Mutationsoperator nicht in Frage.

In unserem Ansatz (*ENZO*) wollen wir die Operatoren zur Generierung von Nachkommen nicht ausschließlich auf die einfachen Grundoperatoren wie Bitinversion bei der Mutation oder Teilsequenzaustausch bei der Rekombination beschränken. Unter Mutation wollen wir im folgenden eine stochastische Abänderung eines Individuums verstehen, ohne direkte Kontrolle bzw. Abschätzung deren Auswirkung. Im Unterschied zur Auffassung mancher Vertreter aus dem Bereich *genetische Algorithmen* kann dieser Operator durchaus problemspezifisch sein. Damit verlieren wir zwar den Anspruch, ein Verfahren aus der Klasse *General Problem Solver* zu entwickeln. Dies birgt jedoch den Vorteil, problemadäquat sehr effiziente Operatoren entwerfen zu können.

Da diese Aufweitung der Grundoperatoren einerseits umstritten und andererseits für unser weiteres Vorgehen wesentlich ist, soll der Unterschied am Beispiel des Travelling-Salesman-Problems im folgenden verdeutlicht werden.

Ein Travelling-Salesman-Problem ist definiert als die Suche nach der kürzesten Rundtour durch eine Menge von Städten bei gegebener Entfernungsmatrix. Eine Näherungslösung für ein Travelling-Salesman-Problem läßt sich durch die Permutation darstellen, die jedem Zeitpunkt eine Stadt zuweist:

> *7 5 4 3 1 6 2*

würde beispielsweise bedeuten, daß als erste Stadt in der Rundtour Stadt 7 besucht wird, als zweite die Stadt 5 usw. Diese Sequenz läßt sich nun einfach als Binärstring bzw. Genstring kodieren, indem man jede Zahl als Binärzahl schreibt (deren Stelligkeit entspricht dem Logarithmus der Anzahl der Städte):

> *111 101 100 011 001 110 010.*

Bei dieser Kodierung erzeugt der Standard-Mutationsoperator (Invertierung eines Bits) aus einer gültigen Kodierung einer Rundtour stets eine ungültige, denn die Stadt, bei der ein Bit invertiert wurde, kommt dann nicht mehr in der Sequenz vor. Dieses Problem läßt sich notdürftig reparieren, indem man ungültige Lösungen zuläßt und deren Fehler in der Fitneß-Funktion in Form eines zusätzlichen Strafterms mitberücksichtigt (beispielsweise Anzahl der fehlenden Städte).

Befragt man hingegen einen menschlichen Travelling-Salesman-Problemlöser, welche Mutationsoperatoren ihm für iterative Verbesserungen am sinnvollsten erscheinen, wird dieser kaum die Bitinversion auf der Binärstringkodierung nennen, sondern eher problemspezifisch das Versetzen einer Stadt an eine andere Stelle in der Rundtour oder das Austauschen weniger Kanten.

Wie bereits erwähnt, kann man beim Entwurf von evolutionären Algorithmen alternativ zwei Ziele verfolgen: Universalität durch Standardoperatoren oder Effizienz durch problemspezifische Operatoren. Da wir möglichst schlagkräftige Verfahren entwickeln wollen, verfolgen wir letzteres Ziel. Deshalb begnügen wir uns mit folgenden Mindestanforderungen an einen Mutationsoperator:

- Die Eigenschaften der Mutante sollen sehr ähnlich zum Elternteil sein bzw. zum großen Teil mit diesem übereinstimmen.
- Die Kodierung der Mutante (=Genstring) soll in einfacher Weise aus der Kodierung des Elternteils stochastisch hervorgehen.

Entsprechend fordern wir für einen Rekombinationsoperator:

- Die Eigenschaften des rekombinierten Nachkommens sollen jeweils zu einem Elternteil sehr ähnlich sein oder intermediär zwischen denen der Eltern liegen.
- Die Kodierung des Nachkommens soll in einfacher Weise aus der Kodierung der Eltern stochastisch hervorgehen.

Kurz, der Nachkomme sollte den Eltern ähnlich sein. Die Standardoperatoren der evolutionären Algorithmen (wie *genetische Algorithmen*, *evolutionäre Strategien* und *evolutionäre Programme*) erfüllen obige Forderungen, wenn man als Eigenschaften den Genstring spezifiziert. Verwendet man jedoch die phänotypischen Eigenschaften statt der genotypischen, so können diese Forderungen verletzt sein (siehe folgendes Beispiel zum Travelling-Salesman-Problem).

Für die Effizienz des evolutionären Algorithmus ist es dabei wesentlich, daß die Fitneß des Nachkommens bei beiden Operatoren stochastisch um die Fitneß der Eltern herum schwankt. Insbesondere sollte die Wahrscheinlichkeit einer Verbesserung nicht verschwindend klein sein. Deshalb ist von der Kodierung bzw. Repräsentation der Individuen eine schwache Stetigkeitseigenschaft zu fordern:

> *Ähnliche Individuen (Nachkomme und Eltern) sollten zumeist eine ähnliche Fitneß besitzen.*

Rechenberg bezeichnet diese Forderung als *starke Kausalität*: Ähnliche Ursachen, ähnliche Wirkungen. Im Unterschied von der in der Physik üblicherweise geforderten *schwachen Kausalität*: Gleiche Ursachen, gleiche Wirkung [Rechenberg94].

Bei Erfüllung dieser Forderung an die Kodierung und obiger Forderungen an Mutation und Rekombination (Ähnlichkeit des Nachkommes zu den Eltern) gilt insgesamt, daß die Fitneß des Nachkommens der Fitneß der Eltern ähnlich ist. Auf Grund der Robustheit des evolutionären Algorithmus genügen hierbei unscharfe Kriterien wie *zumeist* und *ähnlich*.

Die Definition der Ähnlichkeit kann man hierbei entweder auf Grund der phänotypischen Eigenschaften spezifizieren oder über den Mutationsoperator:

Der Grad der Ähnlichkeit wird bestimmt durch die Wahrscheinlichkeit, mit der zwei Individuen durch eine oder mehrere Mutationen ineinander überführbar sind.

Bei der Bitinversion als Mutationsoperator ist beispielsweise die Ähnlichkeit negativ korreliert mit dem Hammingabstand (genauer: Der Hammingabstand ist negativ korreliert zum Logarithmus der Übergangswahrscheinlichkeit zweier Zustände). Im Fall der Ähnlichkeitsdefinition über den Mutationsoperator ist unsere Forderung an diesen trivial erfüllt, nicht jedoch die Forderung an die Kodierung.

Umgekehrt läßt sich die Forderung an die Kodierung durch ein geeignetes phänotypisches Ähnlichkeitsmaß leicht befriedigen, dann ist jedoch die Forderung an die Mutation nicht trivial erfüllt.

Folglich ist es zur Erfüllung beider Forderungen wichtig, daß die Mutation auf die phänotypischen Eigenschaften abgestimmt ist. Verwenden wir nur Standardoperatoren wie Bitinversion, dann definieren wir damit implizit ein Ähnlichkeitsmaß, da nur so die Forderung an die Mutation erfüllt werden kann. Es verbleibt als (oft unlösbare) Aufgabe für den Anwender, durch eine geeignete Repräsentation der Forderung an die Kodierung zu genügen. Bei problemspezifischen Operatoren hingegen können wir diese entsprechend einem phänotypischen Ähnlichkeitsmaß spezifizieren, so daß die Forderung an die Kodierung einfach zu erfüllen ist.

Wir wollen dies am Beispiel des Travelling-Salesman-Problems verdeutlichen. Unter Verwendung der oben eingeführten Kodierung der Rundtour als Liste der zu besuchenden Städte würden wir entsprechend dem Mutationsoperator „Füge eine Stadt an einer anderen Stelle ein" die folgenden beiden Rundtouren

1 9 6 8 7 4 3 5 2 und 1 2 9 6 8 7 4 3 5

als ähnlich bezeichnen (da nur zwei Kanten ausgetauscht wurden (Ähnlichkeitsdefinition auf Grund phänotypischer Eigenschaften) bzw. nur eine Stadt versetzt wurde (Ähnlichkeitsdefinition auf Grund des Mutationsoperators)), obwohl deren zugehörigen Kodierungen als Binärstring

0001 1001 0110 1000 0111 0100 0011 0101 0010

und *0001 0010 1001 0110 1000 0111 0100 0011 0101*

den Hammingabstand 24 besitzen. Hingegen würden wir die beiden Rundtouren

1 3 2 4 5 7 8 6 9 und 1 7 2 6 5 3 8 4 9

nicht als ähnlich bezeichnen (alle Kanten wurden ausgetauscht), obwohl deren zugehörigen Kodierungen als Binärstring

0001 0011 0010 0100 0101 0111 1000 0110 1001

und *0001 0111 0010 0110 0101 0011 1000 0100 1001*

nur den Hammingabstand 4 besitzen. Verwenden wir also den prozentualen Anteil der gemeinsamen Kanten als Ähnlichkeitsmaß, so erfüllt obige Kodierung unser Kriterium der schwachen Stetigkeit. Verwenden wir hingegen den Hammingabstand, so ist dieses verletzt. Das heißt, bei dieser Kodierung ist die Bitinversion ein denkbar ungeeigneter Mutationsoperator, während andere Mutationsoperatoren wie „Füge eine Stadt an einer anderen Stelle ein" oder auch die „*Inversion* eines Teilstrings" wie z.B.

$$1\,2\,3\,4\,5\,6\,7\,8\,9 \;=>\; 1\,2\,3\,4\,9\,8\,7\,6\,5$$

(bei dem genau zwei Kanten ausgetauscht werden) erfolgversprechende Operatoren sind.

Zusammenfassend können wir feststellen, daß sich durch die Wahl einer geeigneten Kodierung und der zugehörigen Mutations- und Rekombinationsoperatoren die Effizienz eines evolutionären Algorithmus wesentlich beeinflussen läßt und problemspezifische Operatoren den Standardoperatoren bei weitem überlegen sein können.

4.2.2.4
Bewertungsbasierte Mutation und Rekombination

Bei der Mutation bzw. Rekombination wird entweder eine deterministische Operation aus einer Menge möglicher Operationen zufällig ausgewählt oder unabhängig voneinander auf jede Komponente mit einer gewissen Wahrscheinlichkeit eine Operation angewendet. Beispielsweise kann bei der Bitinversion zufällig eine Komponente ausgewählt und dann invertiert werden, oder alle Komponenten werden unabhängig voneinander mit einer gewissen Wahrscheinlichkeit (d.h. Mutationsrate) invertiert. Normalerweise sind diese Wahrscheinlichkeiten gleichförmig, d.h. für alle Komponenten gleich.

Davon abweichend bestimmen wir diese Wahrscheinlichkeiten in Abhängigkeit von einer geschätzten Erfolgswahrscheinlichkeit. Hierfür gibt es zwei Möglichkeiten entweder direkt *bewertungsbasiert* oder *rangbasiert*:

- *Bewertungsbasierte Mutation*: Die Auswahlwahrscheinlichkeit einer Mutation ist proportional zu ihrer geschätzten Erfolgswahrscheinlichkeit.
- *Rangbasierte Mutation*: Die Erfolgswahrscheinlichkeit aller möglichen Mutationen werden zuerst sortiert. Die Auswahlwahrscheinlichkeit einer Mutation ist dann proportional zu ihrem Rang in dieser sortierten Liste.

Eine einfache Variante hiervon haben wir bereits in Abschnitt 4.1.3.1 bei binär kodierten Zahlen kennengelernt. Hier kann man eine gewünschte Gaußsche Verteilungsfunktion der Änderung des Individuums (Phänotyp) dadurch approximieren, daß man die Mutationsrate in Abhängigkeit von der Wertigkeit der einzelnen Komponenten (Genotyp) wählt.

Im Unterschied hierzu werden in unserem Ansatz jedoch die Mutationsraten nicht statisch fest gewählt, sondern dynamisch bei jeder Generation neu bestimmt. Die Definition der *bewertungsbasierten Rekombination* bzw. *rangbasierten Rekombination* ist entsprechend:

- *Bewertungsbasierte Rekombination*: Die Auswahlwahrscheinlichkeit einer Rekombination ist proportional zu ihrer geschätzten Erfolgswahrscheinlichkeit.
- *Rangbasierte Rekombination*: Die Erfolgswahrscheinlichkeit aller möglichen Rekombinationen werden zuerst sortiert. Die Auswahlwahrscheinlichkeit einer Rekombination ist dann proportional zu ihrem Rang in dieser sortierten Liste.

[Anmerkung: Die bewertungsbasierte Mutation bzw. Rekombination kann man auch als (1,1)-Selektionsstrategie bezeichnen: Aus der „Population" möglicher Mutationen bzw. Rekombinationen wird eine selektiert, wobei die erfolgversprechendsten bevorzugt werden. Die Fitneß-Funktion für diese Selektion hängt zwar indirekt mit der Fitneß-Funktion für die Gesamtevolution zusammen, da der Erfolg einer Mutation bzw. Rekombination letztendlich daran gemessen wird. Jedoch kann man bei der speziellen Fitneß-Funktion für die Mutation bzw. Rekombination auch die Exploration stärker gewichten, ansonsten wäre die Null-Mutation (d.h. Identität) im allgemeinen am erfolgversprechendsten.]

4.2.2.5
Selektion

Da das Eintrainieren der Nachkommen relativ rechenintensiv ist, beschränkt sich die Evolution typischerweise auf wenige Generationen. Aus diesem Grunde ist eine sehr zielgerichtete Evolution am vorteilhaftesten. Entsprechend unseren Überlegungen im Abschnitt 4.1.4 verwenden wir zur Auswahl der Eltern eine globale Selektion und zwar die *Ranking Based Selection*, da diese gleichförmig über die Generationen hinweg stets das bessere Viertel der Population stark bevorzugt.

Andere Populationsmodelle wie beispielsweise das Inselmodell erweisen sich erst bei einer sehr viel größeren Anzahl von insgesamt erzeugten Nachkommen als sinnvoll, da erst dann durch Nischenbildung die Diversität in der Gesamtpopulation über viele Generationen hinweg zu erhalten ist.

Bei der Auswahl der Populationsmitglieder wenden wir die *(μ+λ)-Strategie* an, da diese als *Elitist-Strategie* die bisher beste Lösung stets erhält.

Typische Werte für die Populationsgröße μ und die Anzahl der Nachkommen pro Generation λ sind: $\mu \in [30,50]$, $\lambda=10$. Auf Grund der beschränkten Rechenzeit werden in einer Evolution ungefähr 1000 Nachkommen erzeugt, das entspricht bei $\lambda=10$ ungefähr 100 Generationen.

Ein kleinerer Wert von λ hat sich als ungünstig erwiesen, da sich sonst die anfangs signifikant besseren Nachkommen (im Vergleich zur alten Population) zu schnell durchsetzen und dadurch die Diversität der Population stark reduzieren. Bei einem größeren Wert von λ hingegen reduziert sich auf Grund der beschränkten Rechenzeit die Anzahl der Generationen zu sehr, so daß erfolgversprechende Entwicklungslinien nicht lange genug verfolgt werden können und die Evolution zu früh abgebrochen werden muß.

4.2.2.6
Suchraumbeschränkung durch Maximal-Topologie

Bei unserem Ansatz beschränken wir den Suchraum dadurch, daß der Anwender eine maximale Topologie spezifiziert. Üblicherweise wird er hier eine flache Topologie mit ein bis zwei verborgenen Schichten vorgeben. Darüber hinaus kann er spezifizieren, welche Parameter dieser maximalen Topologie evolvierbar und welche unveränderlich sind. Beispielsweise kann er bei RBF-Netzen die Gewichte zur Ausgabe (auch Singleton genannt) fest vorgeben. Ferner können die Gewichte entsprechend *Weight Sharing* zu einem Parameter gekoppelt werden: Das geschieht beispielsweise für Neuro-Fuzzy-Anwendungen, bei denen in mehreren

Regeln (alias radialen Basisfunktion) die linguistischen Terme (alias Zentren und Weiten) gekoppelt sind (vgl. Abschnitt 2.3.7).

Diese Einschränkung des Suchraums auf die Maximal-Topologie haben wir aus folgenden Gründen gewählt:

- Durch Vorgabe einer flachen Topologie wird die parallele Berechnungsmächtigkeit neuronaler Netze voll genutzt, insbesondere lassen sich flache Topologien schneller parallel berechnen.
- Flache Topologien lassen sich erfahrungsgemäß besser durch Gradientenabstieg optimieren.
- Auf Grund unserer Diskussion der Ergebnisse aus der Schaltkreis-Komplexitätstheorie erscheint die Einschränkung auf Netze mit maximal zwei verborgenen Schichten akzeptabel, da bisher noch von keiner effizient parallel berechenbaren Funktion nachgewiesen werden konnte, daß diese nicht bereits in Tiefe 3 bei polynomialer Schaltkreis-Größe berechenbar ist (vgl. Abschnitt 2.1.3).
- Durch Vorgabe der Maximal-Topologie kann der Anwender die Suche beeinflussen

4.2.2.7
Repräsentation neuronaler Netze

Bei der Repräsentation neuronaler Netze kodieren wir die vollständige Information, d.h. Gewichtsmatrix und Topologie. Diese Kodierung ist statisch, da wir den Suchraum durch Vorgabe einer Maximal-Topologie beschränken. Alle evolvierten Netze müssen Teilnetze dieser Topologie sein. Deshalb verwenden wir zur Kodierung die Maximal-Topologie und repräsentieren sowohl deren Gewichtsmatrix als auch deren Adjazenzmatrix. Bei Teilnetzen sind in der Adjazenzmatrix die entsprechenden Verbindungen (Einträge) auf 0 gesetzt.

Im Prinzip können wir die Gewichtsmatrix als reellwertigen Vektor kodieren und die Adjazenzmatrix als Binärvektor. Da wir jedoch problemspezifische Mutations- und Rekombinationsoperatoren verwenden, kodieren wir programmtechnisch möglichst effizient: Beispielsweise implementieren wir statt der Gewichts- und Adjazenzmatrix zu jedem Neuron eine Vorgänger- und Nachfolgerliste, die jeweils einen Verweis auf den Nachfolger bzw. Vorgänger und das zugehörige Gewicht enthält.

4.2.3
Historischer Rückblick über die Evolution neuronaler Netze

Die Idee, intelligente Systeme zu evolvieren, war schon bei den ersten evolutionären Ansätzen vorhanden. Weniger erfolgreich war ein Versuch von Friedberg, mit einen Lernautomaten Programme zur Lösung komplexer Aufgaben zu evolvieren [Friedberg, Dunham, North 58], [Friedberg59]. Ziel der Arbeit von Fogel et. al. war die Evolution von Intelligenz in Form endlicher Transduktoren [Fogel, Owens, Walsh 65]. Holland schlug in seinem berühmten Buch *Adaption in Natural and Artificial Systems* vor, die Optimierung der sogenannten *cell assemblies* (d.h. neuronale Netze) im zentralen Nervensystem als evolutionäre Optimierung zu betrachten [Holland75]. Hierbei entspricht das Gehirn einer Population von Neuronen, die sich verändern (entsprechend Mutation), vermehren (Selektion) und absterben (Überleben der Neuronen mit höherer Fitneß) können. Ähnliche Arbeiten sind in [Changeux, Courrege, Danchin 73], [Edelman87] zu finden. Ab 1989 nahm die Anzahl der Veröffentlichungen sprunghaft zu.

In dne nächsten Abschnitten wollen wir die Ansätze einiger wichtiger Veröffentlichungen aus dem Bereich Evolution neuronaler Netze kurz skizzieren. Eine detailliertere Übersicht ist in folgenden Veröffentlichungen zu finden: [Schaffer, Whitley, Eshelmann 92], [Yao93], [Weiß94], [Branke95] und [Whitley95]. Ein nahezu vollständiges, aktuelles Verzeichnis über alle Arbeiten auf diesem Gebiet seit 1987 wird von Jarmo Alander zur Verfügung gestellt [Alander96]. Gemäß Stand März 1996 sind hier immerhin 602 Referenzen sowohl über den Autorennamen als auch über einen Index zugreifbar.

4.2.3.1
Repräsentation

Prinzipiell lassen sich zwei Typen unterscheiden: die starke und die schwache Repräsentation (auch *low/high level* bzw. *direkte/indirekte* Kodierung genannt). Die Übergänge sind hierbei fließend, wie die folgenden Beispiele zeigen.

Die „stärkste" Form der Repräsentation ist die Kodierung der Gewichtsmatrix über den reellen Zahlen. Erste Beispiele finden sich in [Montana, Davis 89] und [Fogel, Fogel, Porto 90], die mit einem *Steady State GA* bzw. evolutionärer Programmierung *Multilayer Perceptrons* optimierten. [Anmerkung: Montana und Davis nennen ihr Verfahren zwar einen genetischen Algorithmus, tatsächlich übernehmen sie jedoch nur die Selektionsstrategie des GA, aber verwenden Repräsentation und Mutation wie bei den Evolutionsstrategien. Da auch das Crossover nur eine untergeordnete Rolle spielt (siehe Abschnitt 4.2.3.2: Permutationsproblem), erscheint diese Namensgebung eher irreführend.]

Üblicherweise werden bei genetischen Algorithmen die Gewichte binär kodiert (vgl. Abschnitt 4.1.7.3). Je nachdem, mit wievielen Bits ein Gewicht kodiert wird, kann man damit den Suchraum gröber oder feiner rastern. Eine zu feine Rasterung erschwert die Suche, eine zu grobe Rasterung verhindert die Feinoptimierung [Whitley, Hanson 89]. Maniezzo geht noch einen Schritt weiter und optimiert während der Evolution die Kodierungslänge (d.h. simultane Evolution von Topologie und Granularität) [Maniezzo94].

Die nächste Vergröberungsstufe ist die Optimierung der Topologie ohne Gewichte (vgl. Abschnitt 4.2.3.4). Erste Ansätze finden sich in [Miller, Todd, Hedge 89], [Belew, McInerney, Schraudolph 90] und [Schiffmann, Joost, Werner 90]. Bei diesen Ansätzen ist die Anzahl der Schichten und der Neuronen pro Schicht fest (maximale Topologie) und gesucht ist eine geeignete Teiltopologie. Folglich lassen sich die Individuen als Binärsequenzen fester Länge kodieren: vorhandene Verbindungen werden mit einer „1" kodiert, eliminierte mit „0".

Schließlich kann man auch nur die Anzahl der verborgenen Schichten und die Anzahl der Neuronen für die einzelnen Schichten evolvieren [Arena, Caponetto, Fortuna, Xibilia 92], [Robbins, Soper, Rennols 93]. Bei diesen Ansätzen werden die Schichten jeweils vollständig verbunden.

Als schwache (bzw. high-level) Kodierung im eigentlichen Sinne, gelten jedoch erst solche, bei denen Konstruktionsverfahren evolviert werden, die die Netztopologie erzeugen. Als erste schlugen Harp, Samad und Guha vor, sogenannte Blaupausen (*blueprint*) zu evolieren [Harp, Samad, Guha 89]. Bei diesem Ansatz sind die Neuronen eines *Multilayer Perceptrons* in räumlichen Arealen angeordnet. Die Blaupause (Binärsequenz) setzt sich zusammen aus den Beschreibungen der Areale: die Anzahl der Neuronen, deren räumliche Anordnung (Ausdehnung in drei Dimensionen) und die Verbindungsdichte zu anderen Zielarealen. Bei der Interpretation eines solchen Bauplans werden dann die Verbindungen gemäß der angegebenen Dichte zufällig gezogen.

Kitano schlug vor, eine kontextfreie Grammatik als Bauplan für die Konnektionsmatrix zu verwenden [Kitano90]. Dabei wird im ersten Schritt das Startsymbol durch eine 2x2-Matrix über einem Alphabet A_1 ersetzt, diese Symbole werden im nächsten Schritt wiederum jeweils durch 2x2-Matrizen über einem Alphabet A_2 ersetzt usw bis nach k Schritten eine Konnektionsmatrix der Größe $2^k x 2^k$ über dem Terminal-Alphabet {0,1} erzeugt wurde. Auf diese Weise lassen sich mit wenigen kontextfreien Regeln sehr große Konnektionsmatrizen erzeugen. Der Vorteil hierbei ist, daß sich wiederkehrende Teilstrukturen kompakt in der Grammatik kodieren lassen. Ein ähnlicher Ansatz wurde von Nolfi, Elman und Parisi mit L-Systeme als Grammatik vorgeschlagen [Nolfi, Elman, Parisi 90].

4.2.3.2
Lösungsansätze für das Permutationsproblem

Bei genetischen Algorithmen werden die Nachkommen hauptsächlich durch die Rekombination (Crossover) erzeugt, während die Mutation nur von untergeordneter Bedeutung ist. Um überlebensfähige Nachkommen zu erzeugen, müssen die eingefügten Teilsequenzen des anderen Elternteils einigermaßen die Funktion der herausgenommenen Teilsequenzen ersetzen. Hierbei entstehen bei der starken Repräsentation zwei Probleme: Zum einen sind Neuronen atomare Verarbeitungseinheiten, deren Parameter aufeinander abgestimmt sind. Daraus folgt, daß das Zusammenfügen von Teilen zweier verschiedener Neuronen im allgemeinen kein sinnvoll funktionierendes Neuron erzeugt, d.h. dieses Neuron kann nicht die Funktion des ersetzten Neurons im Nachkomme übernehmen. Zum anderen sind die Neuronen beider Eltern mit ähnlicher Funktionsweise nicht in der verborgenen Schicht lokalisiert, so daß beim Austausch von Neuronen (als atomare Einheiten) im allgemeinen Neuronen mit unterschiedlicher Funktionsweise ausgetauscht werden. Interpretieren wir die Ausgaben verborgener Neuronen einer Schicht als Merkmalskodierung dieser Verarbeitungsstufe, dann bedeutet der Austausch eines Neurons durch ein (beliebiges) Neuron des zweiten Elternteils, daß beim Nachkomme ein Merkmal dieser Schicht fehlt und dafür ein neues Merkmal hinzugekommen ist, das mit großer Wahrscheinlichkeit von den anderen Merkmalen dieser Schicht bereits abgedeckt wird. Dieses Problem wird als Permutationsproblem (oder auch *Competing Conventions Problem*) bezeichnet (vgl. Abschnitt 4.3.1.3).

Zur Lösung des ersten Problems schlugen Miller, Todd und Hedge vor, beim Crossover durch eine kompakte Kodierung der Neuronen und Einschränkung der Wahl der *Crossover*-Punkte nur Neuronen als atomare Einheiten auszutauschen: Die Gewichte (bzw. Verbindungen) eines Neuron stehen in einer Zeile der Gewichtsmatrix (bzw. Konnektionsmatrix). Der Austausch zweier Neuronen bei einer Rekombination entspricht dem Austausch einer Zeile der Eltern-Matrizen. Dies läßt sich als Crossover interpretieren, in dem man die Gewichtsmatrix (bzw. Konnektionsmatrix) zeilenweise linear kodiert und als *Crossover*-Punkte nur die Endpunkte einer Zeile zuläßt [Miller, Todd, Hedge 89].

Zur Lösung des Permutationsproblems schränkten Montana und Davis die Rekombination noch weiter ein, indem sie als Austauschpartner für ein Neuron dasjenige auswählten, das sich am ähnlichsten verhielt. Hierzu überprüften sie das Ausgabeverhalten auf einer Teilmenge der Lernmenge. Dieser Vergleich ist relativ aufwendig, da das Ausgabeverhalten für alle Neuronen einer Schicht verglichen werden muß. Folglich ist dieser Ansatz nur für sehr kleine Topologien effizient [Montana, Dvis 89]. Radcliff lockerte deshalb das Auswahlkriterium etwas, indem er noch den Austausch zweier Neuronen mit gleicher Verbindungsstruktur zuließ [Radcliff91]. Ein Kompromiß zwischen diesen beiden Ansätzen stellt der Vorschlag von Hancock dar, bei der Wahl der Austauschpartner (Neuronen) deren Funktionsweise zu berücksichtigen: Nur Neuronen mit ähnlichen Gewichtsvektoren dürfen ausgetauscht werden [Hancock92]. Zwar müssen auch hier alle Gewichtsvektoren einer Schicht verglichen werden, dies ist jedoch weniger aufwendig wie der Vergleich des Ausgabeverhaltens.

Hancock sieht das Permutationsproblem in der praktischen Anwendung als nicht so kritisch an: Die Nachkommen nicht kompatibler Eltern sind zwar nicht überlebensfähig, nach kurzer Initialphase setzt sich deshalb jedoch eine Variante durch und dominiert die Population. Ab diesem Zeitpunkt werden fast nur noch kompatible Nachkommen erzeugt, und das Permutationsproblem ist auf diese Weise gelöst. Hierzu ist anzumerken, daß diese Degeneration für die Optimierung der Gewichte zwar akzeptabel ist, für die Optimierung der Topologie hingegen den Vorteil der parallelen Suche bei der Evolution zunichte macht. Denn damit degeneriert die evolutive Optimierung der Topologie zu einem *Hillclimbing*-Verfahren, da in der Population nicht mehr unterschiedliche Varianten überlebensfähig sind, sondern zu jedem Zeitpunkt nur noch geringfügige Mutanten einer (dominierenden) Topologie vorkommen.

4.2.3.3
Optimierung der Gewichte

Evolutionäre Algorithmen lassen sich als Optimierungsverfahren auch zum Eintrainieren der Gewichte eines neuronalen Netzes verwenden. Ein erstes Beispiel zur Optimierung von *Multilayer Perceptrons* findet sich in [Montana, Davis 89]. Montana und Davis berichteten, daß dieser Ansatz, insbesondere bei schwierig zu lernenden Problemen, vorteilhaft sei. Dieser Vorteil betrifft vor allem die Anfangsphase der Evolution, bei der der Gewichtsraum breiter gestreut untersucht wird und die Gefahr verringert ist, frühzeitig in einem lokalen Optimum stecken zu bleiben. In der späteren Feinoptimierungsphase ist der Gradientenabstieg wesentlich effizienter, da er die Gradienteninformation voll nutzen kann und nicht indirekt durch Versuch und Irrtum (*Trial and Error*) erraten muß. Belew, McInerney und Schraudolph schlugen deshalb vor, den genetischen Algorithmus nur zur Groboptimierung zu verwenden. D.h. der genetische Algorithmus sucht geeignete Startgewichte, deren Fitneß durch den Lernfehler bewertet wurde, nachdem das Netz mit diesen Startgewichten eintrainiert wurde [Belew, McInerney, Schraudolph 90]. Dabei werden die Startgewichte auf einen kleineren Suchraum beschränkt (z.B. auf $[-\tfrac{1}{2},\tfrac{1}{2}]^n$). Dieser hybride Ansatz wurde von Kitano kritisiert, der in seinen Untersuchungen feststellte, daß schnelle adaptive Lernverfahren wie Quickprop wesentlich schneller eine Lösung finden.

[Anmerkung: Der Vergleich war etwas unfair, da er beim genetischen Algorithmus das langsame Gradientenabstiegsverfahren Backpropagation verwendete und dies mit Quickprop verglich. Fairer wäre es gewesen, auch beim GA Quickprop zu verwenden. Qualitativ ist seine Aussage jedoch richtig.]

Will man hingegen nicht nur eine singuläre akzeptable Lösung für die Lernmenge, sondern aus einer Reihe von Lösungen die beste auswählen (etwa nach Lernfehler und Generalisierungsfehler), dann erscheint dieser Ansatz lohnenswert.

Am besten geeignet ist die Evolution bei solchen Netzmodellen, bei denen der Gradient nicht oder nur schwer berechenbar ist. Ein Beispiel hierfür sind rekurrente Netze [McDonnell, Waagen 94].

4.2.3.4
Optimierung der Topologie

Die Optimierung der Topologie ist ein schwieriges Optimierungsproblem, bei dem in der Anwendung zumeist das *Trial-and-Error*-Verfahren eingesetzt wird: Man testet eine Reihe von Netzwerken mit ein bis zwei verborgenen Schichten und nimmt das Netz mit der besten Performanz auf der Lern- und Testmenge. Interpretieren wir diese Bewertung als Fitneß, dann ist es naheliegend, dieses zeitaufwendige *Trial-and-Error*-Verfahren durch die systematische Suche evolutionärer Verfahren zu automatisieren.

Bei der strengen Repräsentation (vgl. Abschnitt 4.2.3.1) liegt zumeist die Anzahl der Schichten und der Neuronen pro Schicht fest (maximale Topologie), und die Optimierungsaufgabe besteht darin, in diesem beschränkten Suchraum eine möglichst günstige Unter-Topologie zu finden. Bei der Kodierung wird typischerweise die Konnektionsmatrix zeilenweise als Binärsequenz abgespeichert. Ein Vorteil der maximalen Topologie ist, daß bei dieser Speicherung die Kodierungslänge fest ist und der Ort in der Sequenz implizit die Adressierung der Verbindungskante enthält, d.h. eine Verbindung wird nur durch ein Bit repräsentiert und nicht durch die Adresse der beiden Endpunkte (Neuronen). Bei der schwachen Repräsentation ist hingegen die Kodierungslänge dynamisch.

Das Problem der Topologie-Optimierung ist der hohe Zeitaufwand für die Bewertung einer Topologie. Um die Fitneß einer Topologie beurteilen zu können, müssen für jede neue Topologie Gewichte gelernt werden. Dieser Ansatz beinhaltet zwei Probleme: Zum einen ist das Trainieren sehr zeitaufwendig und zum anderen ist das Ergebnis stark von der Initialisierung abhängig. Folglich sind mehrere Trainingsläufe notwendig, um die Güte einer Topologie einigermaßen sicher beurteilen zu können, d.h. die Fitneß-Bewertung kann bei nur einem Trainingslauf sehr unsicher sein.

Um den Lernvorgang zu beschleunigen, optimierten Harp und Samad gleichzeitig die Lernparameter (vgl. Abschnitt 4.1.6) [Harp, Samad 91]. Interessant ist hierbei auch, daß in diesem Ansatz nicht eine globale Schrittweite optimiert wird, sondern individuelle Schrittweiten für Neuronen-Gruppen. Eine andere Möglichkeit besteht darin, aus der Not eine Tugend zu machen, indem man gerade die Lerngeschwindigkeit zum Fitneßkriterium erhebt und die Anzahl der Lernepochen fixiert [Miller, Todd, Hedge 89]. Ein Problem hierbei ist jedoch, daß die anfängliche Lerngeschwindigkeit kein zuverlässiges Maß für den Lernerfolg ist. Einen Schritt weiter gingen Whitley, Starkweather und Bogart, indem sie die Lernzeiten von der Attraktivität einer Topologie abhängen ließen: Sie bevorzugten kleinere Topologien bei der Evolution, indem sie diesen eine längere Trainingszeit gaben als größeren Topologien [Whitley, Starkweather, Bogart 90].

Ein erster Ansatz, durch Initialisierung der Gewichte den Lernvorgang zu beschleunigen, stammt ebenfalls von Whitley, Starkweather und Bogart. Sie trainierten vor der Evolution die maximale Topologie und verwendeten deren trainierten Gewichte zur Initialisierung der Nachkommen beim Training [Whitley, Starkweather, Bogart 90]. Ein weiterer Ansatz stammt von Belew, McInerney und Schraudolph, die initialen Gewichte zu evolvieren [Belew, McInerney, Schraudolph 90]. Allerdings benutzten sie diese Methode nicht zur Topologie-Optimierung, sondern nur zur Optimierung der Gewichte (siehe Abschnitt 4.2.3.3).

4.2.3.5
Reinforcement-Lernen

Wie bereits in Abschnitt 3.3.2.2 erwähnt, lassen sich zur Lösung von Reinforcement-Problemen *evolutionäre Algorithmen* einsetzen. Im Unterschied zu überwachtem Lernen wird hierbei nicht der Lernfehler als Fitneß bewertet, sondern das Verhalten. Der evolutionäre Algorithmus verändert jeweils bei einem Nachkommen durch Mutation und Rekombination die Parameter des neuronalen Netzes (Agenten, vgl. Kapitel 3). Falls diese Änderung das Verhalten und damit die Fitneß signifikant verschlechtert, ist der Nachkomme nicht überlebensfähig und wird als Fehlversuch eliminiert. Bei einer Verbesserung des Verhaltens kann er jedoch mit großer Wahrscheinlichkeit selber Nachkommen erzeugen und damit seine Entwicklungslinie fortsetzen. Dieser sehr naheliegende Ansatz birgt in der praktischen Anwendung jedoch zwei Probleme:

- Es kann sehr aufwendig sein, das Verhalten hinreichend genau zu bewerten, so daß auch kleine Verbesserungen meßbar werden.
- Testet man nun das Verhalten nur in Interaktionssequenzen ausgehend von einigen wenigen Startsituationen (vgl. *Real Time Dynamic Programming* in Abschnitt 3.4.6), so kann sich die Bewertung oft sprunghaft verändern (zumeist verschlechtern), wenn durch kleine Verhaltensänderungen neue Bereiche des Zustandsraumes erreicht werden, für die das aktuelle Verhalten noch nicht optimiert ist.

Aus diesem Grund sind Reinforcement-Probleme im allgemeinen sehr schwierig und es existieren nur relativ wenige Veröffentlichungen über erfolgreiche Lösungen dieser Probleme. Einige Beispiele wurden von Whitley et al. veröffentlicht [Whitley, Dominic, Das 91], [Dominic, Whitley, Das 91], [Whitley, Das, Anderson 93].

Zumeist wird das *Multilayer Perceptron* als Modell des Agenten (controler) verwendet. Eine frühere Veröffentlichung über die Evolution eines Neuro-Fuzzy-Controlers für ein Reinforcement-Problem basierend auf radialen Basisfunktionen ist mir nicht bekannt (vgl. Abschnitt 4.5, [Braun, Preut, Höhfeld 95]). Ebenfalls neu ist meines Wissens ein hybrider Ansatz zur Topologie-Optimierung eines *Multilayer Perceptrons* für ein Reinforcementproblem basierend auf Evolution und *Temporal Difference Learning* (vgl. Abschnitt 4.4.2).

4.3
ENZO für Überwachtes Lernen

4.3.1
Generierung der Nachkommen

4.3.1.1
Mutation beim Multilayer Perceptron

Bei der Mutation der Toplogie eines *Multilayer Perceptrons* können wir vier Fälle unterscheiden: Jeweils das Einfügen und Entfernen sowohl von Gewichten als auch Neuronen. Rein qualitativ läßt sich sagen, daß das Entfernen die Fitneß-Teilbewertung bezüglich der Größe verbessert, hingegen die Fitneß-Teilbewertung bezüglich des Lernfehlers verschlechtert. Beim Hinzufügen verhält es sich entsprechend umgekehrt. Über den Generalisierungsfehler läßt sich keine generelle Aussage machen, da sich dieser beim Entfernen durchaus verbessern kann, selbst wenn sich der Lernfehler verschlechtert.

Damit der Nachkomme überleben kann, ist es deshalb wichtig, daß beim Entfernen der geringe Fitneßgewinn bei der Größe nicht durch einen zu großen Lernfehler überkompensiert wird, und umgekehrt beim Einfügen die Fitneßverschlechterung bei der Größe durch einen Verringerung des Lernfehlers (bzw. Generalisierungsfehlers) kompensiert wird. Mutationen, die dieses Kriterium nicht erfüllen, erzeugen „Totgeburten", die sofort wieder aus der Population entfernt werden. Ziel der Mutation muß es deshalb sein, diesen Effizienzverlust zu vermeiden, ohne dabei den Suchraum zu sehr zu verengen.

Wie bereits in Abschnitt 4.2.2.4 erläutert, führen wir deshalb eine *bewertungsbasierte Mutation* ein, bei der die Erfolgswahrscheinlichkeit geschätzt wird. Grundlage dieser Abschätzung sind im Falle des Entfernens Pruning-Verfahren zur Minimierung der Netztopologie.

Hierfür sind im wesentlichen drei Verfahren zu nennen. Bei *Magnitude Based Pruning* (*MBP*) werden die Gewichte unterhalb einer Schwelle eliminiert. Falls nur ein Gewicht eliminiert werden soll, wird das kleinste entfernt. Dieses eher simple Verfahren hat sich in der Anwendung als sehr effizient erwiesen, insbesondere in Zusammenhang mit einem zusätzlichen Strafterm für die Größe der Gewichte (*Weight Decay* oder *Weight Elimination*).

Mathematisch eleganter ist das von Hassibi und Storck vorgeschlagene Verfahren *Optimal Brain Surgeon* (*OBS*) [Hassibi, Storck 93]. Bei *OBS* wird der Lernfehler durch die Taylorreihe zweiten Grades (quadratisches Polynom) um das lokale Minimum approximiert, das nach dem Lernvorgang mit Gradientenabstieg erreicht wurde. Zu dieser Approximation wird für jedes einzelne Gewicht der Zuwachs des Lernfehlers beim Entfernen dieses Gewichts berechnet. Das Gewicht mit dem geringsten Lernfehlerzuwachs wird dann entfernt und das Verfahren wiederholt. Als Nebenprodukt dieser Berechnung gibt *OBS* auch den Gewichtänderungsvektor aus, mit dem die Taylor-Approximation diesen Lernfehlerzuwachs erzielt. Wäre die Approximation exakt, so hätten wir damit wieder ein lokales Minimum erreicht und das Verfahren könnte ohne Nachlernen iteriert werden. Auf Grund der Ungenauigkeiten ist jedoch ein (kurzes) Nachlernen erforderlich.

Dieses Verfahren ist äußerst rechenintensiv, da in jedem Iterationsschritt die vollständige Hesse-Matrix (zweite Ableitungen des Lernfehlers) berechnet werden muß. Darüber hinaus ist es im Gegensatz zu *MBP* bei *OBS* sehr kritisch, in einem Iterationsschritt mehrere Gewichte zu entfernen. Betrachten wir beispielsweise ein *Multilayer Perceptron* mit zwei korrelierten Neuronen *i, j* (Eingabeneuronen oder verborgene Neuronen). Dann lassen sich je zwei Gewichte w_{ki}, w_{kj} zu einem gemeinsamen Folgeneuron *k* gegenseitig ersetzen:

$$w_{ki}(t+1) := w_{ki}(t) + w_{kj}(t) \quad und \; w_{kj}(t+1) := 0$$

Das heißt, der von *OBS* errechnete Lernfehlerzuwachs sollte für beide Gewichte 0 sein. Entfernen wir jedoch beide Gewichte auf einmal, so kann der Lernfehler beliebig groß werden. In abgeschwächter Form gilt dies auch, wenn zwei Neuronen nur schwach korrelieren. Aus diesem Grund sollte in jedem Iterationsschritt nur ein Gewicht entfernt werden. Bei großen Netzen ist deshalb dieses Verfahren nicht anwendbar, da der große Aufwand zur Berechnung der Hesse-Matrix ($O(n^2)$) sich noch mit der Anzahl der zu entfernenden Gewichte multipliziert.

Eine einfachere Version wurde bereits früher von LeCun, Dencker und Solla vorgeschlagen: *Optimal Brain Damage (OBD)* [LeCun, Dencker, Solla 90]. Bei diesem verwendet man ebenfalls die Approximation des Lernfehlers durch die Taylorreihe zweiten Grades. Im Unterschied von *OBS* begnügt man sich hier jedoch mit der Diagonale der Hesse-Matrix und erspart sich dadurch eine Größenordnung an Rechenzeit. Durch diese zusätzliche Vereinfachung geht jedoch der Vorsprung gegenüber der simpleren *MBP*-Methode verloren [Zell94]. Zudem sollte auch bei *OBD* in einem Iterationsschritt nur ein Gewicht entfernt werden.

Aus diesem Grund beschränken wir uns bei *ENZO* auf die beiden Verfahren *MBP* und *OBS*. Bei der *rangbasierten* Mutation sortieren wir die Gewichte nach ihrer Bewertung: Bei *MBP* nach ihrer Größe und bei *OBS* nach dem geschätzten Lernfehlerzuwachs. In einem Mutationsschritt eliminieren wir ein oder mehrere Gewichte gemäß der Wahrscheinlichkeitsverteilung der *rangbasierten* Mutation: Die hochrangigen Gewichte werden stark bevorzugt. Im Unterschied zu *MBP* bzw. *OBS* werden jedoch nicht immer die k-bestbewerteten ausgewählt (für irgendein k), sondern mit einer etwas geringeren Wahrscheinlichkeit auch schlechterbewertete.

Bei der direkten *Bewertungsbasierten* Mutation hängt die Mutationswahrscheinlichkeit (Mutationsrate) allein von der Bewertung ab, – ohne Berücksichtigung einer Rangreihenfolge. Wie bereits in Abschnitt 4.1.4.2 diskutiert, können wir als Mutationsrate eine beliebige monoton fallende Funktion g(x) in Abhängigkeit von der Bewertung *x* (Größe des Gewichts bzw. geschätzter Lernfehlerzuwachs) verwenden. Benutzen wir beispielsweise bei *MBP* eine Gauß-Glockenfunktion $g(x) = e^{-x^2/\sigma^2}$, dann läßt sich dieser Ansatz mit *MBP* mit Schwelle σ folgendermaßen vergleichen:

- Die Mutationsrate m(x) für *MBP* mit Schwelle σ ist

$$m(x) := \begin{cases} 1 & 0 \leq x \leq \sigma \\ 0 & x > \sigma \end{cases}$$

- Für große Werte und kleine Werte von x gilt $g(x) \approx m(x)$
- Der Wendepunkt von $g(x)$ ist bei $x=\sigma$

In diesem Sinne glättet g den stufenweisen Übergang von m und entspricht einer *unscharfen (fuzzy)* Interpretation: Die Sicherheit, daß ein Gewicht unbeschadet aus dem Netz entfernt werden kann, wechselt bei σ nicht abrupt von 1 auf 0, sondern mit einem unscharfen Übergang, da *MBP* eine Heuristik ist. Entsprechendes würde für *OBS* gelten, wir haben jedoch bereits darauf hingewiesen, daß bei *OBS* nur ein Gewicht entfernt werden sollte.

Für die Entfernung ganzer Neuronen gab es bisher nur weniger zielsichere Heuristiken. Entsprechend *MBP* könnte man als Bewertung eines Neurons die Gewichte zu den Nachfolge-Neuronen betragsmäßig aufaddieren oder aber einfach nur die Anzahl seiner Verbindungen zählen. Bei beiden Heuristiken liegt die Erwartung zugrunde, daß schwach verbundene Neuronen den geringsten Einfluß besitzen und damit beim Entfernen auch den geringsten Zuwachs des Lernfehlers verursachen. Das betragsmäßige Aufsummieren der Gewichte hat jedoch den Nachteil, daß bereits durch eine Verbindung eine hohe Bewertung erzeugt werden kann. Dies würde bedeuten, daß ein Neuron mit nur einer stark gewichteten Verbindung gegenüber einem anderen mit sehr vielen, jedoch subtiler gewichteten Verbindungen erst nachrangig entfernt wird. Da dies nicht den Erwartungen entspricht, haben wir in früheren Arbeiten bei *ENZO* nur die Anzahl der Verbindungen bewertet [Braun, Weisbrod 93], [Braun, Zagorski 94].

In seiner Diplomarbeit hat Achim Stahlberger nun gezeigt, daß sich *OBS* bei gleichem Rechenaufwand für das Entfernen von Neuronen verallgemeinern läßt [Stahlberger 96], [Stahlberger, Riedmiller 96]. Dieses Verfahren wird *Unit-OBS* genannt. Dadurch ist der Nachteil von *OBS* beseitigt, daß bei einem Iterationsschritt immer nur eine Verbindung entfernt werden kann. Das Minimieren der Netztopologie mit *Unit-OBS* und *OBS* erfolgt dann in zwei Stufen. Erst werden mit *Unit-OBS* so lange Neuronen (d.h. auch Eingabeneuronen) eliminiert, bis das Entfernen eines weiteren Neurons den Lernfehler zu stark erhöht. Anschließend werden noch solange Verbindungen eliminiert, bis auch hier das Entfernen einer weiteren Verbindung den Lernfehler zu stark erhöht.

Das Entfernen eines Neurons bedeutet, insbesondere nach fortgeschrittener Evolution bei bereits teilweise minimierten Netz, im allgemeinen eine so große Reduzierung, daß der Nachkomme auf Grund des daraus resultierenden hohen Lernfehlers kaum überlebensfähig ist (vgl. [Braun, Zagorski 94]). Deshalb ist es wichtig, dieses Neuron nicht einfach zu entfernen, sondern durch direkte Verbindungen vom Vorgänger zum Nachfolger (*Bypass Connection*) zu ersetzen (siehe Abb. 4.5).

Bypass Mutation 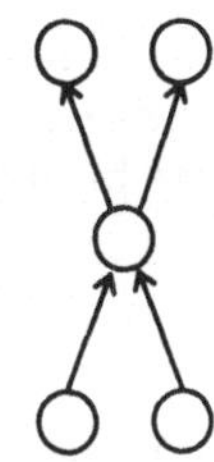 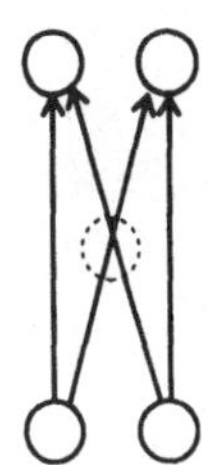

Abb. 4.5. Beim Entfernen eines Neurons werden Direktverbindungen eingefügt. Dies bedeutet, daß der Informationsfluß über das entfernte Neuron durch diese *Bypass Connections* linear approximiert wird.

Die *Bypass*-Verbindungen müssen jedoch nur dann zusätzlich eingeführt werden, wenn diese nicht bereits vorhanden sind. Damit *Unit-OBS* möglichst viele Neuronen entfernen kann, ist es deshalb wichtig, die *Bypass*-Verbindungen schon vorher hinzuzufügen, so daß *Unit-OBS* bei der Berechnung des Lernfehlerzuwachses diese bereits berücksichtigen kann. Infolgedessen sollte die Ausgangstopologie vollständig vorwärts verbunden sein, d.h. von jeder Schicht nicht nur zur direkten Nachfolgerschicht, sondern zu allen Folgeschichten. Da diese Eigenschaft invariant bleibt beim Entfernen von Neuronen, läßt sich auf eine solche Topologie iterativ *Unit-OBS* anwenden, ohne daß *Bypass*-Verbindungen eingefügt werden müssen. Auf diese Weise lassen sich mit dem zweistufigen Verfahren (*Unit-OBS + OBS*) selbst größere Netze mit über 1000 Verbindungen effizient minimieren. Wir nennen dieses Verfahren *Greedy-OBS*.

Es hat sich herausgestellt, daß diese zweistufige Vorgehensweise auch bei der Evolution vorteilhaft ist. Dies bedeutet, daß erst einige Generationen lang nur Neuronen mutiert werden und anschließend nur Verbindungen. Zur Bewertung können wir entweder die Gewichtsgröße bzw. Anzahl der Verbindungen verwenden oder das rechenintensivere, aber treffsichere *OBS* bzw. *Unit-OBS*. Wir bezeichnen die erste Variante mit *MBP-Mutation* und die zweite mit *OBS-Mutation*.

Da das Entfernen eines Neurons und in der zweiten Stufe das Entfernen einer Verbindung (bei nahezu minimaler Topologie) eine genügend große Änderung ist, beschränken wir uns darauf, bei jedem Mutationsschritt im ersten Evolutionsabschnitt jeweils entweder nur ein Neuron zu entfernen oder eines hinzuzufügen und entsprechend im zweiten Evolutionsabschnitt entweder nur eine Verbindung zu entfernen oder hinzuzufügen. Beim Hinzufügen von Neuronen oder Verbindungen werden die Gewichte jeweils mit 0 initialisiert. Dieses Verfahren bezeichnen wir im folgenden mit *ENZO-MBP* bzw. *ENZO-OBS*.

[Anmerkung: Bei größeren Netzen läßt sich die zweite Phase beschleunigen, indem nicht nur eine Verbindung pro Mutation eliminiert wird, sondern mehrere. Die durchschnittliche Anzahl mutierter Verbindungen sollte jedoch im Verlaufe der Evolution aus folgendem Grund gegen 1 streben: Wenn die Wahrscheinlichkeit eine eliminierbare Verbindungen zu selektieren gleich p ist, dann ist die Wahrscheinlichkeit k gleichzeitig zu selektieren p^k, d.h., wenn p im Verlaufe der Evolution klein geworden ist, dann ist für $k>1$ die Wahrscheinlichkeit sehr gering, gleichzeitig k eliminierbare Verbindungen zu selektieren.]

Das Hinzufügen von Neuronen scheint auf den ersten Blick unsinnig zu sein, bedeutet es doch, daß erst durch eine *MBP-Mutation* oder *OBS-Mutation* ein Neuron entfernt wurde und direkt anschließend wieder eines hinzugefügt. Hierbei sind vier Fälle zu unterscheiden:

- Ist das hinzugefügte Neuron in derselben Schicht wie das entfernte, dann bedeutet diese Doppelmutation tatsächlich nur das Löschen der Gewichte eines Neurons. Diese Störung mit anschließendem Nachtrainieren kann bewirken, daß ein anderes lokales Minimum gefunden wird (mit äquivalenter Topologie, aber anderer Gewichtsmatrix).
- Sind die beiden Neuronen aus verschiedenen Schichten bedeutet dies eine Verschiebung der Rechenkapazität um eine Einheit von der Schicht mit dem entfernten Neuron zu der Schicht mit dem neuen Neuron.
- Sind beide Neuronen Eingabeneuronen bedeutet dies eine Umkodierung der Eingabe, die eine Komponente wird durch die andere ersetzt.
- Falls nur eines der Neuronen ein Eingabeneuron ist, bedeutet dies die Alternative zwischen mehr Eingabeinformation und mehr Rechenkapazität (in den verborgenen Schichten). Diese ist sinnvoll, denn mehr Eingabeinformation kann den Rechenaufwand verringern: Beispielsweise wenn eine redundante Eingabeinformation zur Berechnung der Ausgabe notwendig ist und beim Eliminieren dieser Eingabeinformation erst wieder durch ein (neues) verborgenes Neuron erneut berechnet werden muß.

Während *Greedy-OBS* ausgehend von einem neuronalen Netz mit initialisierten Gewichten deterministisch genau eine Lösung erzeugt, kann *ENZO-OBS* viele ähnlich günstige Entwicklungslinien systematisch verfolgen und läuft damit nicht Gefahr (wie beim Folgen von nur einer Linie) frühzeitig in einer signifikant suboptimalen „Sackgasse" zu landen. Das Problem von Greedy-Heuristiken wie *Greedy-OBS* besteht darin, daß diese zwar lokal-sichtig immer die beste Entscheidungen treffen, aber, da sie weder global-sichtig sind, noch ihre Entscheidungen revidieren können, zumeist signifikant suboptimale Lösungen erzeugen. Diese These wurde beispielsweise durch die vielen experimentellen Untersuchungen beim Travelling-Salesman-Problem untermauert, bei dem Greedy-Strategien, die beispielsweise immer die nächstliegenden Städte einfügen, typischerweise suboptimale Lösungen erzeugen, die über 20% von der optimalen Lösung entfernt sind, während *evolutionäre Algorithmen* bei Problemen mit bis zu 400 Städten in der Regel das Optimum finden [Braun90].

4.3.1.2
Mutation bei RBF-Netzen

Prinzipiell könnten wir auch auf das RBF-Modell den Ansatz von *OBS* (*Optimal Brain Surgeon*) anwenden. Auf Grund der Normierung mit teilweise extrem kleinen Nennern (wegen der exponentiellen Gauß-Glockenfunktion) sind hierbei aber numerische Instabilitätsprobleme zu erwarten. Dieser mathematische Aufwand erscheint jedoch nicht erforderlich, da das Wissen in diesen Netzen lokal begrenzt repräsentiert und verarbeitet wird. So lassen sich überflüssige RBF-Neuronen an ihrer relativen Aktivität auf der Eingabemenge (oder einer ausgewählten Stichprobe) erkennen. Die Units, die gemittelt über alle Eingaben den geringsten Beitrag zur Ausgabe leisten, sind die Kandidaten für die bewertungsbasierte Mutation zur Entfernung von Neuronen.

Mit dieser Mutation werden jedoch nicht RBF-Neuronen entfernt, die sich (sehr) ähnlich sind und gemeinsam zur Ausgabe beitragen, da sich diese ihren Beitrag zur Ausgabe teilen. Deshalb brauchen wir noch zusätzlich eine Mutation, deren Aufgabe es ist, ähnliche RBF-Neuronen zu verschmelzen. Bei der Verschmelzung bewerten wir den Abstand der Zentren und die Ausgabewerte der RBF-Neuronen. Nur Neuronen mit hinreichend ähnlichen Ausgabewerten können „verschmolzen" werden. Der neue Ausgabewert wird mit dem Mittelwert der beiden Ausgabewerte initialisiert. Für die Bewertung der möglichen Verschmelzungspaare betrachten wir die Relation zwischen den Weiten und dem Abstand der Zentren:

Bewertung für die Verschmelzungspartner (RBF-Neuron k_1, k_2):

$$\frac{\left\| s^{k_1} - s^{k_2} \right\|^2}{\sigma^{k_1} \cdot \sigma^{k_2}}$$

Bevorzugt werden bei der Verschmelzung Paare mit möglichst niedriger Bewertung. Man beachte hierbei, daß dieses Maß invariant ist gegen eine Skalierung der Weiten und des Abstands der Zentren um einen Faktor α. Das heißt, es werden Paare ausgewählt mit möglichst geringem Abstand der Zentren, der skalierungsunabhängig normiert ist durch das Produkt der Weiten.

Das neue Zentrum wird mit dem Mittelwert der beiden Zentren initialisiert. Zur Initialisierung der Weite verwenden wir ein Zufallswert zwischen einem Maximalund Minimalwert. Der Minimalwert ergibt sich für jede Dimension jeweils aus dem Maximum beider Weiten, der Maximalwert aus dem Abstand der Zentren zuzüglich der beiden Weiten (siehe Abb. 4.6).

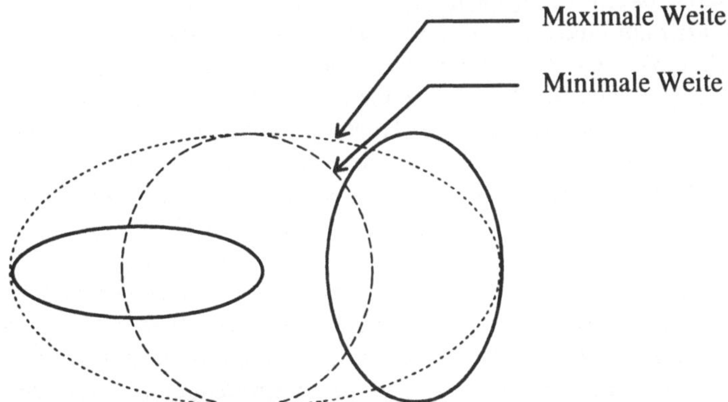

Abb. 4.6. Bestimmung der Lage des Zentrums und der Weite beim Verschmelzen zweier RBF-Neuronen. Das Zentrum ist definiert durch den Mittelwert der Zentren. Die Weite wird zufällig zwischen dem Minimal- und Maximalwert gewählt.

Beim Einfügen von Neuronen müssen wir beachten, daß sich dadurch der Fitneß-Wert hinsichtlich der Größe des RBF-Netzes verschlechtert. Damit der Nachkomme konkurrenzfähig und auf Grund der Selektion überlebensfähig ist, muß diese Verschlechterung durch eine Verbesserung des Lernfehlers kompensiert werden. Folglich ist das Einfügen von RBF-Neuronen besonders an den Stellen vorteilhaft, an denen der Lernfehler beim Elternnetz relativ hoch ist. Wir bewerten deshalb jedes Neuron mit dem *anteiligen* Lernfehler auf der Lernmenge, wobei wir bei jedem Lernbeispiel den Lernfehler gewichten durch den relativen Einfluß des Neurons auf die Ausgabe, d.h. mit seiner Aktivierung b_k (vgl. Abschnitt 2.3.6.1):

Bewertung des RBF-Neuron k für die Aufsplittung:

$$E_k := \sum_{\mu} b_k(x^{\mu}) \cdot E^{\mu} \;=\; \frac{1}{2} \cdot \sum_{\mu} b_k(x^{\mu}) \cdot \left\| y(x^{\mu}) - y^{\mu} \right\|^2$$

Bei der *bewertungsbasierten* Einfüge-Mutation verdoppeln wir bevorzugt die Neuronen mit dem größten durchschnittlichen Lernfehler (vgl. Abschnitt 4.2.2.4). Bei der Initialisierung der Zentren und Weiten addieren wir eine kleine Zufallszahl auf Weiten und Zentrum des verdoppelten Neurons. Die Feineinstellung erfolgt dann durch den Lernvorgang.

4.3.1.3
Rekombination

Ziel der Rekombination ist es, die Eigenschaften der Elternnetze im Nachfolger zu mischen, d.h. die Eigenschaften des Nachkommens sollten sich aus denen seiner Eltern zusammensetzen (siehe Abschnitt 4.1.3.2). Die Eigenschaften eines neuronalen Netzes sind die Neuronen, aus denen sich die Gesamtfunktionalität zusammensetzt. In diesem Sinne ist es naheliegend, für die Rekombination die Neuronen der beiden Eltern schichtweise zu mischen.

Da das *RBF-Modell* nur eine Schicht von verborgenen Neuronen (alias Regeln bzw. radialen Basisfunktionen) besitzt und wir uns auch beim *Multilayer Perceptron* auf flache Topologien beschränken wollen, diskutieren wir im folgenden zur Vereinfachung nur die Rekombination der Neuronen in der ersten verborgenen Schicht. Ferner können wir unterstellen, daß die verborgenen Neuronen (alias *Regeln* beim *RBF-Modell* bzw. *verborgene Merkmale* beim *Multilayer Perceptron*) redundanzfrei sind, da die Elternnetze im Verlaufe der Evolution nahezu minimal geworden sind.

Auf Grund des Permutationsproblems (siehe Abb. 4.7), welches besagt, daß die Neuronen beim Elternnetz beliebig permutiert angeordnet sein können, wären die Nachkommen mit großer Wahrscheinlichkeit nicht überlebensfähig, wenn wir die Neuronen einfach gemäß ihrer Reihenfolge in der Repräsentation (Gewichtsmatrix) rekombinieren, da dann manche *Regeln* bzw. *Merkmale* doppelt auftreten, andere jedoch fehlen. Bei einer *diskreten Rekombination* der Neuronen in Abb. 4.7 würden beispielsweise entweder ein Nachkomme mit doppeltem Neuron 3 oder doppeltem Neuron 4 entstehen, während das jeweils andere Neuron fehlt.

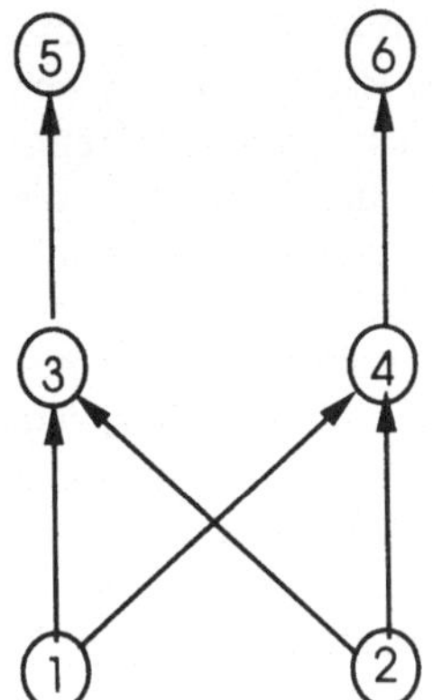 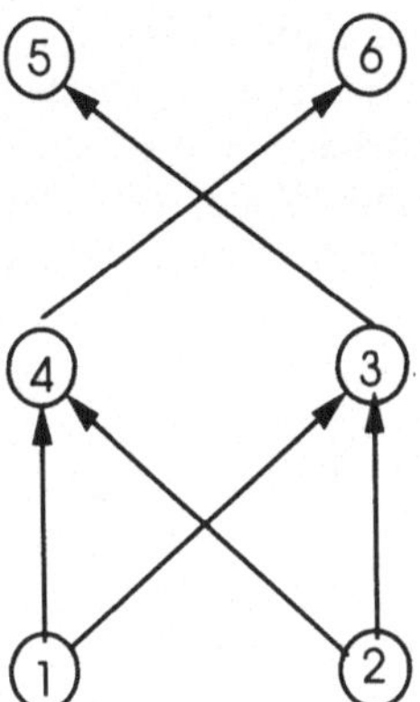

Abb. 4.7. Das Permutationsproblem bei vorwärtsgerichteten Netzen besteht darin, daß die Anordnung der verborgenen Neuronen beliebig vertauscht werden kann, ohne die Funktionalität zu ändern (hier wurde Neuron 3 und 4 vertauscht).

Soll nun der Nachkomme mit gleich vielen verborgenen Neuronen überlebensfähig sein, dann dürfen wir die Neuronen nicht beliebig rekombinieren, sondern wir müssen darauf achten, daß ähnliche Neuronen ausgetauscht werden (d.h. beim RBF-Modell Neuronen mit ähnlichen Zuständigkeitsbereichen und beim *Multilayer Perceptron* Neuronen, die ähnliche *Merkmale* berechnen). Diese Ähnlichkeit läßt sich entweder einfach an den Parametern oder etwas aufwendiger am Verhalten messen:

- Ähnlichkeit der Parameter: Beim RBF-Modell ist das der euklidische Abstand der Zentren und Weiten, beim *Multilayer Perceptron* Ader bstand der normierten Gewichtsvektoren (äquivalent zu den Trennhyperebenen).
- Ähnlichkeit des Verhaltens: Diesen Meßwert erhält man durch denVergleich der Ausgabe über die Lernmenge oder eine ausgewählte Stichprobe.

Aus diesem Grund gilt es zuerst ein „Heiratsproblem" bzw. Zuordnungsproblem (auch bekannt als *assignment problem*) zu lösen. Wir müssen die Neuronen der Elternnetze paarweise zuordnen, so daß die Summe der Ähnlichkeiten der Paare maximiert werden. Dieses Zuordnungsproblem ist zwar mit der Ungarischen Methode in polynomialer Zeit lösbar, besitzt jedoch einen Zeitaufwand von $O(n^3)$ [Papadimitriou82]. Für die Anwendung praktikabler ist es deshalb, wenn man nur einige wenige Austauschpartner sucht, d.h. man sortiert alle potentielle Neuronenpaarungen (von jedem Elternteil jeweils eines) nach ihrer Ähnlichkeit und tauscht nur eine kleine (paarweise disjunkte) Auswahl der ähnlichsten Paare (beispielsweise 5 von 30 verborgenen Neuronen). Das heißt, der Nachkomme entsteht aus einem Elternteil, indem wenige Neuronen gegen ähnliche Neuronen des anderen Elternteils ausgetauscht werden.

Das Problem dieses Ansatzes liegt darin, daß die Nachkommen um so mehr einem Elternteil gleichen, je besser diese Zuordnung gelingt, d.h. in der Anwendung ist der Nachkomme (nahezu) identisch mit einem Elternteil und die Rekombination hat tatsächlich nicht stattgefunden, da praktisch nur die identischen Merkmale ausgetauscht wurden.

Dieses Dilemma läßt sich dadurch lösen, daß wir nicht einzelne Neuronen austauschen, sondern größere Bereiche. Betrachten wir hierzu das *RBF-Modell*. Wenn es uns bei beiden Elternnetzen gelingt, durch eine geeignet gewählte Trennhyperebene im Eingaberaum (Raum der Gewichtsvektoren alias Zentren), die Gewichtsvektoren in zwei ähnlich große Mengen zu teilen und damit auch deren Zuständigkeitsbereiche, dann können wir die so entstandenen Teilmengen als Ganzes rekombinieren. In anderen Worten, der Nachkomme verhält sich auf der einen Seite der Trennhyperebene wie das eine Elternnetz und auf der anderen Seite wie das andere. Wegen der Überlappungen im Trennbereich muß der Nachkomme jedoch nachtrainiert werden. Auf Grund der Lokalität des *RBF-Modells* ist es damit möglich, nach dem *Teile-und-Herrsche*-Prinzip zwei mehr oder weniger unabhängige Teilkomponenten zu bestimmen und diese als Ganzes im Stile des *1-Punkt-Crossover-Operators* zu rekombinieren.

Da die Wissensrepräsentation im *Multilayer Perceptron* hingegen eher als *holistisch* bezeichnet werden kann (vgl. Abschnitt 2.2), ist hier eine Aufteilung nach dem *Teile-und-Herrsche*-Prinzip im allgemeinen kaum möglich. In [Braun, Weisbrod 93] haben wir deshalb das Permutationsproblem durch die Einführung eines Abstandsmaßes eliminiert. Entsprechend dem biologischen Vorbild verallgemeinerten wir das Minimierungsproblem der Netzwerkgröße, indem wir nicht nur die Anzahl der Verbindungen, sondern auch deren Länge berücksichtigten. Hierzu plazierten wir die Neuronen im Einheitsquadrat (Neuronen einer Schicht äquidistant nebeneinander in einer Reihe, Schichten äquidistant übereinander) und definierten die Verbindungslänge entsprechend dem euklidischen Abstand. Die Gesamtverbindungslänge optimierten wir in der Evolution durch einen Strafterm in der Fitneß-Funktion. Entsprechend unseren Überlegungen in Abschnitt 4.2.2.4 berücksichtigten wir diesen Strafterm auch bei der Mutation, indem lange Verbindungen wahrscheinlicher entfernt und kurze Verbindungen wahrscheinlicher zugefügt wurden. [Anmerkung: Diese Eigenschaft ist auch biologisch plausibel.]

Die so evolvierten Netze haben die Eigenschaft, daß Neuronen im linken Teil der verborgenen Schicht stärker mit der linken Seite der Eingabe verbunden sind und im rechten Teil entsprechend mit der rechten Seite der Eingabe. Aus diesem Grund ist nun ein Austausch der beiden linken (bzw. rechten) Teile der verborgenen Schicht der Elternnetze erfolgversprechend. In unseren experimentellen Untersuchungen hat sich ergeben, daß erst durch diese zusätzliche Minimierung der Verbindungslänge der Austausch von zusammenhängenden Teilen der verborgenen Schichten konkurrenzfähige Nachkommen erzeugt (siehe [Braun, Weisbrod 93]). Verwendet man jedoch diesen Ansatz zur Minimierung neuronaler Netze, dann sind die Ergebnisse schlechter als bei der alleinigen Verwendung von Mutation, da der zusätzliche Strafterm für die Verbindungslänge minimale Lösungen mit langen Verbindungen verhindert.

Zusammenfassend läßt sich feststellen, daß die Verallgemeinerung des Minimierungsproblems hinsichtlich der Verbindungslängen zwar ein effizientes *Crossover* ermöglicht, aber für die Minimierung neuronaler Netze nur dann sinnvoll ist, wenn die Minimierung der Verbindungslängen auch beabsichtigt ist (beispielsweise für eine Hardware-Realisierung).

4.3.2
Lernen

Als Lernverfahren haben wir entsprechend den Vorüberlegungen in Abschnitt 2.2.7 *Rprop* verwendet. Im folgenden diskutieren wir verschiedene Verfeinerungen dieses Ansatzes. Die wichtigste Effizienzverbesserung besteht darin, daß die Nachkommen bei der Gewichtsinitialisierung von dem Erlernten (Gewichte) der Eltern profitieren (siehe Abschnitt 4.3.2.1). Weitere Verbesserungen lassen sich durch die evolutive Anpassung der Parameter von *Rprop* und der Lernmenge erzielen (siehe Abschnitte 4.3.2.2 und 4.3.2.3).

4.3.2.1
Wissenstransfer von den Eltern – Lamarckismus

Wie wir bereits in Abschnitt 4.2.2.2 erläutert haben, verwenden wir zur Gewichts-initialisierung der Mutanten (alias Nachkommen) die Gewichte der Eltern. Dieser Transfer des Wissens, das die Eltern in ihrer Lernphase erworben haben, besitzt zwei Vorteile: Zum einen verkürzt sich die Lernzeit um mehrere Größenordnungen (typischerweise Faktor 50), zum anderen erhält man dadurch ein überdurchschnitt-liches lokales Minimum (relativ zur Topologie), sofern das Elternnetz ein über-durchschnittliches lokales Minimum war (siehe Abschnitt 4.2.2.2).

Diese Gewichtsinitialisierung kann jedoch auch zu Overfitting-Problemen auf der Lernmenge führen, falls wir den Lernvorgang nicht rechtzeitig abbrechen. Nehmen wir hierzu der Einfachheit halber an, die Mutation wäre die Identitäts-funktion. In diesem Fall bedeutet die Gewichtsinitialisierung mit den Gewichten der Eltern einfach ein Nachtrainieren des Elternnetzes. Wenn wir nun in jeder Generation eine feste Anzahl von Lernepochen trainieren, wird das zugehörige Netz entsprechend oft weiter trainiert und damit „übertrainiert" (*Overfitting*). Die-ser *Overfitting*-Effekt tritt in abgemilderter Form auch bei „echten" Mutanten auf.

Dieses Problem läßt sich zum einen dadurch vermeiden, daß wir durch eine hinreichend starke Gewichtung des *Weight-Decay*-Strafterms das *Overfitting* beim Trainieren eliminieren (vgl. Abschnitt 2.2.4). Zum anderen kann man übermäßiges Nachtrainieren (d.h. *Overfitting*) auch dadurch umgehen, indem man den Lernvor-gang bei Unterschreiten einer à priori festgelegten Lernfehlergrenze abbricht.

Bei sehr rechenintensiven Lernproblemen läßt sich dieser Effekt des Nachtrai-nierens auch zur Effizienzsteigerung ausnützen. Die Initialisierung der Population verursacht hierbei einen großen Anteil des Gesamtaufwandes, da mangels Wis-senstransfer von Eltern der volle Lernaufwand erforderlich ist. Diesen Aufwand kann man dadurch reduzieren, daß man diese Netze nicht vollständig eintrainiert, sondern nur einen Bruchteil der erforderlichen Lernepochen. Wendet man auf die-se Population die Evolution an, so erhalten wir den Effekt, daß nur die erfolg-versprechenden Netze (bzw. deren leicht veränderten Nachkommen) weitertrai-niert werden. Von diesen erfolgversprechenden Netzen werden gleich mehrere Va-rianten erzeugt und weitertrainiert, so daß nicht nur eine Entwicklungslinie ver-folgt wird, sondern ein breiter Fächer, der durch die Selektion immer wieder fokussiert wird. Auf diese Weise findet die Evolution sehr effizient und robust ein gutes lokales Minimum.

Eine weitere Verbesserung des Lernverhaltens durch die Gewichtsinitialisierung läßt sich durch folgende Überlegung erzielen. Die Gewichte des Elternnetzes stellen ein lokales Minimum für die Elterntopologie dar. Um ein benachbartes lokales Minimum für die Mutante (alias Nachkommen) zu finden, müssen alle Gewichte neu abgestimmt werden. In lokalen Minima ist oft die Aktivierung der Neuronen im gesättigten Bereich der sigmoid-Funktion (d.h. nahe der maximalen Aktivierung 1 oder der minimalen 0 bzw. -1). In diesen Bereichen ist jedoch der Gradient sehr flach, so daß die Änderungen nur langsam vollzogen werden. Die Idee von *Cut Weights* besteht nun darin, im Stile von *Weight Decay* die Gewichte des Elternnetzes zur Initialisierung mit einem Faktor ρ *(0<ρ<1)* betragsmäßig zu kürzen. Damit ist die Information im wesentlichen noch erhalten, aber die Anpassungen lassen sich mit Gradientenabstieg leichter durchführen. In unseren Untersuchungen hat sich der Faktor ρ*=0.7* bewährt.

Eine Variante hiervon ist *Jog Weights*. Diese Heuristik existiert bereits im *Stuttgarter Neuronale-Netze-Simulator (SNNS)* für die „Handoptimierung" von neuronalen Netzen. Bei dieser Operation wird einfache eine Zufallsgröße auf jedes Gewicht addiert, d.h. *Jog Weights* ist in termini der evolutionären Algorithmen eine Mutation auf der Gewichtsmatrix. Ziel dieser Variante ist es, das vorgegebene lokale Minimum der Elterntopologie ein Stück weit zu verlassen, damit der Gradientenabstieg ein anderes, aber ähnlich gutes (eventuell sogar besseres) lokales Minimum findet.

4.3.2.2
Evolutive Adaption von Rprop

Wie wir im obigen Abschnitt 4.3.2.1 erläutert haben, reduziert sich die Anzahl der Lernepochen durch den Wissenstransfer von den Eltern drastisch. Dadurch sind oft nur noch sehr wenige Epochen zum Nachtrainieren notwendig. Da *Rprop* seine Schrittweite adaptiv anpaßt, fallen damit die ersten Anpassungsschritte mit nicht optimaler Schrittweite stärker ins Gewicht. Diese Anpassung läßt sich dadurch beschleunigen, daß wir die Anfangsschrittweite während der Evolution mitoptimieren. Allerdings nicht stochastisch wie bei der Evolutionsstrategie (vgl. Abschnitte 4.1.6 und 4.1.7.1), sondern zielgerichtet im Stile von *Rprop*.

Im Gegensatz zu *Rprop* benutzen wir individuelle Anfangsschrittweiten Δ^0_{ij}. Diese werden nur im ersten Lernschritt angepaßt und dann unverändert an die Nachkommen vererbt (vgl. Abschnitt 2.2.4):

$$\Delta^0_{ij} := \begin{cases} \eta^+ \cdot \Delta^0_{ij} & \textit{falls} \quad \dfrac{\partial E(0)}{\partial w_{ij}} \cdot \dfrac{\partial E(1)}{\partial w_{ij}} > 0 \\[2ex] \eta^- \cdot \Delta^0_{ij} & \textit{falls} \quad \dfrac{\partial E(0)}{\partial w_{ij}} \cdot \dfrac{\partial E(1)}{\partial w_{ij}} < 0 \\[2ex] \Delta^0_{ij} & \textit{sonst} \end{cases}$$

mit $\eta^+ > 1$ *und* $0 < \eta^- < 1$.

Für neu hinzugefügte Verbindungen initialisieren wir: $\Delta_{ij}^{0} := \Delta^{0}$.

Hierbei gehen wir davon aus, daß die Anfangsschrittweiten von Eltern und Nachkommen ähnlich sein sollten. Dahinter steckt die Idee, daß die Anfangsschrittweite zu klein war, wenn sie im ersten Schritt erhöht wurde, und zu groß, wenn sie im ersten Schritt erniedrigt wurde. Sofern sich diese Information auf die Lernsituation des Nachkommen übertragen läßt, verbessert sich dadurch dynamisch die Anfangsschrittweite.

Da *Rprop* jedoch sowieso seine Schrittweite sehr schnell (exponentiell) anpaßt, lassen sich durch diese zusätzliche Optimierung nur dann eine signifikante Beschleunigung des Nachtrainierens erzielen, wenn nur ungefähr 20 Lernepochen oder weniger hierfür notwendig sind.

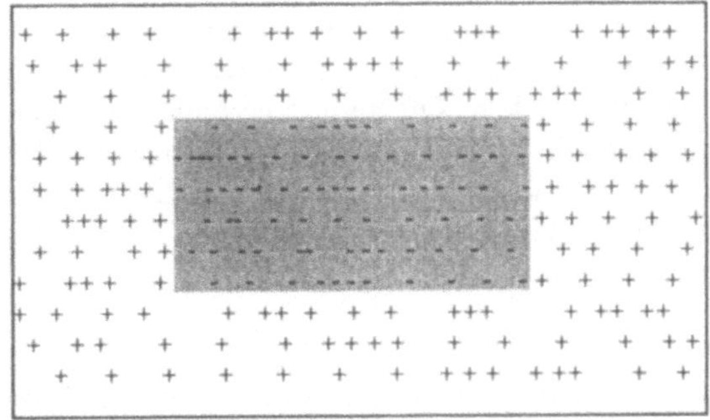

Abb. 4.8. Beispiel einer dichten Lernmenge für ein einfaches Lernproblem. Nicht alle Lernbeispiele sind gleich wichtig, sondern die Lernbeispiele, die dicht an der Trennlinie zwischen denen mit + und - klassifizierten Eingaben liegen, sind entscheidend für eine exakte Trennung. Die übrigen können zwar nicht alle weggelassen werden, aber es genügen wenige Lernbeispiele.

4.3.2.3
Evolutive Adaption der Lernmenge

Für eine gute Generalisierung ist die Wahl der Lernbeispiele wichtig. Nehmen wir der Einfachheit halber an, wir könnten die Zielfunktion, die das neuronale Netz modellieren soll, effizient berechnen. Nehmen wir weiter an, diese Funktion wäre stetig oder wenigstens stückweise stetig (wie beispielsweise bei Klassifikationsproblemen). In diesem Fall wäre es auf Grund der Stetigkeit der Zielfunktion und des neuronalen Netzmodells für eine gute Approximation (alias Generalisierungsverhalten) ausreichend, als Lernmenge ein genügend dichtes Gitter an Stützstellen (alias Lernbeispiele) zu wählen. Eine solche Lernmenge einzutrainieren scheitert jedoch im allgemeinen daran, daß die Lernmenge viel zu groß wird: Beispielsweise erhält man bei 50 Eingabeneuronen und nur binärer Gittereinteilung 2^{50} Lernbeispiele.

Es stellt sich deshalb die Frage, in welchen Bereichen müssen die Lernbeispiele dicht liegen und in welchen Bereichen genügen wenige Lernbeispiele.

Betrachten wir hierzu das einfache Klassifikationsproblem in Abb. 4.8, bei dem die Eingaben innerhalb des grauen Rechtecks von der Umgebung getrennt werden müssen. Für eine gute Approximation dieser Klassifikation ist es wichtig, daß die Trennlinie durch positive und negative Lernbeispiele möglichst präzise spezifiziert wird. Im übrigen Bereich genügen wenige Beispiele, sofern wir den Freiheitsgrad des neuronalen Netzmodell klein halten und damit glatte und einfache Lösungen erzwingen. Diese Fragestellung läßt sich folgendermaßen präzisieren:

Sei die Größe p der Lernmenge vorgegeben.

Gesucht ist die optimale Lernmenge, für die der Erwartungswert des Generalisierungsfehlers nach dem Eintrainieren minimal ist.

[Anmerkung: Diese Definition hängt ab von dem Netzmodell, dem Lernalgorithmus und der (zufälligen) Initialisierung der Gewichte.]

Die übliche Vorgehensweise besteht darin, daß ein Experte eine möglichst gute Lernmenge erzeugt. Bei Klassifikationsproblemen versucht dieser üblicherweise gerade die Randfälle besonders gut abzudecken. Oft gelingt es nicht, eine gute Lernmenge auf Anhieb zu finden, deshalb wird häufig die Lernmenge dadurch nachgebessert, daß in den Bereichen, in denen das Netz beim Einsatz Fehler macht, weitere Lernbeispiele hinzugenommen werden. Diese Strategie läßt sich für eine vorgegebene große Lernmenge L automatisieren:

Lernmengenfokussierung

1. *Bestimme die Problem- bzw. Randfälle dynamisch dadurch, daß die Lernmenge L nach dem Lernfehler bezüglich dem aktuellen Netz sortiert wird. Sammle die Lernbeispiele mit dem größten Lernfehler in einer Menge P.*

2. *Nimm eine zufällige Stichprobe R. von den restlichen Beispielen. Der Einfachheit halber sei die Größe beider Menge P und R gleich p/2.*

3. *Trainiere mit der Menge P$\cup$R das aktuelle Netz eine bestimmte Anzahl k Schritte.*

4. *Gehe zurück zu Schritt 1 und wiederhole dieses Verfahren.*

Dieses Verfahren der *Lernmengenfokussierung* verhält sich für k=1 und fester Schrittweite ähnlich wie Musterlernen und konvergiert für hinreichend kleine Schrittweiten. Verwenden wir jedoch eine adaptive Schrittweitensteuerung wie bei *Rprop* und eine größere Anzahl von Lernschritten, dann kann es zu *Overfitting*-Problemen kommen, d.h. das Netz lernt die Problemfälle aus P und erzeugt bei der nächsten Iteration wieder neue Problemfälle usw. Dieses Problem läßt sich dadurch vermeiden, daß man den Freiheitsgrad des Netzes durch die Netzgröße und Strafterme für die Gewichtgröße (*Weight Decay*) genügend einschränkt. Da wir bei der Evolution die Netzgröße minimieren und zusätzlich *Weight Decay* verwenden, ist diese Bedingung erfüllt.

Die erzielbare Lernmengenreduzierung hängt vom Anwendungsproblem ab. Bei so einfachen Klassifikationsproblemen wie das Rechteck in Abb. 4.8 genügen sehr wenige Lernbeispiele für eine präzise Klassifizierung und wir können deshalb eine beliebig überdimensionierte Lernmenge auf diese reduzieren. Um die

Leistungsfähigkeit der *Lernmengenfokussierung* zweifelsfreier zu demonstrieren, haben wir diesen Ansatz auf ein schwieriges Klassifikationsproblem angewendet: Die Erkennung handgeschriebener Ziffern [Schäfer, Braun 95]. Die NIST-Datenbank (vom National Institute for Standard and Technology [Wilkinson92]) enthält 220 000 Lernbeispiele. Bei diesem Problem wächst die Klassifikationsleistung signifikant mit der Anzahl der Lernbeispiele (zumindest bis 50 000 Lernbeispiele). Durch die *Lernmengenfokussierung* reduzierten wir die NIST-Datenbank auf 20 000 Lernbeispiele und erhielten (mit *Rprop* ohne Evolution) eine Klassifikationsleistung, für die wir bei zufällig aus der Gesamtmenge gezogenen Lernbeispielen mindestens 50 000 benötigen.

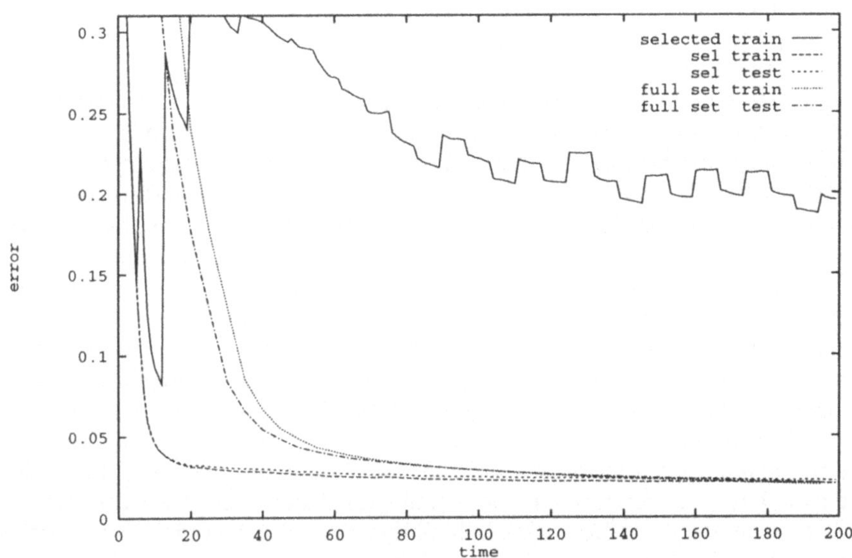

Abb. 4.9. Beschleunigung des Lernvorgangs mit evolutiver Lernmengenfokussierung. Angegeben ist der Trainings- und Testfehler auf der gesamten Lern- bzw. Testmenge sowohl ohne Lernmengenfokussierung („full set") als auch mit („set"). In „selected train" ist noch der durchschnittliche Lernfehler auf der ausgewählten Menge der Problemfälle *P* angegeben.

In Abb. 4.9 ist die durch Lernmengenfokussierung erzielte Beschleunigung beim Lernvorgang exemplarisch gezeigt. Hierbei reduzierten wir 50 000 Lernbeispiele auf 5 000 Lernbeispiele und erzielten eine Beschleunigung um Faktor 5 (Aktualisierung von *P* jeweils nach 7 Lernschritten). Am rechten Bildrand kann man jedoch erkennen, daß im Limes die Generalisierungsleistung bei der vollen Lernmenge geringfügig besser wird als bei der reduzierten.

Qualitativ lassen sich diese Ergebnisse folgendermaßen zusammenfassen. Die Lernmengenfokussierung beschleunigt den Lernvorgang wesentlich. Bei fester Lernmenge erhält man die beste Klassifizierungsleistung, wenn man mit der vollen

Lernmenge noch einige wenige Schritte nachtrainiert. Ist jedoch die Trainingszeit limitiert, dann ist es günstiger, für das Nachtrainieren die Lernmengenfokussierung einer noch größeren Menge zu wählen. Zeitoptimal, wenn auch algorithmisch kaum kontrollierbar, wäre es, bei festem Reduktionsfaktor die Lernmengen dynamisch wachsen zu lassen.

Wenden wir die *Lermengenfokusssierung* bei der Evolution auf eine untrainierte Mutante an, dann wird der Lernfehler bei fast allen Eingaben groß sein. Folglich wird die so ausgewählte Menge P der Problemfälle eher zufällig sein und nicht die „wahren" Problemfälle enthalten. Durch den Wissenstransfer von den Eltern läßt sich dieses Problem lösen. Wir übernehmen einfach die Lernmengen der Eltern. Damit sich die Lernmengen iterativ verbessern können, müssen jedoch bei den Nachkommen während des Lernvorgangs die Lernmengen gemäß obigem Verfahren einmal adaptiert werden. Wir wählten hierzu den Zeitpunkt bei 2/3 der Lernepochen. Zu diesem Zeitpunkt ist der Nachkomme einerseits hinreichend gut trainiert und andererseits kann er dann noch von der neuen Lernmenge profitieren und sein Generalisierungsverhalten verbessern.

Das Bestimmen der Problemfälle pro Generation ist relativ aufwendig, da hierzu die große Gesamtmenge der Lernbeispiele durchlaufen werden muß. Man kann diesen Rechenaufwand dadurch reduzieren, daß man die Gesamtmenge bei λ Nachkommen in λ Teilblöcke aufteilt, und bei jedem Nachkommen nur einen Teilblock bearbeitet. Die so gefundenen Problemfälle über alle Teilblöcke bilden dann (zuzüglich der Lernstichprobe) die globale Lernmenge. Dadurch kann man den Aufwand beispielsweise bei 10 Nachkommen um Faktor 10 reduzieren. Diese Verfahren bezeichnen wir als *evolutive Lernmengenfokussierung*.

Eine weitere Vereinfachung erreicht man, wenn bereits in einem Vorverarbeitungsschritt die *Lernmengenfokussierung* auf eine feste Netztopologie angewendet, und dann die dabei adaptierte Lernmenge in der Evolution eingesetzt wird. Der Nachteil besteht jedoch darin, daß die optimale Lernmenge für eine Standardtopologie im allgemeinen verschieden ist von der einer evolvierten Topologie. Bei einer evolvierten, maßgeschneiderten Topologie ist durch die Vorstrukturierung der Topologie die Grobform der Zielfunktion bereits eingeprägt, und folglich können sich optimal gewählte Lernbeispiele bereits auf die Determinierung feinerer Details spezialisieren. Aus diesem Grunde haben wir zur Evolution eines Klassifikators für handgeschriebene Ziffern die *evolutive Lernmengenfokussierung* verwendet (siehe Abschnitt 4.3.3) [Schäfer, Braun 95].

4.3.3
Minimierung von Multilayer Perceptrons

Im folgenden wollen wir die Leistungsfähigkeit der vier in Abschnitt 4.3.1.1 besprochenen Verfahren vergleichen: *Greedy-MBP (Magnitude Based Pruning)*, *Greedy-OBS (Optimal Brain Surgeon)*, *ENZO-MBP* und *ENZO-OBS*. Außer *Greedy-MBP* gehen alle Verfahren zweistufig vor. Zuerst werden Neuronen entfernt und dann Verbindungen.

Bei den Greedy-Varianten wird nur eine Entwicklungslinie deterministisch verfolgt, und zwar wird in jedem Iterationsschritt jeweils die höchstbewertete Mutation angewendet: Bei *MBP* wird jeweils das kleinste Gewicht entfernt, bei

OBS jeweils das Neuron bzw. die Verbindung mit dem geringsten geschätzten Lernfehlerzuwachs (bei deren Eliminierung).

Bei den *ENZO*-Varianten werden hingegen in der Population mehrere Entwicklungslinien verfolgt. Es wird nicht *stets* die höchstbewertete Mutation ausgewählt, sondern gemäß *rangbasierter Mutation* nur die höher bewerteten bevorzugt (vgl. Abschnitt 4.2.2.4). Die Rangreihenfolge berechnet sich bei *MBP* durch die Größe der Gewichte bzw. Anzahl der Verbindungen, bei *OBS* durch den prognostizierten Lernfehlerzuwachs beim Entfernen des jeweiligen Neurons bzw. der entsprechenden Verbindung.

Um einen möglichst objektiven Vergleich der einzelnen Lernverfahren zu erhalten, haben wir das Lernproblem auf folgendes Minimierungsproblem reduziert:

Gesucht ist das kleinste Multilayer Perceptron, für das die gewichtete Summe f aus Lernfehler E und Weight-Decay-Strafterm S unterhalb einer vorgegebenen Schranke ε liegt:

$$f = E + \lambda \cdot S < \varepsilon \quad mit$$

$$E = \frac{1}{2} \sum_{\mu} \left(y(x^{\mu}) - y^{\mu} \right)^2 \quad und \quad S = \frac{1}{2} \sum_{i,j} w_{ij}^2$$

Dabei wählten wir den Gewichtungsfaktor λ gerade so groß, daß ein möglichst gutes Generalisierungsverhalten erzielt wird. Genauer: Wir testeten für einige Topologien mit problemadäquater Größe das Lern- und Generalisierungsverhalten und bestimmten ein möglichst kleines λ, so daß der *Overfitting*-Effekt gerade noch unterdrückt wird (d.h. es tritt auch bei längerem Einlernen keine signifikante Verschlechterung des Generalisierungsfehlers auf). Mit dieser Einstellung erzielten wir auch insgesamt den niedrigsten Generalisierungsfehler: Bei niedrigerer Einstellung von λ ist der Generalisierungsfehler höher wegen dem *Overfitting*-Effekt, bei höherer Einstellung ebenfalls, und zwar wegen der zu starken Gewichtung des Strafterms gegenüber dem Lernfehler.

Die Fehlerschranke ε wählten wir so niedrig, daß diese bei den vorgegebenen Standardtopologien mit hinreichend großer Wahrscheinlichkeit gerade noch erreichbar ist.

Mit dieser Einstellung erzielten wir (bzw. übertrafen geringfügig) bei allen Benchmark-Problemen für die (nicht optimierten) Standardtopologien den in der Literatur jeweils angegebenen Generalisierungs- bzw. Klassifikationsfehler. Durch die Minimierung der Topologie wird dieses gute Generalisierungsverhalten bei den einzelnen Varianten sogar noch etwas verbessert (siehe Abb. 4.11 und Abb. 4.12).

Bei den vier Varianten trainierten wir jeweils nach jeder Änderung (Entfernen eines Neurons bzw. einer Verbindung) das veränderte Netz solange nach, bis entweder die Schranke ε erreicht oder die maximale Anzahl von Lernschritten überschritten wurde. In letzterem Fall wurde bei der Evolution dieser Nachkomme eliminiert. Bei *OBS* hingegen wird diese Änderung rückgängig gemacht und damit die aktuelle Phase beendet. Hierbei unterscheiden wir drei Phasen: In der Anfangsphase werden nur Eingabeneuronen entfernt, in der zweiten Phase zusätzlich verborgene Neuronen und schließlich in der dritten Phase nur noch Verbindungen.

Die Phase Ia bewirkt, daß mit höchster Priorität redundante Eingabeneuronen eliminiert werden. Durch die weitere Aufteilung in Phase Ib und Phase II werden insbesondere bei *OBS* die Anzahl der notwendigen Änderungsschritte reduziert, da in Phase Ib mit einem Neuron in einem einzigen Schritt alle seine Verbindungen entfernt werden. Dadurch reduziert sich in jedem Schritt der Berechnungsaufwand (quadratisch abhängig von der Netzgröße), bis schließlich bei einer relativ kleinen Topologie in Phase II nur noch einzelne Verbindungen entfernt werden.

Da bei *Unit-OBS* keine *Bypass*-Verbindungen (vgl. Abschnitt 4.3.1.1 und insbesondere Abb. 4.5) berücksichtigt werden, umgingen wir dieses Problem, indem wir die initialen Netze (bzw. die maximale Topologie) mit *Shortcut*-Verbindungen vervollständigten (d.h. vollständige Verbindung nicht nur zur direkten Nachfolgerschicht, sondern zu allen Nachfolgerschichten). Diese Eigenschaft bleibt auch beim Eliminieren von einzelnen Neuronen erhalten, und folglich sind in Phase Ib keine *Bypass*-Verbindungen erforderlich.

4.3.3.1
Komplexitätsbetrachtungen

Der Zeitaufwand für einen *Unit-OBS*- bzw. *Weight-OBS*-Schritt ist $O(p \cdot n^2)$ (mit p = Anzahl der Lernbeispiele, n = Anzahl der Verbindungen = Netzgröße) [Stahlberger96]. Der Zeitaufwand für einen Lernschritt ist $O(p \cdot n)$. Da bei *OBS* nicht nur das Neuron bzw. die Verbindung mit dem geringsten Fehleranstieg berechnet wird, sondern auch der zugehörige Gewichtsänderungsvektor, ist bei *Greedy-OBS* (fast) kein Nachlernen erforderlich: Wäre die Fehlerfunktion ein quadratisches Polynom, so wäre dieser Änderungsvektor optimal, auf Grund des Approximationsfehlers sind jedoch eine geringe Anzahl von Trainingsschritten notwendig, um die Schranke ε wieder zu erreichen. In unseren experimentellen Untersuchungen waren zumeist weniger als 10 Lernschritte erforderlich, so daß der Aufwand des Nachlernens im Vergleich zum *OBS*-Schritt vernachlässigbar ist. Insgesamt erhalten wir folglich $O(p \cdot n^2)$ als Zeitaufwand für einen *Greedy-OBS*-Schritt inklusive Nachtrainieren.

Der Zeitaufwand für einen Nachkommen bei *ENZO* setzt sich zusammen aus dem Selektionsaufwand bei der Mutation und dem Lernaufwand. Bei der Variante *ENZO-MBP* ist der Zeitaufwand für die Selektion vernachlässigbar gegenüber dem Lernaufwand. Der Aufwand für das Nachtrainieren beträgt $O(e \cdot p \cdot n)$ (mit e = Anzahl der Lernepochen).

Bei der Variante *ENZO-OBS* ist hingegen der Aufwand des Nachtrainierens vernachlässigbar, da der Selektionsaufwand wie bei *Greedy-OBS* $O(p \cdot n^2)$ beträgt und nur sehr wenige Lernschritte erforderlich sind.

Der Gesamtaufwand für das Erzeugen einer Generation ist bei λ Nachkommen demzufolge das λ-fache, d.h. $O(\lambda \cdot e \cdot p \cdot n)$ bei *ENZO-MBP* bzw. $O(\lambda \cdot p \cdot n^2)$ bei *ENZO-OBS*. Bei der von uns gewählten Einstellung von *ENZO* sinkt in Phase I die durchschnittliche Anzahl von Neuronen bei den Eltern von Generation zu Generation ungefähr um 1. Folglich können wir in dieser Phase die *OBS*-Schritte mit den Generationen vergleichen. Auf den ersten Blick scheint aus diesem Grund *ENZO-OBS* um Faktor λ (Anzahl der Nachkommen pro Generation) langsamer zu sein als *OBS*. Dies ist aber zumindest bei der von uns gewählten Einstellung (λ=10) nicht der Fall. Diese auf den ersten Blick etwas überraschende Beobachtung hat zwei Gründe:

- Den Aufwand der Selektion brauchen wir für ein Eltern-Individuum nur einmal zu berechnen, d.h. wenn die Netze, die überhaupt als Eltern ausgewählt werden, im Mittel drei Nachkommen erzeugen, reduziert sich der Aufwand für die Selektion auf ein Drittel.
- Ferner entfernen wir nach einer *OBS*-Berechnung bis zu drei Neuronen bzw. bis zu fünf Verbindungen, bevor wir wieder eine neue *OBS*-Berechnung durchführen (d.h. nach einer *OBS*-Berechnung wird diese erst beim Urenkel bzw. Ur-Ur-Urenkel wieder aktualisiert). Dadurch reduziert sich der Aufwand in Phase I auf ein Drittel, in Phase II auf ein Fünftel.

Die letztere Beschleunigung durch die mehrfache Elimination von Neuronen bzw. Verbindungen *vor* einer neuen *OBS*-Berechnung läßt sich bei *Greedy-OBS* selber nicht einsetzen, da sich hier Fehler auf Grund der *Greedy*-Eigenschaft nicht mehr rückgängig machen lassen, während bei der Evolution Fehlversuche bzw. nicht konkurrenzfähige Nachkommen wieder eliminiert werden können.

Vergleichen wir *ENZO-MBP* mit *Greedy-OBS*, dann steht dem Zeitaufwand $O(\lambda \cdot e \cdot p \cdot n)$ bei *ENZO-MBP* pro Generation der von *Greedy-OBS* mit $O(p \cdot n^2)$ pro *OBS*-Schritt gegenüber (die Anzahl der *OBS*-Schritte bei Greedy-*OBS* und der Generationen bei *ENZO-OBS* ist in der von uns gewählten Einstellung von *ENZO* ungefähr gleich). Kürzen wir die gemeinsamen Anteile p·n, dann verbleiben jeweils die Faktoren $\lambda \cdot e$ bzw. n. Welches Verfahren schneller ist, hängt nun von der Anzahl der Nachkommen λ und der Anzahl der Lernepochen e ab. Typische Werte hierfür sind $\lambda = 10$ und $e = 20$ (auf Grund des Lamarckismus sind nur wenige Lernepochen erforderlich). Deshalb ist zu erwarten, daß *Greedy-OBS* bei Netzgrößen unter 200 Verbindungen etwas schneller ist als *ENZO-MBP*, darüber aber langsamer. In unseren Beispielen war das initiale Netz größer als 200 und die minimierten Netze kleiner, so daß beide Varianten vergleichbaren Rechenaufwand verursachten mit geringfügigen Geschwindigkeitsvorteilen für *Greedy-OBS*.

Zusammenfassend kann man sagen, daß bei mittleren Netzgrößen im Bereich von 50-500 Verbindungen alle drei Varianten ähnlichen Rechenaufwand erfordern, für große Netze jedoch *ENZO-MBP* wesentlich schneller ist. Die Geschwindigkeit von *Greedy-MBP* hängt davon ab, wieviel Redundanz das initiale Netz enthält. Falls insgesamt sehr viele Gewichte eliminiert werden können, ist es für die Effizienz wichtig, anfangs nicht in jedem Schritt nur ein Gewicht zu eliminieren, sondern eine größere Anzahl. Ein Lösungsansatz besteht darin, in jedem Schritt jeweils alle Gewichte zu eliminieren, deren Betrag unterhalb einer Schwelle liegt. Diese Schwelle wird dann dynamisch erhöht, so daß in jedem Schritt mindestens ein Gewicht entfernt wird, bis schließlich keine mehr eliminiert werden können. In diesem Fall kann *Greedy-MBP* etwa um einen Faktor λ schneller sein als *ENZO-MBP*.

4.3.3.2
Einstellung der Evolutionsparameter

Greedy-OBS hat den Vorteil, daß keine Evolutionsparameter eingestellt werden müssen. Diese Einstellung erweist sich jedoch in der Anwendung als relativ ein-

fach. *Greedy-OBS* ist selber ein Spezialfall von *ENZO-OBS* mit Populationsgröße
1. Mit der Populationsgröße kann der Anwender die Breite der Suche (bzw. die
Größe des Gedächtnisses) einstellen. In unseren Anwendungen mit insgesamt 500-
1000 Nachkommen hat sich die Populationsgröße 30 als guter Kompromiß ergeben. Bei kleinerer Populationsgröße ist die Diversität zu gering und es besteht die
Gefahr, frühzeitig in einem lokalen Optimum steckenzubleiben. Bei größeren
Populationen können sich hingegen gute Nachkommen gegen die Masse der anderen Populationsmitglieder zu langsam durchsetzen.

Die rangbasierte Selektion stellten wir so ein, daß ungefähr 75% der Nachkommen vom oberen Viertel der Population (d.h. Rang 1 bis 7) erzeugt wurden.
Bedenken wir, daß die Populationsmitglieder ab Rang 10 nur noch eine sehr
geringe Chance besitzen, ausgewählt zu werden, dann können wir als effektive
Populationsgröße eher 10 bezeichnen. Aus diesem Grund erzeugen wir pro Generation 10 neue Nachkommen, die dann zum großen Teil die Eltern verdrängen
können, da sie zumeist kleiner sind. Vergleichen wir diese Parametrisierung mit
der *(μ+λ)-Strategie* der Evolutionsstrategien, dann entspricht diese ungefähr der
(10+10)-Strategie. Der Unterschied besteht darin, daß die ranghöheren Populationsmitglieder durchschnittlich mehr Nachkommen erzeugen können.

Verbleibt noch die Einstellung der Evolutionsdauer. Ohne Einteilung in Phasen
ist dies einfach: Wir brechen die Evolution einfach dann ab, wenn zu lange keine
Verbesserung mehr erzielt werden konnte (beispielsweise 5 Generationen lang).
Teilen wir aus Effizienzgründen die Evolution in zwei Phasen ein, so daß in der
ersten Phase (Groboptimierung) nur Neuronen mutiert werden und in der zweiten
Phase (Feinoptimierung) nur Verbindungen, dann können wir dieselbe Strategie
jeweils zum Abbruch der Phasen verwenden. Um einen exakteren Rechenzeit-
vergleich zu erhalten, haben wir jedoch in unseren Versuchen die Anzahl der
Generationen fixiert. Wir wählten 25 Generationen für die erste Phase und weitere
15 Generationen für die zweite Phase, d.h. insgesamt 40 Generationen.

4.3.3.3
TC-Problem

Das TC-Problem wurde ursprünglich von Rumelhart, Hinton und Williams defi-
niert: die rotations- und translationsinvariante Klassifikation der Buchstaben T und
C auf einer gerasterten (binären) Eingabematrix (siehe Abb. 4.10) [Rumelhart,
Hinton, Williams 86]. McDonnel und Waagen verwendeten eine vereinfachte
Variante hiervon zur Evaluierung ihres evolutionären Topologie-Optimierers
[McDonnell, Waagen 93]. Sie beschränkten die Seitenlänge der Eingabematrix auf
4 und verwendeten als Lernmenge alle 40 möglichen Lernbeispiele für T und C
(vgl. Abb. 4.10). Ziel war es, ein minimales *Multilayer Perceptron* zu finden, das
alle Lernbeispiele korrekt klassifiziert. Für ihre Evolution verwendeten McDonnel
und Waagen als initiale Topologie 16 Eingabeneuronen (4x4-Matrix), eine verborgene Schicht mit 16 Neuronen und ein Ausgabeneuron (d.h. 16-16-1). Die
Klassifikation ist korrekt, wenn für jedes T eine Ausgabe kleiner ½ erzeugt wird
und für jedes C größer ½ .

Abb. 4.10. Lernbeispiele für das TC-Problem. Als Eingaben sind alle Rotationen und Translationen der Buchstaben T und C auf einem 4x4-Pixelfeld zu klassifizieren, und zwar T mit Ausgabe 0 und C mit Ausgabe 1.

Bei ihren experimentellen Untersuchungen konnten sie eine Topologie mit nur 15 Eingabeneuronen erzielen und werteten dies als Erfolg. In Anbetracht unserer Ergebnisse in Tabelle 4.2 erscheinen diese Ergebnisse eher bescheiden, erzielt doch bereits das simple Pruning-Verfahren (Greedy-MBP) eine wesentlich bessere Leistung. Bei diesem relativ kleinen Problem sind die Greedy-Varianten nicht in der Lage, die minimale Eingabe-Repräsentation zu finden, während diese insbesondere von *ENZO-OBS* sehr zuverlässig gefunden wird. Bei den Greedy-Varianten verbleiben selbst bei der besten gefundenen Lösung noch 50% mehr Eingabeneuronen als erforderlich.

Verfahren	Topologie		Weights	
	Median	Best	Median	Best
Greedy-MBP	14-5-1	12-2-1	33	20
ENZO-MBP	10-2-1	8-1-1	22	17
Greedy-OBS (Weights)	13-5-1	12-4-1	29	22
Greedy-OBS	13-4-1	12-3-1	25	19
ENZO-OBS	9-2-1	8-1-1	21	17

Tabelle 4.2. Performanzvergleich für das TC-Problem. Der Median ist jeweils der mittlere Wert von 21 Versuchen, d.h. das elftbeste Netz. Zum Vergleich wurde auch die Performanz von *Greedy-OBS-(Weights)* angegeben, bei dem die Phase I entfällt, d.h. in jedem Schritt wird nur eine einzelne Verbindung entfernt.

4.3.3.4
Klassifikation von Schilddrüsendaten

Das Schildrüsen-Problem ist aus einer realen Anwendung entstanden und wurde von Schiffman et al. zum erstenmal untersucht [Schiffmann, Joost, Werner 93]. Die Aufgabe besteht darin, die Schilddrüsendaten in eine der drei Klassen einzuteilen: Überfunktion, Normalfunktion, Unterfunktion. Dieser Benchmark ist inzwischen auch in der Benchmark-Sammlung *Proben 1* zu finden [Prechelt94]. Bei diesem Klassifikationsproblem ist eine hohe Klassifizierungsleistung erforderlich, da die Klasseneinteilung sehr ungleichmäßig ist. Die Klassenaufteilung beträgt: 5,1% Klasse 1, 92,6% Klasse 2 und 2,3% Klasse 3. Als Lernmenge stehen 3772 Lernbeispiele zur Verfügung, als Testmenge nochmals weitere 3428. Als initiale Topologie (bzw. maximale Topologie) verwendeten wir die Topologie von Schiffmann mit 21 Eingabeneuronen, einer verborgenen Schicht mit 10 Neuronen und 3 Ausgabeneuronen (d.h. 21-10-3). Zusätzlich benutzten wir *Shortcut*-Verbindungen, damit bei *Greedy-OBS* keine zusätzlichen *Bypass*-Verbindungen bei der Elimination von verborgenen Neuronen erforderlich sind. Insgesamt hatte die initiale Topologie folglich 304 Gewichte.

Um eine aussagekräftigere Statistik zu erhalten, haben wir uns bei unserem Vergleich der vier Topologie-Minimierungs-Verfahren auf 25% der Lernmenge beschränkt (siehe Tabelle 4.4). Dabei erreichten wir jeweils eine Klassifikationsleistung von knapp 98%. Schiffmann et al. gaben eine Klassifikationsleistung von 98,4% an. Diese läßt sich mit der vollen Lernmenge deutlich übertreffen. Exemplarisch evolvierten wir in 11 Versuchen mit *ENZO-OBS* Netze unter der Verwendung der vollen Lernmenge (siehe Tabelle 4.3). Hierbei erzielten wir jeweils eine Generalisierungsleistung zwischen 98,8% und 99,0%. Dieser Vergleichstest belegt eindrucksvoll den Vorteil einer systematischen Topologie-Minimierung. Für das beste evolvierte Netz ergaben sich folgende Resultate:

1. Von den ursprünglich vorgegebenen 21 Eingabeneuronen erwiesen sich 16 als redundant (d.h. 76% bzw. Reduktion auf 24%).
2. Die Netzgröße schrumpfte von 304 Gewichten auf nur 14 (d.h. Reduktionsfaktor: 22).
3. Die Generalisierung (Klassifikation auf der Testmenge) verbesserte sich von 98,4% auf 99,0% (d.h. die Fehlerrate sank um 37,5%).

Verfahren	Topologie		Weights	
	Median	Best	Median	Best
ENZO-OBS	6-4-3	5-3-3	20	14

Tabelle 4.3. Performanzvergleich für das Schilddrüsen-Problem über die volle Lernmenge. Der Median ist jeweils der mittlere Wert von 11 Versuchen, d.h. das sechstbeste Netz.

Verfahren	Topologie		Weights	
	Median	Best	Median	Best
Greedy-MBP	7-10-3	6-10-3	45	26
ENZO-MBP	4-2-3	4-2-3	14	13
Greedy-OBS (Weights)	8-6-3	6-3-3	42	26
Greedy-OBS	7-2-3	5-2-3	15	13
ENZO-OBS	4-2-3	3-2-3	12	10

Tabelle 4.4. Performanzvergleich für das Schilddrüsen-Problem. Um eine aussagekräftige Statistik zu erhalten, wurden aus Rechenaufwandsgründen nur 25% der Lernmenge verwendet. Der Median ist jeweils der mittlere Wert von 11 Versuchen, d.h. das sechstbeste Netz. Zum Vergleich wurde auch die Performanz von *Greedy-OBS-(Weights)* angegeben, bei dem die Phase I entfällt, d.h. in jedem Schritt wird nur eine einzelne Verbindung entfernt.

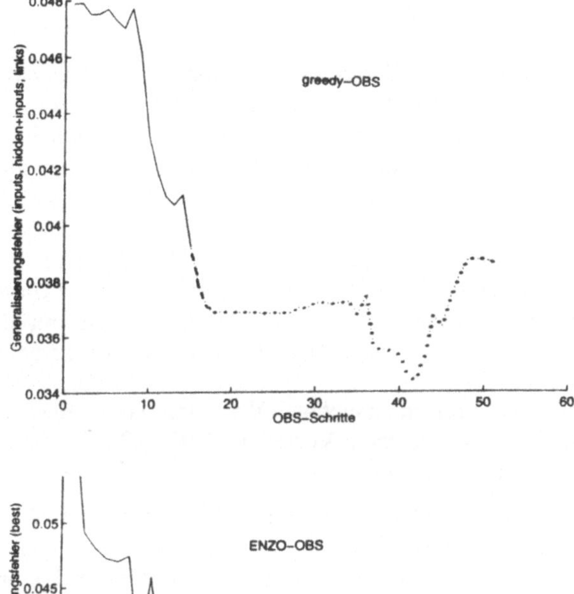

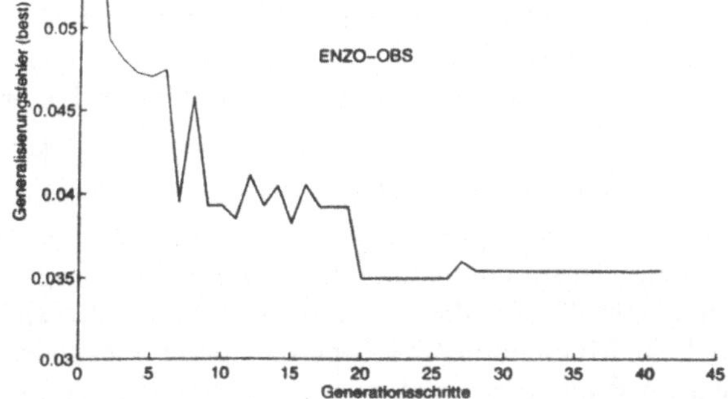

Abb. 4.11. Verlauf des Generalisierungsfehlers beim Schilddrüsen-Problem. Bei *Greedy-OBS* (oben) sind die einzelnen Phasen durch unterschiedliche Strichelung gekennzeichnet, bei *ENZO-MBP* (unten) ist die beste, durchschnittliche und schlechteste Generalisierung in der Population angegeben.

Vergleichen wir die Verfahren untereinander, dann ergibt sich folgendes Bild
(siehe Tabelle 4.4). Die beiden Varianten, die nur einzelne Verbindungen eliminieren, d.h. *Greedy-MBP* und *Greedy-OBS-(Weights)*, sind weit abgeschlagen und
erzeugen doppelt so große Netze im Vergleich zu den anderen, dasselbe gilt auch
für die Anzahl der Eingabeneuronen. Bei den restlichen drei Varianten kann
Greedy-OBS beinahe die Performanz von *ENZO-MBP* erreichen. Mit deutlichem
Abstand die beste Performanz besitzt jedoch *ENZO-OBS*, das sowohl bei der
Netzgröße als auch bei der Anzahl der Eingabeneuronen die anderen beiden um
ungefähr 30% unterbieten kann.

Durch die Minimierung der Topologie hat sich bei allen Verfahren die Generalisierungsfähigkeit verbessert (vgl. Abb. 4.11). Dabei erzielten im Durchschnitt die
kleineren Netze die bessere Performanz, – die Unterschiede unter diesen waren
eher geringfügig. Die beste Generalisierung hatte das kleinste Netz (von *ENZO-
OBS* evolviert).

4.3.3.5
Zeitreihenprognose für Verbrauchsdaten

Das Building-Problem entstammt ebenfalls der Benchmark-Sammlung *Proben 1*
[Prechelt94]. Im Unterschied zu den beiden vorigen Problemen ist dieses ein
Interpolationsproblem. Die Aufgabe ist hierbei den stündlichen Verbrauch in
einem Gebäude vorherzusagen, und zwar den Verbrauch an Strom, kaltem und
heißen Wasser (jeweils kodiert in einem Ausgabeneuron). Als Eingabedaten stehen
zur Verfügung: Datum, Tageszeit, Außentemperatur, Luftfeuchtigkeit, Sonnen-
einstrahlung und Windgeschwindigkeit. Die Lernmenge umfaßt 4 Monate, die
Testmenge weitere 2 Monate. Insgesamt sind es 4208 Lernbeispiele, d.h. 24 Stun-
den-Verbrauchsdaten von knapp 180 Tagen (ein paar Daten fehlen). Die initiale
Topologie besaß 14 Eingabeneuronen, eine verborgene Schicht mit 16 Neuronen
und 3 Ausgabeneuronen (d.h. 14-16-3).

Die Ergebnisse waren für die drei untersuchten Varianten (*Greedy-OBS*,
ENZO-MBP und *ENZO-OBS*) ähnlich mit leichten Vorteilen für *ENZO-OBS* (siehe
Tabelle 4.5). Für das beste evolvierte Netz ergaben sich folgende Resultate:

1. Von den ursprünglich vorgegebenen 14 Eingabeneuronen erwiesen sich 9 als
   redundant (d.h. 65% bzw. Reduktion auf 35%).
2. Die Netzgröße schrumpfte von 378 Gewichten auf nur 18 (Reduktionsfaktor:
   21).

Durch die Minimierung der Topologie verbesserte sich bei allen drei untersuchten
Varianten signifikant die Generalisierungsfähigkeit (siehe Abb. 4.12). Der Generalisierungsfehler auf der Testmenge entspricht einem durchschnittlichen Progno-
sefehler pro Testbeispiel von ungefähr 4%. Hierbei ist auch zu erkennen, daß sich
der Generalisierungsfehler durch die Minimierung der Topologie und insbesondere
durch die Eliminierung redundanter Eingabeinformation um ungefähr 30% verbessert.

Verfahren	Topologie		Weights	
	Median	Best	Median	Best
Greedy-MBP	12-16-3	10-16-3	58	40
ENZO-MBP	5-3-3	5-3-3	25	19
Greedy-OBS	6-3-3	6-3-3	26	20
ENZO-OBS	7-4-3	5-2-3	25	18

Tabelle 4.5. Performanzvergleich für das Building-Problem. Der Median ist jeweils der mittlere Wert von 11 Versuchen, d.h. das sechstbeste Netz.

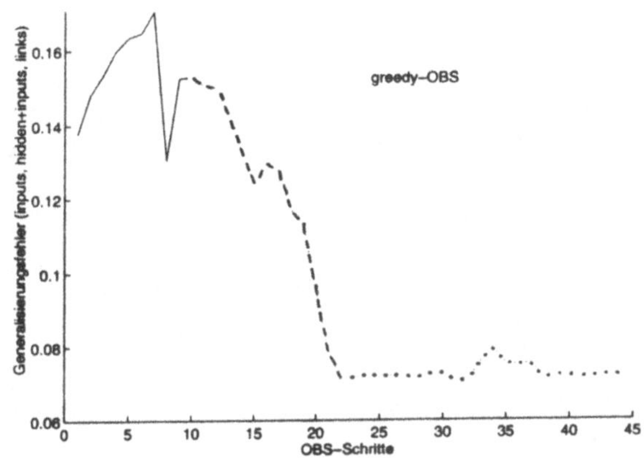

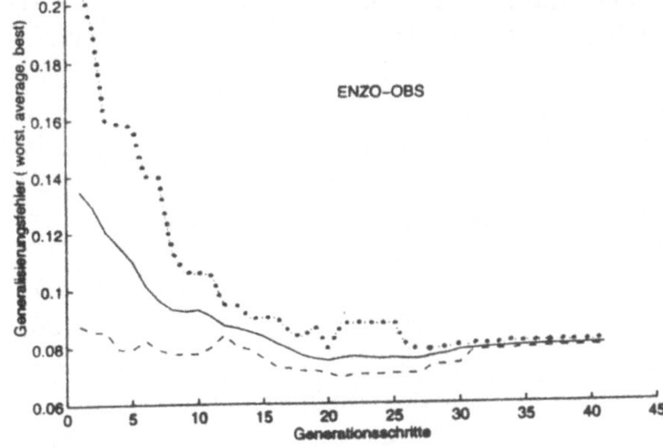

Abb. 4.12. Verlauf des Generalisierungsfehlers beim Building-Problem. Bei *Greedy-OBS* (oben) sind die einzelnen Phasen durch unterschiedliche Strichelung gekennzeichnet, bei *ENZO-OBS* (unten) ist die beste, durchschnittliche und schlechteste Generalisierung in der Population angegeben.

4.3.3.6
Zusammenfassende Bewertung

Generell ergeben sich folgende Vorteile der zielgerichteten Minimierung der Topologie:

- drastische Reduzierung der Netzgröße
- Eliminierung redundanter Eingabeinformation
- Verbesserung der Generalisierungsfähigkeit

Qualitativ läßt sich sagen, daß *ENZO-MBP* insbesondere für große Optimierungsprobleme vorteilhaft ist, da sich auf Grund des Rechenaufwands die *OBS-Mutation* nicht einsetzen läßt. Für den in vielen praktischen Anwendungen wichtigen Bereich kleiner bis mittelgroßer Netze ist jedoch *ENZO-OBS* am günstigsten.

Selbst für relativ kleine Probleme wie das TC-Problem läßt sich mit einer der Greedy-Varianten nicht die beste (bekannte) Lösung erzielen, auch wenn mehrere Initialisierungen zufällig gewählt und optimiert werden (Methode *best out of n trials)*. Um solche minimale Lösungen zu finden, ist die systematische evolutionäre Suche erforderlich. Begnügt man sich jedoch mit Netzgrößen, die 30% über den von *ENZO-OBS* erzielten liegen, dann ist insbesondere *Greedy-OBS* hinreichend leistungsfähig.

Ein Vorteil von *Greedy-OBS* besteht darin, daß keine Evolutionsparameter eingestellt werden müssen. Diese Einstellung ist jedoch in der Anwendung relativ einfach und so konnten wir bei unseren experimentellen Untersuchungen eine Standardeinstellung verwenden (vgl. Abschnitt 4.3.3.2).

4.3.4
Minimierung von RBF-Netzen

Bei dem Modell der radialen Basisfunktionen wollen wir exemplarisch unser künstlich definiertes Klassifikationsproblem betrachten, das wir bereits in Abschnitt 2.3.6.3 einführten, da sich hier die Verbesserung der Wissensrepräsentation hinsichtlich ihrer Interpretierbarkeit sehr gut visualisieren läßt. In Abb. 4.13 stellen wir die Ergebnisse eines nur lokal optimierten Netzes aus Abschnitt 2.3.6.3 der eines evolvierten Netzes gegenüber. Durch die Evolution konnte die Anzahl der Regeln (alias RBF-Neuronen) von 25 auf 13 reduziert werden (Abb. 4.13a). Die Form und Lage der RBFs entspricht sehr gut dem vorgegebenen Klassifikationsproblem (Abb. 4.13 oben). Den einzelnen Bereichen läßt sich eindeutig eine zugehörige Regel zuordnen (Abb. 4.13 unten). Insbesondere bei den drei diagonal plazierten RBF-Neuronen in der rechten unteren Ecke läßt sich die Eigenschaft des *Default Reasoning* gut erkennen (Abb. 4.13 unten). Die erzielten Klassifikationsleistung des evolvierten Netzes entspricht dabei dem ursprünglichen Netz und ist den Anforderungen entsprechend sehr gut, da bei diesem selbst definierten Problem hinreichend viele Lernbeispiele vorgegeben waren (Abb. 4.13 Mitte).

Hierbei ist anzumerken, daß die relativ geringe Anzahl von ursprünglich 25 RBF-Neuronen genügte, um durch eine plausible Initialisierung der Neuronen einen akzeptablen Lernfehler zu erreichen. Eine weitere Verringerung der Anzahl der RBF-Neuronen (ohne Evolution) reduzierte drastisch die Wahrscheinlichkeit, mit einer (plausiblen) Zufallsinitialisierung auf einen akzeptablen Lernfehler trainieren zu können. Bereits bei 25 RBF-Neuronen beträgt diese nur noch 30%. Aus diesem Grund ist eine weitere Reduzierung allein durch *Trial and Error* kaum erzielbar (es sei denn, der Anwender führt bei der Wahl der Initialisierung die Methoden der Evolution manuell durch).

Auch beim Spiralenproblem (vgl. Abschnitt 2.3.6.3) konnten wir mit *ENZO* die Anzahl der Regeln (alias RBF-Neuronen) drastisch reduzieren (s. Abb. 4.14a), und zwar ebenfalls auf 13 Neuronen. Bemerkenswert ist hierbei, daß mit Hilfe der Evolution eine Lösung gefunden wurde, die sich modular aus zwei minimalen Lösungen für das etwas einfachere Problem der konzentrischen Kreise zusammensetzen läßt (s. Abb. 4.14b): Wenn man die Zielfunktion der konzentrischen Kreise durch einen radialen Schnitt in zwei gleiche Teile zerlegt (jeweils Halbkreise mit Zentrum in der Schnittkantenmitte) und um den Abstand zweier benachbarter Kreise versetzt wieder zusammenfügt, dann erhält man in grober Näherung die Zielfunktion des Spiralenproblems. Die Abweichungen hiervon werden durch die Feinanpassungen der Parameter der einzelnen RBF-Netze (für die konzentrischen Kreise) zur Gesamtlösung geglättet. [Anmerkung: Diese sehr elegante Lösung wurde von der Evolution selbständig gefunden und nicht etwa durch irgendwelche Vorgaben bei der Initialisierung.]

Für das Problem der konzentrischen Kreise wurden zwei minimale Lösungen gefunden, die beide auf dem Effekt des *Default Reasoning* beruhen. Die für menschliche Experten näherliegende besteht aus einer konzentrischen Überlagerung mehrerer RBF-Neurone, – alle mit Zentrum in der Mitte der Zielfunktion, jedoch mit unterschiedlichen Weiten. Das RBF-Neuron mit der größten Weite stellt die Grundregel dar, d.h. den Wert der Zielfunktion im weiteren Umfeld. Das RBF-Neuron mit der nächstkleineren Weite bildet die erste Ausnahmeregel, d.h. die Erhöhung der Zielfunktion im zentralen Bereich (erster bis dritter Kreis). Das RBF-Neuron mit der nächstkleineren Weite bildet die Ausnahmeregel zu dieser ersten Ausnahmeregel, d.h. die erste Erniedrigung der Zielfunktion im zentralen Bereich (innerhalb des dritten Kreises), usw.

Die in Abb. 4.14b gezeigte Lösung läßt sich ebenfalls auf *Default Reasoning* zurückführen. Auf Grund ihrer Asymmetrie ist diese für einen menschlichen Experten zwar schwerer zu finden, sie eignet sich jedoch wesentlich besser für die Zusammensetzung zur Gesamtlösung des Spiralenproblems.

Lage und Weite
der radialen Basisfunktionen

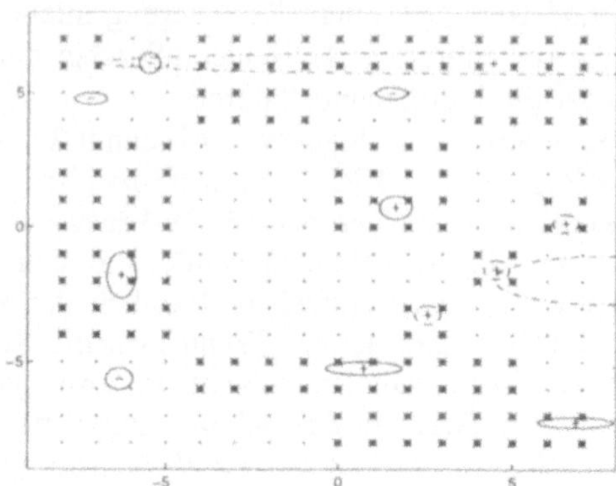

Ausgabefunktion
des Gesamtnetzes

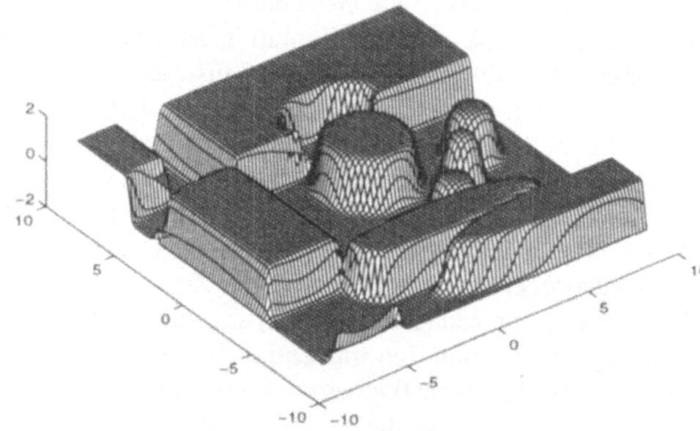

(normierte) Aktivierung
der maximal aktivierten
radialen Basisfunktion

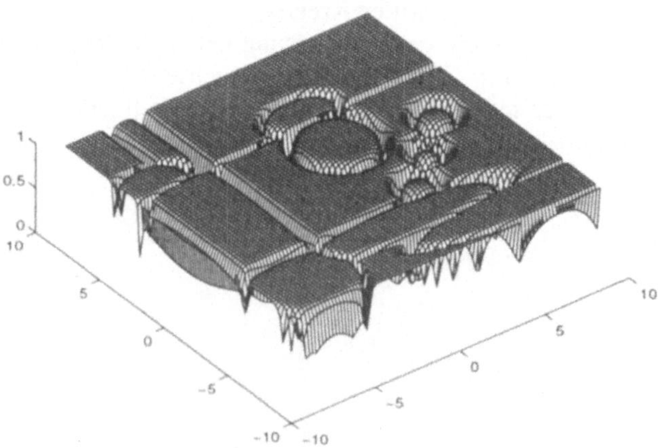

Abb. 4.13a. Optimierung eines RBF-Netzes mit ENZO am Beispiel eines Klassifikations-problems: Das evolvierte RBF-Netz besitzt nur 13 Neuronen.

Lage und Weite
der radialen Basisfunktionen

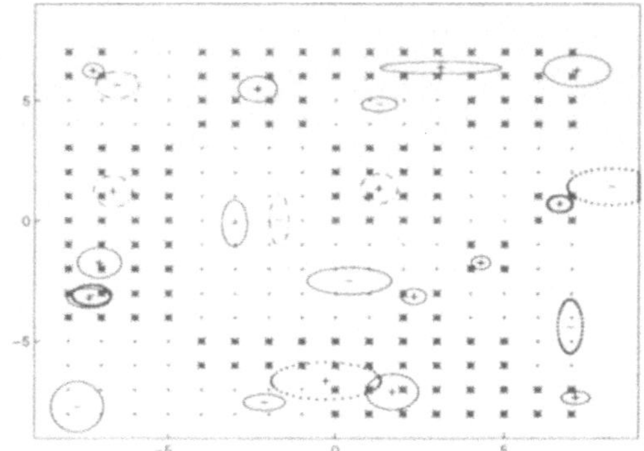

Ausgabefunktion
des Gesamtnetzes

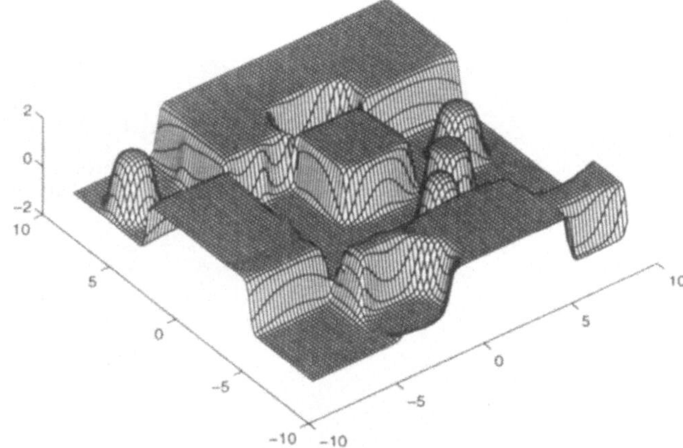

(normierte) Aktivierung
der maximal aktivierten
radialen Basisfunktion

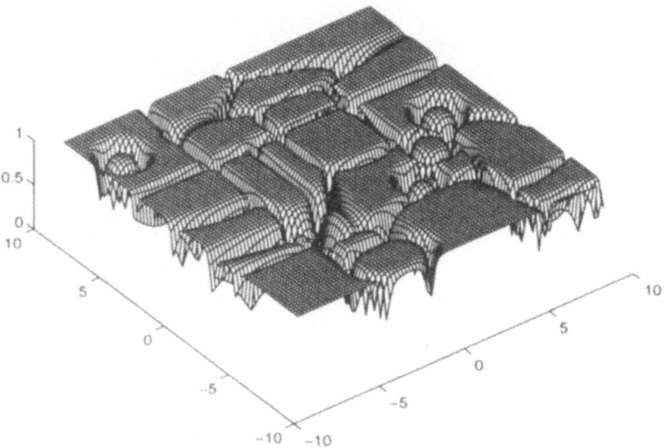

Abb. 4.13b. Zum Vergleich Abb. 2.12a: Optimierung nur durch Gradientenabstieg. Ohne Evolution sind 25 RBF-Neuronen notwendig, um bei zufälliger Initialisierung mit einer akzeptablen Wahrscheinlichkeit ein fehlerfreies Netz zu finden.

Lage und Weite
der radialen Basisfunktionen

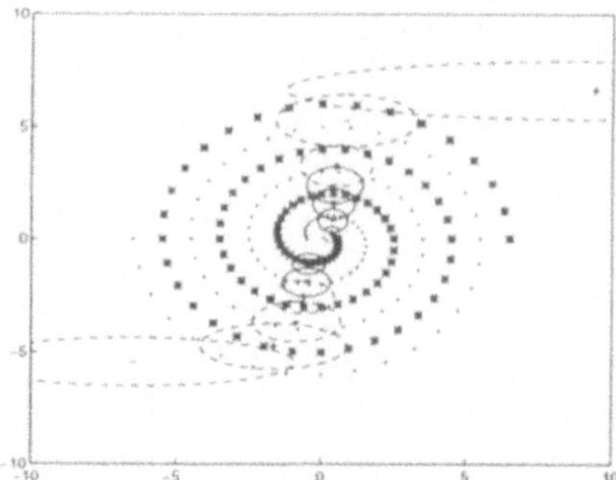

Ausgabefunktion
des Gesamtnetzes

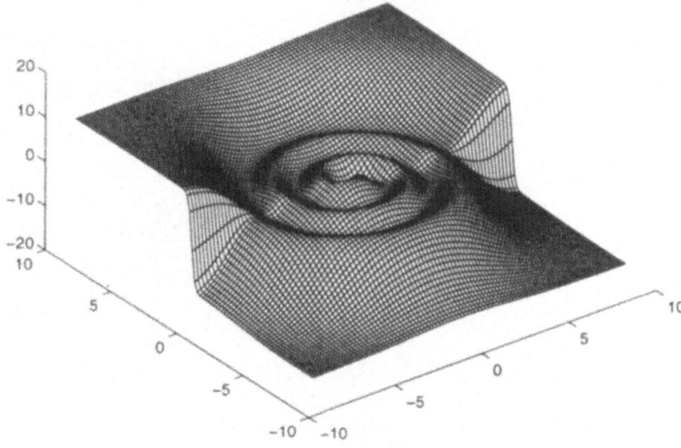

(normierte) Aktivierung
der maximal aktivierten
radialen Basisfunktion

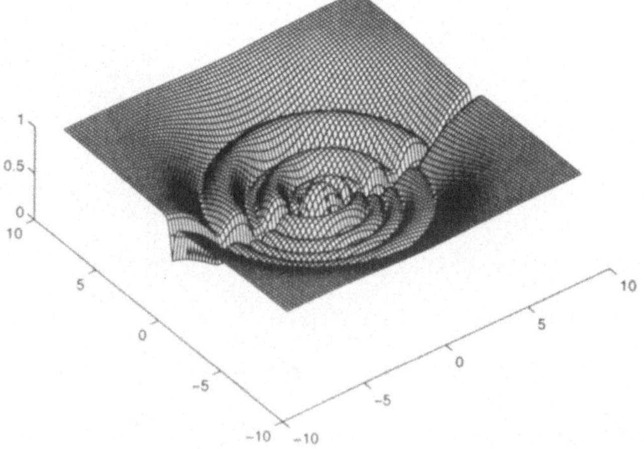

Abb. 4.14a. Optimierung eines RBF-Netzes mit ENZO am Beispiel eines Spiralenproblems: Das evolvierte RBF-Netz besitzt nur 13 Neuronen.

Lage und Weite
der radialen Basisfunktionen

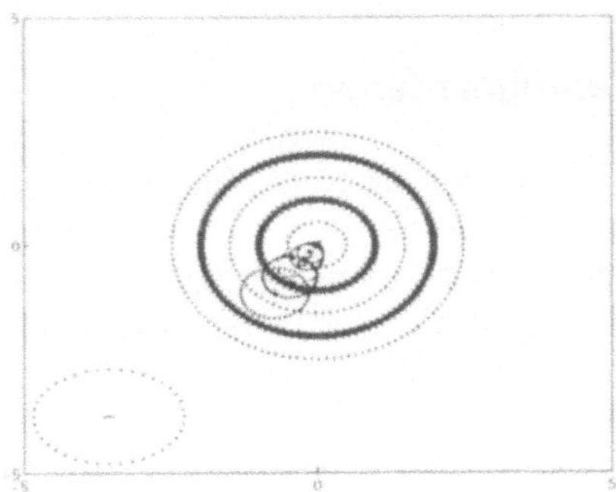

Ausgabefunktion
des Gesamtnetzes

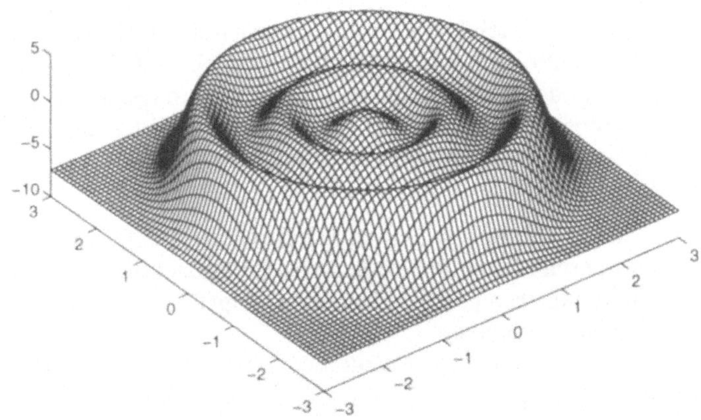

Abb. 4.14b. Zum Vergleich eine mit ENZO evolvierte Lösung für das Problem konzentrischer Kreise. Diese Lösung zeigt, daß die evolvierte Lösung des Spiralenproblems sich zusammensetzt aus zwei Lösungen für das Problem der konzentrischen Kreise, d.h. die Spirale wird erzeugt durch zwei versetzt zusammengefügte konzentrische Halb-Kreise.

4.3.5
Andere Optimierungskriterien

Bei der Optimierung neuronaler Netze sind zwei Kriterien von Bedeutung: Größe und Generalisierungsfähigkeit. In den Abschnitten 4.3.3 und 4.3.4 haben wir jeweils zu einer gegebenen Lernmenge und Lernfehlerschranke das kleinste Netz gesucht, das noch unterhalb dieser Lernfehlerschranke eintrainiert werden konnte. In den meisten Anwendungsfällen kann man von solchen kleinen Netzen auch eine gute Generalisierung erwarten.

Bei der Evolution besteht jedoch auch die Möglichkeit, die Generalisierungsfähigkeit auf einer Stichprobe (genannt *Crossvalidierungsmenge*) zu messen und in der Fitneß-Funktion mitzubewerten. Üblicherweise verwendet man bei einem Lernproblem sowohl eine Lernmenge für das Eintrainieren als auch eine zusätzliche Testmenge zum Überprüfen der Generalisierungsfähigkeit. Setzen wir nun bei der Evolution diese Testmenge als Crossvalidierungsmenge ein, so besteht die Gefahr, daß die Evolution die Netze hinsichtlich dieser Crossvalidierungsmenge optimiert, tatsächlich jedoch schlecht generalisiert. Dies ist der bekannte *Overfitting*-Effekt. Ob und wie stark dieser Effekt auftritt, hängt von der relativen Gewichtung des Fehlers auf der Generalisierungsmenge ab. Bei einigermaßen gleichmäßiger Gewichtung der Netzgröße, des Fehlers auf der Lernmenge und auf der Crossvalidierungsmenge ist nur ein geringfügiger *Overfitting*-Effekt zu erwarten, denn

- da die Evolution sowieso nur die Resultate der Nachoptimierung auf der Lernmenge erhält, kann das zusätzliche Berücksichtigen des Fehlers auf der Crossvalidierungsmenge die Generalisierungsfähigkeit nicht verringern, sondern sollte diese erhöhen;
- die Minimierung der Netzgröße verbessert im allgemeinen die Generalisierungsfähigkeit.

Trotzdem ist dieser Effekt nicht auszuschließen und deshalb benötigen wir in der Anwendung drei Mengen: Eine Lernmenge, eine Crossvalidierungsmenge und schließlich noch eine unabhängige Testmenge.

Falls in der Anwendung die Anzahl der Lernbeispiele knapp bemessen ist, geht die zusätzliche Crossvalidierungsmenge zu Lasten der Lernmenge. Dies kann ein schlechtes Generalisierungsverhalten beim Nachoptimieren bewirken und damit den positiven Effekt der Einbeziehung der Generalisierungsfähigkeit in die Fitneß-Bewertung aufheben. Bei kleiner Lernmenge ist sogar eine Verschlechterung zu erwarten.

Anders verhält es sich, wenn genügend Lernbeispiele vorhanden sind. In Abschnitt 4.3.5.1 betrachten wir den Fall der Klassifikation handgeschriebener Ziffern, bei dem ein Datensatz von 220 000 Ziffern vorhanden ist. Ein solcher Datensatz läßt sich aus Aufwandsgründen nicht vollständig zum Training benutzen, sondern nur ein Bruchteil davon. Da jedoch die Fitneß-Bewertung nur einmal pro erzeugtem Nachkommen durchgeführt werden muß, können wir hierzu die gesamte Menge verwenden (bis auf eine separate Testmenge) und damit die Generalisierungsfähigkeit sehr zuverlässig testen.

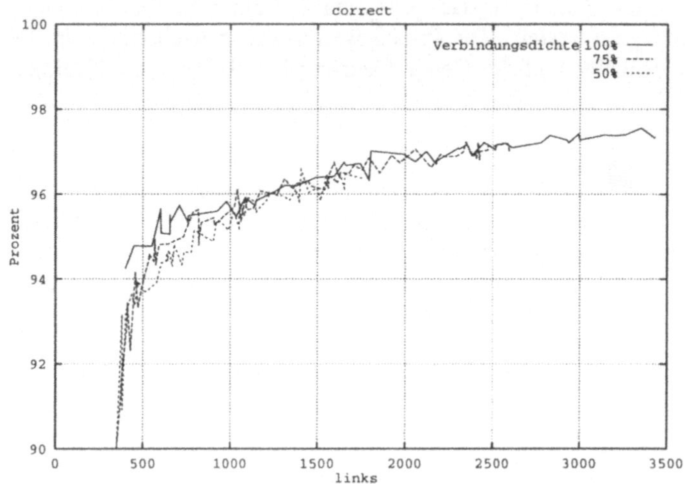

Abb. 4.15. Klassifikationsleistung in Abhängigkeit der Anzahl der freien Parameter (Gewichte) bei zufällig erzeugten Netztopologien (jeweils eintrainiert mit *Rprop* auf einer Lernmenge von 5000 handgeschriebenen Ziffern).

Einen anders gelagerten Fall betrachten wir in Abschnitt 4.3.5.2. Beim Mühleendspiel sind zwar nur wenige Lernbeispiele gegeben, wir können jedoch unabhängig davon das Verhalten (d.h. die Spielstärke) des Netzes prüfen.

In beiden Fällen läßt sich *Unit-OBS* nicht einsetzen. Im ersten Fall, weil das Problem zu groß ist, im zweiten Fall, weil die Lernmenge zu klein ist und die Mitbewertung der Generalisierungsfähigkeit wichtig ist. Dabei ist das extrem zielgerichtete Verhalten von *Unit-OBS* hinsichtlich des Lernfehlers von Nachteil.

4.3.5.1
Ziffernerkennung

Bei der Ziffernerkennung war als Datensatz die 222 078 handgeschriebenen Ziffern der NIST-Datenbank gegeben [Wilkinson92]. Für diese Daten stellte uns die Firma AB$^+$M aus Karlsruhe eine Merkmalskodierung zur Verfügung, die diese Firma in ihren Produkten als Eingabe für einen Polynomklassifikator verwendet. Zur Klassifikation müssen bei diesem Polynomklassifikator 8610 Koeffizienten ausgewertet werden. Ziel unserer Arbeit war es, den Polynomklassifikator durch ein *Multilayer Perceptron* kleinerer Größe zu ersetzen [Schäfer, Braun 95]. Bei diesem Problem stellte sich heraus, daß die Klassifikationsleistung direkt mit der Netzgröße korreliert war. In Abb. 4.15 ist zu sehen, daß bereits bei 5.000 Lernbeispielen die Performanz bis über 3.000 Gewichte hinaus streng monoton ansteigt. Aus diesem Grund war es für *ENZO* sehr schwer, die Netzwerkgröße drastisch zu reduzieren. Darüber hinaus stieg auch die Performanz signifikant mit der Anzahl der Lernmuster. Um eine hinreichend große Lernmenge mit der Evolution bearbeiten zu können, verwendeten wir deshalb die evolutive Lernmengenfokussierung (vgl. Abschnitt 4.3.2.3). Als Lernmenge benutzten wir eine Teilmenge von 50.000 Lernbeispielen, so daß genügend Beispiele für die Crossvalidierungs- und Testmenge verblieb. Zur Fitneß-Bewertung gewichteten wir die Größe (Anzahl der Gewichte) und die Generalisierungsfähigkeit (Klassifikationsleistung):

$$fitness := ppw * \#weights + ppm * \#misclassifications$$

Vergleichen wir die Ergebnisse der evolvierten Netze mit der Performanz des Polynomklassifikators (99,06% korrekt), dann erzielt *ENZO* eine Beschleunigung um Faktor 2,3 bei verbesserter Klassifikationsleistung (vgl. Tabelle 4.6). Darüber hinaus kann der Anwender durch entsprechende Gewichtung in der Fitneß-Funktion wählen, inwieweit er eine kleinere Netzgröße gegenüber einer geringfügigen Performanzverbesserung vorzieht. So kann er z.B. die Beschleunigung verfünffachen, sofern ein Performanzverlust um 0,35% akzeptabel ist.

weights	correct	speed up	ppw : ppm
892	98,05	8,8	1:2
1648	98,71	4,9	1:5
2047	98,86	3,8	1:10
3295	99,16	2,3	1:1500

Tabelle 4.6. Die erzielte Klassifikationsleistung hängt von ihrer relativen Gewichtung (ppm : ppw) bei der Fitneß ab. Der speed-up ist gemessen relativ zum Polynomklassifikator mit 8610 Parametern.

4.3.5.2
Das Mühle-Problem

Das Mühleendspiel haben wir bereits in Abschnitt 3.4.10 betrachtet. Hierbei wurden von einem Experten 90 Paare relativ bewerteter Spielstellungen vorgegeben. Für diese geringe Trainingsmenge ist das ursprünglich verwendete *Multilayer Perceptron* zu groß. Durch ein rechtzeitiges Abstoppen des Lernprozeß wurde aber hiermit eine sehr gute Generalisierung erzielt [Braun, Feulner, Ullrich 91]. Ein einfaches Ausdünnen der Topologie erbrachte jedoch den gegenteiligen Effekt: Die Lernmenge ist linear trennbar, verwendet man jedoch einen linearen Bewerter, dann sinkt die Performanz dramatisch ab (vgl. Tabelle 4.7). Nur durch die Berücksichtigung der Generalisierungsleistung in der Fitneß-Funktion konnte die Netzgröße drastisch reduziert werden. Beim evolvierten Netz *ENZO93* wurde ausschließlich die Spielstärke optimiert [Braun, Weisbrod 93]. Aus der Tabelle 4.7 ist ersichtlich, daß dadurch die Spielstärke um 20% erhöht werden konnte (Maximalwert: 2) und dabei als Nebeneffekt noch die Netzgröße halbiert wurde. Mit *ENZO94* evolvierten wir ein Netz mit gleicher Spielstärke, aber drastisch reduzierter Größe [Braun, Zagorski 94]. Von den 60 Eingabemerkmalen blieben nur noch 7 übrig (Reduktionsfaktor 8) und von den Gewichten nur noch 11 (Reduktionsfaktor 50).

Zur Bewertung der Spielstärke benutzten wir die Endspiel-Datenbank, da dieses das objektivste Kriterium ist. Um einen Durchschnittswert zu erhalten, gewichteten wir die Differenzen der Stellungsbewertungen (vor dem Zug und nach dem Zug) mit deren Wahrscheinlichkeit. Bei einem optimalen Zug ist diese Differenz 2 (entsprechend zwei Halbzüge näher zum Sieg), bei Zügen mit unveränderter Bewertung 0 und bei Stellungsverschlechterungen entsprechend negativ (gleich der Anzahl der nötigen Halbzügen, um wieder eine gleich bewertete Stellung zu erhalten).

Prinzipiell könnte man jedoch auch andere Maßstäbe verwenden, wie beispielsweise Testspiele gegen einen festen Gegner (z.B. gegen ein kommerzielles Spielprogramm). Eine weitere Möglichkeit werden wir noch in Abschnitt 4.4.3 diskutieren: Evaluierung der Spielstärke durch Testspiele gegen Mitglieder der aktuellen Population. Diese Turnierspiele innerhalb der Population haben den Vorteil, daß die Spielstärke der Gegner mitwächst und damit immer ein gutes Maß darstellt. [Anmerkung: Falls der Gegner zu gut ist, verlieren alle Netze bei ihrer Fitneß-Bewertung; falls er zu schlecht ist, gewinnen alle.]

	topology	weights	performance
relativ	60-1	60	0.270
relativ	60-30-10-1	2 110	1.082
ENZO93	60-30-10-1	1 265	1.218
ENZO94	7 - 1 - 1	11	1.040

Tabelle 4.7. Vergleich der Spielstärke für vier verschiedene Varianten. Nach dem Verfahren der relativen Bewertungen wurde sowohl ein linearer Bewerter, als auch ein großzügig dimensioniertes Multilayer Perceptron eintrainiert. Beim evolvierten Netz *ENZO93* wurde nur die Spielstärke in der Fitneß berücksichtigt, bei *ENZO94* zusätzlich die Größe. Die Spielstärke wurde mit Hilfe der Endspiel-Datenbank gemessen.

4.4
ENZO für Reinforcement-Lernen

In Abschnitt 3.4 haben wir verschiedene Verfahren zur Lösung von Reinforcement-Problemen diskutiert. Bei diesen bestand das Lernproblem darin, eine (nahezu) optimale Bewertung zu erlernen. Die Strategie des Agenten beschränkte sich dann darauf, die bestbewertete Aktion zu wählen. Verwenden wir als Modell für den Bewerter ein neuronales Netz wie beispielsweise ein *Multilayer Perceptron* oder ein *RBF-Netz*, dann lassen sich die Lernverfahren folgendermaßen charakterisieren:

- Ausgehend von einer Menge von Startzuständen wird die aktuelle Strategie (definiert durch den aktuellen neuronalen Bewerter) jeweils eine bestimmte Anzahl von Schritten befolgt und das erhaltene Reinforcement protokolliert.
- Aus den Reinforcement-Signalen wird für jeden durchlaufenen Zustand ein Zielwert berechnet.

- Diese Zielwerte werden ein oder mehrere Schritte (entsprechend dem *Relearn Factor*, siehe Abschnitt 3.4.7.5) überwacht eintrainiert.

Aus diesem Grund basieren diese Verfahren auf überwachtem Lernen mit dem einzigen Unterschied, daß die Zielwerte während des Lernvorgangs dynamisch immer wieder neu berechnet werden. Folglich können wir die in Abschnitt 4.3 diskutierten Methoden von *ENZO* direkt übernehmen:

- Evolution auf lokalen Minima (vgl. Abschnitt 4.2.2.1), allerdings wird das Gradientenabstiegsverfahren *Rprop* ersetzt durch *Temporal Difference Learning*
- Suchraumbeschränkung durch Vorgabe einer maximalen Topologie für den neuronalen Bewerter (vgl. Abschnitt 4.2.2.6)
- Generierung von Nachkommen mit bewertungsbasierter Mutation (vgl. Abschnitte 4.3.1, 4.3.1.1 und 4.3.1.2: Entfernen und Einfügen von Neuronen und Verbindungen)
- Lamarckismus durch Gewichtsinitialiserung mit den Gewichten der Eltern (vgl. Abschnitt 4.3.2.1)

Der einzige Unterschied besteht darin, daß sich *OBS* (*Optimal Brain Surgeon*) bei der bewertungsbasierten Mutation nicht einsetzen läßt, da die Lernmenge auf Grund der dynamischen Zielwerte nicht statisch ist.

In den folgenden Abschnitten wollen wir deshalb nur die Aspekte diskutieren, die speziell auf das Reinforcement-Lernproblem zugeschnitten sind. In Abschnitt 4.4.1 schlagen wir drei verschiedene Verfahren vor, um den Lernvorgang durch Wissenstransfer von den Eltern zu beschleunigen. In Abschnitt 4.4.2 zeigen wir an einem Benchmark-Problem die Leistungsfähigkeit von ENZO. Bei diesem Anwendungsbeispiel erbringt die Evolution den Vorteil, daß die Funktionsweise des evolvierten neuronalen Bewerters durch die Minimierung der Topologie explizit und durchschaubar geworden ist. Schließlich stellen wir noch in Abschnitt 4.4.3 eine evolutive Variante des Reinforcement-Lernens für Strategiespiele vor. Bei unseren experimentellen Untersuchungen verwendeten wir als neuronales Modell für den Bewerter jeweils ein *Multilayer Perceptron*.

Hierbei sei jedoch angemerkt, daß die folgenden Überlegungen auch für das *RBF-Modell* gelten. Der Grund, weshalb wir uns für das *Multilayer Perceptron* entschieden, liegt in seiner größeren Robustheit beim Lernen. Da die Reinforcement-Lernalgorithmen wegen der dynamischen Lernmenge wesentlich schwieriger zu handhaben sind als überwachtes Lernen, bevorzugten wir das robustere Lernverfahren.

4.4.1
Wissenstransfer von den Eltern – Lamarckismus

Wie bereits in der Einführung erwähnt, ist die wichtigste Form des Wissenstransfers von den Eltern an die Nachkommen die Gewichtsinitialisierung mit der elterlichen Gewichtsmatrix.

Wie in Abschnitt 3.4.7 erläutert, basieren die aktuellen Zielwerte für die Bewertung der betrachteten Zustände auf den mit der *aktuellen* Strategie erhaltenen nachfolgenden Bewertungen und Reinforcement-Signale. Die aktuelle Strategie beruht wiederum auf den *aktuellen* Bewertungen des neuronalen Modells. Wenn nun auf Grund einer Mutation die aktuellen Bewertungen am Anfang des Lernvorgangs unzuverlässig bzw. irreführend (im wahrsten Sinn dieses Wortes) sind, ist es zu erwarten, daß das neuronale Netz das ererbte Wissen von den Eltern durch diese Fehlinformation in der Anfangsphase des Lernvorgangs verlernt.

Probleme bereiten hierbei nur Mutationen, bei denen Neuronen oder Verbindungen entfernt worden sind. Hier müssen die Fehlstellen durch das Anpassen der Gewichte (insbesondere in deren lokaler Umgebung) ausgeglichen werden. Beim Hinzufügen von Neuronen oder Verbindungen bleibt die Funktionalität des Netzes erhalten, sofern die Gewichte der zugefügten Neuronen bzw. Verbindungen mit 0 initialisiert werden.

Es gibt zwei Möglichkeiten, die Strategie der Eltern in der Anfangsphase des Lernvorgangs zu erwerben anstatt zu verlernen. Die erste Möglichkeit besteht darin, nicht nur die Gewichtsmatrix der Eltern bei der Initialisierung zu übernehmen, sondern zusätzlich in einer vorgeschalteten Lernphase die Bewertungen V^e des Elternnetzes auf einer repräsentativen Lernmenge überwacht einzutrainieren.

$$\Delta w := \Delta \cdot (V^e(x) - V(x)) \cdot \nabla_w V(x)$$
$$\textit{mit Schrittweite } \Delta \textit{ und Gradient } \nabla_w V(x)$$

Eine zweite Möglichkeit im Stile von *Policy Iteration* besteht darin, in der Anfangsphase das Elternnetz zur Auswahl der Folgezustände zu benutzen und auf diese Interaktionssequenz *Temporal Difference Learning* anzuwenden (vgl. Abschnitt 3.4.7):

Für alle Startzustände führen wir jeweils folgende Gewichtsänderungen für den neuronalen Bewerter V des Nachkommens durch:

Sei die ab Startzustand x durchlaufene Folge von Zustände (x_i) durch

$$x_0 := x, \; x_{i+1} := R(a_i, x_i)$$

*definiert, wobei in Zustand x_i gemäß Greedy-Strategie basierend auf der **elterlichen** Bewertung V^e die Aktion a_i gewählt wird, d.h.*

$$r(x_i, a_i) + V^e(R(a_i, x_i)) = min \{ r(x_i, a) + V^e(R(a, x_i)) \mid Aktion \; a\}$$

dann ändern wir den Gewichtsvektor w entsprechend TD(λ) (vgl. Abschnitte 3.4.7.1 und 3.4.7.2) um

$$\Delta w_{ij} := \Delta \cdot \sum_{k=0}^{n-1} \frac{\partial V(x_k)}{\partial w_{ij}} \cdot (\sum_{t=k}^{n-1} \lambda^{t-k} \cdot \Delta_t) \quad mit$$

$$\Delta_t := r_t + \gamma \cdot V(x_{t+1}) \; - \; V(x_t)$$

Für $\lambda=1$ (d.h. *Policy Iteration*) unterscheiden sich die beiden Varianten kaum, sofern die elterliche Bewertung V^e (nach hinreichend langem Training) dem tatsächlich erhaltenen Reinforcement entspricht:

$$V^e(x) \approx \sum_{i=0}^{n-1} \gamma^{\,i} \cdot r(a_i, x_i) \;+\; \gamma^{\,n} \cdot V^e(x_n)$$

Denn in diesem Fall (*Policy Iteration*) gilt (nahezu) entsprechend dem direkten Einlernen der elterlichen Bewertung:

$$\Delta w_{ij} \quad := \Delta \cdot (\tilde{V}^e(x) - V(x)) \cdot \frac{\partial V(x_k)}{\partial w_{ij}}$$

$$mit \quad \tilde{V}^e(x) := \sum_{i=0}^{n-1} \gamma^{\,i} \cdot r(a_i, x_i) \;+\; \gamma^{\,n} \cdot V(x_n)$$

$$= V^e(x) + \gamma^{\,n} \cdot (\, V(x) - V^e(x))$$

Für den Fall $\lambda < 1$ hat sich in unseren experimentellen Untersuchungen (vgl. Abschnitt 4.4.2) die zweite Variante als günstiger erwiesen. Der Grund hierfür liegt vermutlich darin, daß das Ziel nur darin besteht, die elterliche Strategie zu erlernen, nicht aber die genaue Bewertung. Hierbei mag man einwenden, daß die Bewertung die Strategie determiniert. Das trifft aber nur im fehlerfreien Fall zu: Wenn der Nachkomme auf dem gesamten Zustandsraum exakt die gleiche Bewertung besitzt wie der elterliche Bewerter, dann besitzt er auch die gleiche Strategie. Da jedoch ein Mutant, insbesondere nach Entfernen von Verbindungen oder Neuronen, nicht die exakt gleiche Bewertung erlernen kann, kommt es auf die Gewichtung der Fehler an. Beim überwachten Einlernen der elterlichen Bewertung werden die *absoluten* Abweichungen minimiert. Diese sind jedoch für die Strategie nicht direkt von Bedeutung. Damit die Strategie erhalten bleibt, sind nur die *relativen* Abweichungen entscheidend: Es muß bei der Selektion der Aktion dieselbe Aktion beim Nachkommen am besten bewertet werden wie bei dem elterlichen Bewerter. Eine systematische Abweichung in der Bewertung bei allen Nachfolgezuständen beeinflußt diese Wahl nicht. Folglich sollte das Lernverfahren nur die relativen Differenzen der Bewertungen des Nachkommen jeweils in der lokalen Umgebung eines Zustandes denen des elterlichen Bewerters anpassen. Genau dieses erfolgt bei *TD(0)*. Für *TD(λ)* mit $0 < \lambda < 1$ gewichtet der Faktor λ die beiden Varianten.

4.4.2
Minimierung des neuronalen Bewerters

Im folgenden Abschnitt wollen wir den Qualitätsgewinn beim Einsatz von *ENZO* für Reinforcement-Lernprobleme am Labyrinth-Problem als Benchmark diskutieren. Die experimentellen Untersuchungen wurden in der Diplomarbeit von Udo Pütz durchgeführt [Pütz95]. Als Benchmark-Problem wählten wir das Labyrinth-Problem, da sich bei diesem prototypischen Reinforcement-Lernproblem die Bewertungsfunktion als „Gebirge" über dem zweidimensionalen Zustandsraum visualisieren läßt.

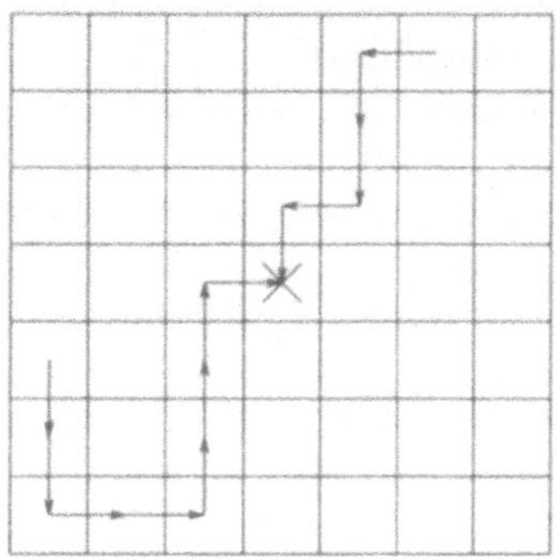

Abb. 4.16. Die Welt des Agenten beim Labyrinth-Problem. Seine möglichen Aktionen sind jeweils ein Schritt in eine der vier Himmelsrichtungen.

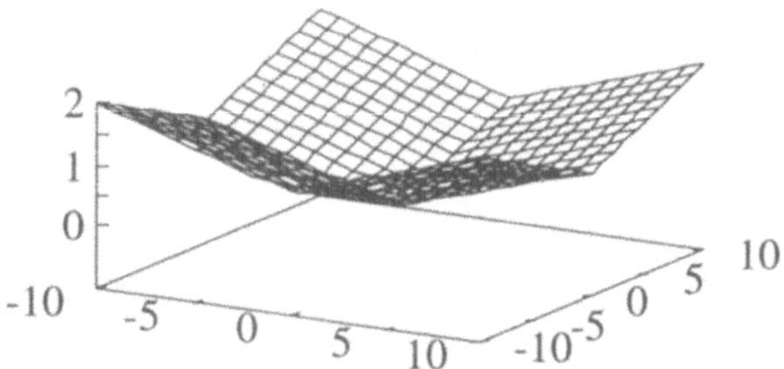

Abb. 4.17. Die optimale Bewertungsfunktion für das einfache Labyrinth-Problem ohne Hindernisse.

Beim Labyrinth-Problem ist die Welt des Agenten ein Einheitsquadrat, das unterteilt ist in ein Gitter bzw. eine äquidistante Intervallschachtelung (siehe Abb. 4.16). Der Zustand wird kodiert als (x_1,x_2)-Koordinaten des aktuellen Intervallmittelpunkts. Die möglichen Aktionen des Agenten sind jeweils ein Schritt in eine der vier Himmelsrichtungen. Die einzige Ausnahme ist der Zielzustand $(0,0)$, bei dem nur die Null-Aktion, d.h. Stehenbleiben, möglich ist.

Das Reinforcement-Signal hängt nur vom Zustand ab, nicht von der gewählten Aktion. Es ist für alle Zustände außer dem Zielzustand gleich $r>0$. Im Zielzustand ist es gleich 0:

$$r(x,0) := \begin{cases} 0 & x = (0,0) \\ r & sonst \end{cases}$$

Wählen wir den Dämpfungsfaktor $\gamma=1$, dann ist bei einer Interaktionssequenz, die nach n Schritten im Ziel landet, die Summe der erhaltenen Reinforcement-Signale gleich $n\cdot r$, d.h. proportional zur Anzahl der Schritte. Eine Strategie ist folglich genau dann optimal, wenn der Agent mit dieser von jedem Punkt (alias Zustand) im Labyrinth auf *kürzestem* Wege zum Ziel gelangt. Entsprechend den Ausführungen in Abschnitt 3.4.9.5 ist für eine *sichere* Strategie, mit der man von jedem Punkt aus zum Ziel gelangt, die Bewertungsfunktion eine Potential-Funktion mit dem Ziel als einzigem lokalen Minimum. Insbesondere ist die gesuchte optimale Bewertung für die optimale Strategie eine solche Potential-Funktion. Für das einfache Labyrinth-Problem ohne Hindernisse ist diese in Abb. 4.17 dargestellt.

Wählen wir r so klein, daß $n \cdot r \in [0,1]$ auch für den maximalen Abstand n zum Ziel gilt, dann läßt sich eine solche Bewertungsfunktion durch ein *Multilayer Perceptron* mit 4 verborgenen Neuronen näherungsweise berechnen (siehe Abb. 4.18). Durch die sigmoid-Funktion ist die stückweise lineare optimale Bewertungsfunktion allerdings nichtlinear gestaucht und folglich sind in den Randbereichen signifikante Abweichungen vorhanden. Trotzdem ist die Greedy-Strategie zu dieser Bewertungsfunktion optimal. Dieses einfache Beispiel zeigt, daß der neuronale Bewerter nicht exakt die optimale Bewertungsfunktion approximieren muß, um eine optimale Strategie zu erzielen. Vielmehr ist es ausreichend, daß die relativen Bewertungen jeweils in einer lokalen Umgebung hinreichend gut approximiert werden, insbesondere sollte die relative Ordnung bei den Nachfolgezuständen erhalten bleiben.

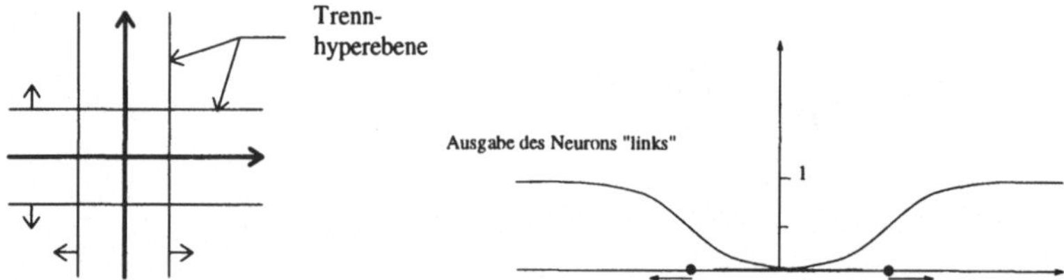

Abb. 4.18. Im linken Bild sind die Trennhyperebenen der vier verborgenen Neuronen in den Eingaberaum eingezeichnet. Die Richtung der Gewichtsvektoren ist vom Zentrum weggerichtet. Addieren wir in dem Ausgabeneuron die Ausgaben dieser Neuronen auf, dann erhalten wir eine glockenförmige Potentialfunktion. Ein horizontaler bzw. vertikaler Schnitt ist im rechten Bild gezeichnet.

Das einfache Labyrinth-Problem läßt sich durch das Einfügen von Hindernissen erschweren. Ein prototypisches schwieriges Hindernis ist die Sackgasse (siehe Abb. 4.19). Um diese Sackgasse sicher zu umgehen, muß sich die Bewertungsfunktion im Inneneck dieser Sackgasse aufwölben (siehe Abb. 4.20). Bei einem schmalen Hindernis ist diese Situation für das *Multilayer Perceptron* schwierig einzulernen, da die steile Flanke zwischen Inneneck und Außeneck dem Generalisierungsverhalten widerstrebt.

Das Eintrainieren war deshalb sehr zeitaufwendig. Hierbei wählten wir für jeden Lernzyklus einen zufälligen Startpunkt und änderten jeweils die Gewichte gemäß *Temporal Difference Learning* für die Interaktionssequenz, ausgehend von diesem Startpunkt bis zum Ziel oder Abbruch wegen Zeitüberschreitung (vgl. Abschnitt 3.4.7.3). Selbst nach 20000 Lernzyklen von *Temporal Difference Learning* war nur bei 2% der eintrainierten Netze (mit der Topologie 2-8-8-1) die zugehörige Greedy-Strategie optimal. Bei 35% der eintrainierten Netze war die Strategie immerhin *sicher*, d.h. von jedem Punkt wurde ein Weg zum Ziel gefunden.

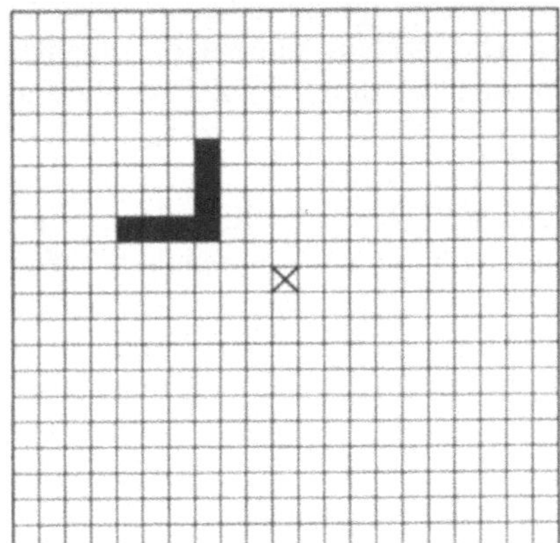

Abb. 4.19. Ein Labyrinth-Problem mit einem prototypischen schwierigen Hindernis: Die Sackgasse.

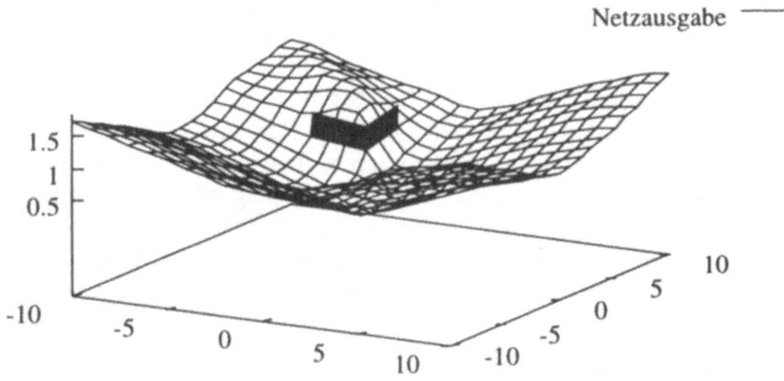

Abb. 4.20. Eine optimale Bewertungsfunktion für das Sackgassen-Problem. Das *Multilayer Perceptron* mit der Topologie 2-8-8-1 wurde durch *Temporal Difference Learning* mit 20 000 Lernschritten eingelernt.

Bei der Evolution konnten wir durch den Lamarckismus die Lerngeschwindigkeit wesentlich beschleunigen. Es genügte, die Nachkommen mit 300 Lernzyklen einzutrainieren, d.h. nur 1,5% der normalen Trainingszeit. Zur Initialisierung verwendeten wir nur 500 Lernzyklen und nutzten damit den Effekt aus, daß nur die erfolgversprechenden Varianten ihre Entwicklungslinie und damit ihr Training fortsetzen können (vgl. Abschnitt 4.3.2.1). Bei jeder Generation wurden bei einer Populationsgröße von 50 jeweils 15 Nachkommen erzeugt.

Nach 50 Generationen wurde bereits in 60% der Evolutionsläufe eine optimale Strategie gefunden (vgl. Abb. 4.21). Die Anzahl der Lernzyklen für 50 Generationen beträgt rund 240 000. Relativieren wir diesen Aufwand mit der Erfolgswahrscheinlichkeit, dann erhalten wir einen Erwartungswert von 240 000 /06 = 400 000

Lernzyklen. Vergleichen wir dies mit dem relativierten Erwartungswert für *Temporal Difference Learning* ohne Evolution, dann erhalten wir 20 000 / 2% = 1000 000 Lernzyklen. Dieser Wert muß noch mit Faktor 3 multipliziert werden, da die evolvierten Netze während der Evolution im Durchschnitt um Faktor 3 kleiner sind. Zusammenfassend können wir feststellen, daß wir durch *ENZO* bei diesem einfachen Reinforcement-Lernproblem ungefähr eine Größenordnung an Rechenzeit einsparen, wenn wir nur einen optimalen Bewerter suchen.

Ein weiterer Vorteil bei der Anwendung von *ENZO* ist die Minimierung der Netztopologie des neuronalen Bewerters. Die evolvierten Topologien besaßen typischerweise 6 Neuronen in der ersten Schicht und 4 Neuronen in der zweiten Schicht, d.h. die Anzahl der verborgenen Neuronen wurde von 16 auf 10 reduziert. Die Anzahl der Verbindungen verkleinerte sich auf ein Drittel und zwar von 88 auf 27 durchschnittlich. Außer dieser erwartungsgemäßen Minimierung konnten wir noch einen weiteren Effekt erzielen, den wir im folgenden diskutieren wollen: Die verbesserte Einsicht in die Lösung durch Entfernen von Redundanz.

Ein geschichtetes *Multilayer Perceptron* verarbeitet die Information stufenweise. Auf der untersten Stufe der Eingabeschicht werden die Merkmale der Eingabe repräsentiert. In der ersten verborgenen Schicht werden daraus als Ausgabe der Neuronen höhere Merkmale berechnet, die wiederum von den Neuronen der zweiten Schicht zur Repräsentation auf der nächsten Merkmalsstufe verarbeitet werden, bis schließlich die Ausgabe direkt aus diesen höheren Merkmalen durch ein Neuron berechnet werden kann.

Deshalb ist es interessant zu prüfen, welche Merkmale in der ersten verborgenen Schicht berechnet werden. Diese Merkmale lassen sich durch die zugehörigen Trennhyperebenen im Eingaberaum repräsentieren. In Abb. 4.22 sind einige Momentaufnahmen dieser Darstellung für einen Lernvorgang mit *Temporal Difference Learning* dargestellt. Durch die Redundanz der Repräsentation in dieser ersten verborgenen Schicht ist keine eindeutige Lösung determiniert, die Trennhyperebenen verschieben sich deshalb während des Lernvorgangs willkürlich.

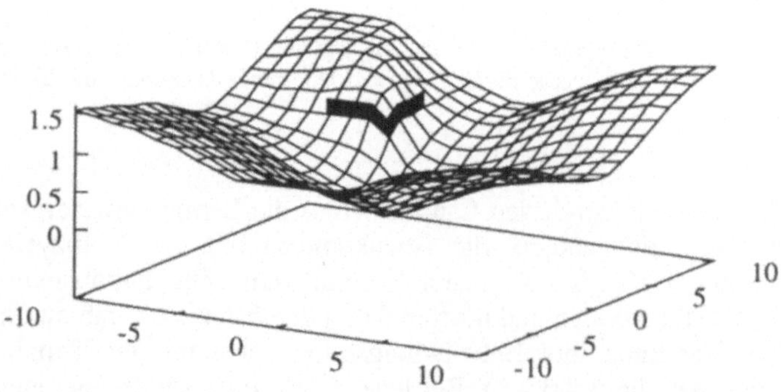

Abb. 4.21. Eine optimale Bewertungsfunktion für das Sackgassen-Problem von einem evolvierten neuronalen Bewerter. Das *Multilayer Perceptron* mit der Topologie 2-6-4-1 wurde in 50 Generationen evolviert

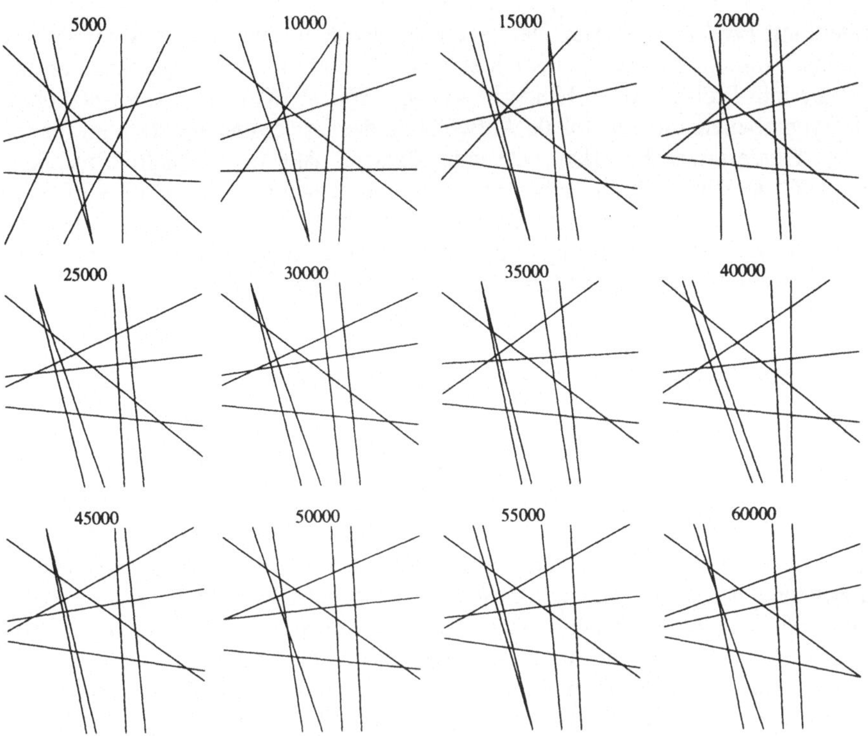

Abb. 4.22. Die erlernten Merkmale in der ersten verborgenen Schicht lassen beim *Temporal Difference Learning* keine eindeutige und klare Lösung erkennen.

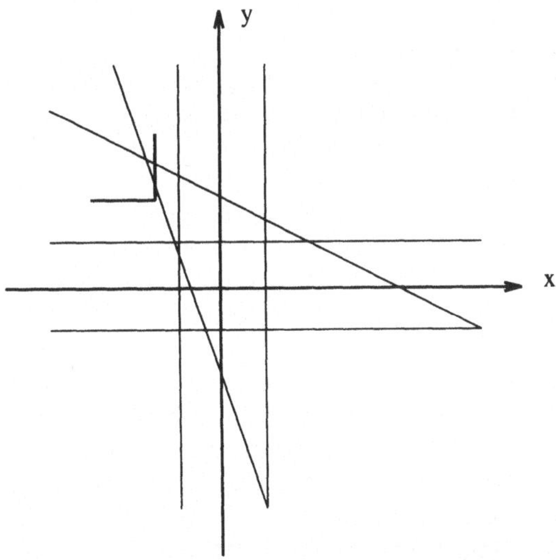

Abb. 4.23. Die erlernten Merkmale einer evolvierten Topologie stellen eine minimale Lösung dar, die sich zusammensetzt aus der Lösung für das Labyrinth-Problem ohne Hindernis (je zwei Parallelen zur *x*- und *y*-Achse, vgl. Abb. 4.18) und der Aufwölbung für das Hindernis (zwei Trennhyperebenen, die sich am Hindernis schneiden).

Bei dem mit *ENZO* evolvierten Netz hingegen wurde die minimale Lösung gefunden (siehe Abb. 4.23). Diese läßt sich zerlegen in eine Merkmalsrepräsentation für das Labyrinth-Problem ohne Hindernisse (vgl. Abb. 4.18) und zwei zusätzlichen Trennhyperebenen, die eine lokale Aufwölbung der Bewertungsfunktion im Inneneck des Hindernisses bewirken. Zusammenfassend läßt sich deshalb feststellen, daß *ENZO* im Durchschnitt nicht nur wesentlich schneller eine optimale Bewertungsfunktion findet und kleinere Topologien erzeugt, sondern man kann darüber hinaus erwarten, daß diese Lösung durch die Eliminierung der Redundanz eine wesentlich bessere Einsicht vermittelt.

4.4.3
Strategiespiele: Reinforcement-Lernen im Turnier

In Abschnitt 3.4.9.5 haben wir gezeigt, daß *Temporal Difference Learning (TD(λ))* beim Spiel gegen sich selbst gegen die optimale Strategie konvergiert, falls wir in jedem Iterationsschritt die Bewertung für alle Zustände aktualisieren, d.h. insbesondere auch für *Value Iteration* ($\lambda=0$) und *Policy Iteration* ($\lambda=1$). Dies ist jedoch nicht mehr der Fall, wenn wir nur für eine wesentlich kleinere Menge sogenannter Startzustände die Bewertung der Zustände der zugehörigen Interaktionssequenz entsprechend *TD(λ)* aktualisieren (vgl. *Real Time Dynamic Programming* in Abschnitt 3.4.6). Nur wenn wir durch eine geeignete Wahl der Startzustände die optimale Bewertung vom Spielende her lernen ist auch in diesem Fall die Konvergenz gegen die optimale Strategie garantiert (vgl. Abschnitt 3.4.9.4).

Diese vollständig erschöpfende Konstruktion einer optimalen Bewertungsfunktion ist jedoch auf Grund der Größe des Zustandraumes nicht effizient durchführbar und entspricht auch nicht der Spielerfahrung. Die üblichen Gesellschaftsspiele werden typischerweise nicht vom Ende her erlernt, sondern durch Spielen von einem bestimmten Startzustand.

Versucht man nun im Selbstspiel eine möglichst optimale Strategie zu erlernen, dann glaubt man typischerweise so lange, das Spiel zu beherrschen, bis man auf den ersten fremden Gegner trifft. Der Grund hierfür liegt darin, daß man zwar im Spiel gegen sich selber eine *konsistente* Bewertung erzeugt, die jedoch nur auf dem kleinen Raum der Zustände definiert ist, die man im Selbstspiel ausgehend vom Startzustand immer wieder betrachtet. Zur Konsistenz einer Bewertung genügt es, daß zum einen die Bewertung der Zustände der betrachteten Interaktionssequenzen den dabei erhaltenen Reinforcement-Signalen entspricht und zum anderen die nicht ausgewählten Nachfolgezustände jeweils eine schlechtere Bewertung besitzen.

Ein Beispiel hierfür ist das Mühleendspiel. Wenn Kinder dieses spielen, schieben sie typischerweise die Steine hin und her und erhalten damit für alle Nachfolgestellungen einer nicht zu trivialen Sieg- oder Verluststellung eine Remisbewertung. Diese Remisbewertung generalisieren sie jeweils auf alle Nachfolgerstellungen. Erst wenn sie dann gegen einen erfahreneren Spieler antreten, sind sie überrascht, wie schnell sie gegen diesen verlieren. Zusammenfassend können wir feststellen, daß *TD(λ)* bei einer relativ kleinen (nicht repräsentativen) Menge von Startzuständen nicht gegen die optimale Strategie konvergiert.

Trotzdem hat es Tesauro geschafft, gerade mit dem Selbstspiel das weltbeste Backgammon-Spielprogramm zu erzeugen, dessen Spielstärke unter die Top Ten der menschlichen Weltklassespielern gezählt werden kann. Der Grund hierfür liegt darin, daß Backgammon ein stochastisches Spiel ist, so daß die durchwanderten Zustände ausgehend vom Startzustand nicht in einer lokalen Bahn begrenzt werden können, sondern zufallsbedingt den ganzen Zustandsraum erfassen.

Bei deterministischen Strategiespielen hingegen können wir eine Konvergenz zu einer optimalen Strategie nur erwarten, wenn wir durch die dynamische Wahl der Startzustände die optimale Bewertung vom Spielende her erlernen. Verwenden wir einen neuronalen Bewerter, dann schwächt sich diese Aussage dahingehend ab, daß wir eine *nahezu* optimale Strategie entsprechend der Berechnungs- und Generalisierungsfähigkeit des neuronalen Bewerters erwarten können, sofern wir durch die dynamische Wahl *repräsentativer* Startzustände eine *nahezu* optimale Bewertung vom Spielende her erlernen. Diesen Ansatz haben wir in Abschnitt 3.4.7.5 für das Mühleendspiel erfolgreich eingesetzt.

Eine andere Möglichkeit besteht darin, ausgehend vom Spielanfang die Bewertung iterativ mit $TD(\lambda)$ zu verbessern. Entsprechend der Erfahrung beim Erlernen von Spielstrategien beim Menschen ist hierbei zu erwarten, daß die beste Lernleistung nicht im Selbstspiel, sondern gegen verschiedene Gegner zu finden ist. Hierbei ist die Wahl der Gegner von großer Bedeutung. Ist der Gegner wesentlich besser, dann gehen alle Partien verloren, und der lernende Spieler bewertet alle seine Stellungen entsprechend schlecht, auch wenn diese gewinnbar wären. Umgekehrt, wenn der Gegenspieler wesentlich schlechter ist, gewinnt der lernende Spieler alle Partien und lernt dabei, die Fehler des Gegners zur Abkürzung zum Sieg auszunutzen. Auch dieses Wissens verbessert seine Spielperformanz nicht. Ideal hingegen ist es, wenn die Spielstärke des Gegners vergleichbar ist. Nichtzuletzt deshalb wird die Leistungsfähigkeit der Spieler im sportlichen Wettkampf dadurch gefördert, daß diese in Leistungsklassen gegeneinander antreten.

Übertragen wir diese Überlegungen auf unsere künstlichen Agenten, dann erscheint das Konzept der Population ideal geeignet, obige Ansprüche zu erfüllen. Wenn die Spieler nicht im Selbstspiel lernen, sondern gegen eine zufällige Auswahl von Populationsmitgliedern, dann ist zum einen die Gefahr der Fokussierung auf die eigene Strategie vermindert und zum anderen gewährleistet, daß der Gegner eine ähnliche Spielstärke aufweist. Im Laufe der Evolution wächst die durchschnittliche Spielstärke in der Population und adaptiert sich damit an die Spielstärke des zu trainierenden Nachkommens.

Vergleichen wir diese Vorgehensweise mit der Alternative, die Agenten gegen einen fest gewählten Gegner zu optimieren (beispielsweise gegen die optimale Strategie, basierend auf einer Datenbank), dann ist hierbei eine signifikant schlechtere Lernleistung zu erwarten, da die Spielstärke des Gegners im überwiegenden Teil der Lernphase schlecht angepaßt ist.

In der Diplomarbeit von Holger Christophel wurden diese unterschiedlichen Vorgehensweisen am Spiel „*4-Gewinnt*" als Benchmark untersucht [Christophel95]. Dabei wurden folgende Varianten verglichen:

- Fester Gegner: Der Gegner war hierbei ein konventionelles Spielprogramm (erhältlich als *Public Domain Software*) mit verschiedenen Spielstufen (*xvier* genannt). Gewählt wurde hier Spielstufe 6, damit Spielsequenzen innerhalb einer akzeptablen Rechenzeit möglich waren (3 Minuten pro Spiel).
- Selbstspiel: Der neuronale Bewerter wurde im Spiel gegen sich selbst trainiert.

- *ENZO*+Turnier: Beim Nachtrainieren der Nachkommen wurden die Gegner zufällig aus der Population gewählt und bei jedem Spiel die Bewertung beider Spielpartner optimiert.

Als Lernverfahren wurde bei allen drei Varianten $TD(\lambda)$ eingesetzt. Als Startzustände der Interaktionssequenzen wurden jeweils 20 repräsentative Startstellungen gewählt.

Zum Vergleich der Spielstärke wurden die 3 Varianten gegeneinander getestet. Da das Spiel *4-Gewinnt* deterministisch ist, existieren von der Standard-Startposition nur zwei Spielverläufe (Gegner macht entweder den ersten oder den zweiten Zug). Um ein aussagekräftiges Maß für die Leistungsstärke zu bekommen, haben wir deshalb 20 Startstellungen gewählt. Die Ergebnisse in Tabelle 4.8 bestätigen unsere Erwartungen. Am schlechtesten schneidet das *Selbstspiel* ab, bei dem der Zustandsraum zu wenig erforscht wird. Beim Lernen gegen den festen Gegner *xvier* ist zu erkennen, daß sich die Spielstrategie darauf spezialisiert, die Schwächen von *xvier* auszunutzen. Die Spielstärke ist gegenüber *xvier* wesentlich höher (Siegverhältnis: 59,2 : 40,8), obwohl *xvier* Vorausschautiefe 6 benutzt, während der neuronale Bewerter nur mit Vorausschautiefe 1 eingesetzt wird. Trotzdem ist die Spielstärke im Vergleich zu einem im Training nicht betrachteten Gegner relativ schlecht: Im direkten Vergleich verliert es gegen das im Selbstspiel trainierte Netz geringfügig häufiger (Siegverhältnis: 46,4 : 50,1). Mit deutlichem Abstand hat jedoch das Netz, das mit *ENZO* und Nachtrainieren gegen eine Populationsauswahl evolviert wurde, am besten abgeschnitten.

Lernvariante	Fester Gegner			Selbstspiel			ENZO+Turnier		
Endzustand	S	N	U	S	N	U	S	N	U
xvier	59,2	40,8	0,0	36,4	63,6	0,0	73,6	26,4	0,0
fester Gegner	-	-	-	50,1	46,4	3,5	55,9	38,4	5,7
Selbstspiel	46,4	50,1	3,5	-	-	-	70,0	23,3	6,7
ENZO+Turnier	38,4	55,9	5,7	23,3	70,0	6,7	-	-	-
Durchschnitt	48,0	48,9	3,1	36,6	60,0	3,4	66,5	29,4	4,1

Tabelle 4.8. Vergleich der Spielstärke der verschiedenen Lernvarianten (Fester Gegner, Selbstspiel, ENZO+Turnier) gegen das konventionelle Spielprogramm xvier und jeweils untereinander (S=Sieg, N=Niederlage, U=Unentschieden).

4.5
ENZO für unscharfe Regler

In diesem Abschnitt wollen wir an einem Beispiel zeigen, wie man mit Hilfe der Evolution auch ohne Derivate des *dynamischen Programmierens* (wie beispielsweise *Temporal Difference Learning*) allein mit Evolution ein Reinforcement-Problem lösen kann. Dieser Ansatz beruht auf der in der Einführung von Abschnitt

3.3.2 kurz skizzierten Methode, Reinforcement-Probleme dadurch zu lösen, daß man die Strategie schrittweise stochastisch variiert, und dann die Veränderung des Gesamtverhaltens anhand der aufsummierten Reinforcement-Signale in einer Reihe von Testsituation positiv oder negativ bewertet. Je nach Verfahren (*Hillclimbing, Simulated Annealing* oder Evolution) werden dann nur positive oder auch mit geringerer Wahrscheinlichkeit negative Veränderungen akzeptiert. Als Benchmark verwenden wir das Stabbalancierungs-Problem (alias inverses Pendel), die Resultate und Erkenntnisse lassen sich jedoch auch auf andere Probleme übertragen. Die experimentellen Ergebnisse beruhen auf der Diplomarbeit von Karl-Heinz Preut [Preut95] und wurden veröffentlicht in [Braun, Preut, Höhfeld 95].

Das Regelungsproblem beim inversen Pendel läßt sich dadurch charakterisieren, daß ein Stab auf einem Wagen mit einem Gelenk montiert ist und durch eindimensionale Bewegungen des Wagens in der Senkrechten balanciert werden soll (siehe Abb. 4.24). Durch eine positive Kraft läßt sich der Wagen in eine Richtung beschleunigen, durch eine negative Kraft in die inverse Richtung. Die Wechselbeziehung zwischen Regler (alias Agent) und Wagen (alias Prozeß) läßt sich im Sinne von Abschnitt 3.1 folgendermaßen beschreiben: Der Zustand ist charakterisiert durch die vier Variablen Ort x, Geschwindigkeit x', Winkel θ und Winkelgeschwindigkeit θ'. Die Aktion des Reglers ist eine Kraft $f \in [-1,1]$.

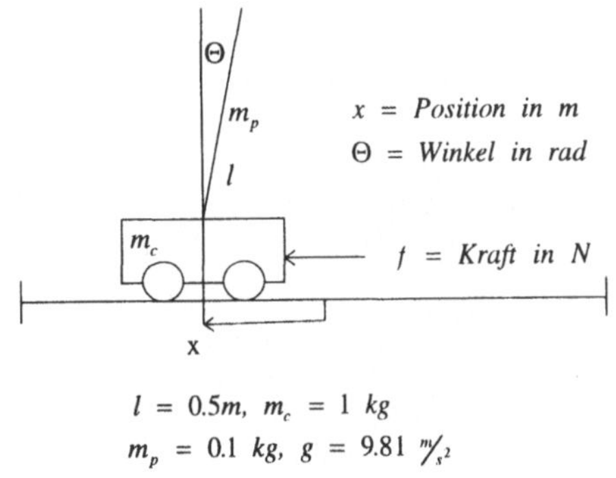

Abb. 4.24. Modell des inversen Pendels.

Der Regler hat nun die Aufgabe, den Stab stabil senkrecht zu balancieren, d.h. bei Auslenkungen oder Störungen wieder in die Sollstellung zurückzubringen. Als Reinforcement-Signale bekommt er in jedem Schritt den Abstand zum Sollzustand. Die Regelstrategie ist nun so zu optimieren, daß die Summe der erhaltenen Reinforcement-Signale, ausgehend von gegebenen Startsituationen, minimal ist. Als Reglermodell verwenden wir ein RBF-Modell als Neuro-Fuzzy-Regler (vgl. Abschnitt 2.3.7). Da dieses ein Reinforcement-Lernproblem darstellt, können wir zur Lösung eines der Verfahren in Abschnitt 3.4 verwenden. In diesem Fall lernen wir einen Bewerter ein, und die Reglerstrategie besteht darin, die Kraft f (alias Aktion) zu selektieren, die den bestbewerteten Folgezustand erzeugt.

Hier wollen wir nun ohne Umweg über einen Bewerter direkt eine Regelstrategie mit einem evolutionären Algorithmus einlernen. Die Repräsentation eines Reglers läßt sich in zwei Teile zerlegen: die Reglerstruktur und deren Parametrisierung. Im rechten Teil von Abb. 4.25 ist die Struktur eines Neuro-Fuzzy-Reglers angegeben, der aus einem Fuzzy-Regler von Berenji und Khedar abgeleitet wurde [Berenji, Khedar 92]. Die Knoten der zweiten Spalte sind die Regeln (alias RBF-Neuronen), diese sind in der ersten Spalte verbunden mit ihren Prämissen (alias Gauß-Funktionen, zu jeder Eingabedimension jeweils eine) und in der dritten Spalte zu ihrer Konklusion (alias Ausgabewerte). Diese werden in dem Ausgabeneuron aufsummiert. Man beachte hierbei das *Weight Sharing*, d.h. die linguistischen Terme in der Prämisse und Konklusion werden von mehreren Regeln gemeinsam benutzt. Im linken Teil von Abb. 4.25 ist die Parametrisierung spezifiziert, d.h. die Weiten und Zentren der Gauß-Funktionen (alias linguistische Terme) sind eingezeichnet.

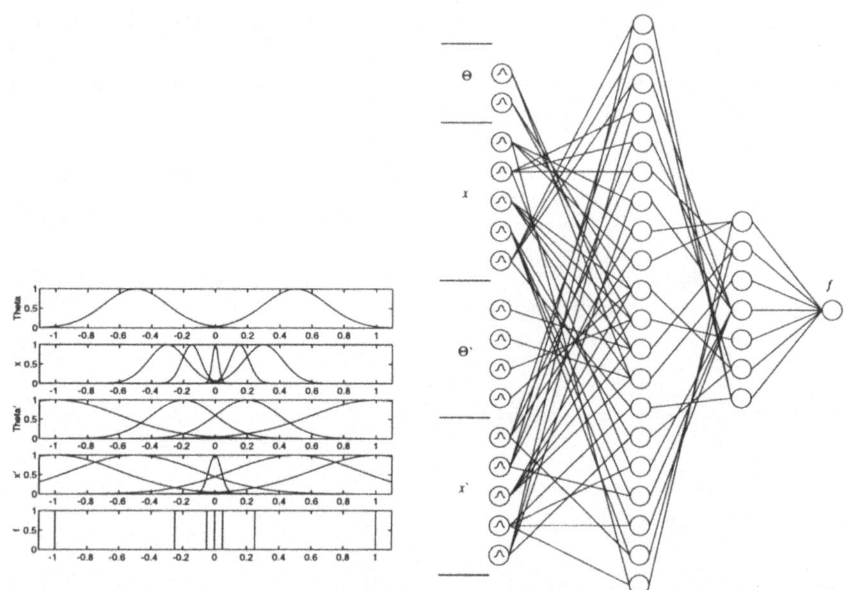

Abb. 4.25. Ein Neuro-Fuzzy-Regler basierend auf dem RBF-Modell, abgeleitet aus dem Fuzzy-Regler von Berenji und Khedar. Im linken Bild sind die RBF-Funktionen für die 4 Eingabedimensionen (Theta=θ, x, Theta´=θ´, x´) und der Ausgabewerte für die Ausgabedimension eingezeichnet. Im rechten Bild ist das RBF-Netz gezeichnet: Die zweite Schicht entspricht den RBF-Neuronen (Regeln), die erste deren RBF-Funktionen pro Dimension (linguistische Terme in der Prämisse), die dritte Schicht deren Ausgabewerte (linguistische Terme in der Konklusion).

Bei unserem Ansatz gehen wir im Stile von *ENZO* davon aus, daß der Anwender eine maximale Topologie spezifiziert, d.h. die maximale Anzahl von Regeln und jeweils die maximale Anzahl von linguistischen Terme pro Eingabe- bzw. Ausgabedimension. Gesucht ist die optimale Struktur und Parametrisierung, wobei der Anwender in der Fitneß-Funktion die Reglergröße versus Reglergüte gewichtet.

Zur Bewertung der Reglergüte gibt der Anwender ferner eine Menge von Startsituationen vor, auf denen der Regler für ein gewisses Zeitintervall getestet wird. Die Reglergüte ergibt sich aus der Gesamtsumme der erhaltenen Reinforcement-Signale (euklidischer Abstand des Istzustands zum Sollzustand). Die Reglergröße ergibt sich aus der Anzahl der Verbindungen der Reglerstruktur.

Prinzipiell ist die Reglergüte zwar gemäß dem Ansatz *Backpropagation through time* differenzierbar (vgl. Abschnitt 3.3.2.1) und damit die *Evolution auf lokalen Minima* im Stile von *ENZO* möglich (vgl. Abschnitt 4.2.2.1), auf Grund der in Abschnitt 3.3.2.1 erläuterten Probleme dieser Entfaltung der Interaktionsschleife ist dieser Ansatz jedoch hier nicht vorteilhaft, deshalb verzichten wir auf eine Nachoptimierung.

Bei der Mutation unterscheiden wir entsprechend der Repräsentation die Mutation auf der Struktur (diskreter Raum) und die Mutation auf der Parametrisierung (kontinuierlicher Raum). Für letztere verwenden wird die gebräuchliche Addition einer normalverteilten Zufallszahl (vgl. Abschnitte 4.1.3.1 und 4.1.7.1). Bei der Struktur-Mutation sind zwei Arten sinnvoll:

- Das Austauschen linguistischer Terme in Prämisse bzw. Konklusion, d.h. Permutieren der Verbindungen jeweils zwischen Regel und einer Eingabedimension bzw. der Ausgabedimension.
- Entfernen oder Hinzufügen von Prämissen in Regeln oder ganzer Regeln, d.h. Entfernen oder Hinzufügen von Verbindungen in der maximalen Topologie (beim Hinzufügen ist zu beachten, daß jede Regel höchstens eine Verbindung zu einer Prämisse pro Eingabedimension bzw. zu einer Konklusion besitzt).

Beim Entfernen von Verbindungen verwendeten wir im Stile von *ENZO* die *bewertungsbasierte Mutation* (vgl. Abschnitt 4.2.2.4):

- Regeln mit wenigen Prämissen werden bevorzugt entfernt.
- Prämissen mit großer Weite werden bevorzugt entfernt (Entfernen entspricht dem Limes der Weite gegen unendlich).

Verwenden wir eine einigermaßen plausible Initialisierung der Parametrisierung (Zentren und Weiten der Gauß-Funktionen alias linguistischen Terme), dann bedeutet das Permutieren von Verbindungen eine grobkörnige Reglereinstellung, da die Zuständigkeitsbereiche der Regeln sowie der zugehörige Ausgabewert durch diese Mutationen in groben Schritten eingestellt werden (Unterteilung entspricht der Anzahl der Gauß-Funktionen pro Dimension). Durch das Entfernen von Verbindungen wird die Struktur minimiert und durch die normalverteilte Mutation auf der Parametrisierung wird der Regler schließlich feineingestellt. Dementsprechend lassen sich bei der Evolution drei Phasen erkennen: Grobeinstellung, Minimierung und Feineinstellung.

In jedem Mutationsschritt wird nur eine der drei Mutationsarten angewendet. Um die Mutationsraten für die drei Mutationsarten automatisch den Phasen anzupassen, wählten wir die evolutive Optimierung (vgl. Abschnitt 4.1.6). Auf Grund dieser autoadaptiven Anpassung lassen sich die verschiedenen Phasen auch an den Mutationsraten erkennen: In der Anfangsphase ist die Mutationsrate für das Permutieren am höchsten, in der Endphase die Mutationsrate für die normalverteilte Mutation auf der Parametrisierung.

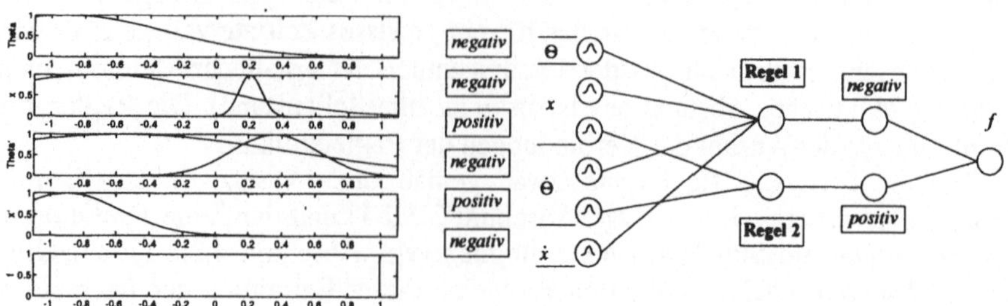

Abb. 4.26. Ein evolvierter minimaler Regler mit 2 Regeln und 6 Prämissen für das inverse Pendel. Der Regler ist minimal, da sich mit einer Regel nur ein konstanter Ausgabewert erzeugen läßt (damit kann ein Stab nicht balanciert werden).

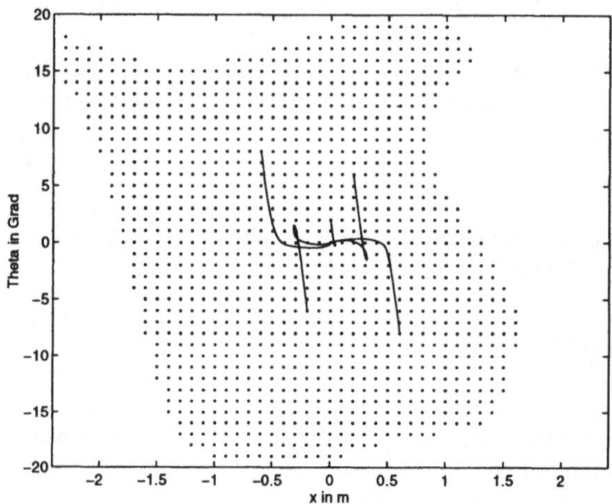

Abb. 4.27. Projektionen der Zustandstrajektorien der Testläufe für die 5 Startzustände auf die Dimensionen Winkel und Ort. Außer den bewerteten Startzuständen beherrscht der Regler auf Grund seiner Generalisierung auch eine weite Umgebung (schraffierter Bereich).

Bei der Selektion verwendeten wir die *(µ+λ)-Strategie* mit $\mu=\lambda=20$ als *Elitist-Strategie,* bei der die besten Individuen stets erhalten bleiben. Mit dieser Einstellung konnten wir robust (d.h. im überwiegenden Teil der Evolutionsläufe), ausgehend von einer maximalen Topologie mit 20 Regeln (siehe Abb. 4.25), nach 2 000 Generationen einen minimalen Regler mit nur zwei Regeln evolvieren (siehe Abb. 4.26).

Zur Bewertung der Reglergüte verwendeten wir 5 Startzustände mit Winkelauslenkungen ±8° und Ortsverschiebung ±60 cm. In Abb. 4.27 sind zur Veranschaulichung der Reglerstrategie die Projektionen der Zustandstrajektorien der Testläufe für die 5 Startzustände auf die Dimensionen Winkel und Ort gezeigt. Nach der Evolution testeten wir den Regler zusätzlich in einem weiten Bereich. Dabei konnte der Regler seine hohe Generalisierungsleistung unter Beweis stellen.

Außer den bewerteten Startzuständen gelang es dem Regler auch Startzustände aus einer weiten Umgebung auszubalancieren (schraffierter Bereich).

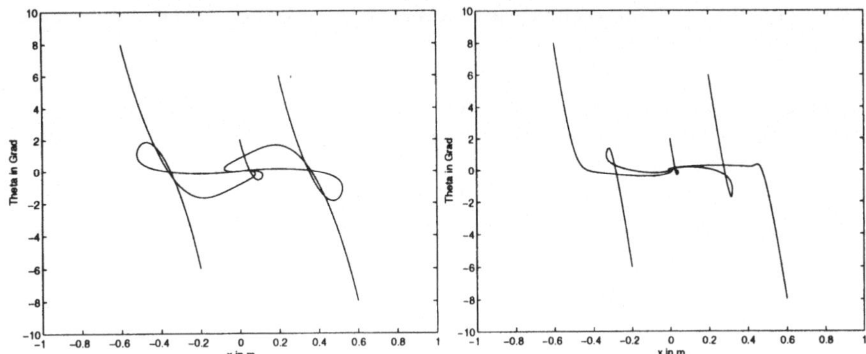

Abb. 4.28. Vergleich des evolvierten Reglers (rechts) mit einem konventionellen Polvorgabe-regler für die fünf Startsituationen. Die Ergebnisse sind vergleichbar: Überschwingungen sind kaum vorhanden, Oszillationen existieren nicht.

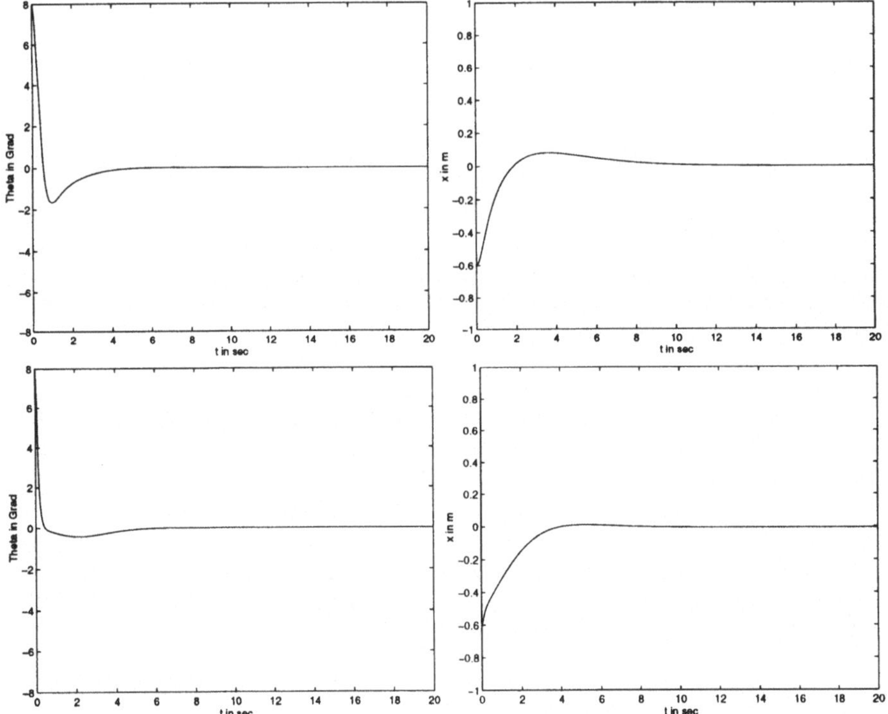

Abb. 4.29. Vergleich der Reglertrajektorie eines konventionellen Polvorgabe-Reglers (oben) und des evolvierten Reglers (unten). Als Startsituation wurde das Pendel um 8° ausgelenkt und um 60 cm verschoben.

In Abb. 4.28 vergleichen wir den evolvierten Regler mit einem Polvorgabe-Regler, basierend auf konventioneller Regelungstechnik. Die Qualität beider Ansätze sind vergleichbar. Beide können die fünf Startsituationen schnell und sicher ausbalancieren. Ein genauerer Vergleich der Trajektorie zeigt, daß bei beiden Ansätzen Oszillationen um den Zielzustand nicht erkennbar und auch Überschwingungen kaum vorhanden sind (vgl. Abb. 4.29).

Darüber hinaus testeten wir den evolutionären Ansatz auch hinsichtlich der Erkennung sowohl von redundanten als auch von irrelevanten Eingaben. Als Beispiel einer irrelevanten Information benutzten wir eine Zustandsrepräsentation, bei der eine zusätzliche fünfte Komponente mit stochastischem Rauschen belegt war. Bei der Evolution wurden alle Verbindungen zu dem fünften Eingangs eliminiert (siehe Abb. 4.30). In diesem Sinne hat die Evolution erkannt, daß dessen Information irrelevant ist. Die Reglergüte war dem „normal" evolvierten Regler vergleichbar (vgl. Abb. 4.27).

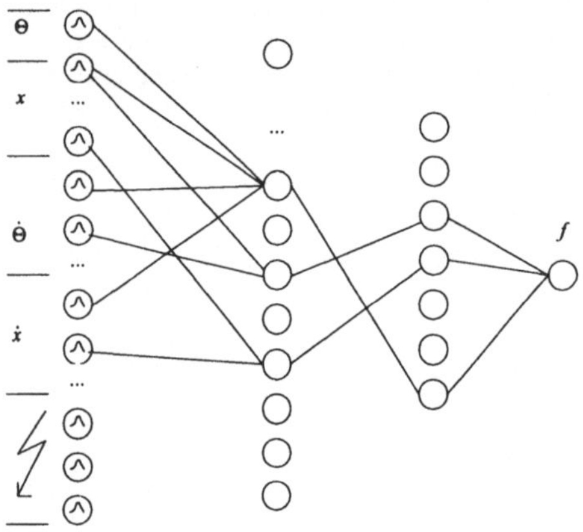

Abb. 4.30. Evolvierter Regler bei zusätzlichem stochastischem Eingang. Durch die Minimierung der Struktur wurden alle Verbindungen zu dem fünften Eingang eliminiert und auf diese Weise erkannt, daß dessen Information irrelevant ist.

Als Beispiel einer redundanten Information verdoppelten wir den vierten Eingang. Da bei der Evolution nur die Anzahl der Verbindungen minimiert wird, besitzt der evolvierte Regler zu beiden Eingängen noch Verbindungen (siehe Abb. 4.31). Die Prämissen (alias Gauß-Glocken) werden in diesem Fall auf die beiden Eingänge aufgeteilt. Will man die Verbindungen zu einem der beiden korrelierten Eingänge vollständig eliminieren, so müßte man zum einen die Anzahl der benutzten Eingänge in der Fitneß-Funktion bewerten und zum anderen bei der Struktur-Mutation auch die Elimination eines Eingangs vorsehen.

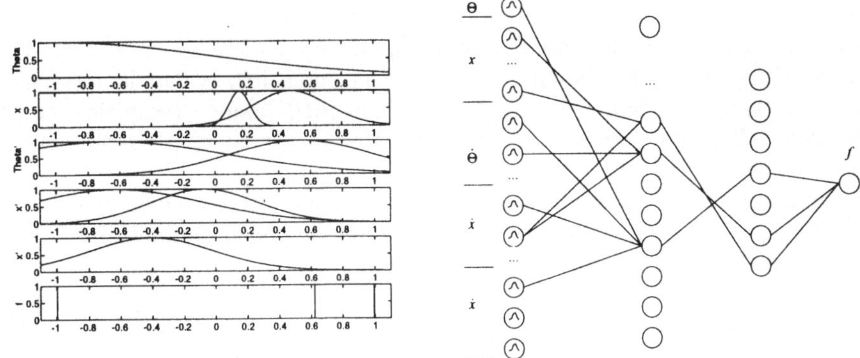

Abb. 4.31. Evolvierter Regler bei zusätzlichem redundanten Eingang. Da die Information auf dem vierten und fünften Eingang doppelt vorhanden ist, werden bei der Minimierung die Gauß-Glocken (alias Prämissen) auf diese beiden Eingänge aufgeteilt.

Zusammenfassend läßt sich feststellen, daß es bei nicht zu komplexen Reinforce-ment-Problemen möglich ist, direkt mit der Evolution ohne Bewerter (gemäß Abschnitt 3.4) eine Strategie einzulernen. Dabei wird bei der Evolution, basierend auf der Vorinitialisierung der linguistischen Terme (alias radialen Basisfunktio-nen), mit Hilfe der Struktur-Mutation (Permutieren der linguistischen Terme in den Regeln) zuerst eine Groboptimierung durchgeführt und anschließend die Parametrisierung durch normalverteilte Mutationen auf den Zentren und Weiten der radialen Basisfunktion verfeinert.

Die Vergröberung ist ungefähr mit einer diskreten Repräsentation zu verglei-chen, bei der der Eingabe- und der Ausgaberaum jeweils in grobe Intervalle einge-teilt wird. Damit wird sowohl der Zustands- als auch der Suchraum stark reduziert. Der einzige Unterschied besteht darin, daß auf Grund der Diffenzierbarkeit der radialen Basisfunktionen diese Intervalleinteilung geglättet wird. Die Reduzierung des Suchraums entspricht hingegen der groben Intervalleinteilung des Eingabe- und Ausgaberaums.

Der Vorteil der gleichzeitigen Evolution sowohl der Struktur als auch der Parametrisierung besteht in dem kontinuierlichen Übergang zwischen diesen Pha-sen. Beispielsweise ermöglicht die Vergrößerung der Weiten auf Grund der Para-meter-Mutation erst die erfolgreiche Eliminierung der zugehörigen Prämissen mit Hilfe der Struktur-Mutation. Würde man die Phasen getrennt halten, wären solche Verbesserungen nicht möglich.

4.6
Lernen und Evolution auf einem Parallelrechner

4.6.1
Überblick

Die Evolution eignet sich als inhärent paralleles Optimierungsverfahren gut zur Parallelisierung. So können die Nachkommen unabhängig voneinander erzeugt (d.h. mutiert und rekombiniert), nachtrainiert und bewertet werden. Diese Parallelisierung ist allerdings beschränkt durch die Anzahl der Nachkommen pro Generation. Eine weitere Parallelisierung kann man durch lokale Populationsmodelle erzielen (vgl. Abschnitt 4.1.4.1). Beim Inselmodell können beispielsweise die Inseln parallel evolviert werden, nur bei Migrationen ist eine Kommunikation zwischen den Inseln erforderlich.

Sofern dieser Parallelisierungsgrad die parallele Berechnungskapazität des Rechners noch nicht ausschöpft, kann man zusätzlich noch die inhärente Parallelität neuronaler Netze ausnutzen.

Bei der Simulation von neuronalen Netzen und deren Lernverfahren ist der Rechenaufwand proportional zur Netzgröße (Anzahl der Verbindungen). Dies bedeutet, daß jede Reduzierung der Netzgröße einen entsprechenden Effizienzgewinn ergibt. Bei der Simulation neuronaler Netze auf einem Parallelrechnern ist dieser Zusammenhang im allgemeinen nicht gegeben. Insbesondere bei SIMD-Rechner wie beispielsweise der *MasPar* lassen sich gleichförmige Topologien mit gleich breiten und vollständig verbundenen Schichten besonders gut berechnen. Werden bei solchen Strukturen z.B. durch die Mutation Verbindungen eliminiert, so wird dies standardmäßig dadurch realisiert, daß das zugehörige Gewicht auf 0 gesetzt wird. Dies bedeutet jedoch, daß nur der Einfluß der Verbindung eliminiert wird, der Berechnungsaufwand jedoch gleichbleibt.

Ziel des *Parallel Intelligent Neural Network Simulator's Karlsruhe (PINK)* ist es nun, die verschiedenen Parallitätsarten möglichst optimal auszunutzen und eventuell zur Effizienzsteigerung die neuronalen Netze funktional äquivalent zu transformieren [Koll, Riedmiller, Braun 95].

4.6.2
Parallel Intelligent Neural Network Simulator Karlsruhe (PINK)

Bei der Simulation neuronaler Netze lassen sich drei Parallelisierungsebenen unterscheiden:

- *Connection Parallelism*: Die unterste Ebene sind die Neuronen, die die gewichtete Summe ihrer Eingaben parallel berechnen können.
- *Node Parallelism:* Die zweite Ebene sind die Neuronenschichten, in denen die Neuronen ihre Ausgabe parallel berechnen können.
- *Pattern Set Parallelism*: Der Fehlergradient der Lernmenge setzt sich zusammen aus der Summe der Einzelfehlergradienten, welche sich parallel berechnen lassen.

Bei der Evolution neuronaler Netze lassen sich schließlich noch die Nachkommen unabhängig voneinander bearbeiten:

- *Network Parallelism*: Verschiedene neuronale Netze können parallel trainiert und evaluiert werden.

Die Aufteilung auf diese Parallelisierungsarten ist bei begrenzter paralleler Berechnungskapazität nicht eindeutig festgelegt. Sollen beispielsweise 10 Nachkommen trainiert werden, so können wir auf der Ebene des *Network Parallelism* unter fünf Alternativen wählen:

- 10 Netze parallel
- 2 mal nacheinander 5 Netze parallel
- Aufteilung in 3 Blöcke à 3, 3, 4 Netze
- 5 mal nacheinander 2 Netze parallel
- 10 Netze nacheinander

4.6.2.1
Network Parallelism

Eine optimale Aufteilung läßt sich auf Grund der Heterogenität der Netze und der Vielzahl der Möglichkeiten nicht effizient berechnen. Deshalb müssen wir die Aufgabe der *Lastbalancierung* so vereinfachen, daß eine effiziente und nahezu optimale Aufteilung erreicht wird. Bei der Evolution neuronaler Netze können wir davon ausgehen, daß der Rechenaufwand pro Nachkomme ungefähr gleich groß ist, denn dieser bestimmt sich durch die Netztopologie (insbesondere Größe) und die Lernmenge.

Folglich können wir auf der Ebene des *Network Parallelism* bei einem Parallelisierungsgrad k_n die Prozessoren in k_n gleich große Blöcke aufteilen und ebenfalls die Nachkommen in k_n gleich große Blöcke: Bei P Prozessoren ist die Blockgröße $\lfloor P/ k_n \rfloor$, bei λ Nachkommen ist die Blockgröße $\lceil \lambda/ k_n \rceil$, d.h. es bleibt jeweils ein Verschnitt übrig, falls P bzw. λ sich nicht durch k_n teilen läßt (vgl. Abb. 4.32).

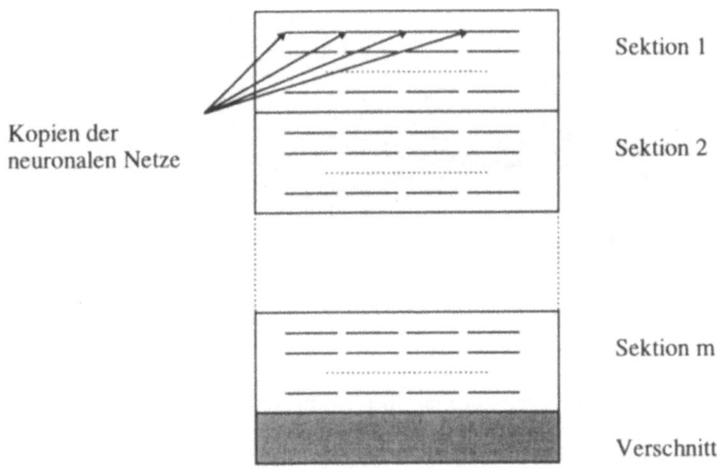

Abb. 4.32. Aufteilung der Prozessoren in Blöcke gemäß *Network Parallelism* und *Pattern Set Parallelism*. Jedem neuronalen Netz ist eine Sektion zugeteilt. Diese ist wieder unterteilt in Teilblöcke für jede Lernteilmenge. Auf allen Teilblöcken einer Sektion wird eine identische Kopie des zugehörigen neuronalen Netzes bearbeitet.

4.6.2.2
Pattern Set Parallelism

Entsprechendes gilt auch auf der Ebene des *Pattern Set Parallelism*. Auch hier können wir die Lernmenge gleichmäßig auf k_p Blöcke aufteilen und entsprechend die Prozessoren-Blöcke der *network-parallelism*-Ebene nochmals gleichmäßig in k_p Blöcke unterteilen (vgl. Abb. 4.32).

Bei SIMD-Rechner ist hierbei darauf zu achten, daß die Blöcke kompakt zusammenhängend sind, da bei der Aufsummierung der Einzelfehlergradienten Kommunikationskosten entstehen und diese bei synchroner Kommunikation innerhalb einer Spalte oder Zeile besonders niedrig sind.

4.6.2.3
Node Parallelism

Schwieriger ist hingegen die Parallelisierung auf der Netzebene (*Node Parallelism*). Auf Grund der Funktionalität neuronaler Netze müssen die einzelnen Schichten nacheinander berechnet werden. Der Gesamteffizienz wird im wesentlichen durch das schwächste Glied in dieser Kette bestimmt (vgl. Abb. 4.33). Hierbei ist zu vermeiden, daß bei der Berechnung einer Schicht nur ein Bruchteil des zugehörigen Prozessorenblocks rechnet. Um hier eine günstige und gleichmäßige Aufteilung zu finden, ist die Parallelisierung auf der Ebene des *Connection Parallelism* mitzuberücksichtigen.

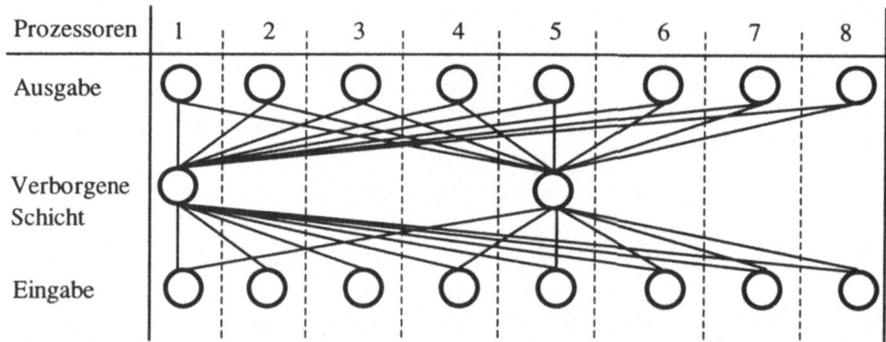

Abb. 4.33. Ungleichmäßige Prozessoren-Zuteilung bei einem 8-2-8 *Multilayer Perceptron*. Beim Berechnen der verborgenen Schicht H sind 75% der Prozessoren unbeschäftigt, die restlichen jedoch auf Grund der hohen Kommunikation stark beschäftigt und verursachen dadurch einen hohen Effizienzverlust (vgl. Abb. 4.34).

Diese Ebene läßt sich durch eine Netztransformation eliminieren (vgl. Abb. 4.34). Durch Einfügen von Hilfsknoten (alias Neuronen) lassen sich die Teilsummen parallel berechnen. Deshalb können wir davon ausgehen, daß nach entsprechender Netztransformation (siehe folgender Abschnitt 4.6.2.4) nur auf der Ebene des *Node Parallelism* eine Parallelisierung stattfindet und die Neuronen jeweils sequentiell auf einem Prozessor berechnet werden.

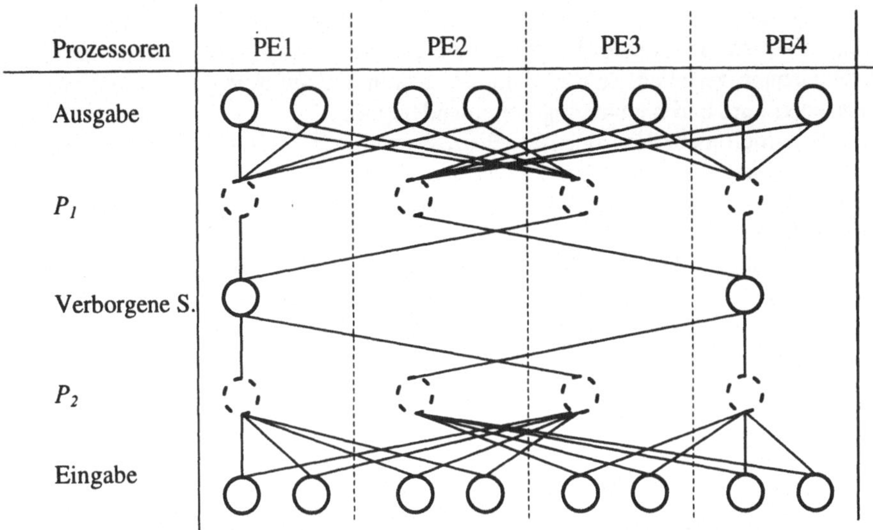

Abb. 4.34. Eine Netztransformation zur Erhöhung der Berechnungseffizienz bei einem 8-2-8 *Multilayer Perceptron*. Die zusätzliche Zwischenschicht P_1 entspricht der Parallelisierungsebene des *Connection Parallelism*. Die Zwischenschicht P_2 vermindert den Kommunikationsaufwand.

4.6.2.4
Transformationen des neuronalen Netzes

Das Ziel der Netztransformationen ist die Steigerung Gesamteffizienz. Hierbei ist zu beachten, daß durch die Aufteilung in Prozessorblöcke gemäß *Network Parallelism* und *Pattern Set Parallelism* die Anzahl der zur Verfügung stehenden Prozessoren pro Prozessorblock fest vorgegeben ist. Aufgabe eines Prozessorblocks ist jeweils das Trainieren einer Teilmenge von neuronalen Netzen (NN-Block, siehe Abschnitt 4.6.2.1) auf einer Teilmenge von Lernbeispielen (Lernblock, siehe Abschnitt 4.6.2.2). Da die einzelnen Lernbeispiele des zugehörigen Lernblocks identischen Rechenaufwand besitzen und die Netztopologien des NN-Blocks sequentiell nacheinander berechnet werden, können wir für jede dieser Netztopologien eine spezielle Netztransformation konstruieren. Im folgenden werden zwei Arten von Transformationen skizziert, die für die Steigerung der Gesamteffizienz wichtig sind: die Elimination von *Shortcut*-Verbindungen und die Verringerung des Verzweigunsgrades (Kommunikationskosten).

Die *Shortcut*-Verbindungen, die Schichten überspringen, lassen sich durch Einfügen von Zwischenknoten zu eliminieren (siehe Abb. 4.35). Dadurch läßt sich die Berechnung des *Multilayer Perceptrons* schichtweise durchführen, so daß jeweils die Kommunikation auf die Ausgaben der vorhergehenden Schicht beschränkt werden kann.

Durch Einfügen von Zwischenschichten können die Kommunikationskosten verringert werden (vgl. Abb. 4.34). Diese Transformation ist dann günstig, wenn in einer Schicht wesentlich mehr Prozessoren als Neuronen vorhanden sind. In diesem Fall läßt sich die umfangreiche Summenberechnung der Neuronen dieser

Schicht durch Zwischenneuronen parallelisieren (entsprechend *Connection Parallelism*). Ebenso lassen sich die Ausgaben der Neuronen dieser Schicht auf Zwischenneuronen verteilen, so daß dann die Kommunikationswege für die Nachfolgeneuronen kurz und unabhängig voneinander sind.

Falls jedoch mehr Neuronen als Prozessoren in einer Schicht vorhanden sind, lohnt sich eine solche zusätzliche Zwischenschicht nicht. In diesem Fall genügt es die Arbeitslast gleichmäßig aufzuteilen (unter Berücksichtigung der Kommunikationswege).

[Anmerkung: Beide Transformationen sind invertierbar, so daß sich nach dem Lernvorgang (mit den transformierten Netztopologien) die gelernten Gewichte wieder zurücktransformieren lassen in die ursprüngliche Netztopologie.]

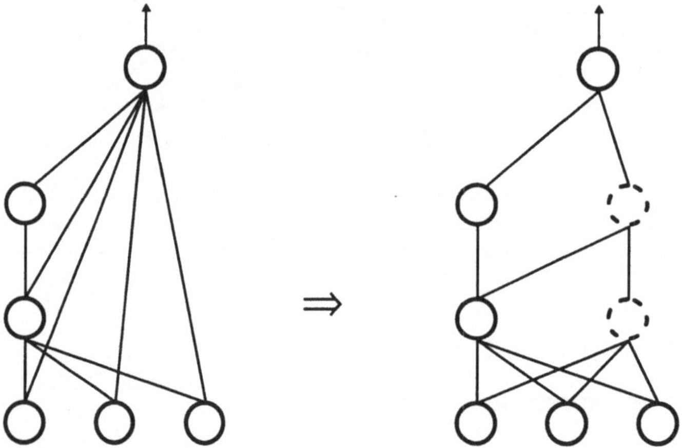

Abb. 4.35. Eine Netztransformation zur Eliminierung von *Shortcut*-Verbindungen durch Einfügen zweier „Hilfs-Neuronen".

4.6.2.5
Optimierung der Lastverteilung

Die Gesamtrechenzeit wird bestimmt durch die Aufteilung in die $k_n \cdot k_p$ Teilblöcke entsprechend den beiden Parallelisierungsebenen *Network Parallelism* und *Pattern Set Parallelism* einerseits und dem Rechenzeit pro Teilblock andererseits. Zur Abschätzung der Rechenzeit genügt es, jeweils die rechenintensivste Teil-Komponente zu betrachten, da die anderen auf Grund der Gesamttaktung der Evolution solange warten müssen. Folglich ergibt sich die Gesamtrechenzeit aus der maximalen Rechenzeit eines Teilblocks multipliziert mit der maximalen Anzahl der Lernteilmengen und der maximalen Anzahl der Netze pro Block.

Um eine optimale Lastverteilung zu finden, muß jede Aufteilung in $k_n \cdot k_p$ Teilblöcke bewertet werden. Hierzu genügt es, eine Abschätzung für die maximale Rechenzeit pro Teilblock durchzuführen. Um nicht jeweils für jedes Netz die (nahezu) optimale Netztransformation bestimmen zu müssen, wählt man auf Grund von Topologiemerkmalen die Topologie, von der man den größten Rechenaufwand erwartet, und schätzt für diese die Rechenzeit. Zur Vereinfachung kann man bei dieser Abschätzung nur die Teilproblemgröße berücksichtigen (Netzgröße und Umfang der Lernmenge), ohne geeignete Netztransformationen zu bestimmen. Die anteiligen Kosten der Prozeßkommunikation und der Gleitpunktoperationen werden bei dieser Abschätzung berücksichtigt.

4.6.3
Vergleich der Performanz von PINK

Die Leistungsfähigkeit von *PINK* hat Detlev Koll auf dem SIMD-Rechner *MasPar* untersucht [Koll94]. Das in Karlsruhe vorhandene Modell *MasPar MP1216* besitzt 2^{14} Prozessoren, die auf einem zwei-dimensionalen 128x128-Gitter angeordnet sind. Die Methoden von *PINK* sind jedoch nicht auf diese *MasPar*-Implementierung beschränkt, sondern lassen sich auch auf andere Parallelrechner übertragen.

Vergleichen wir die Performanz von *PINK* mit der *MasPar*-Implementierung des *Stuttgarter Neuronale-Netze-Simulators (SNNS)*, dann erzielt *PINK* mit 68 MCUPS (Millions of Connection Updates per Second) nur etwa die halbe *peak performance* von *SNNS*, für den 129 MCUPS gemessen wurde. Der Grund hierfür liegt daran, daß *SNNS* für homogene Netztopologien ausgelegt wurde, deren Struktur möglichst der Vernetzungsstruktur der MasPar entspricht. So wurde die *peak performance* für ein Netz der Größe 128-128-128 erzielt, wobei die Schichtbreite gerade einer Prozessoren-Zeile der *MasPar* entspricht. *PINK* hingegen wurde für allgemeine Netztopologien mit unregelmäßiger Netzstruktur ausgelegt, wie sie insbesondere bei evolvierten Netzen auftreten.

Ferner ist es bei der *SNNS*-Implementierung nicht vorgesehen, mehrere Netze parallel zu trainieren, deshalb kann *SNNS* nicht von dem höheren Parallelisierungspotential bei der Bearbeitung mehrerer Netz profitieren und erzielt deshalb eine konstante Performanz relativ zur Anzahl der Netzwerke (vgl. Abb. 4.36).

Die Vergleichsmessungen in Abb. 4.36 zeigen, daß *PINK* im Gegensatz zum *SNNS* auch bei sehr unregelmäßig strukturierten Netztopologien ungefähr 70% seiner *peak performance* erreicht. Die erreichbare Performanz ist bei den drei sehr unterschiedlich strukturierten Benchmark-Problemen weitgehend unabhängig von der Netztopologie. Die Performanz hängt im wesentlichen nur von der Problemgröße und damit vom Parallelisierungspotential ab. [Anmerkung: Die Problemgröße ist definiert als Produkt von Anzahl der Netze, Anzahl der Trainingsmuster und Anzahl der Verbindungen.]

Im Vergleich zum *SNNS* ist *PINK* bei Netztopologien mit ungleichmäßiger Schichtgröße wie beispielsweise beim 256-8-256-Encoder Problem wesentlich schneller. Hier ist *PINK* bei einem einzigen Netz bereits um Faktor 10 schneller. Dieser Geschwindigkeitsvorteil erhöht sich bei der Simulation von mehreren Netzen auf Faktor 30. Selbst bei einigermaßen gleichmäßig strukturierten Netztopologien wie die von NetTalk erreicht *PINK* eine nahezu doppelt so hohe Performanz.

Zusammenfassend läßt sich feststellen, daß sich mit *PINK* auch unregelmäßig strukturierte Netztopologien auf Parallelrechnern effizient parallelisieren lassen. Insbesondere erbringen die von *ENZO* evolvierten Netze mit typischerweise spärlich verbundener Netzstruktur nicht nur auf sequentiellen Rechnern einen signifikanten Geschwindigkeitsvorteil, sondern auch auf massiv parallellen Rechnerstrukturen wie beispielsweise bei dem SIMD-Rechner *MasPar* mit 64.000 Prozessoren.

256-8-256-Encoder

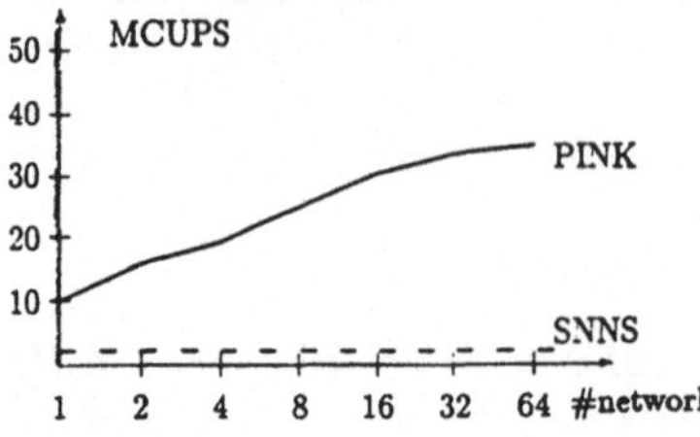

14-28-1-Parity

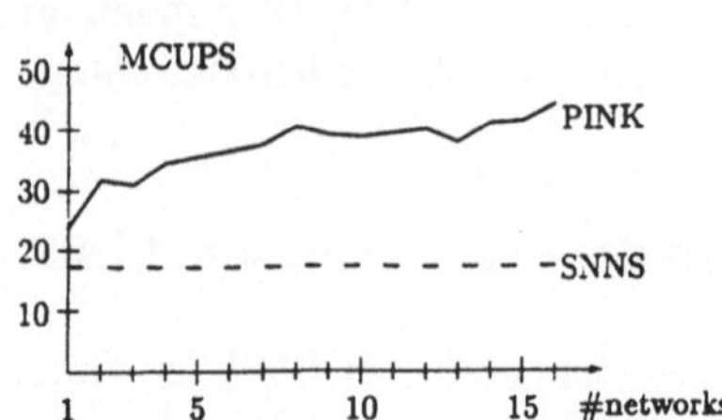

NetTalk

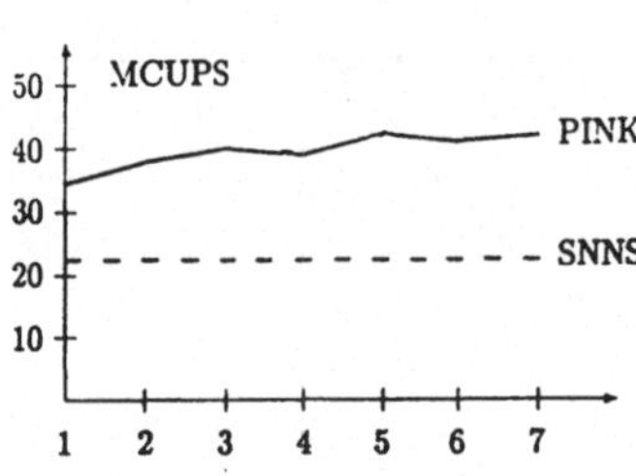

Performanz versus Problemgröße

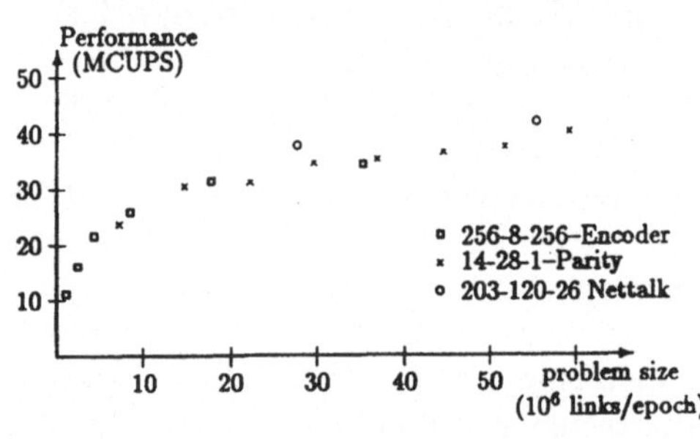

Abb. 4.36. Leistungsvergleich von *PINK* im Vergleich zum *Stuttgarter Neuronale-Netze-Simulator* (*SNNS*). Besonders bemerkenswert ist, daß die Performanz von *PINK* weitgehend unabhängig von der Netztopologie ist und im wesentlichen nur von der Problemgröße abhängt (Bild unten links).

5 Schlußbemerkung

Der hier vorgestellte evolutionäre Netzwerkoptimierer *ENZO* ist ein hybrider Ansatz, bei dem effiziente lokale Optimierungsverfahren (Gradientenabstieg) und globale Suchverfahren (Evolution) integriert werden. Die Evolution automatisiert hierbei die üblicherweise verwendete *Trial-and-Error*-Suche nach einer geeigneten Topologie durch den Anwender. Bei unseren experimentellen Untersuchungen haben wir gezeigt, daß sich durch die systematische Suche drastische Verbesserungen erzielen lassen. Die von uns erzielten Reduzierungen der Netzgröße beispielsweise um Faktor 8 oder Reduzierung der Eingabedimension um Faktor 4 (siehe Abschnitte 4.3.3.3–4.3.3.5) können aber nicht garantiert werden, da sich die Evolution auch manuell durch Interaktion des Benutzers durchführen läßt: Der Benutzer testet systematisch gemäß *Trial-and-Error* einige Topologien und variiert (=Mutation) die erfolgversprechenden Topologien (= Population) so lange, bis er keine Verbesserungen mehr erzielen kann. In diesem Fall läßt sich eventuell auch durch *ENZO* nichts verbessern. Da unsere Benchmark-Probleme jedoch zufällig aus vorhandenen Benchmark-Sammlungen ausgewählt wurden, zeigen die Ergebnisse, daß diese Optimierung in der Praxis typischerweise auf Grund des enormen Zeitaufwands für den Anwender unterbleibt. Der Anwender ist meistens damit zufrieden, irgendeine akzeptable Lösung zu besitzen, ohne auf deren Minimalität zu achten. Durch ENZO hat der Anwender nun ein Werkzeug an der Hand, das ihm die lästige Suche nach einer möglichst optimalen Topologie abnimmt. Es verbleibt für ihn nur, das Optimalitätskriterium zu spezifizieren. Dieses wird dann als Fitneß-Funktion durch die Evolution optimiert.

Durch die Minimierung der Netzgröße ergeben sich für den Anwender folgende direkte Vorteile:

- *Zeitkomplexität*: Der sequentiellen Berechnungsaufwand ist proportional zur Netzgröße, d.h. die erzielte Beschleunigung ist gleich dem Kehrwert des Reduktionsfaktors.
- *Schaltwerkskomplexität*: Auf einem sequentiellen Rechner entspricht die Reduktion der Netzgröße der Reduktion des Speicherplatzes. Falls für Realzeit-Anwendungen eine spezieller Hardware-Chip gebaut werden soll, reduziert sich der Hardware-Aufwand.

Darüber hinaus haben unsere experimentellen Untersuchungen noch folgende indirekte Vorteile ergeben:

- *Relevanz der Eingabeinformation*: Durch die Minimierung der Eingabeneuronen ohne Performanz-Einbuße erhält der Anwender die Information, welche der Eingabedaten zur Berechnung der Ausgabe benötigt wird. Das soll nicht heißen, daß die eliminierte Eingabeinformation für das Anwendungsproblem keine Bedeutung besitzt, sondern nur, daß bei dem gegebenen Datenmaterial aus dieser Zusatzinformation kein Nutzen gezogen werden kann.

- *Generalisierung*: Die Generalisierungsfähigkeit kann sich durch die Minimierung der Topologie signifikant verbessern (beispielsweise um 30% siehe Abschnitte 4.3.3.3–4.3.3.5). Diese Verbesserung ist vermutlich weniger auf die Reduzierung des Freiheitsgrads (Anzahl der Gewichte) zurückzuführen, da dieser bereits vorher durch die Gewichtung des *Weight Decay* optimiert wurde. Vielmehr scheint hierfür die Eliminierung von irrelevanter Eingabeinformation ausschlaggebend zu sein, wodurch Störsignale unterdrückt werden.
- *Einsicht*: Die Eliminierung von Redundanz bei der Verarbeitung ermöglicht eine bessere Einsicht in die Funktionsweise. Bei impliziter Wissensrepräsentation ist hier vor allem die Reduzierung der Eingabeinformation zu nennen. In Abschnitt 4.4.2 wurde darüber hinaus gezeigt, daß sich auch das Verständnis der selbständig berechneten Merkmale in der verborgenen Schicht wesentlich verbessern kann. Große Bedeutung hat die Minimierung der Netzgröße bei der expliziten Wissensrepräsentation, da hier die Anzahl der Regeln (bzw. Experten) minimiert wird (siehe Abschnitte 4.3.4 und 4.5).

Zum gegenwärtigen Entwicklungsstand wird sowohl das Modell der *radialen Basisfunktionen* als auch das *Multilayer Perceptron* unterstützt. Da die lokale Optimierung bei der Evolution zum einen ohne Interaktion mit dem Anwender durchgeführt werden muß und zum anderen den überwiegenden Anteil des Rechenaufwandes verursacht, ist ein robustes und schnelles Lernverfahren für die Performanz des Gesamtverfahrens von entscheidender Bedeutung. Hierfür wurde für beide Modelle *Rprop* eingeführt, ein Gradientenabstiegsverfahren mit adaptiver Schrittweitensteuerung (siehe Abschnitte 2.2.4, 2.2.5 und 2.3.6.4). Dieses Verfahren und seine Variante für dichte Lernmengen übertrafen in experimentellen Untersuchungen die bisher bekannten Verfahren sowohl hinsichtlich Robustheit (Parametereinstellung) als auch Lerngeschwindigkeit.

Als Lernverfahren werden Gradientenabstieg für überwachtes Lernen und darauf aufbauend *Temporal Difference Learning (TD(λ))* für Reinforcement-Lernen von *ENZO* unterstützt. In Abschnitt 3.4.9 haben wir den Spezialfall des zielorientierten Lernens am Beispiel der Strategiespiele genauer analysiert und insbesondere die Konvergenz von mehreren Varianten gezeigt. Durch Einführen des *Relearn-Faktors* ließ sich *TD(λ)*, insbesondere für den Fall einer größeren Aktionsauswahl signifikant beschleunigen (siehe Abschnitt 3.4.7.5).

Darüber hinaus wurde als Alternative das Lernen relativer Bewertungen vorgestellt, mit dem zielgerichtet aus dem Verhalten eines Experten ein neuronaler Bewerter eingelernt werden kann. Der Vorteil hiervon ist, daß damit auch leichter erlernbare suboptimale (aber erfolgreiche) Strategien eingelernt werden können, während die von *TD(λ)* angestrebte optimale Lösung das Modell des neuronalen Bewerters eventuell überfordert.

Ferner wurde ein hybrides Verfahren vorgeschlagen, bei dem die Lernfähigkeit neuronaler Modelle und die Berechnungsschärfe symbolischer Systeme kombiniert werden: Durch die zielgerichtete Tiefensuche mit der *heuristischen Abschneidestrategie (HAS)* lassen sich die neuronalen Bewertungen inkrementell verbessern (vgl. Abschnitt 3.4.3).

Schließlich haben wir in Abschnitt 4.6 gezeigt, daß sich die unregelmäßig und spärlich verbundenen evolvierten Netze auch sehr effizient auf einem Parallelrechner berechnen lassen. Der vorgestellte *Parallel Intelligent Neural Network Simulator Karlsruhe (PINK)* (siehe Abschnitt 4.6) unterstützt alle bei der Evolution vorhandenen Parallelisierungsebenen (siehe Abschnitte 4.6.2.1–4.6.2.3). Entscheidend für seine Performanz sind die Netztransformationen und die automatische Lastverteilung (statisches Scheduling). *PINK* hat zwar eine geringere *peak performance* als ein vergleichbarer Ansatz des *Stuttgarter Neuronale-Netze-Simulators (SNNS)*, erweist sich aber bei typischen Topologien aus der Anwendung als effizienter (siehe Abschnitt 4.6.3). Insbesondere ist die Performanz von *PINK* weitgehend unabhängig von der Topologie, sondern nur abhängig von der Problemgröße (und damit von dem vorhandenen Parallelisierungspotential).

In der bisherigen Ausbaustufe unterstützt *ENZO* zwei Netztypen (*Multilayer Perceptron* und das Modell der *radialen Basisfunktionen*) und zwei Lernverfahren (Gradientenabstieg und *Temporal Difference Learning*). Neben der zumeist verwendeten Implementierung für *Workstations* existiert zusätzlich eine Teilimplementierung für die *MasPar*. Ziel zukünftiger Forschungsarbeit ist es, weitere Netztypen, Lernverfahren und Parallelrechner-Konzepte zu integrieren.

Die aktuelle Version von *ENZO* ist (seit Oktober 1995) im Verbund mit dem *Stuttgarter Neuronale Netze Simulators SNNS* erhältlich und für Forschungszwecke frei verfügbar [Braun/ Ragg 95].

6 Literatur

E.H.L. Aarts, P.J.M. Van Laarhoven. Statistical cooling: a general approach to combinatorial optimization problems. Philips J. of Research, 40: 193–226, 1985.

E.H.L. Aarts, J.H.M. Korst. Simulated annealing and Boltzmann machines. Wiley, Chichester, 1989.

D.H. Ackley, G.E. Hinton, T.J. Sejnowski. A learning algorithm for the Boltzmann machines. Cognitive Science 9: 147–169, 1985. Auch in: Anderson, Rosenfeld (eds.), Neurocomputing: Foundations of Research, MIT Press, 1988.

J.T. Alander. An indexed bibliography of genetic algorithms and neural networks. Report Series No. 94-1-NN, Department of Information Technology and Production Economics, University of Vaasa, Erhältlich über Ftp: ftp.uwasa.fi, Verzeichnis: cs/report94-1, Datei: gaNNbib.ps.Z, 1996.

M. Albrecht. Ein Vergleich neuronaler Modelle zur Lösung komplexer Zuordnungsprobleme am Beispiel der Schulstundenplanung. Diplomarbeit an der Universität Karlsruhe, Institut für Logik, Komplexität und Deduktionssysteme, 1993.

E. Allender. A note on the power of threshold circuits. In 30th Annual Symposium on Foundation of Computer Science, pages 580–584. IEEE Computer Society Press, 1989.

J.A. Anderson. Neural models with cognitive implications. In: LaBerge, Samuelson (ed.), Basic Processes in Reading Perception and Comprehension, Erlbaum, Hillsdale, NJ, 1977.

P. Arena, R. Caponetto, L. Fortuna, M.G. Xibilia. Genetic algorithms to select optimal neural network topology. Proceedings of the 35th Midwest Conference on Circuits and Systems, 1381–1383, 1992.

W.R. Ashby. Design for a brain. Wiley, New York, 1960.

A.G. Barto, S.J. Bradtke, S.P. Singh. Learning to act using real-time dynamic programming. Artificial Intelligence 72: 81–138, 1995.

R.K. Belew, J. McInerney, N.N. Schraudolph. Evolving networks: Using genetic algorithms with connectionist learning. Technical Report CS90-174, Computer Science and Engineering Department, UCSD (La Jolla), 1990.

D.P. Bertsekas. Dynamic Programming: Deterministic and stochastic models. Prentice-Hall, Englewood Cliffs, NJ, USA, 1989.

A. Blum, R.L. Rivest. Training a 3-node neural network is NP-complete. Neural Information Processing Systems 1, 494–501. Morgan Kaufmann, 1989.

A. Blum, R.L. Rivest. Training a 3-node neural network is NP-complete. Neural Networks, 5(1): 117–227, 1992.

J. Branke. Evolutionary Algorithms for neural network design and training. Proceedings of the first Nordic Workshop on Genetic Algorithms and its Applications, Vaasa, Finland, 1995. Ebenfalls als Technical Report No. 322, Institute AIFB, Universität Karlsruhe, 1995.

H. Braun. Massiv parallele Algorithmen zur Optimierung kombinatorischer Optimierungsprobleme. Dissertation an der Universität Karlsruhe, 1990.

H. Braun. Theorie neuronaler Netze. Manuskript zur Vorlesung. Universität Karlsruhe, 1991a.

H. Braun. On solving traveling salesman problems by genetic algorithms. Proceedings of the Int. Conf. Parallel Problem Solving from Nature PPSN91, Springer Lecture Notes in Computer Science 496: 128–132, 1991b.

H. Braun. Evolution – a Paradigm for Constructing Intelligent Agents. Proceedings of the ZiF-FG Conference: Prerational Intelligence – Phenomenology of Complexity Emerging in Systems of Simple Interacting Agents, 1994.

H. Braun. On optimizing large neural networks (multilayer perceptrons) by learning and evolution. International Congress on Industrial and Applied Mathematics ICIAM 95, also to be published in Zeitschrift für angewandte Mathematik und Mechanik ZAMM 1996

H. Braun. On solving traveling salesman problems by genetic algorithms, Proceedings of the Int. Conf. Parallel Problem Solving from Nature PPSN91, Springer Lecture Notes in Computer Science 496, S. 128–132, 1991.

H. Braun, J. Feulner, V. Ullrich. Learning strategies for solving the problem of planning using backpropagation, Proceedings of NEURO-Nimes 91, 4th Int. Conf. on Neural Networks and their Applications, 1991.

H. Braun, T. Müller. Enhancing Marr's cooperative algorithm, Proceedings of the Int. Neural Network Conference, S. 38–41, 1990.

H. Braun, K. H. Preut, M. Höhfeld. Optimierung von Neuro-Fuzzy-Netzwerken mit evolutionären Strategien. Proceedings of 3. Workshop Fuzzy-Neuro-Systeme ´95, GI Tagung, Darmstadt, 1995.

H. Braun, T. Ragg. ENZO, Evolution of Neural Networks. User Manual and Implementation Guide, Version 1.0. erhältlich über FTP: i11ftp.ira.uka.de, Verzeichnis: /pub/neuro/ENZO, 1995.

H. Braun, J. Weisbrod. Evolving neural networks for application oriented problems. Proceedings of the second annual conference on evolutionary programming, S. 62–71, 1993.

H. Braun, J. Weisbrod. Evolving neural feedforward networks. Proceedings of the International Conference Artificial Neural Nets and Genetic Algorithms ICANNGA93, S. 18–24, Springer, 1993.

H. Braun, P. Zagorski. ENZO-M – a Hybrid Approach for Optimizing Neural Networks by Evolution and Learning, Proceedings of the International Conference on Evolutionary Computation PPSN III, 1994.

H. Braun, P. Zagorski. ENZO-M – a Powerful Design Tool to Evolve Multilayer Feedforward Networks. Proceedings of the IEEE World Congress on Computational Intelligence ICEC 1994.

H.J. Bremermann. Optimization through evolution and recombination. In: Yovitis, Jacobi, Goldstein (eds.), Self-organizing Systems, Spartan Press, Washington, 1962.

G.A. Carpenter, S. Grossberg. The ART of adaptive pattern recognition by a self-organizing neural Network. Computer, March 1988, 77–88, 1988.

A. K. Chandra, L. J. Stockmeyer, U. Vishkin. Constant depth reducibility. SIAM Journal on Computing, 13(2):423–439, May 1984.

J.-P. Changeux, P. Courrege, A. Danchin. A theory of the epigenesis of neural networks by selective stabilization of synapses. In: Proceedings of the National Academy of Sciences USA 70, 10: 2974–2978, 1973.

H. Christophel. Optimieren neuronaler Bewertungsmodelle mit Hilfe von *TD*-Lernen und Evolution. Diplomarbeit an der Universität Karlsruhe, Institut für Logik, Komplexität und Deduktionssysteme, 1995.

A. Church. The calculi of lambda-conversion. Annals of Mathematical Studies, 6, 1941.

Charles Darwin. The origin of species by means of natural selection, or the preservation of favoured races in the struggle for life. Penguin Books, London, 1859.

P. Dayan. The convergence of TD(l) for general l. Machine Learning, Vol. 8: 241–362, 1992.

A. Dold. Inkrementelle Verbesserung neuronaler Strategien mittels Einbindung symbolischer Ansätze am Beispiel des Mühleendspiels. Studienarbeit an der Universität Karlsruhe, Institut für Logik, Komplexität und Deduktionssysteme, 1992.

S. Dominic, D. Whitley, R. Das. Genetic reinforcement learning for neural networks. Proceedings of the International Joint Conference on Neural Networks IJCNN 91, Vol. 2, 71–76, Seattle, New York, 1991.

G. Dück, T. Scheuer. Threshold Accepting: A general purpose optimization algorithm appearing superior to simulated annealing. Journal of Computational Physics, Vol.: 90: 161–175, 1990.

G. Dück. New optimization heuristics – the great deluge algorithm and the record-to-record travel. Journal of Computational Physics, Vol.:104: 86–92, 1993.

G.M. Edelman. Neural Darwinism. New York, Basic Books, 1987.

S.E. Fahlmann. Fast-learning variations on backpropagation: an empirical study. In: Proceedings of the 1988 Connectionist Models Summer School (Pittsbourgh 1988), ed. Touretzky, 524–532. San Mateo: Morgan Kaufmann, 1988.

D.B. Fogel. An evolutionary approach to the travelling salesman problem. Biological Cybernetics 63: 11–114, 1988.

D.B. Fogel. Evolving artificial intelligence. Dissertation, University of California, San Diego, 1992.

D.B. Fogel. On the philosophical differences between evolutionary algorithms and genetic algorithms. In: D.B. Fogel, W. Atmar (eds.), Proceedings of the Second Annual Conference of Evolutionary Programming, San Diego, CA, Evolutionary Programming Society, 1993.

D.B. Fogel, W. Atmar. Proceedings of the First Annual Conference of Evolutionary Programming, San Diego, CA, Evolutionary Programming Society, 1992.

D.B. Fogel, L.J. Fogel, V. Porto. Evolving neural networks. Biological Cybernetics 63: (6): 487–493, 1990.

L.J. Fogel, A.J. Owens, M.J. Walsh. Artificial intelligence through a simulation of evolution. In: Maxfield, Callahan, Fogel (eds.), Biophysics and cybernetic systems, Spartan, Washington, 1965.

L.J. Fogel, A.J. Owens, M.J. Walsh. Artificial intelligence through a simulation of evolution. Wiley, New York, 1966.

F. Fogelman, E. Goles, G. Weisbuch. Transient length in sequential iterations of threshold functions. Discr. Appl. Math. 6:95–98, 1983.

R.M. Friedberg. A learning Machine: Part I. IBM Journal of Research and Development 2: 2–13, 1958.

R.M. Friedberg, B. Dunham, J.H. North. A learning Machine: Part II. IBM Journal of Research and Development 3: 282–287, 1959.

B. Fritzke. Growing cell structures – a self organizing network in k dimensions. Artificial Neural Networks II, Aleksander, Taylor (eds.), North Holland, 1051–1056, 1992.

B. Fritzke. Kohonen feature maps and growing cell structures – a performance comparison. In: Giles, Hanson, Cowan (eds.), Advances in Neural Information Processing Systems 5, Morgan Kaufmann, 1993.

M. Furst, J. B. Saxe, M. Sipser. Parity, circuits and the polynomial time hierarchy. Mathematical Systems Theory, 17(1):13–27,1984.

E. Gardner. The space of interactions in neural network models. Journal of Physics A 21, 257, 1988.

R. Gasser, J. Nievergelt. Es ist entschieden: Das Mühlespiel ist unentschieden. Informatik Spektrum, 17: 314–317, 1994.

K. Gödel. Über formal unentscheidbare Sätze der Principia Mathematica und verwandter Systeme, I, Monats. Math. Phys. 38: 173–198, 1931. In English translation: K. Gödel. On formally undecidable propositions of principia mathematica and related systems. Translated by B.Meltzer. Basic Books, Inc. Publishers, New York.

D.E. Goldberg. Genetic Algorithms in Search, Optimization and Machine Learning. Addison-Wesley, Reading, MA, 1989.

M. Goldmann, J. Hastad, A. Razborov. Majority gates vs. general weighted threshold gates. In Proc. 7th Annual Structure in Complexity Theory Conference, pages 2–13. IEEE Computer Society Press, 1992.

E. Goles, J. Olivos. The convergence of symmetric threshold automata. Info. and Control 51: 98–104, 1981.

M. Grötschel, O. Holland. Solution of large-scale symmetric traveling salesman problems. Math. Programming, 1989.

S. Grossberg. The adaptive brain I/II, Elsevier, Amsterdam, 1987.

S. Grossberg. Adaptive pattern classification and universal recoding: I. Parallel development and coding of neural feature detectors. Biological Cybernetics 23: 121–134. 1976. Auch in: Anderson, Rosenfeld (eds.), Neurocomputing: Foundations of Research, 245–258, MIT Press, 1988.

B. Hajek. Cooling schedules for optimal annealing. MOR 13: 311–329, 1988.

A. Hajnal, W. Maass, P. Pudlák, M. Szegedy, G. Turán. Threshold circuits of bounded depth. In 28th Annual Symposium on Foundations of Computer Science, pages 99–110. IEEE Computer Society Press, October 1987.

A. Haken. Connectionist networks that need exponential time to stabilize. Unpublished manuscript. Dept. of Computer Science, University of Toronto, 1989.

A. Haken, M. Luby. Steepest descent can take exponential time for symmetric connection networks. Complex Systems 2 (1988), 191–196.

P.J.B. Hancock. Genetic algorithms and permutation problems: a comparison of recombination operators for neural structure specification. In: Whitley, Schaffer (eds.), Combinations of Genetic Algorithms and Neural Networks, IEEE Computer Society Press, 1992.

S. Harp, T. Samad. Genetic synthesis of neural network architecture. In: Davis (ed.), Handbook of Genetic Algorithms, 203–221, Van Nostrand Reinhold, New York, 1991.

S. Harp, T. Samad, A. Guha. Towards the genetic synthesis of neural networks, Proceedings of the third International Conference on Genetic Algorithms, Morgan Kaufman, San Mateo, CA, 1989.

R. Hartley, H. Szu. A comparison of the computational power of neural networks. Proc. of the 1987 Int. Conf. on Neural Networks, Vol.3, IEEE, New York, 15–22, 1987.

J. Hartroth. The Truck Backer-Upper: Anwendung eines rückgekoppelten Backpropagation-Netzes. Studienarbeit an der Universität Karlsruhe, Institut für Logik, Komplexität und Deduktionssysteme, 1991.

B. Hassibi, D.G. Storck. Second order derivatives for network pruning: Optimal brain surgeon. In: Hansen, Cowan, Giles (eds.), Advances in Neural Information Processing 5 (NIPS-5), Morgan Kauffmann, 1993.

J. Hastad. On the size of weights for threshold gates. Unpublished Manuscript, 1992.

R. Hecht-Nielsen. Neuro-Computing, Addison-Wesley, 1990.

G.E. Hinton, T.J. Sejnowski. Learning and relearning in Boltzmann machines. In: Rumelhart, McClelland (eds.), Parallel Distributed Processing, Vol. 1 (Kap.7), MIT Press, Cambridge, 1986.

J.H. Holland. Adaptation in natural and artificial systems, University of Michigan Press, 1975.

J. Hong. Computation: Computability, Similarity and Duality. Pitman Publishing, London, 1986.

J. Hong. On connectionist models. Technical Report 87–012, Dept. of Computer Science, Univ. of Chicago, June 1987.

J. J. Hopfield. Neural networks and physical systems with emergent collective computational abilities. Proc. National Academy of Sciences, 79:2554–2558, April 1982.

J.J. Hopfield, D.W. Tank. „Neural" computation of decisions in optimization problems. Biological Cybernetics 52: 141–152, 1985.

R.A. Jacobs. Increased rates of convergence through learning rate adaptation. Neural Networks 1: 295–307, 1988.

R.E. Jenkins, B.P. Yuhas. A simplified neural network solution through problem decomposition: The case of the truck backer-upper. Neural Computation 4: 647–649, 1992.

M.I. Jordan, R.A. Jacobs. Hierarchies of adaptive experts. In: Moody, Hanson, Lippmann (Eds.). Advances in Neural Information Processing (NIPS) 4, Morgan Kaufmann, 1992.

J.S. Judd. On the complexity of loading shallow neural networks. Journal of Complexity, 4: 177–192, 1988.

J.S. Judd. Neural Network Design and the Complexity of learning. MIT Press, 1990.

N. Karmarkar. A new polynomial-time algorithm for linear programming. Combinatorica, 4: 373–395, 1984.

S. Kirkpatrick, C.D. Gelatt Jr., M.P. Vecchi. Optimization by simulated annealing. Science 220, 671–680, 1983.

H. Kitano. Designing neural networks using genetic algorithm with graph generation system. Complex Systems 4:461–476, 1990.

S.C. Kleene. Representation of events in nerve nets and finite automata. In: Automata Studies (C.E. Shannon, J. McCarthy, eds.). Annals of Mathematics Studies 34:3–41. Princeton Univ. Press, 1956.

T. Kohonen. Self-organized formation of topologically correct feature maps. Biological Cybernetics 43: 59–69, 1982. Auch in: Anderson, Rosenfeld (eds.), Neurocomputing: Foundations of Research, MIT Press, 1988.

T. Kohonen. Self-organization and associative memory, Springer-Verlag, Berlin, 1989.

D. Koll. Untersuchung effizienter Methoden der Parallelisierung neuronaler Netze auf SIMD-Rechnern. Diplomarbeit an der Universität Karlsruhe, Institut für Logik, Komplexität und Deduktionssysteme, 1994.

D. Koll, M. Riedmiller, H. Braun. Massively Parallel Training of Multi Layer Perceptrons with Irregular Topologies. Proceedings of the International Conference on Artificial Neural Networks and Genetic Algorithms ICANNGA95, Springer, 1995.

J.R. Koza. Evolution and co-evolution of computer programs to control independently-acting agents. In: Meyer, Wilson (eds.), From Animals to Animats, Proceedings of the First International Conference on Simulation of Adaptive Behavior, Cambridge, MA, MIT-Press, 1991.

J.R. Koza. Genetic Programming. Cambridge, MA, MIT-Press, 1993.

H. Lawitzke. Optimieren mit selbstorganisierenden Karten. Diplomarbeit an der Universität Karlsruhe, Institut für Logik, Komplexität und Deduktionssysteme, 1991.

P.J.M van Laarhoven, E.H.L. Aarts. Simulated Annealing: Theory and Applications. Kluwer, Dordrecht,1989.

Y. LeCun, J.S. Denker, S.A. Solla. Optimal Brain Damage. In: Touretzky (ed.), Advances in Neural Information Processing Systems 2 (NIPS-2), 598–605, Morgan Kaufmann, 1990.

J.-H. Lin, J.S. Vitter. Complexity results on learning by neural nets. Machine Learning, 6: 211–230, 1991.

W. Maass, G. Schnitger, E. Sontag. On the computational power of sigmoid versus Boolean threshold circuits. Proc. of the 32th Ann. IEEE Symp. on Foundations of Computer Science. IEEE, New York, 767–776, 1991.

V. Maniezzo. Genetic Evolution of the topology and weight distribution of neural networks. IEEE Transactions on Neural Networks, 5(1): 39–53, 1994.

W. S. McCulloch, W. Pitts. A logical calculus of ideas immanent in nervous activity. Bulletin of Mathematical Biophysics, 5:115–133, 1943.

J.R. McDonnell, D.E. Waagen. Neural network structure design by evolutionary programming. Proceedings of the Second Annual Conference on Evolutionary Programming, 79–89, San Diego, CA 92121, 1993.

J.R. McDonnell, D.E. Waagen. Evolving recurrent perceptrons for time series modelling. IEEE Transactions on Neural Networks, 5(1): 24–38, 1994.

G.H. Mealey. Method for synthesizing sequential circuits. Bell System Tech. J. 34: 1045–1079, 1955.

G.F. Miller, P.M. Todd, S.U. Hedge. Designing neural networks using genetic algorithms. Proceedings of the third International Conference on Genetic Algorithms, 379–384, Arlington, 1989.

M. Minsky, S. Papert. Perceptrons. MIT-Press, 1969.

D.J. Montana, L.Davis. Training feedforward neural networks using genetic algorithms. Proceedings of the International Joint Conference on Artificial Intelligence, 762–767, 1989.

J. Moody, C. Darken. Learning with localized receptive fields. In: Proceedings of the 1988 Connectionist Summer School, Touretzky, Hinton, Sejnowski (eds.) 133–143, San Mateo, Morgan Kaufmann, 1988.

E.F. Moore. Gedanken-Experiments on sequential machines. In: C.E. Shannon, J. McCarthy, Automata Studies, Ann. Math. Studies 34, Princeton University Press, 1956.

S. Muroga, I. Toda, S. Takasu. Theory of majority decision elements. J. Franklin Inst., 271:376–418, May 1961.

J. von Neumann. The general and the logical theory of automata. Cerebral Mechanisms in Behavior: The Hixon Symposium (L.A. Jeffress, Ed.), Wiley, 1–32, 1951.

D. Nguyen. Applications of neural networks in adaptive control. Dissertation, Stanford University, 1991.

D. Nguyen, B. Widrow. The truck backer-upper: An example of self-learning in neural networks. In: R. Eckmiller (ed.), Advanced Neural Computers, North Holland, 1990.

S. Nolfi, J.L. Elman, D. Parisi. Learning and evolution in neural networks. CRL Technical Report 9019, La Jolla, CA: University of California at San Diego, 1990.

M.Opper, W. Kinzel, J. Kleinz, R. Nehl. On the ability of the optimal perceptron to generalize. Journal of Physics A23, L 581–586, 1990.

M. Padberg, G. Rinaldi. Optimization of a 532-city symmetric traveling salesman problem by branch and cut. Operations Research Letters, 6: 1–7, 1987.

C.H. Papadimitriou, K. Steiglitz. Combinatorial optimization: algorithms and complexity. Prentice Hall, New Jersey,1982.

I. Parberry. Circuit complexity and neural networks. The MIT Press, 1994.

L. Prechelt. Proben 1 – a set of neural network benchmark problems and benchmarking rules. Technical Report 21/94, Universität Karlsruhe, Fakultät für Informatik, 1994.

K.-H. Preut. Strukturoptimierung von Neuro-Fuzzy-Systemen. Diplomarbeit an der Universität Karlsruhe, Institut für Logik, Komplexität und Deduktionssysteme, 1995.

U. Pütz. Evolutionäre Optimierung neuronaler Netze für Reinforcement-Probleme. Diplomarbeit an der Universität Karlsruhe, Institut für Logik, Komplexität und Deduktionssysteme, 1995.

N.J. Radcliffe. Genetic set recombination and its application to neural network topology optimization. Technical report EPCC-TR-91-21, University of Edinburgh, Scotland, 1991.

T. Ragg, H. Braun, J. Feulner. Learning optimal winning strategies through experience using temporal difference methods. Proceedings of the Int. Conf. on Artificial Neural Networks ICANN95, 1995.

I. Rechenberg. Cybernetic solution path of an experimental problem. Royal Aircraft Establishment, Library Translation 1122, Farnborough, Hants, Aug. 1965 (Englische Übersetzung einer unveröffentlichten Kurzfassung der Vorlesung „Kybernetische Lösungsansteuerung einer experimentellen Forschungsaufgabe", angefertigt anläßlich der gemeinsamen Jahrestagung *der Wissenschaftlichen Gesellschaft für Luft- und Raumfahrt* und der *Deutschen Gesellschaft für Raketentechnik und Raumfahrt*).

I. Rechenberg. Evolutionsstrategie – Optimierung technischer Systeme nach den Prinzipien der biologischen Evolution. Frommann-Holzboog, Stuttgart, 1973.

I. Rechenberg. Evolutionsstrategie´ 94. Frommann-Holzboog, Stuttgart, 1994.

M. Riedmiller. Schnelle adaptive Lernverfahren für mehrschichtige Feedforward-Netzwerke – Vergleich und Weiterentwicklung. Diplomarbeit an der Universität Karlsruhe, Institut für Logik, Komplexität und Deduktionssysteme, 1992.

M. Riedmiller. Advanced supervised learning in multilayer perceptrons - from backpropagation to adaptive learning algorithms. Computer Standards & Interfaces 16: 265–278, 1994.

M. Riedmiller. Learning to control dynamic systems. Proc. of European Meeting on Cybernetics and System Research EMCSR, Vienna, 1996.

M. Riedmiller. Selbständig lernende neuronale Steuerungen. Dissertation an der Universität Karlsruhe, Institut für Logik, Komplexität und Deduktionssysteme, 1996.

M. Riedmiller, H. Braun. RPROP: A Fast Adaptive Learning Algorithm. International Symposium on Computer and Information Science VII, S. 279–286, 1992.

M. Riedmiller, H. Braun. RPROP: A Fast and Robust Backpropagation Learning Strategy. Fourth Australian Conference on Neural Networks, S. 169–172, 1993a.

M. Riedmiller, H. Braun. A Direct Adaptive Method for Faster Backpropagation Learning: The RPROP Algorithm. Proceedings of the IEEE International Conference on Neural Networks (ICNN), S. 586–591, 1993b.

H. Ritter, T. Martinetz, K. Schulten. Neuronale Netze: Eine Einführung in die Theorie selbstorganisierender Netzwerke. Addison-Wesley, 1990.

H. Ritter, K. Schulten. Topology conserving mappings for learning motor tasks. In: Dencker (ed.), Neural Networks for Computing, AIP Conf. Proceedings 151, Snowbird, Utah, 393–406, 1986.

P. Robbins, A. Soper, K. Rennols. Use of genetic algorithms for optimal topology determination in back propagation neural networks. Proceedings of the International Conference on Artificial Neural Networks and Genetic Algorithms, 726–730, Springer-Verlag, 1993.

F. Rosenblatt. The perceptron: A probabilisitic model for information storage and organization in the brain. Psychological Review. 65: 386–408, 1958.

S. Ross. Introduction to stochastic dynamic programming. Academic Press, New York, USA, 1983.

D.E. Rumelhart, G.E. Hinton, R.J. Williams. Learning internal representations by error propagation. In: Rumelhart, McClelland (eds.), Parallel Distributed Processing, Vol.1 (chap.5), MIT Press, Cambridge, MA, 1986.

D.E. Rumelhart, P. Smolensky, J.L. McClelland, G.E. Hinton. Schemata and sequential thought processes in PDP models. In: Rumelhart, McClelland (eds.), Parallel Distributed Processing, Vol.2 (chap.14), MIT Press, Cambridge, MA, 1986.

J. Schäfer. Evolution neuronaler Netze zur Erkennung handgeschriebener Ziffern. Diplomarbeit an der Universität Karlsruhe, Institut für Logik, Komplexität und Deduktionssysteme, 1994.

J. Schäfer, H. Braun. Optimizing Classifiers for Handwritten Digits by Genetic Algorithms. Proceedings of the International Conference on Artificial Neural Networks and Genetic Algorithms ICANNGA95}, Springer, 1995.

J.D. Schaffer, D. Whitley, L.J. Eshelman. Combinations of genetic algorithms and neural networks: a survey of the state of the art. In Whitley, Schaffer (eds.), Proceedings of the International Workshop on Combinations of Genetic Algorithms and Neural Networks, 1–37, 1992.

W. Schiffmann, M. Joost, R. Werner. Performance evaluation of evolutionarily created neural network topologies. Proceedings of first International Conference on Parallel Problem Solving from Nature 1990, 274–283, Springer-Verlag, 1990.

W. Schiffmann, M. Joost, R. Werner. Optimization of the backpropagation algorithm for training multilayer perceptrons. Technical Report, Universität Koblenz, Institut für Physik, 1993.

W. Schiffmann, M. Joost, R. Werner. Application of genetic algorithms to the construction of topologies for multilayer perceptrons. Proceedings of the International Conference Artificial Neural Nets and Genetic Algorithms ICANNGA93, S. 675–682, Springer, 1993.

M. Schmitt. Komplexität neuronaler Lernprobleme. Dissertation an der Fakultät für Informatik, Universität Ulm, 1994.

H.-P. Schwefel. Experimentelle Optimierung einer Zweiphasendüse Teil I. Bericht 35 für das Projekt MHD-Staustrahlrohr, AEG Forschungsinstitut, Berlin, Okt. 1968.

H.-P. Schwefel. Evolutionsstrategie und numerische Optimierung. Dissertation an der Technischen Universität Berlin, Abteilung für Prozessautomatisierung, 1975.

H.-P. Schwefel. Evolution and Optimum Seeking. John Wiley & Sons, New York, 1995.

H.T. Sigelman, E.D. Sontag. On the computational power of neural nets. Proc. of the 5th Ann. Workshop on Computational Learning Theory. ACM Press, New York, 440–449, 1992.

S.P. Singh. Learning to solve markovian decision problems. IEEE Transactions on Systems, Man, and Cybernetics, Vol.13: 834–846, 1994.

M. Sipser. Borel sets and circuit complexity. In Proceedings of ihe Fifteenth Annual ACM Symposium on Theory of Computing, pages 61–69. ACM Press, 1983.

E.D. Sontag. Feedforward nets for interpolation and classification. J. Comput. Syst. Sci. 45: 20–48, 1992.

A. Sprenger. Evolutive Optimierung von Neuro-Fuzzy-Netzen basierend auf Radialen Basisfunktionen. Diplomarbeit an der Universität Karlsruhe, Institut für Logik, Komplexität und Deduktionssysteme, 1996.

A. Stahlberger. Optimal Brain Surgeon, ein Verfahren zum Ausdünnen neuronaler Netze, – Verbesserung und neue Ansätze. Diplomarbeit an der Universität Karlsruhe, Institut für Logik, Komplexität und Deduktionssysteme, 1996.

A. Stahlberger, M. Riedmiller. Fast network pruning and feature extraction by removing complete units. Internat. Conference of Neural Information Processing Systems, NIPS 9, MIT Press, 1996.

R.S. Sutton. Learning to predict by the methods of temporal differences. Machine Learning, 3: 9–44, 1988.

R.S. Sutton. Generalization in Reinforcement Learning: Successful Examples Using Sparse Coarse Coding. Advances in Neural Information Processing Systems 8, MIT Press. 1996.

G.J. Tesauro. Neurogammon wins computer Olympiad. Neural Computation, 1: 321–323, 1989.

G.J. Tesauro. Practical issues in temporal difference learning. Machine Learning, 8: 257–277, 1992.

G.J. Tesauro. Temporal difference learning and TD-Gammon. Communications of the ACM, volume 38 number 3, pages 58–68, 1995.

T. Tollenaere. Supersab: Fast adaptive backpropagation with good scaling properties. Neural Networks 3 (5), 1990.

N. Trede. The Truck Backer-Upper: Training des Emulators. Studienarbeit an der Universität Karlsruhe, Institut für Logik, Komplexität und Deduktionssysteme, 1991.

N.L. Tu. Optimierung von kombinatorischen Problemen mit neuronalen Netzen. Studienarbeit an der Universität Karlsruhe, Institut für Logik, Komplexität und Deduktionssysteme, 1993.

A. M. Turing. On computable numbers with an application to the Entscheidungsproblem. Proc. London Math. Soc., 2(42):230–265, 1936.

T.P. Vogl, J.K. Mangis, A.K. Rigler, W.T. Zink, D.L. Alkon. Accelerating the convergence of the backpropagation model. Biological Cybernetics, 59: 257–263, Springer-Verlag, 1988.

C.J.C.H. Watkins. Learning from delayed rewards. Ph.D. Thesis, Cambridge University, Cambridge, England, 1989.

G. Weiß. Neural networks and evolutionary computation. part I: hybrid approaches in artificial intelligence. Proceedings of the first IEEE Conference on Evolutionary Computation, 268–277, 1994.

D. Whitley. Genetic algorithms and neural networks. In: Periaux, Winter (eds.), Genetic Algorithms in Engineering and Computer Science, John Wiley & Sons Ltd, 1995.

D. Whitley, R. Das, C.W. Anderson. Genetic reinforcement learning for neuro control problems. Machine Learning 13(2-3): 259–284, 1993.

D. Whitley, S. Dominic, R. Das. Genetic reinforcement learning with multilayer neural networks. Proceedings of the fourth International Conference on Genetic Algorithms, 562–569, San Diego, Morgan Kaufmann Publishers, 1991.

D. Whitley, T. Hanson. Optimizing neural networks using faster, more accurate genetic search. Proceedings of the 3rd International Conference on Genetic Algorithms, 391–395, 1989.

D. Whitley, T. Starkweather, C. Bogart. Genetic algorithms and neural networks: optimizing connections and connectivity. Parallel Computing 14: 347–361, North Holland, 1990.

R.A. Wilkinson (ed.). The first census optical character recognition systems conference. National Institute for Standard and Technology NIST ir4912. Available at the NIST-Archive: ftp: sequoya.ucsl.nist.gov, Verzeichnis: pub/NISTIR, 1992.

X. Yao. A review of evolutionary artificial neural networks. International Journal of Intelligent Systems, 8 (4): 539–567, 1992.

X. Yao. Evolutionary artificial neural networks. International Journal of Neural Systems, 4 (3): 202–222, 1993.

A. Zell. Simulation Neuronaler Netze. Addison-Wesley, 1994.

A. Zell. SNNS, Stuttgarter Neural Network Simulator. User Manual, Version 4.1, Report No. 6/95, Institute für Paralleles und Verteiltes Rechnen (IPVR), Universität Stuttgart, erhältlich über FTP: ftp.informatik.uni-stuttgart.de, Verzeichnis: /pub/SNNS, 1995.

Springer und Umwelt

Als internationaler wissenschaftlicher Verlag sind wir uns unserer besonderen Verpflichtung der Umwelt gegenüber bewußt und beziehen umweltorientierte Grundsätze in Unternehmensentscheidungen mit ein. Von unseren Geschäftspartnern (Druckereien, Papierfabriken, Verpackungsherstellern usw.) verlangen wir, daß sie sowohl beim Herstellungsprozess selbst als auch beim Einsatz der zur Verwendung kommenden Materialien ökologische Gesichtspunkte berücksichtigen.
Das für dieses Buch verwendete Papier ist aus chlorfrei bzw. chlorarm hergestelltem Zellstoff gefertigt und im pH-Wert neutral.

Springer